河南省社会科学规划项目"中原作家群资料整理"研究成果

本成果出版得到淮河文明研究中心资助

墨白研究

中原作家群研究资料丛刊
程光炜　吴圣刚　　主编

墨白研究

杨文臣 编著

河南大学出版社
HENAN UNIVERSITY PRESS

图书在版编目(CIP)数据

墨白研究/杨文臣编著. —郑州:河南大学出版社,2015.2
(中原作家群研究资料丛刊)
ISBN 978-7-5649-1908-5

Ⅰ.①墨… Ⅱ.①杨… Ⅲ.①墨白-文学研究
Ⅳ.①I206.7

中国版本图书馆 CIP 数据核字(2015)第 042003 号

出 版 人	张云鹏
出版统筹	侯若愚
责任编辑	郑华峰
责任校对	郭延豫
封面设计	侯一言

出　　版	河南大学出版社
地　　址	郑州市郑东新区商务外环中华大厦 2401 室
电　　话	0371-60993151(人文社科出版分社)
	0371-86059753
网　　址	www.hupress.com
排　　版	河南金河印务有限公司
印　　刷	河南省瑞光印务股份有限公司
版　　次	2015 年 4 月第 1 版
印　　次	2015 年 4 月第 1 次印刷
开　　本	710mm×1000mm　1/16
印　　张	19.25
字　　数	356 千字
定　　价	58.00 元

本书如有印装质量问题,请与河南大学出版社营销部联系调换。

编选说明

从最初动议到确定方案,再到最后完成,这套"中原作家群研究资料丛刊"历时一年有余。因为,它绝不仅仅是已有研究成果的简单整合。首先,编著者必须通读该作家的所有作品,包括文学作品、散文随笔、演讲报告、文艺批评等等,形成对作家作品的感性认识和理性判断,这是编选作家研究资料的基础和前提。然后收集研究资料,要求尽可能全面详尽,网络、期刊、报纸、杂志、著作、作家本人及其亲友、故交等各种途径、各种渠道,越全面越好。最耗时、最费力、最艰苦的工作是资料的分类、甄别和遴选,它体现了编著者的眼光、立场、态度和学养,决定了研究资料的分量和品质。典型性、历史性、多元性是我们选文的基本原则,力求覆盖作家不同时段、不同类型、不同风格的作品,兼顾专家批评和新锐批评,体现不同时期的文学生态和文化场域。总之,整个过程没有捷径可走,全是笨功夫、苦功夫。尽管如此,其疏漏之处肯定不少,恳请专家学者批评指正。

本研究资料共分四大部分,即作家"自述·访谈·印象记"、"研究论文选辑"、"作品年表"、"研究资料索引"。"研究论文选辑"以时间为线索,以"问题"为中心,先总论、后分论,同一"问题"相对集中,体现逻辑性和层次感,并努力体现作家作品研究的历史进程。对入选的文章,为了出版方便,作统一技术处理,删减了摘要、关键词,注释一律改为脚注,除对一些明显的文字和标点符号的疏误作订正外,其他方面包括注释的不完整、不规范,词语使用的不当等,则依旧保持原貌。"作品年表"部分按时间顺序排列整理收录,截止时间为2014年7月。只列入作品的首发、首印,作品的再版、转载不列入年表,海外翻译版本尽可能列入年表。期刊、著作均按年、月排序,报纸具体到日期。重要散文、发表的重要演讲等列入作品年表,但作家编辑的书目、研究资料等均不列入。"研究资料索引"包括单篇学术论文索引、学位论文索引、研究专著索引三部分,截止时间同样为2014年7月,均按刊发/出版时间先后顺序编排。

需要特别说明的是,由于各种原因,编委会没能与选用论文的作者一一联系,丛书出版后,将赠书一本,以表歉意和谢意!且本书用于学术研究而非商业目的,想学界前辈、同人亦能理解支持。在此真诚致谢!如需稿费,请与编委会联系。

编委会
2014.10.31

总　序

程光炜　吴圣刚

　　新时期以来,中国当代文学呈现为多样、多态发展的趋势。在当代文学的版图中,"文学豫军"或"中原作家群"早已成为中国当代文学的重要现象和重要构成。之所以称之为"文学豫军"或"中原作家群",是因为它呈现出群体性,是一个集合的概念。但是,这绝不意味着这个群体中的个体是孱弱的,没有独立呈现的分量。相反,正是一个个有分量的个体组成了一个有广泛影响的作家群体:姚雪垠、叶楠、白桦、李准、张一弓、南丁、田中禾、张宇、郑彦英、李佩甫、二月河、周同宾、刘震云、阎连科、周大新、刘庆邦、李洱、柳建伟、孙方友、墨白、邵丽、乔叶、计文君等等,每位作家都有不凡的创作业绩,每个人都有自己的独特之处,都是文学中的"这一个"。

　　地处中原的河南,在当代中国政治、经济版图上不是核心地带,但在历史、文化地理图上却是积淀深厚的重镇。这里也在接受全球化的荡涤,也在搭载现代化的快车,但这里与中国当下的经济前沿存在着距离,呈现着现代化的滞后性。因此,河南在时代的节奏中存在着"时间差"。这使得中州大地在现代化的浪潮中还氤氲着农业文明、历史文化的气息,也使得中原儿女在这种相对的"慢节奏"中对历史、现实和文化进行思考,精神和灵魂回归这片土地,并以中原文化的思维方式进行着多种表达。走进历史,走进中原文化,是豫籍作家的共同选择。无论是身居河南的作家还是移居他乡的作家,他们的灵魂仍然栖居在家乡故土,并用他们敏感的触角细腻地联系和感受着中原文化,中原文化是他们精神发生的原点,河南历史和家乡生活是他们创作的源泉。对于这些河南作家来说,似乎只有这片故土和其中的点点滴滴才能够激活创作的灵性。正如阎连科所说:"我家住在一个镇子上,那是一个很大的村庄。那个村庄是我写作取之不尽的生活源泉、情感源泉、想象的源泉。一句话,是我写作的一切的灵感之源。那个镇子奇妙无比,任何现实中的一件事情都可能是荒诞的、合理的。"[1]正是在这种表达中,作家们完成了自己的一部部皇皇巨著,成就了当代河南文学的气象大观。

---

[1] 阎连科:《我的现实,我的主义》,http://v.book.ifeng.com/book/ts/7332.htm。

"中原作家群"不仅是河南的文学现象,也是全国的文学现象;产生于中原大地的河南文学,早已超越了这一区域空间。无论是二月河、李佩甫的作品红遍全国、传播域外,还是刘震云、阎连科、周大新、李洱的作品的海外影响,都说明豫籍作家的作品是全国性的,也具有世界性的分量。这足以构成河南自己的文学史。关于河南文学和"中原作家群"研究,近十年来,随着作家作品的动态性呈现,更多表现为个案化的文学研究,而当代河南文学的整体性、系统性研究则不够。这一方面与河南的经济实力及其对文化提升、带动能力的不足有关,另一方面也与学界、文学界对河南文学在当下中国文化地理学上的地位认识不足有关,特别是与本土学界的研究、推介的成绩有关。弥补这一不足,是一项浩繁的工作,但起步必须从基础开始。

资料整理无疑是学术研究中最基础性的工作。学术界目前关于河南作家的研究资料,主要是上世纪80年代出版的《李准研究资料》、《姚雪垠研究资料》等有限的几种。相关研究主要体现在两个方面:一是关于"文学豫军"、"中原作家群"的正当性和合理性的阐述,这方面的研究成果主要有孙荪的《文学豫军论》等,该文系统性地评述了"文学豫军"的由来、构成及文化特征。二是"中原作家群"形成的历史文化原因以及具体作家作品的研究。刘增杰主编的《精神中原》以论文集的形式综合了学界对于中原作家群整体把握和作家研究的成果;张鸿声主编的《河南文学史·当代卷》则是系统描述当代河南文学发展的第一部史著;梁鸿的《"外省笔记":20世纪河南文学》以"外省"的视角考察河南文学,从文化的角度寻觅和审视河南文学;何弘的《超越还是重复——中原文学论稿》试图对"中原作家群"或中原文学作出一个整体性的描述。这些研究对于解说一种文学现象的发生、发展是必要的,但都是初步的,特别是对"中原作家群"形成的历史文化原因和整体性特征的研究,远未形成对"中原作家群"完整的、核心的解说,更没有评估、揭示出"中原作家群"的应有价值。因此,就需要有人真正深入下去,沉入到纷繁的资料中去,耐心、细密地梳理,把那些能够反映和体现作家创作实绩、作品价值和当代河南文学整体面貌的资料整理出来,形成完整、系统的当代河南文学的资料体系,为文学史的生成奠定坚实的基础。

信阳师范学院文学院的一些老师近年来致力于河南文学研究,逐渐形成了自己的方向和领域,引起了学界的关注。作为一所本土的有长期人文积淀的高校,研究河南文学、推动河南文学发展是应有的责任。2013年起,文学院整合文艺学、现当代文学和写作学等学科的十几位教授、博士组成研究团队,集中开展当代河南文学研究。这个团队以博士为主,中青年结合,队伍整齐,潜力很大。他们首先从资料整理开始,扎扎实实开展研究工作。第一批选取"中原作家群"中影响最大的15位作家,经过近一年的努力,整理出《白桦研究》(陶广学讲师,扬州大学博士)、《张一弓研究》(吕东亮副教授,武汉大学博士)、《田中禾研究》(徐洪军讲师,上海大学博士)、《张宇研究》(杨文臣讲师,山东大学博士)、《李佩甫研究》(樊会芹讲师,江苏师范大学硕士)、《二月河研究》(吴圣刚教授)、《刘震云研究》(禹权恒讲师,武汉大学博士)、《阎连科研究》(方志红副教授,四川大学博士)、《周大新研究》(沈文慧教授,华中师范大学博士)、《刘庆邦研究》(杜昆讲师,南京师范大学博士)、《李洱研究》(王雨海教授)、《墨白研究》(杨文臣讲师,山东大学博士)、《邵丽、乔叶、计文君研究》(李群副教授,河南大学硕士)等13卷,资料选编力求翔实、准确、有代表性。第一辑告罄之后还会启动第二辑,甚至第三辑,目标是把"中原作家群"主要作家的资料完整、系统地拓展出来,真正为当代河南文学的深化研究做些基础性的工作。

由于编选者的眼界、学识、水平有限,疏漏、不足,甚至差错定然存在,敬请学界批评指正。

目 录

- 1 编选说明
- 1 程光炜 吴圣刚 总序

自述·访谈·印象记

- 3 墨 白 颍河镇地图
- 7 墨 白 汉语叙事的多种可能性
- 11 墨 白 梦境、幻想与记忆
- 14 墨 白 我为什么而动容
- 18 张 钧 以个人言说方式辐射历史和现实——墨白访谈录
- 29 雷 霆 对文本的探索——墨白访谈录
- 38 张晓雪 我们应该怎样叙事——和墨白对话
- 46 龚奎林 历史、经验、责任与创作——墨白访谈录
- 59 高俊林 精神自由与人格独立——墨白访谈录
- 68 江 媛 小说的多维镜像——墨白访谈录
- 80 孔会侠 先锋从来就没有退场——墨白访谈录
- 93 田中禾 为墨白描白
- 96 刘 恪 优雅,色彩及比喻丛丛——墨白印象

研究论文选辑

- 103 何向阳 梦想者永在旅途
- 107 孙桂荣 沉浮在荒诞与隐秘之痛中的真实——墨白长篇小说的魅力
- 115 聂 伟 影像"原乡"与民间叙事——墨白小说漫谈
- 122 李丹梦 形式的伦理意义——墨白论
- 135 龚奎林 人性的异化、疾病的隐喻与历史的宿命——墨白小说论
- 144 高俊林 游离于世俗化与诗意化两极之间的焦灼——墨白小说创作浅论
- 154 张 闳 墨白:底层民众的偶然性命运
- 159 张延文 墨白与巴尔加斯·略萨比较
- 165 於可训 坚守与转向

167	夏　敏	光荣的隐退与生命的责问——墨白小说《光荣院》个案分析
173	江　媛	1945年前后：主观的历史——墨白小说中的阶级与人性的冲突
182	张延文	先锋小说叙事的自由与超越
187	郑积梅	墨白，小说叙事的探索者——长篇小说《手的十种语言》研讨会研讨综述
206	刘　军	欲望发生学与个体精神的生长史——墨白长篇小说的精神图谱
216	王春林	欲望化时代精神困境的诘问与表现——评墨白长篇小说《欲望》
223	杨文臣	走出欲望的迷宫——墨白长篇小说《欲望》的精神分析式阅读
232	刘　军	最小的面积，最大量的思想——墨白小说《手的十种语言》阅读札记
239	刘　涛	一个意味无穷丰富的文本——《阳光下的海滩》细读
244	张延文	乡野的呼唤——《一个做梦的人》的国民性批判
248	马新亚	墨白作品研讨会综述

作品年表

259　墨白作品年表

研究资料索引

275　墨白研究资料索引

293　编后记

自述 · 访谈 · 印象记

颍河镇地图

墨 白

  1956年农历十月初十,我出生在河南省淮阳县新站集,从出生到1992年的三十六年间,我长时间离开家乡只有两次。第一次是1976年到1977年,为了生存,我外出流浪。第二次是1978年初秋到1980年入夏,这两年,我考入淮阳师范学习绘画。其实这次并不算真正离开,因为家乡离县城只有二十公里的路程。毕业后,我又重新回到颍河岸边那个偏僻的小镇,在一个只有十个班级的小学校里,我一待就是十一年。

  在孤独和寂寞的乡村生活里,我常常想起凡·高。凡·高是一个极端孤独又无比热情的艺术家,尽管有弟弟资助,仍然过着穷困潦倒的生活,但他从来没有放弃对艺术的追求。凡·高在绘画中注重个性和情感的表达,绘画成了他生命与精神的寄托。在他的绘画里,一个劳动者的形象、一块耕地上的犁沟、一片沙滩、一片云彩、一夜星空,都成了他精神世界的载体,这些和我在生活中的经历十分相似。尽管我已经是小学教师,吃上了商品粮,但我的妻子和儿子还都是农村户口,在颍河的河道里还有我要耕种的农田,农忙的时候,我仍然是一个下地干活的农民。我从凡·高的经历中得到启示:一个艺术家,如果不把自己的生命融进自己的作品,那么他就很难使我们感动。同样,如果我们在一个作家的作品里看不到他强烈的生命气息,那么这样的作品也就很难打动我们。

  应该说,我的童年和少年时代是在恐慌和劳苦之中度过的,我的青年时代是在孤独和迷茫之中开始的。苦难的生活哺育并教育我成长,多年以来我都生活在社会的最下层,至今我和那些生活在苦难之中的人们,和那些无法摆脱精神苦难的最普通劳动者的生活仍然息息相通。2003年10月,一位在芝加哥大学任教的旅美华人来到河南,他是一位人类社会学家,想从河南农民的医疗状况入手,对中国农村目前的政治经济状况作一次梳理。我受朋友之托,陪他到我的老家作了一次社会调查,在这次调查的过程中,我们接触了各种各样的人物:镇党委书记、信用社主任、个体企业家、基督教徒,他们都是我的同学或在一起工作过的同事,第一天一起吃饭的还有我们县博物馆的馆长,当年他和我都是文学爱好者,在我任教的小学里,他还做过我的顶头上司。第二天我们先去见了一个乡村医生,他是我本家的一个堂兄,转业之前在部队上做卫生员。接下来是几家农户,其中一个以榨油为生,还有一个汽车司机。司机是我中学时的同学,他父亲曾是我们镇搬运队里的工人,他接了父亲的班,搬运队破产后他自己买了一辆东风牌汽车,从外地往我们镇上拉鸡蛋。另一个是木匠,木匠的父亲绰号"朝廷",我们的这位"朝廷"却种了一辈子菜。别看他是木匠,可是个高智商,他说话幽默,而且是冷幽默。当然,他现在已经不做木匠活了,改做砸白铁了。我说的这些都是我的街坊。那一天,我们还见到了另外两个人:一个是我的小说《讨债者》里那个没有露面的个体户老板的原形,他整天到外地跑着去要账。他现在流落他乡,听我父亲说,他很少回来。人们知道他回来了,就会到他家里去要账。他以前做皮革生意,欠了人家十几万元的货款。他不敢睡在家里,偶尔睡在家里,一听到外边有动静,就会起身翻墙而逃。那天他对我说,他现在在上海某个企业做推销员。据我的经验,他说的话就像我写的小说一样,十有八九是虚构的。另外一个是我初中时的同学,毕业后他去北京参军,被分到总政某个教导营,因为他是志愿兵,转业回来被分到了县城。他回镇上的时候,胳膊上常常挂着一件藏青色的风衣,一手提着皮包,走起路都带风,盛气凌人。后来他回到我们镇上做市管会的主任,每天和那些小商小贩打交道,收钱的时候,就是亲娘老子他也会把手里的票据一撕,黑着脸说:五十!这些形形色色的人物,和我的写作有着密切的关系,但是想把别人的精神融入自己的血液却很不容易。我想,要想进入他们的精神世界,就不能把他们当外人,就要把他们当成我自己。如果这样,那我就是那个逃债者,整天无家可归;我就是那个胳膊上搭着风衣盛气凌人的市管会主任;我就是那个乡村医生;我就是那个博物馆馆长;我就是那个榨油的个体户。我就是他们之中的任何一个人,我得先变成他们,设身处地为他们着想,像他们一样去思考问题。

在家乡小学度过的那些孤独和寂寞的岁月里,除了凡·高,我还认识了另外一些大师:夏加尔使我对记忆和梦境有了更深刻的认识和理解;达利使我看到了时间和人性的另一面;蒙克让我感受到了死亡的存在和生命的焦虑;莫奈使我认识到当生命的主题确定之后,形式和语言的重要性。那段时间我还阅读了大量从西方传来的现代和后现代主义的文学作品。有许多人总把现实主义、现代主义和后现代主义断裂开来,实际上它们是相通的,是承上启下的。现代主义和后现代主义关注的是人类存在的时间和人类记忆的存在,这是更真实的现实。海德格尔在《存在与时间》中说,时间呈现的状态是当下、过去和未来,而我们生存的现实只存在于现实的一瞬间。在存在主义看来,任何事物都是当下的问题。现代主义和后现代主义就是对时间和记忆的认识,是对人类存在的认识。我们都知道,记忆建立在时间的一瞬间,梦境、幻觉、经验、历史、生命的存在形式统统存在于一个人的记忆之中,所以我说现代主义和后现代主义是建立在现实之上的真实,但这又是现实主义叙事根本没有认识到的问题,也是现实主义叙事没法解决的问题,说到底也就是文学观念问题。时间和记忆的问题是文学叙事的根本问题,因为时间和记忆涉及人类精神层次的各个方面,它不仅是文学话题,更是哲学话题。

一个作家不论你在这之前读过多少人的书,掌握了多少叙事技巧,有多少新的艺术观念,一旦你进入写作,那么以前你所认识到的那些都要抛开,而是要进入到和你生命息息相关的生活里去。也就是说,作家要靠直觉写作,他的写作要建立在他的生活经验之上,这很重要。所以,我生命里的颍河镇也就是我文学里的颍河镇,颍河镇对我来说,是什么都不能代替的。

我们常说,一个作家的写作最重要的是要面对自己,可有人在疑问,这样他写作的资源会不会干涸?我认为不会,一个作家为什么会有写不完的东西?那就是他善于把所看到的或者听到的别人的故事和经历,视为自己的经历和感受,同时,他还善于把整个社会看作是以自己为中心的场。实际上,我们每个人都生活在一个磁场里。有一年我二哥的儿子结婚,我回家参加侄子的婚礼时感触就很深。本来我那个侄子在深圳工作,对象是重庆的姑娘,他们完全可以不回来办婚事,可是二哥坚持在家办。为什么?二哥这些年一直在地方上做事,随了许多朋友和同事的礼,红白喜事,没有少过,不知已经出去了多少钱。你不在家结婚,这些钱别人怎样还你?另外,你孩子结婚不告诉人家,人家会觉得你看不起人家。什么叫朋友,只有到了事上才能看出来。我侄子农历二十二结婚,农历十八就开始待客,第一天是县上的,第二天是二哥工作过的几个乡镇的干部,第三天是我们本镇上的干部、教师,最后一天才是我们的街坊。你看,这就是一个场,很难跳出来。作家就要强烈地感受到这个场的存在,但不同的是,你既要有能力从这个场里走出来,从外部对这个场来观察,又要有能力走进去,把自己变成场中的人,要去切身体会这个场的存在。所以,我一直认为我都是在写自己,写我对生活的恐惧与困扰,写我对生活的渴望与向往,写我对生活的迷茫和无助,写我的孤独和悲伤。

一个人能写透自己,并不是一件容易做到的事儿。你想:写透一个人就这么不容易,那么写透这个小镇,就更不容易。河南大学的一个博士生要以我的小说来开题做论文,他问我有什么建议,我说了两点:第一,你可以系统地做几张不同时期的颍河镇地图。当然,这张地图的依据是来自墨白的小说。比如,你先画一张20世纪40年代的颍河镇地图,这张地图是根据《失踪》《同胞》、《霍乱》《民间使者》《酒神》等小说的内容构成的;接着画一张50年代的地图,这张地图是根据《黑房间》《风车》等一些小说的内容构成的;接着再画一张60年代的颍河镇地图,这张地图是根据《梦游症患者》《苍凉之旅》《母亲的信仰》《红房间》等这些小说构成的,以此类推。等你画完了,你会发现不同时期的颍河镇地图已有很大的不同:40年代出现的地主大院,到了50年代已经成了镇政府;50年代出现的山陕会馆和城墙,到了60年代已经被扒掉了;60年代还在使用的颍河镇码头,到了70年代已经荒废了,等等。你可以清楚地看出这个镇子的历史沿革。第二,你可以做一个颍河镇的人物图表,通过这个人物图表,你会发现生活在颍河镇的人们在精神上发生了怎样的变化。我一直认为,一部作品一旦问世,那么它就属于整个社会,是人类共享的精神财富。所以,一个小说家也可以像别人那样回头去审视他以前写过的作品,也可以说三道四,因此我才对那个博士生说了以上这些话。

  有时我就在想,我对家乡了解吗?尽管我已经写了几百万字关于这个小镇的小说,其实,我对这个小镇了解得还很浮浅,对这个小镇里的许多东西,我还没有潜下心来研究。如果你看到小镇上的人只是一些灰头灰脸的面孔,那么你就已经大错特错了,这座小镇的丰富远在你的想象之外。生活在这个小镇里的每一个人物,都有着丰富而复杂的内心世界,有时候你可能觉得他们是闭塞的,可他们的闭塞与我们人类对于宇宙有什么两样呢?对于宇宙,自作聪明的人类仍然是闭塞的。同样,颍河镇人对于外部的世界来说是闭塞的,可同人类对于宇宙是相同的。颍河镇应该是人类社会的一个缩影。所以说,这个小镇太丰富了,丰富得就像一片海洋,我对这片海洋的了解还远远不够。颍河镇对于我的写作来说,就像博尔赫斯对于他的图书馆。博尔赫斯所管理的国家图书馆对于他来说是浩瀚的,颍河镇对于我来说也是浩瀚的。所不同的是,那个国家图书馆每个人都可以进去阅读,而从某个角度来说,颍河镇只属于我自己,只有我带着一把启开她大门的钥匙,一旦进入颍河镇,我想象的翅膀、我自由的翅膀、我语言的翅膀就会自动张开。一个作家要建立一个属于自己的文学领地,是极艰难的事情,像马尔克斯,像福克纳,像沈从文。一个作家的文学领地是和一个作家的艺术生命紧紧相连的。颍河镇对于我来说,永远都是一座取之不尽的矿藏。

原载《小说评论》2010年第3期

汉语叙事的多种可能性

墨 白

自 20 世纪 80 年代以来,新时期的文学创作已经有了三十多年的经历,这基本上和 20 世纪三四十年代中国现代文学运动的时间长度差不多,其中也涌现了一大批不同风格流派的作家,无论是作家人数和作品数量都远远超过了现代时期,但和现代文学史上的那些大家相比,新时期的文学在哪些方面承接了"五四"以来的新文学传统?或者说我们的写作是否正在或将会形成新的文学传统?

我们评判现代文学史上的一些作家,比如鲁迅、沈从文、张爱玲,主要还是从其作品的文本价值和建立在文体价值上所产生的社会意义中。什么是新文学的传统?其实就是文学精神的本质:一是作家能给我们提供一种看待世界的新方法;二是作家的作品能深刻而准确地体现他所处时代的社会本质,穿透时代的精神内核。看一个当代作家的作品是否能构成文学传统,同样也是这样的标准。

当然,最重要的标准是要经受时间的检验。一部作品是否会形成新的文学传统、是否能长久地传播,是需要时间的,是需要建立在读者的不断阅读和认可之上的。任何有价值的作品都是独一无二的,是不可替代的。我们之所以视一部作品具有长久传播的力量,就是基于这一点。作品的生命力,只有作品本身才能证明,别的一切外来因素最终都会失去作用。

我们现在所处的是一个大众文化的时代,一个消费文化的时代,一个信息文化的时代,一个实用主义至上的时代,小说写作的作用越来越小了。文字作为冷媒介很难被大众接受,严肃写作更是面临阅读者群体日渐减少的趋势,这是事实。但还有一种事实我们不能否认:我们每个人在小学、中学、大学的求学过程中,阅读过大量的文学作品。也就是说,在我们精神成长的过程中,我们每个人都受过作家的引导。过去是这样,今后恐怕也是这样。一个作家的写作,是不能和他自己所处的时代剥离开的,你身在其中,就和它有千丝万缕的关联,这种关联当然包括文化。

我时常把现实中的城市想象成一个男性的空间,耸立在城市上空所有的建筑都具有男性的象征性。它们是那样的庞大,那样霸道,即使在光天化日之下,它们也不愿意让充满自身的血液退出去,把自己打扮成永远处在亢奋之中的样子。当夜晚降临的时候,它们又用灯光从内部把自己改变成一个透明的晶体。城市就是在这样的欲望之中无休止地膨胀着,空气中充满了铜臭的气味,但又是那样的冰冷,那样的缺少情感。世俗在肆无忌惮地强奸着我们的灵魂和思想,这就是我们的精神世界在现实生活中的真实写照。生活在这个空间里的作家如果缺少独立人格和自由精神,那么他就可能随时被世俗的欲望所强奸。

真正的作家,无论世风怎样变化,无论在任何情景下,他们独立的人格都不会被权势所奴役,他们自由的灵魂都不会被金钱所污染。那是因为他们的写作是来自他们的心灵深处,是对自己行为的忏悔与反省,及他们对媚俗的反抗、对社会病态的揭示、对人间苦难和弱者的同情、对人类精神痛苦与道德焦虑的关注,等等,这些因素构成了他们的姿态。而更重要的是,写作应该充满对旧有文学叙事的反叛精神,充满对惰性传统阅读习惯的挑战意识。他们的写作充满了想象力,充满了创造的激情;他们的写作是在为人类认识自己和世界提供一个新的途径。这些都显示出了写作者们的精神品质,一种人类精神领域里最为可贵的品质。

作为一个农民的后代,我饱尝了由长期的城乡二元对立所构成的人格不平等而引起的精神歧视,我深刻地体会了由精神蜕变所产生的痛苦。在无处不在的蔑视的目光里,我用力地寻找着作为一个公民应有的尊严,化解着多年来由社会的不公所带给我的自卑心理。后来我发现,在我们的现在生活里,更多的人开始意识到人的尊严和人格平等的问题。在一个文明的社会里,尊严对任何人,哪怕是一个残疾人、一个精神病患者、一个被判了死刑的囚犯,都应该是平等的。我们还应该意识到,虽然我们身处一个开放的时代,同时有着各种各样的法律条文作保障,但是我们要想从被禁锢的精神牢笼里摆脱出来达到精神自由,从被歧视的阴影里摆脱出来建立人格尊严,路途还十分漫长。这就像1954年美国的《宪法》作出了种族隔离是违法的规定一样,《宪法》虽然已经修正,而黑人真正要想摆脱种族歧视还得从自己做起,让自己的内心必须强大起来。我们自身的解放,才是至关重要的。作为一个人,最大的恐惧可能不是来自外部,而是来自我们内心深处。

我们知道,我们是一个太善于忘记的民族。因为善于忘记,我们失去了太多的自尊。我们还知道,有许多事,仿佛只有当它变成历史的时候,我们才有勇气去面对它的真相,比如像发生在20世纪三四十年代里的"抗日战争"和"解放战争"。在我们的教科书里,或者历史学家那里,常常会把我国的发展历程分成古代史、近代史、现代史、当代史,等等。然而,在小说家这里,这种界线被模糊了,小说家对历史学家给历史作出的定义提出了疑义。小说家有自己看待历史的方法,有自己独特的历史观。一些刚刚发生的事件,一些已经十分遥远的事情,在我看来都是我们的记忆,一些丧失了物理时间的记忆。比如发生在20世纪初的"五四"运动和20世纪末的"六四"运动,它们对我来说没有先后之分;比如发生在20世纪60年代的"无产阶级文化大革命"(简称"文革"),和比这个年代更早一些的"大跃进",在我们写作的时候,它们只存在于我现实中的一瞬间。

尽管我们说小说是虚构的艺术,但这种虚构是由语言来呈现的,所以小说的第一要素不是结构或故事,而是语言。小说的存在就是语言的存在,是由语言呈现的现实。无论是虚构的现实,还是想象的现实,我们记忆里的一切都是由语言构成的。所以语言就是形式,小说的任何文本形式,都是由语言开始和呈现的。

语言是人类精神的容器。人类的精神是用来传播的,是长久的;而物质是用来消费的,是短暂的。但并不是人类所有的语言都具有文学性。从诗歌和小说出现的那一刻,叙事语言就踏上了探索的路途,而且从未中止过。所以文学的叙事语言不是日常生活的模仿,而是提炼和创造。说它是探索和创造,就是在我们的小说里出现的语言在现实里还不曾出现过,把没有的变成现实,是我们叙事语言探索和创造的最终目的。

我们视这种创造和探索为一个小说家的语言风格,这样的小说家十分稀少。因为稀少而成为孤独,任何有关精神的劳动都是辛苦而孤独的。

小说家的精神立场在语言里呈现得淋漓尽致,他们用独特的语言形式来表现人生和社会经验,并站在人性的高度对历史和生命进行拷问,为读者提供一种极具个性的叙事文本。当然,好的小说叙事语言不是空穴来风,而是个人的语言经验与社会大众普遍的语言经验所达到的高度契合。

所以说,叙事语言是衡量一个小说家的重要标尺。即使我们从小说的一个章节里抽出来一段文字,也能看到一个小说家对语言的感觉。小说的结构技巧,对事物的感觉;小说的意味,对生命的思考和追问、对精神的探索,等等,都能从他的叙事语言里体现出来。

很久以来,文学界有一种习惯把本土语言和由翻译家翻译出来的语言分离开来,我不赞同这种认识。一方面,我们感谢翻译家所作出的辛苦劳动和创造;另一方面,我们应该明白,所有的翻译作品使用的是汉语。是汉语,而不是别的语言,这一点很明白。我们不能故步自封,不可自以为是,我们既要掌握本土语言,又要接收另外语种的叙事经验。只有这样,我们才能走出本土语言对自己的束缚,汉语叙事才会具有多种可能性。

我不止一次说过如下的观点:一个好的作家,必然是立足于本土经验和本土意识的,无论他接受了多少外来的观念和叙事手法,最终还要回到他熟悉的那片土地,所有的观念和方法都是为了表现他所处社会的精神实质,为了表达他对所处世界的真实感受和发现。只有基于自身文化传统的开放式写作,才具备更为深远的价值。因为一个作家的情感和责任不可能从生他养他的土地中分离开来,这样他的作品才能根植于大地。

摘自《坚守与突破——中原作家论丛》,河南文艺出版社,2011年

梦境、幻想与记忆

墨 白

在梦境里出现的事情,常常与我们现实生活里发生的事情有着某种关联,梦里的情境总是使我们感到新奇,梦使我们获得了另外一些看待世界的方法。

夏加尔有过这样一段名言:什么样的画都可以,请把它倒过来看看,这样才可以了解其真实的价值。我把夏加尔的这句话理解为他的艺术宣言,他这句话的实质是:艺术需要创造。而对于夏加尔来说,他的绘画天才是来自梦境和幻想,来自他对童年的记忆,比如鸟、时钟、情侣、花束、鱼、牛、羊、马戏演员和新娘,都能飞跃在他绘画的天空中。在他的笔下,花束如星空中的烟火,倒置的小屋使人产生离地凌空的梦想,但这些却都能使我们真切地感受到人间的爱情、温柔、罪恶、痛苦和快乐的存在。夏加尔的绘画真实地切入了我们的现实生活,他使我们感动,使我们感到梦境就是我们生活的一部分。

我常常在梦境里飞翔,飞越河流和林丛,在梦境里和一些我曾经爱过或没有爱过的女性做爱,常常回到我曾经生活过的乡村小学。可是使我感到不可理解的是,每次的梦境里,那所我熟悉的乡村小学的格局都会发生一些变化,而梦里的天空也总是昏暗无光,一切都是那样的模糊不清。当我醒来之后,我都能清醒地记起梦中的情景,梦里的情景留在了我的记忆里。这个时候,梦境与我们过去所经历的现实生活,与我们的阅读经验在大脑里具有同等的位置,它们都成了我们记忆里的一部分。同样,幻想也具有这种特征。幻想和梦境成了我们最真切的精神载体,这是不争的事实。

梦带给我们创作的灵感。1928 年,超现实主义大师布努艾尔[①]和达利,用他们在梦境里见到的情景拍摄了对人类艺术进程有着深刻影响的短片《一条安达鲁狗》[②]。时隔 70 年后,当我看完《一条安达鲁狗》时,仍然感到震惊。对梦境的热爱,对梦的内容的关注,可以说是 20 世纪那些超现实主义艺术家们的重要特征。布努艾尔电影里的许多细节都来自他的梦境,而达利的绘画更多来自他那颗奇特的头颅对世界的幻想。幻想无疑是人类思想自由的种子,不管在什

[①] 路易斯·布努艾尔(1900~1983),超现实主义电影大师,出生于西班牙特鲁埃尔省卡兰达镇的一个天主教家庭,一生拍摄了 32 部影片。
[②] 布努艾尔和达利编剧,布努艾尔导演。

么样的状况下,幻想都属于我们自己。梦境也具有同等的性质,所以幻想和梦境是我们精神最重要的组成部分。梦境和幻想对于我们来说同柴米油盐酱醋茶一样,是一种物质,只不过它们分属物质和精神两个领域而已。

记忆使我们能回忆过去,回忆过去那些我们亲身经历的事情,同时也能让我们回忆起我们的梦境和幻想的内容。在塔可夫斯基①的电影里,我们能强烈地感受到这一点。在《乡愁》②里,油画般冗长的画面,浓雾笼罩下的田园,贯穿始终的汩汩流水声,在雨水里不知道从什么地方传来的刺耳的电锯声,这一切都仿佛来自于梦境;在《镜子》③里,现实与梦境,来自不同时期和不同国度的历史影像资料与记忆,真实事件与幻想,潜意识与自然现象,这一切都成了塔可夫斯基表达记忆的手段。对战争反人民性的反思,我们现实生活里的每一个人对世界所承担的责任,都通过他对梦境、幻想与记忆的陈述变成了一种衡量世界精神的尺度,同时他还告诉我们,那些我们所经历的,现实的和将来的,这一切与时间有关的精神和物质的内在的联系。

当我们的生命走到尽头的时候,或许会突然发现,原来我们一生所走过的道路,实际上只不过是一个长长的梦境而已。到那个时候,或许我们才能清醒地认识到,梦境和幻想对我们是多么的重要。现在,我们有理由认为,过去的一切,都是我们的梦境,谁也没有办法回到像我们现实里一样的真实,我们只能依靠记忆回到那些时光的某一刻,或者某个事件的片断,我们不可能复制过去真实的一分一秒。我们现在所看到的一些文字,或者图片,或者影像,都是那些我们无法复原的历史片断,也就是这些片断,成了我们所谓的历史。但我们知道,有时候记忆是靠不住的,有时候记忆会偏离事实的真相,太多的主观记忆把已经远去的客观世界切割得支离破碎,我们现在所看到的历史都已经经过了我们人类个体的主观意识的改造,这样的历史已经远离了客观事实。历史常常用一种假象来迷惑我们这些无知的人。

夏加尔说,生命的终点只是一束花。我说,生命的终点就是我们的梦醒时分,只有到那个时候,我们才会彻底明白,人生就是一场十分漫长的梦。尽管如此,塔可夫斯基仍然坚信:做你认为正确的事,时间会做证。这也是我们既然看清了人生是梦,但并不悲观的原因,因为我们曾经存在过,作为一个有着独立人

---

① 安德烈·塔可夫斯基(1932~1986),苏联电影大师,剧作家。他遵循的创作原则是"诗的电影"、"作者电影"和"理性电影"。他的电影关注的是在历史上没有地位的普通人,并带有强烈的个人特色,结构复杂,隐喻性强。
② 安德烈·塔可夫斯基1983年作品。
③ 安德烈·塔可夫斯基1974年作品。

格的人存在过,思考过,创造过。

《映在镜子里的时光》写于1998年,应该说这是我对梦境、幻想、记忆与我现实生活之间的关系的一种理解和认识,也是我对时间的理解和认识,同时也是我的历史观。那个时候我只看过达利的一些作品,对布努艾尔、夏加尔还有塔可夫斯基都不甚了解,当然对梦境、幻想与记忆的认识还没有现在这样的清晰,当我重新阅读《映在镜子里的时光》的时候,我才感悟到,实质上,她已经具备了这种特质和精神。

摘自《映在镜子里的时光》后记,群众出版社,2004年

我为什么而动容

墨 白

  在过去的时光里,我们人类所拥有的苦难真是太多太多,天灾、人祸,每一件细小的事情都会使我们的良心所动。

  1986年1月28日,在美国佛罗里达州卡纳尔角肯尼迪航天发射中心,来自新罕布什尔州康德中学37岁的女教师克里斯塔·麦考利夫是最引人注目的人物,因为她将要和另外两名宇航员乘即将发射的"挑战者"号进入太空。11时38分,"挑战者"号腾空直搏云霄,而在五秒钟后,航天飞机突然化成了一个火球,从碧空中传来一声闷响。在远离发射架4英里的看台上,一千多名观众目睹了这场人类的空中灾难,片刻从惊愕之中回过神来,不觉凄楚难当。那个时候这位女教师的父母都在看台上,当她的父亲明白过来后就伸手搂住了老伴,她神色迷惘,继而鼻子一酸,苦泪夺眶而出。在康德中学的礼堂里,一张张笑脸顿时呆若木鸡,片刻沉寂过后,响起了一片不可抑制的哭泣声……

  2000年某月的10日凌晨10分,江苏省睢宁县一个名叫孙超的青年骑着自行车往家赶路,在他走到县城北高速路睢魏入口时,与一辆车牌号为苏C06540的大客车相撞,致使孙超头部受到重伤,大客车的左后轮压住了他的腹部之后才停下来。孙超凄厉的惨叫声划破夜空,但车上的司机和28名乘客却无动于衷,没有一个人下车相救,任凭他在车轮下惨叫一个多小时。等凌晨1时20分交警赶到现场的时候,孙超已在车下昏死过去,那个时候司机和那28名乘客仍旧坐在车上,有的甚至在呼呼大睡……

  是的,那些来自大自然的灾难让我们感到恐惧,而更深重的灾难是来自我们的灵魂,来自我们人类本身。我不知道当孙超凄厉的惨叫声从车下传来的时候,那些坐在车上的人是怎么想的,我不知道如果自己当时在那辆车上该怎么办,我的良心为那件事儿在很长一段时间里都得不到安宁,我痛苦不堪。我心里清楚,在未来的时光里,人类仍然会被一些意料之外和意料之内的苦难所心痛,将要和那些已经过去的苦难成为我们难以回首的往事,成为我们的记忆。

  但是我不得不承认,正是那些往事和记忆才构成了我写作的生命,为了使过去的每一件事情难以忘怀,为了使我麻木的心灵得到苏醒,为了使每一个我自认为有新鲜感有意义的想法重新生存于现实中,我不得不进行回忆和写作。我的写作是靠回忆来完成的。

我们的生命只存在于一瞬间,除此之外,就连刚刚过去的一些事情,我们的一切事情都要依靠回忆来完成。现实也存在于一瞬间,只有在这一瞬间被称作浩瀚的历史才显示出她的意义。而回忆使我们首先颠覆了时间的意义,在回忆之中,时间变得不可依靠,和现实出现了距离。发生于1986年1月28日的远在大洋彼岸的那场空难和2000年某月10日凌晨的那件让我们心痛如割的往事可能会先于昨天的事情来到我的笔下,时间在我的回忆之中丧失了秩序。无数的往事会每时每刻进入我们瞬间的生命,进入我们的现实之中,回忆使我们废除了现实与过去的距离,而回忆之中的一切又都是正在进行时,回忆就是现实。对于我来说,现实始终是我们写作的基点,我的写作,我笔下的一切都是正在进行时。

　　我们使用语言和文字使记忆和幻想变成某种画面或情绪直接呈现在读者面前,使历史、时间和未来超出虚幻,变成一种固定的能给读者留下记忆的东西,我们成了创造历史的人。由于回忆使时间丧失了秩序,因此时间对于我们的生命而言就变得没有起点和终点。在这样的时间里,我们就可以用不同的视角来回忆和审视某一件往事。由于视角的不同,同样一件往事或人物就会使我们得到不同的感受和认识,这就使得我们的写作显示出她的复杂性和多层次性,这就成了历史。历史的真相是什么?历史就是某个人从某个带有主观意识的侧面所看到的某个事件的某个方面,历史就是某个人的好恶。

　　那么,我们靠什么来完成这种对回忆(历史)、现实(生命)和未来(时间)的定型呢?对于我们写作者来说,毫无疑问,我们需要独立的人格和诗性的叙事。在技术上,现在我们所面临的最重要的问题就是叙事。我所说的叙事当然不是单单地去讲述一个故事,绝对不是,故事只是使读者进入回忆内部的一种手段,叙事的灵魂应该是一座巨大的宫殿,一座迷失在时间和历史之中的宫殿。我们在这座迷宫里所看到的应该是用肉体和灵魂建成的、没有尽头的、充满阳光或光线暗淡的小道,我们沿着这些小道去漫游这座宫殿,在小道的两侧我们应该使来漫游的人看到他们从来都不曾看到过的花朵或野草,那就是我们对历史、生命和时间的独到的认识和见解。

　　1976年的春天,我高中没毕业就外出独自谋生。而在这之前,在我的颍河岸边,在那座我出生的小镇上已经接受了苦难对我最初的洗礼。我父亲在1966年因为"四清"运动中的所谓经济问题,被判三年徒刑,这就决定了当时我们家的社会地位。为了生存,我从小就学会了许多农活。我的童年和少年时代是在恐慌和劳苦之中度过的。在我出外流浪的几年时间里,我当过火车站里的装卸工,做过漆匠,上山打过石头,烧过石灰,甚至被人当成盲流关押起来。那个时候我身上长满了黄水疮,头发纷乱,皮肤肮脏,穿着破烂的衣服,常常寄人篱下,在别人审视的目光里生活。我的青年时代是在孤独和迷茫之中开始的。苦难的生活哺育并教育我成长，多年以来我都生活在社会的底层，至今我和那些仍然生活在苦难之中的人们，和那些无法摆脱精神苦难的普通劳动者的生活仍然息息相通，我对生活在自己身边的那些人有着深刻的了解，这就决定了我写作的民间立场。我可能是这样一种人：对世间苦难的人类充满了同情心，或者悲悯之情。我想这应该是我的本质，一个作为具有人道主义精神的普通人应该具有的一种本质。但是当我作为一个作家出现的时候，我需要的是用另一只眼睛来正视人类真正的苦难和精神的迷惘，而不应该是一般意义上的悲悯和同情。我希望世上的每一个人都生活得很幸福，正因为这一点我的写作才正视苦难，我应该记住人类的苦难，人类肉体和精神上的苦难，并且以小说的形式使这苦难再现出来，使我们已经麻木的心灵慢慢地觉醒。

　　1995年7月27日的黄昏，一个名叫凯文·卡特的南非青年开着他的红色卡车来到了布莱姆方特恩斯的普洛河畔，这是他小时常常来玩的地方。在这里他用银色的胶带把一截从花园里弄来的软管固定在排气管上，又从车窗送进车内，他穿着没洗的牛仔裤和T恤衫，然后启动了车子，打开身边的随身听，用一只袋子枕在脑袋下面慢慢地结束了他年仅35岁的生命。后来人们在他的座位上找到了一张条子，条子上这样写到："真的，真的对不起大家，生活的痛苦远远越过了欢乐的程度。"这使我震惊，使每一个熟悉凯文·卡特的人感到震惊。凯文·卡特在两个月前刚刚获得了普利策新闻摄影大奖，他那张再现1993年苏丹大饥荒的《饥饿的女孩》的摄影作品使我们所有读到的人都得到了心灵的惊颤。凯文·卡特为了让自己从成堆的快要饿死的人的悲惨景象中放松一下，他走进了灌木丛，就在这时他看到了一个骨瘦如柴的小女孩正在哭泣着艰难地向前爬着，正当凯文·卡特要拍下这个女孩时，有一只大鹰落在了小女孩的身边，他拍下了这张照片，然后驱赶走那只鹰，注视着那个小女孩继续往食品发放中心爬行。凯文·卡特在地上坐下来，点上一只烟，念着上帝的名字放声恸哭。凯文·卡特使我对人类的苦难得以更深刻的认识，并使我为此而动容。

　　人类的苦难在不断地发生，在这个即将过去的世纪里我们的肉体承受了太多的苦难，我们的心灵承受了太多的苦难。战争、饥饿、自然灾害、疾病充满了我们的记忆，而更多的苦难是来自我们人类自己，来自我们的精神世界。我们不能对此而麻木，我们不能为一些鸡毛蒜皮的小事儿津津乐道，我们不能忽视自身那些不堪忍受的凄苦的心灵，我们不能忘记人类的苦难，应该深刻地揭示我们人类自身的孤独和痛苦，深刻地揭示对现实生活的恐惧感和对未来的迷惘。叙述我身边那些忍受着生活苦难和精神苦难的底层人的生存状态和精神状态，是我写作《事实真相》里几篇小说的初衷。

1998年夏季的法国,当我们看到取得冠军的法国足球队的队员们只顾欢呼胜利,把站在领奖台上的法国总统希拉克淹没在屁股后面而不顾的时候,我感到吃惊,我坐在那里久久地沉默不语。我在想,我们自身到底缺少什么?我们这个民族到底缺少什么?把总统都视为平常人,那才是真正的平等,人的平等,人精神上的平等!我们身上的枷锁太重了,我们每个人都被流传下来的伦理道德压得直不起腰来,难道这不是我们的灾难吗?拍拍我们的胸口问一问,在那样的场合如果是我们,有人允许你那样做吗?就是允许,你能做得到吗?

是的,文学的问题首先应该是心灵的自省和自救,然后才是形式,那种把纷乱的记忆塑造成某种特定的文学形式,令人难以忘却的形式。在人格自建的完成过程中,在艺术上为读者提供一种新的、具有创造性的叙事形式是我在《事实真相》这部集子所追求的目标。

摘自小说集《事实真相》序言,四川文艺出版社,2001年

以个人言说方式辐射历史和现实
——墨白访谈录

张 钧

时间:1998年5月22日上午
地点:郑州,军供宾馆

张钧:据有关资料介绍,你的创作始于20世纪80年代中期,但形成特色的作品或者说比较重要的作品大多出于90年代,这一说法是否确切?

墨白:确切。但最初我没有这种概念。田中禾先生写过一篇有关我小说的文章①,他开头的一句话就说我是属于90年代的。是的,我的写作从根本上讲是属于90年代的。

张钧:你在淮阳师范学习的时候是70年代末80年代初,那正是一个横扫中国内地的思想解放运动的伊始阶段,那个时候人们的思想开始活跃,各种西方的文艺思潮和哲学思潮开始涌入中国,当时那种热烈的气氛凡是过来人都深深地体验过,如今谈起虽然犹如隔世之梦,但还是感到亲切,因为毕竟有许多东西渗进了我们的血液,影响着我们今天的思维方式和行为方式。请问,当时你是否也感受到了那种思潮的影响?如果答案是肯定的,那么,它对于你后来文学观念的形成是否起到了很重要的作用?

墨白:我没有很认真地想过这个问题。影响肯定是有的,但却是间接和被动的。

张钧:为什么这样讲?

墨白:因为生活的局限,那个时候我几乎没有看过一本这方面的理论书,在这方面我就像一个营养不良的畸形儿。这种情况的形成和我的生活环境有关。我出生在颍河岸边一个古老而闭塞的小镇里。我在那里读小学和中学。那里有着很深厚的文化积淀,老子就是我的老乡。但那里更多的是贫穷和愚昧、刁横和懒惰。在那片贫瘠的土地上我学会了所有的农活和对苦难的忍受。这种

---

① 见田中禾:《在梦境中寻找现实——读墨白小说》,原载《鸭绿江》1996年第12期,本文收入刘海燕选编的《墨白研究》,大象出版社,2013年。

苦难来自身体和精神两个方面。

张钧：请谈谈你的文学观念，它是始终如一的，还是不断变化着的？

墨白：最初我只是单单地把写作当成一种生存的手段。现在，这种观念仍没有改变，写作对我来说确确实实是为了活命。但是，随着岁月的流逝，在这种观念之上又增加了许多东西，比如写作是我生命的体现，是我对世界的认识和感受的主要方式，等等。我很欣赏维·阿斯塔菲耶夫①说过的一句话：写作需要的是全副心灵，而不是趋附时尚，不应该在文学中寻找地位，而应该从中寻找自我。

张钧：80年代中期以后涌入中国的后现代主义文化思潮对你是否有影响？你认为，你的小说里所表现的一些东西有没有后现代的意味？

墨白：有。我一直在努力使自己的作品呈现多主题性，让读者有建构性地参与。在我的小说里，历史与现实、现实与虚构、虚构与梦境，它们之间的界线往往是模糊不清的。这些特征都有后现代的意味。但我的作品里往往又呈现出现代主义的东西，比如对叙述崇高感的追求，注意建立作品的深层结构等。可以说我是一个介于现代与后现代之间的写作者，无论是前者还是后者我做得都不彻底。当然，有关现代和后现代，在我的小说里指的多是叙事技巧方面，其实，在我文字的血液里，流淌的还是我所生活的这块土地所给予我的、无法避开的东西。

张钧：进入90年代以后，中国的小说写作如果说增添了一些新姿的话，那么就是"个人化"的写作方式。这既是一种姿态，更是一种本质。因为这一代作家从根本意义上讲是从个人的人生体验出发来观察和言说世界的，他们的个人化角度，使写作在具有了多方面可能性的同时，也具备了一些无法言说的深刻性。我觉得，你的小说写作似乎也有一些个人化言说方式的特征，但又不一样，比如，有些个人化写作者们往往强调个人言说而排斥或淡化对于现实的言说，但你在言说个人的同时并没有忘掉现实。请就这个问题谈谈你的看法。

墨白：我是一个游离于主流之外的写作者。由于我的生活经历，在我言说个人的时候同时去言说现实是身不由己的事，那是我骨子里散发出来的一种气味，我无法改变。我是以个人的言说来辐射现实的。

张钧：你在淮阳师范读书的时候学的专业是美术，后来你怎么不干专业而写起了小说？你写小说的原始契机或者说动力是什么？是生活体验使你想找

---

① 维克多·彼得洛维奇·阿斯塔菲耶夫（1924~2001），苏联时期俄罗斯文学的代表人物之一，主要作品有长篇小说《最后的问候》、《鱼王》等。

到一种对于生活更准确的表达方式,还是由于某一部文学作品的启示让你发现了生活?

墨白:是生活本身。我觉得绘画不能淋漓尽致地表达我对世界的感受。还有一个原因,那就是受我大哥孙方友的影响,在我还没有到淮阳去读书的时候,他就开始发表小说了。

张钧:那么,学习绘画对于你的写作有没有什么影响?

墨白:有影响,并且还很大。在还没有意识到日后我会写小说的时候,我已经开始用绘画的眼光来观察这个世界了。后来我接触了大量的西方美术作品,那些不朽的绘画作品改变了我对世界的看法。比如,西班牙超现实主义画家达利①,他在作品中毫无保留地表现出对世界的怀疑精神使我感到震惊。

张钧:至目前为止,你已经写出了多少部小说?你认为已经写出了最想写的东西了吗?

墨白:没有。我有几个大的生活库藏还没有去动。我认为写作是无止境的,哪怕是我们已经写过的东西,我们还可以重新回头去面对它。我现在已经发表了三十多部中篇小说、六七十部短篇小说,还有一部长篇小说《梦游症患者》将在《大家》杂志上发表,大概有二百多万字,但我总觉得我的写作才刚刚开始。

张钧:有一篇短文,说你的小说具有两个特点:一是皈依人类的童年艺术,二是皈依原型思维。对于这种说法,你是否同意?

墨白:我看过这篇文章,我同意。

张钧:对于你的小说,我最大的感受就是想通过对于虚构的"颍河镇"的叙述,建立一个关于人类生存和精神的"隐喻场"。在这个"隐喻场"里,人类的生存是痛苦的,生命在痛苦的挣扎中所呈现出来的本质是悖谬的,而正是这种悖谬的生命本质,使叙述充满了张力,灵魂在生命之中或之外扩张、裂变、无家可归,一次次的逃亡,可又无处可逃。正是因为如此,颍河镇这个"隐喻场"就成了一个梦魇的"隐喻场"。

墨白:从生命的终极意义上来讲,人永远是一个思路清晰的梦游者。我们都清楚自己将走向哪里,可是我们还是尽可能使梦做得长一些。基于这样一种认识,我虚构了颍河镇这个"隐喻场"。因而,我的小说里大都是一些挣扎着的

---

① 萨尔瓦多·达利(1904~1989)是 20 世纪西班牙伟大的超现实主义画家。达利的绘画是对俗世的尖锐批评和讽刺,也是对充满危机的现世敲响的警钟,他的绘画击碎了极权统治对绘画内容的桎梏,为人类的绘画艺术开创了一个崭新的世界。

痛苦的灵魂。《古兰经》里说:"他们确是作恶者,但他们都不觉悟。"①我不是伊斯兰教徒,但我相信这句话。我们每个人都是有罪孽的,只是我们自己不觉悟,而且还都那么自以为是,于是这个世界就坏起来了。

张钧: 关于颍河镇这个虚构世界的叙述,你是否受到了福克纳②那个著名的"邮票理论"的启示或者说影响?福克纳从他的第三部小说《萨托里斯》开始,就形成了自己独特的叙述风格,即通过不断书写"家乡的那块邮票般大小的地方",创造出一个自己的天地。围绕着约克纳帕塔法县,他一共写了十九部长篇小说和七十多部短篇小说,被批评家们称为"约克纳帕塔法世系"。你是否也梦想着要建立一个类似的叙述体系?在我所读到的你的几乎每一部小说里,你似乎都或多或少地写到了颍河镇,那个镇子有点像各种幽灵游走其间的魔鬼城。

墨白: 我在《黑房间》里曾经画过一张颍河镇的方位图。另外,在《同胞》、《红房间》、《幽玄之门》、《远道而来》、《瞬间真实》、《航行与梦想》等小说里我都介绍过这个镇子的格局。我小说里的颍河镇就是我出生的小镇,我在那里生活了三十多年。我的小说大都建立在对生活的真实感受之上,但虚构对我同样重要。我是梦想着建立颍河镇这样一个源于真实感受之上的虚构的艺术世界,我一直这样努力着。这与福克纳关系不大,我在读《喧哗与骚动》之前就有了这个想法。我在很晚的时候才读到《我弥留之际》。福克纳的书我只读过这两部,我觉得有点对不住他老人家。为了弥补我心中的这种不安,前几天我又买了他的《去吧,摩西》和《圣殿》,只是还没来得及读。不可否认的是,正是他的"约克纳帕塔法世系"使我对建立颍河镇这个虚构的艺术世界的愿望变得更加强烈。

张钧: 对于小说的形式技巧,你是怎样看的?福克纳说:作家假如要追求技巧,那还是干脆去做外科医生,去做泥瓦匠吧!但是,我觉得,如果作家连最起码的文本意识都没有的话,那么他连做泥瓦匠的资格都没有。你在小说创作上,一开始是否就有某种自觉的文本意识?

墨白: 我一开始就比较自觉地注重小说的形式和技巧,我觉得这对我很重要。你只有先注重形式和技巧,才能更好地表达你的思想。当然,一个作家在写作之初可能很注意技巧,到了成熟的时候可能不太注意这些了,但你不能说小说里的形式和技巧就不重要了。我认为,形式和技巧是一个作家认识世界的方法,形式的不同就是视角的不同,一种新的形式就是为人类提供一种新的认

---

① 《古兰经》,马坚译,中国社会科学出版社,1996年,第2页。
② 威廉·卡斯伯特·福克纳(1897~1962),美国最有影响的现代派小说家,20世纪最伟大的作家之一,其主要作品有《喧哗与骚动》、《我弥留之际》、《八月之光》等。

识世界的方式。

许多了不起的作家都给人们提供了认识世界的方式,比如西蒙①、伍尔夫②、卡夫卡③、乔伊斯④、卡尔维诺⑤等,就连福克纳本人也是一个最注重形式和技巧的人,我认为如此重视技巧的作家之所以说出这种话,完全是为了表达冲破僵死技巧的挑战情绪。

张钧:我想这是针对一些唯技巧至尊的平庸之辈的抨击吧!

墨白:也许是。

张钧:一些批评家们认为,你的小说是一种感觉化的小说,这一说法我基本同意。关键是,怎么样理解这种"感觉"。我觉得,这种"感觉"应该理解为一种小说叙述之"核",这个"核"是抽象的。抽象,是因为它是写作者生命深处的一种思想方式,它支配着或者说决定着写作者之所以写这个东西而不写那个东西、之所以这么写而不那么写的内在根据。正是从这个意义上讲,它又变得具象化了,具象化了的"感觉"能调动起写作者的热情和想象。所以,我认为这种"感觉"必须是建立在现实体验上的,是一个写作者,尤其是一个优秀写作者的基本生命构成。一个只有经历而没有感觉的人,我想他成不了作家,或者至少成不了一个好的作家。

墨白:对,现实和感觉是血肉相连的。现实仿佛是水,而感觉就是流动的雾。雾的形体是随时都在变化的,它可能会掩盖某种事物的真相,但它的本质是不变的,无论浓或淡,它仍然是水分子。

张钧:我认为,你的小说中的某种意识,也就是你生命中某种最深刻的情结。这种情结是一种什么样的情结呢?或者说用一种什么样的词语为它命名呢?我拿不太准,你能就这个问题谈谈吗?

墨白:猛然间我也说不太清楚,我觉得是冥冥之中的东西。意识本身就是精神性的,它是一种情结,一种模糊不清的情结,但它又实实在在地存在着,它

---

① 克劳德·西蒙(1913~2005),法国新小说派代表人物,1985年诺贝尔文学奖获得者,其主要作品有《弗兰德公路》《农事诗》等。
② 弗吉尼亚·伍尔夫(1882~1941),20世纪意识流小说大师、批评家、女权运动的先驱,其主要作品有长篇小说《达洛维夫人》《到灯塔去》《海浪》等。
③ 卡夫卡(1883~1924),奥地利小说家,现代主义的探险者,被尊为20世纪现代派文学的鼻祖,其主要作品有《城堡》《审判》等。
④ 詹姆斯·乔伊斯(1882~1941),爱尔兰小说家,20世纪现代派文学大师,其主要作品有《尤利西斯》《芬尼根守灵夜》等。
⑤ 伊塔洛·卡尔维诺(1923~1985),20世纪意大利最富特色的文体家之一,小说大师,其主要作品有《寒冬夜行人》《命运交叉的城堡》《帕洛马尔》等。

不停地折磨着我,使我不得安生。我有个朋友曾经写过一篇短文,题目叫《十字架下的墨白》①,文中说我是个忧郁又孤独的人,而这种忧郁和孤独又是与对死亡的恐惧和生命的悲怜相联系的,是一种对于爱的永恒的渴望与献身精神,我不知道他说的是不是那种时刻在折磨我的意识情结。

张钧:在意识和感觉的轻重关系上,每一个作家作品里的表现是不一样的,这大概有三种情况:意识大于感觉、感觉大于意识和二者均等。当然,这只是一种大概的划分,因为实际上在作品中这种东西是无法量化的,量化也是不科学的,我这里这么做也只不过是为了方便而已。从方便出发,我认为你的小说意识与感觉的关系基本上是后者稍稍大于前者,所以叙述是一种偏重于感觉的智性叙述。这种叙述在阅读的时候很容易让读者放松,进入一种陌生的幻觉;也很容易使读者上当,最后导致阅读的荒谬感和虚无感。进而感到一种悖论和绝望,比如小说《白色病室》和《青台》②的叙述就是这样。

墨白:这种荒谬感和虚无感也许就是我的小说的美学基础吧!

张钧:《白色病室》在阅读的时候有一种喘不过气儿来的感觉,那个叫苏警己的年轻医生在外部力量的挤压之下,演化成一个精神分裂患者的过程让人目瞪口呆。小说在生命和灵魂两个层面上进行了复调叙述。这种复调叙述是高明的、巧妙的,一开始是两条平行的叙述线,对于苏警己和他的病人姜仲季的叙述,而后者的叙述又是静止的。但是,正是在对姜仲季静止的叙述中,悄悄地展开了对苏警己的叙述,苏警己的病症在姜仲季的表演中一点点地发展了起来,最后苏警己的生命和灵魂与姜仲季的生命和灵魂重叠在一起,变成了和姜仲季一样的病人。小说在这个意义上提示了生命和灵魂的悖论。

墨白:在《白色病室》里,苏警己的结局在最初的时刻已经显现出来,那就是他所看到的姜仲季,那个在他清醒时任他宰割的病人。但他不知道姜仲季就是他的未来,他就是现在的姜仲季。反过来说,他病变的过程也是姜仲季的病变过程。在这方面他是无知的,而那个姜仲季或许是个清醒者。一个病魔缠身的人残酷地看着一个正常人在一步一步地走近他,这是一个让人感到恐怖的清醒者。

张钧:小说在对于人的生命和灵魂进行反讽式叙述的同时,对于当下的现实也进行了抗议和批判,这样小说又获得了另一个调式:现实层面的调式。于是,小说在现实关怀与终极关怀的两个层面上围绕着人物的"梦幻主音"进行着多音程的排列组合,最后达到一种杂音共存的立体化叙述效果。

---

① 古箫:《十字架下的墨白》,《小小说选刊》1995年第10期。
② 《青台》(后更名《雨中的墓园》)。

墨白：如果这样，小说里那两个先后被姜仲季和苏警己送进太平间的女性应该是依附在这个多音程中的另一个组合。

张钧：我这里所说的"梦幻主音"，是借用音乐术语对于你小说中人物精神状态的一种描述。所谓主音者，乃调式中的核心音，它在调式的各音排列成音节时表现为第一音。那么我这里所说的"梦幻主音"，不言而喻，指的就是你小说中的人物那种特有的梦幻式的精神状态，我觉得，这种状态就是他们的生命主音。正是这种特有的主音，导致了他们行为的乖谬和悲剧性命运。比如，与《白色病室》有着相似内涵的《局部麻醉》中的那个外科医生白帆的精神状态就是如此，它构成了这部小说的"梦幻主音"。

墨白：你的这种理解和描述让我感到十分新鲜。

张钧：《局部麻醉》的叙述是一种反讽式叙述，也是在精神和现实两个层面上展开的叙述，与《白色病室》不同的是，它变得更加血腥和残酷了。它直面生命，直面人生。白帆作为一个孱弱的生命的表征，被作者投放到了一个血淋淋的地狱般的世界，他一次次设法逃离这个压迫着他、凌辱着他的世界，却又一次次宿命般地回到这里。他无处可逃，最后，他只能将一些安定药液注入自己的肉体，将生命麻醉，得到暂时的安宁。逃离，似乎是这部小说的另一个主题。

墨白：当他无法抗拒的时候，他自然要选择逃离，但这种行为在他那里又是不彻底的。这样的结局使人对他的未来产生了更强烈的不安。人们会想：当他醒来的时候，那些明明白白的、残酷的时光正在等着他，他该怎么办？

张钧：小说的叙述是从容的，同时又是残酷的，如果说其中流淌着某种诗意的话，那也是一种残酷的诗意。

墨白：是的，我在写作的时候，尽量使自己的叙述变得平静一些，我想象着在一个长满了脓疮的肌体上，覆盖着一些已经被折断了枝茎的鲜花的情景。但我清楚地知道随着太阳的升起，那些花朵会一点点地枯萎，事物最终会把它的本质暴露出来。

张钧：的确如此，白帆这个处处被世界挤压和折磨的孱弱的生命，却肩负着去拯救这个世界与生命的沉重使命。读者在阅读的过程中时时要为白帆提着一颗心——小说的叙述张力由此而产生。

墨白：这就是小说所具有反讽意味的所在，他小小的手术刀要面对的却是这样一个无法拯救的世界。

张钧："颍河镇"在这里获得了象征的意味。非理性是这里的最高统治者，它衍生着欲望和疯狂，散布着恐怖和绝望，统治和奴役是这里的逻辑，恶棍和鬼魅是这里的自由民，而诚实和正义唯一的出路，只有麻醉和死亡。此刻，"颍河镇"沦为一个人间地狱的象征。或者，它本身就是个地狱。

墨白：你现在这样描述让我感到恐惧,不过这正是我小说里所要表现的。是的,它确实就是个地狱。

张钧：《错误之境》和《青台》都是关于生存境遇的叙述。前者是为了寻找走进一个意想不到的境遇,后者是为了逃亡闯进一个意想不到的境遇。在这两种境遇里,主人公的生命和存在都变得荒诞不经,或者说不真实,难以把握。在这两部小说里,你是否想表达这样一种意味:世界是荒诞的,人的存在是个无从把握的迷,充满着偶然与巧合。

墨白：我曾经有过许多次这样的冲动:毫无目的地到一个连你听都没听说过的地方去,随意乘上一辆车跟它走,车停了你的目的地也就到了。

张钧：这很有意思,不过,这样的念头你是怎样产生的呢?

墨白：忧郁的时候。可是,我却一次这样体验的机会都没有。我觉得人世间很少有人能做这种毫无目的的旅行。我们无法把握自己,我们被尘世间惯有的势力牵引着走向一个又一个地方,我们到达那里之后一切又与我们的想象相去甚远,因此我们又无法把握这个世界。为什么我们到达的是这个地方而不是那个地方?我们为什么爱上的是这个女人而不是另一个女人?一切都是偶然,一切都是巧合,一切又都是必然的。这一切我们都无法把握,这就是我们的存在。

张钧：《错误之境》中谭四清的寻找本身就是个错误,他到红马那个地方想找回逝去了的梦或者说前女友马红,是徒劳的。他因此而莫名其妙地获罪,表面上看是巧合,是偶然,实际上是一种必然:生命不属于梦,生命又都是梦。同样,世界也是一种偶然和必然的综合体,也是充满着迷离的梦幻。可以认为,《错误之境》是以一种感性的经验式叙述去寻找一种对人类生存境遇或者说生命幻想的超验性把握。

墨白：谭四清在寻找什么?他的目标是那样的模糊又是那样的清晰,这个目标就是死亡。我们生命本身的意义是什么?那就是时间的流逝。死亡在哪里?就在我们的生命里,它是偶然的也是必然的。刚才我说过,人永远都是一个思路清晰的梦游者,而只有死亡才能还清我们对世间的所有承诺。

张钧：《青台》也是超验性把握。在这里,用的是一种稳定的语言情调进行着一场极不稳定的叙述游戏。小说中的叙述主人公"我"因为一场家庭变故而被迫出逃,逃到一个叫作青台的陌生的地方。这是个神秘的所在,有一片松柏林、一片墓地和一条河流。这里的各色人物:黑衣老者、盲者、神秘女人等,他们对于发生在1966年9月7日的一个集体死亡事件进行了不同的解释。不同的解释像流水一样使死亡无法获得稳定的形式。于是,一个本来源于形而下的逃亡故事演化成了一场关于死亡和存在的形而上的探讨。当然,这种探讨本身肯定是不会有结果的,甚至最后当叙述主人公在复述这个故事的时候连"青台"在什么地方都说不清楚。于是,叙述本身也变得可疑。文本有一种不断自我拆解的味道,这是一部消解世界也消解叙述的小说。

墨白:同时也在消解历史。在小说里,我想通过对黑衣老者、盲者、神秘女人一群人的几种不同死法的讲述,来说明我们今天所了解到的历史的不可靠性。他们的讲述使我们对历史本身产生了怀疑。

张钧:同样的,在进行文本自我拆解或者说故事自我解构的另一篇比较突出的作品是《寻找旧书的主人》。这也是一个寻找的故事。通过寻找,首先带来寻找者"我"与被寻找者陈平(过去的情人)的一段故事,这是一种建构。这个建构的基础很牢,有情感情绪、历史背景和具体的道具。作者在建构故事的时候有意地把读者引入一个叙述圈套,一切都似乎顺理成章,读者也在这种顺理成章的叙述中期待着故事发生一点什么意外。故事的确发生了意外,但不是读者所期待的。这就像挖井,作者再深挖一锹就出水了,但作者偏偏不往下挖,而是使劲往旁边挖了一锹,结果人们只看到了一点点湿意,而没有看到水。并且因为这点湿意,井塌了。也就是说,故事被解构了。

墨白:在这里,故事的结果已经不是目的,重在寻找的过程。我们要寻找某一事物,可是偏偏有许多与这一事物无关的事物扑面而来,成了我们生命的一部分,看上去它是那样的毫无意义,实际上它对我们十分重要。我们寻找结果的过程就是对于结果的消解。我们一腔热血地为了一个目的而去付出,而它的过程却显示意义,渐渐地演变成结果,而我们却对此不屑一顾。

张钧:你的另一篇小说《街道》的主题也是寻找,但却有一种无可奈何的苍凉感。对于阅读也是无可奈何,罗马千里迢迢前来寻找他的旧日情人朱红,但朱红却把他当成了一个毫不相干的"卖皮衣的人",他的情感于是荒凉,仿佛被流水所弃的一粒沙子。《街道》似乎想表现一种现代社会人际关系的冷漠和人类情感的苍白。

墨白:事实本身就是这样。你想,我们每一个人,除去自己的父母和妻子儿女,有谁真正关心过你?我们自己反思一下,我们又真正关心过谁呢?在生活中,我自己就常常陷入孤独和绝望。我深深地体会到爱情真的是一杯苦酒,而你又是那样的渴望把它喝下去。一个自己曾经爱过的人转眼间就把你视同路人,面对这个到处充满铜臭的世界你还能说什么?

张钧:关于历史题材的叙述,我觉得你似乎在寻求一种超越。超越什么呢?我想,超越政治,超越简单的善恶道德,这似乎并不是很难的,因为这些东西在余华、格非等人的叙述里已经做过了。那么,似乎有一种更新的东西在等待着历史的叙述者。我们都知道,历史实际上永远都是当代史。而当代史是由谁创造的呢？是由当下正在活着的人,有血有肉活生生的人。那么,关于当代史的叙述,就应该是关于人的叙述,人的灵魂、人的生命的叙述。所以,历史的神秘性延伸到今天,我们需要解读的还是人的生命和灵魂的神秘性。正因为如此,我对于你历史题材小说的解读,也主要从生命和灵魂的角度入手,比如《风车》,我就认为是一个在特定历史时期人的灵魂扭曲式的表现。所以,那些带有一点夸张的叙述我觉得并不夸张,它们是那个时代人的生命和灵魂的真实表现。那个时候的人就像他们所要造的那架不现实的风车一样,他们的精神几乎都是堂·吉诃德式的。其实,全天下的人何尝不是如此？那也是一个梦,只不过是那梦太不现实过于荒诞而已。

墨白:历史是由当下活着的人创造的,克罗齐①说,一切历史都是当代史。克罗齐给历史这个词一个新的认识。历史在哪里？历史就存在于现实当中。现实在哪里？现实存在于一瞬间。实际上,我们所经历的一切都是靠回忆来完成的,我们的写作也要靠回忆来完成。回忆可以把二十年前的往事和我们刚刚经历过的事情混在一起。真正的文学所关注的应该是那些被历史和时间所遗漏的东西,那些被遗漏的生命体验,对生命最强烈、最深刻的体验是不可能被临摹和替代的。我说的这些是不是离你的问题越来越远？但我认为无论是记忆还是历史,无论是一个人的潜意识还是梦境,这些都存在于我们当下的生命过程中,它们就是现实本身,也是历史本身。所以,我们的叙事无论是在什么样的情况下都是进行时,都是历史的进行时。

张钧:这一点我基本同意。比如,你的《霍乱》和《失踪》的历史叙述,实际上也是当下的叙述,同时也是超越性的叙述,前者有一种心灵的真实,后者则是关于人格和精神不败的寓言;前者指向生命和情感,后者指向文化及文化中的生命激情。

墨白:《霍乱》里的战争和霍乱,《失踪》里的经版和面具,是完全不同的两组意象。前者隐喻情感和生命,后者隐喻佛世和人世。当人的情感面对霍乱和人的生命面对战争时,就显示出了撼人心魄的残酷。当经版面对佛世和面具面对人世的时候,就显示出了永恒的超验力量。

张钧:下面让我们来谈谈你的《民间使者》。这是一部有着辽阔时空观念的小说,总体上呈现出一种神奇的苍茫感。这是一部关于民间艺术的史诗,但它绝不是史家笔下那种僵死的历史,而是关于艺术的心灵史和寻梦史。叙述的过程就是一个追寻的过程:"我"在父亲死后,发现了父亲留下的日记,那是父亲几十年生命的心灵图式。于是,子一辈按照父一辈的心灵图式去寻找父亲的艺

---

①克罗齐(1866~1952),意大利哲学家、历史学家,新黑格尔主义的主要代表之一。

之梦。实际上,那也是在寻找子一辈自己的艺术之梦和人生之梦。所以,叠印式的叙述叠印上去的应该是一种遥远的呼唤,于是梦在走进历史的同时,也有了现实的回应。

墨白:很感激你能提及这篇小说。是的,它是因为那些不朽的民间艺术,变得那样的空旷、神奇和苍茫。剪纸、面人、核雕、泥泥狗、泥埙,等等,这些看上去不起眼的东西却使人类那些暗淡的日子放射出亮丽的光彩,这是一些永恒不败的神灵。

张钧:小说中那只泥埙和那片桃园构成了象征的两极:前者象征着呼唤,后者象征着归宿。泥埙沉郁苍茫,它的声音穿过整个文本也就穿过整个历史和生命,当它终于抵达桃园的时候,全部的意义显露了出来。泥埙呼唤回历史之后还在继续呼唤,那就是未来。未来是一辈子的梦,那是另一个女人,她将从遥远的南方归来。正是在这个意义上,泥埙具有了永恒的意味。永恒应该是一首流动的诗,是永不停息的生命之旅和艺术之旅。

墨白:是这样,生命和时间永远活在文学和艺术之中。

张钧:我觉得,情感追寻和生命追寻,是你的小说里反复出现的一种旋律,在许多作品里可以说是推动着故事向前发展的叙述双翼。但是,这对羽翼滑翔而过的天空大多又是那么阴沉和险恶,所以即使其中充满浪漫,也是沉郁。请问,你为什么喜欢这么处理?

墨白:这或许与我的性格有关,我常常处在忧郁之中。有些时候,我会感伤,会觉得自己活得很累。可是,我的朋友们却说我是一个坚强而有韧性的人,说我身上充满了张力。是这样吗?我不清楚。我一旦进入写作状态,可以一连半月不出门。那个时候我总在鼓励自己,写吧,好好地写吧,等写完了就出去好好地放松一下,约几个朋友,到舞厅玩它个天昏地暗。

张钧:真看不出你的内心还这么疯狂。最后问你一个问题。《孤独者》中的那个孤独的寻梦者,是否可以看成是作者对艺术追求的一种心灵的隐喻?

墨白:可以这样认为。那是一个没有姓名又不知道自己从哪里来到哪里去的人,他怀着一腔热血在无边无际的黄土地上不停地寻找着他失去的爱情,他总是在自省中回忆过去,在泥泞的道路上找寻未来。

根据录音整理

摘自《小说的立场——新生代作家访谈录》,广西师范大学出版社,2002年

对文本的探索
——墨白访谈录

雷 霆

时间:2003年元月某日
地点:北京,专家公寓,308房

雷霆:你以前是学习油画的,可后来却放弃了绘画,进行写作,是什么原因使你作出这种选择?你写作的目的是什么?

墨白:为了生存。作为一种生存手段,写作是很清贫的。我觉得一个真正的作家,他的创作应该具有宗教精神。1950年福克纳在领取诺贝尔文学奖时曾经说过下面的一些话:人之所以不朽,那是不光光因为在所有生物中只有他才能发出难以忍受的声音,更重要的因为他有灵魂,富于同情心,自我牺牲和忍耐精神。作家的责任正是描写这种精神。作家的天职在于使人的心灵变得高尚,使人的荣誉感、希望、勇气、同情心、怜悯心、自尊心、自我牺牲的精神复活起来,帮助人类挺立起来。我觉得作家的责任还有一点,那就是要让人们了解真正的历史。我们靠什么了解历史?靠什么了解人类的思想发现史?靠什么去寻找流失的时间和生命?一方面是靠文字对客观世界的记载,而另一方面就是靠文学艺术对主观内心世界的创造和发现,有了这两方面我们才能更接近人类活动的过程,或许这就是文学的真正意义。当然,说得大一点,我的写作也包括在这个意义里。

雷霆:在你的作品中反复出现"颍河镇"这个地方,你完全可以在不同篇章使用不同的地名。你是否有意设置"颍河镇"这一符码?是否与你的"故乡情节"有关?

墨白:1998年5月张钧先生到郑州的时候,我们就谈到了这个问题,2001年春节前后我和林舟先生也说起过这个话题。我是想借助"颍河镇"这个具有地理学坐标意义的虚构的地名,来接近我的文学目标。我今天想谈的是,童年、少年时代的经历对一个作家是很重要的,但后来他对生活的认识也十分重要。世界上有几十亿人,有多少人才成为了作家?所以,一个作家的写作和他成长的环境十分密切。如果你生活在一群木匠的身边,那你就可能成为一个木匠;

如果你生活在一群铁匠身边,那你就可能成为一个铁匠。当然,这不排除例外。所以,一个作家对生活的认识非常重要,认识就是生活。一个人的天赋只能在适当的环境之中才能发挥出来,只有在适当的环境之中,他的天赋在他的不断努力之下才得以显现。所以,我们每个人都是这样,我们每一个写作者也是这样,我们只有进入自己所熟悉的领域,才能像鱼儿进到水里一样自由。我的写作也是这样,一旦进入颍河镇,我想象的翅膀、我自由的翅膀、我语言的翅膀就会自动地张开。一个作家要建立一个属于自己的文学领地,是极艰难的事情,像马尔克斯,像福克纳,像沈从文。一个作家的文学领地是和他的艺术生命紧紧相连的。

雷霆:从乡镇医生、光荣院里的老人到冒险制摔炮的农民、异乡的讨债者,等等,你的小说几乎写的都是一些小人物,你是在有意回避文学的宏大主题和宏大叙事吗?选择立足民间有何契机?

墨白:你认为一个国家主席和一个在农田里劳作的村妇对一个作家来说,他们有什么不同吗?没有,一个英雄和一个强盗、一个百万富翁和一个乞丐,他们对我同等重要。一个人放在我们的笔下,他就是一个世界,孔乙己这个小人物和袁世凯这个大人物对于文学来说,在本质上没有什么区别。我们文学要关注的应该是人的本身,关注他为什么会成为一个英雄或者为什么会成为一个强盗。同样,所谓的宏大主题和宏大叙事对于一个作家来说也不是回避与不回避的问题,而是他的视角问题。一个作家的写作立场不是他自己决定的,而是他的命运决定的,这与他的生活经历有关。就拿我自己来说吧,我本身就是一个生活在社会底层的人,这本身就决定了我的写作立场,没办法改变。在我们没有成为作家的时候,当现实生活中的灾难、痛苦、欢乐和幸福来临的时候,你该怎样对待?你不可能回避,想回避你也回避不了,那就是我们的命,真正的生活不是那种走马观花,生活就是经历。你怎样体验别人的痛苦?你怎样体验别人的快乐?我认为,写作就是对自己的认识,就是对自己命运的认识,写作就是一个人的命。

雷霆:可以说,你的作品与一些直接呈现时代脉搏与变更的小说不同的是:你的作品时代性并不明显,甚至淡薄。你更在意的是小城镇人物的心理深度。你觉得在时代性与人物的心理深度之间有矛盾吗?

墨白:我前面说过,我的写作关注人类更为本质的东西,也就是说我更关注时代的本质问题。举个例子:比如卡夫卡,你能说他的《变形记》、《审判》时代性不强吗?他更深刻地展现了人物的内心世界,这与时代性没有丝毫矛盾。反之,这种关注人物内心世界和文学本质的写作更具有时代性,你可以把这样的人物放在每一个时代里。

雷霆：琐碎的苦痛、粗粝的现实乃至某种声音，甚而某个人的举动都会构成一种无法忍受的心理压力，把颍河镇的小人物逼向绝地，直至崩溃。你似乎愿意在某种极致环境下叙写生存现实？

墨白：这不是愿不愿意选择某种环境叙写的问题，这是生活本身所提供的生存环境。现实本身就是这样。我觉得这不是一句能说清的问题，你也无法说清，这些你只有在阅读作品时去感受。

雷霆：从小说《流行死亡》到你的诸多文本，死亡主题充斥着你的大部分作品，是什么强烈的原动力驱使你一以贯之地关注死亡，思考死亡？特别是你的长篇小说《寻找外景地》里，颇具代表性的死亡方法，美工小罗的死几乎是偶然因素作祟，导演浪子的死则颇有在劫难逃的宿命色彩。你描写的死亡在精神层次上指向什么？

墨白：有些时候，我是个唯物主义者，因为死亡是现实的存在，我关注死亡就是对人的终极关怀。如果不是阴天，我们每天都能看到太阳的升起和沉沦，这种自然现象和一个人的生命极其相似。所以，我们常常把年轻的生命比作初升的太阳，把年老的人比作夕阳。太阳的升与落就是我们每一个人的生命过程。当你的生命和事业如日中天的时候，下坡路就在等待着你，你不可能总待在天空中不往下沉落。所以，我们每一个人都要面对这种尴尬的局面和困境，我们会慢慢地走向黄昏，当黑夜降临的时候，我们的生命就会终止。当然，明天太阳还会照样升起，太阳的升与落就是我们人类的延续，太阳每天都是崭新的，所以人类也永远是年轻的，衰老的只是一些个体，我们要清醒地认识到我们终有一天也会成为西沉的太阳，我们只不过是自然界里的一个分子而已。对死亡的思考应该是对人生的终极关怀。从这个意义上讲，看似关注死亡，实质上是思考生命的过程，是思考人的生命本身。一个人的精神与他的现实生活紧密相关。我有一个邻居，姓白，六十多岁，好打麻将，有一天他从上午坐下一直到夜间八点钟都没有赢过一局。到了最后，他先是开了一个明杠，又开了一个暗杠，紧接着他又来了一个杠底花。当他摸到那张他需要的三万的时候，血液像洪水一样涌进他的大脑，他大叫一声，他妈的……话还没有说完，兴奋使他突然倒地，死了。所以在这个世界上，有一个人的存在，就将有一个关于死亡的故事发生，小罗死于自己的幻觉，浪子死于多年前定下的系数，我们谁也逃脱不了干系。当我们认识到这一点的时候，什么地位高低、权力大小，都会变得像鹅毛一样轻。

雷霆：再者与死亡相关的是暴力的无所不在，早期《黑房间》中的弑父杀子的场面总让人想起早期的余华。他那时期作品中的人物只是一个符码,而你更迷恋于对人性恶的挖掘与呈现,不知是否有人指责你那时的冷漠与残忍?

墨白:余华的那些人物后面有着更深刻更坚硬的东西,这是我喜欢这个作家的一个原因。但我与他不同。你所说的冷漠和残忍是我对现实生活的一种再现。前些天,我在一家晚报上看到一则消息,讲的是在一个乡村小学里,一个女教师被她有精神病的丈夫活活砍死的事情。那个精神病人在他的妻子身上连砍了七十多刀,在这个过程中,有许多人都站在一旁,他们当中有小学校长,有乡派出所的民警,有县上来的司法干部,等等。我现在还不明白,到底是什么捆住了那些旁观者的手脚,难道他们就没有听到那个女教师一声又一声的惨叫?可他们没有一个人去救那个濒近死亡的人。这是什么?这不是冷漠和残忍?我们在报纸上,在生活中看到过太多这样的新闻和事件,所以对人性恶的警觉,是一个有良心作家的必备条件,警觉不等于迷恋,一个作家仅有对恶的认识是远远不够的,必须让读者意识到,还应该让读者想到制止恶,想到改造人性的社会因素。

雷霆:你写了如此多的死亡故事之后,有没有想过作哪些突破?

墨白:想过。但是突破是因现实的启发而产生的,不可预测。

雷霆:暴力是可怕的,但对生命的伤害,不仅仅只是暴力一种。在《局部麻醉》、《光荣院》、《讨债者》里我们看到另一种现实,人们对生命的伤害往往是无意识的,言语、声音、人际关系和非暴力因素也在伤害着生命。在冷静的叙述表层下涌动的是一种忧伤,悲悯色彩的增加,与你早期的作品有所不同,你自己怎样看待这种转变?

墨白:比起早期的作品,我现在更关注这些小人物的精神历程,更关注形成这种伤害的根源。这种转变来自我对人这种动物更深层的了解,来自对我们这个民族更深刻的认识。

雷霆:你近期作品中的人物,比如《局部麻醉》和《光荣院》,大多处于一种孤独的境地,你认为个体与周围环境是处于敌对状态,永远无法和解吗?

墨白:孤独和死亡一样,是我作品的主题。我们更多的时候都处在孤独之中,因为我们的内心世界太浩瀚了。一个人,你能把你心里想的东西讲出来多少呢?百分之一?千分之一?万分之一?所以我们都是孤独的,只有孤独才会产生思想,只要有思想,个体与周围环境的敌对状态就无法和解,即使和解,也是暂时的。

雷霆：米兰·昆德拉①说：小说家是人的生存状态的探险者，小说的真义是对生存状态的新发现。死亡与孤独都是古老的主题，你从中得到什么新的发现？你是一个孤独的人吗？或者说你在现实生活中感到孤独吗？

墨白：在现实生活中，我是孤独的，我无法解除这种孤独感，我只有用写作来安慰自己，只有写作的时候，那种孤独感才会慢慢地消失，因为那个时候我和我的人物生活在一起，我理解和同情她。反过来，她也理解和同情我。所以，我的写作一直比较关注人的生存状态和精神状态。还有一种和解的方式，那就是读书，当你读到一本好书的时候，当你感觉到那个写书的人在和你真诚地对话的时候，这种孤独感才会得到缓解，书永远是我们人类静态的精神食粮。

雷霆：雾气迷蒙的颍河，突兀而至的死亡构成了独树一帜的神秘感，你也十分注意对神秘氛围的营造。神秘感是否预示着生命本身的不确定性和人对生存状态认识的模糊性？

墨白：现实生活本身就是神秘的，没有一个人敢说在他走出家门的时候会在他的身边突然发生一件什么样的事情，会碰到一些什么样的人。我们不知道，我们也无从知道，我们不知道迎面过来的那个人是一个什么样的人、什么样的性格、什么样的经历、什么样的精神状况，或许我们压根就不想知道，但是迎面从我们身边走过无数个这样的人，我们也是他们其中的一员。所以，神秘就在其间，可是我们又都熟视无睹，不是这样吗？

雷霆：你早期的作品从家族历史入手，用乱伦暴力颠覆传统伦理道德，《寻找外景地》里所谓历史只存在于叙述者的叙述中，具有多种可能性，而且历史不断深入现实。你秉承怎样的历史意识？历史意识在小说创作中重要吗？

墨白：比起历史来，我更注重现实。我在《寻找外景地》里写过这样一句话：现实只存在于一瞬间，同样，历史也只存在于一瞬间。一切对于我们来说，都是一种回忆。我们不能忽视历史在我们回忆中所起到的作用，其实，现实是对历史的模仿，无数次的模仿，历史在我们的回忆中得到延续。

雷霆：《寻找外景地》中的《风车》，以幽默戏谑的语言提示意识形态的虚假和脆弱，很是新颖，这种对人们固有常识的颠覆是否带给你创作上的乐趣？

墨白：我比较喜欢我的《风车》，可惜的是并没有人注意到这部小说，但这并不是我的过错。把《风车》放进《寻找外景地》里，在文本上她又产生了新的意义，我想颠覆人们固有的对现实的观念。因为，创新的历程从来都是苦涩的，但

---

①米兰·昆德拉(1929~)，当代最有影响力和想象力的法籍捷克小说家，主要作品有《玩笑》、《不能承受的生命之轻》、《生活在别处》等。

乐趣也不言而喻。

雷霆：《讨债者》《寻找外景地》是在寻找之途中迷失,直至走向死亡,《光荣院》则是从缸里来到缸里去。这些颇有象征意味的结局让人绝望。你从来不在作品中指出一条精神出路,你是一个悲观主义者吗?

墨白：我不是一个悲观主义者,如果我悲观,也不会这样卖力地写作。我的写作是展示,展示人的生存状态和精神状态,谁能在自己的作品中为读者指出一条精神之路?我做不到。还是《国际歌》里唱的好,世上没有什么救世主,要解放,还要靠我们自己。为什么世人都要在精神上找到一种寄托?那是因为我们孤独和寂寞的内心需要安慰,在我们没有宗教的现实生活里,在我们这些唯物主义论者的生活里,真正的文学就是我们的教堂。在这个充满功利的现实世界里,那些产生消费品的匠人到处都是,我们缺少的是那种具有创造力的写作,我们的写作之所以缺少创造力,那是因为我们的内心世界并没有达到自由的境界,我们还没有到达自由表达精神的境界,那是因为更大的困境存在于我们的灵魂深处。我们要对这种困境有所认识,首先应该理解和认识我们的生活,然后才是文学,我觉得这一点对一个写作者尤其重要,刚才我说过,我们要把写作的过程理解为认识自己的过程,这一点对于我来说尤其重要。

雷霆：算起来你有十余年的创作生涯,似乎一直着迷于一种边缘化的写作。在这种边缘化状态下你如何把握创作方向?你关注文坛热点吗?

墨白：我为你说的边缘化写作而有些沾沾自喜,这样多好,没谁打扰,自己想写什么就写什么。庄子讲过这样一个故事:江湖的泉源干枯了,鱼儿都困在地面上,很亲切地用口水互相滋润。一条鱼说,沾一点我的口水吧,免得渴死啊!另一条鱼说,谢谢你!你真仁慈又义气。难道这样的仁慈和义气比江湖水满大家不相互照顾还好吗?在江湖里,鱼儿们自由地游来游去,把身处的江湖都忘了。你说的边缘化,或许就是我所处的江湖,我在自由地游动。可苦恼的是,有的时候我对此却没有觉悟。所以,每时每刻我都在警告自己,要对今天的处境有所认识,只有认识到了,你才会无比珍惜这时光,珍惜这拥有写作自由的时光。但我不知道你说的文坛热点是什么,是一本畅销书卖了多少册吗?如果是这样,我不关心。

雷霆：在就中短篇小说的形式上,你觉得哪种文体更顺手些?

墨白：没有差别。

雷霆：发表于《大家》1998 年第 6 期的《梦游症患者》,是你的首部长篇小说,也是一部具有史诗性的作品,这是我所读到的目前描写"文革"小说中最好的作品之一,你能结合《梦游症患者》谈谈"文革"小说吗?

墨白:谢谢你对我的鼓励。《梦游症患者》已经由河南文艺出版社出版了单行本,关于《梦游症患者》的话题,我已经在后记里和林舟的访谈里谈过,林舟先生对我的访谈发表在《花城》2001年第5期,这里就不再说了。有关别人"文革"的小说,我读的不多,也没有发言权。

雷霆:你一直在叙事语言和叙述技巧上坚持不懈地探索,如《红房间》里的叙述是由第一人称叙述者担任,但那又是一个旁观者在叙述"我"的故事,在《寻找外景地》里采用的是双重文本的相互指涉。你认为自己在叙述上都作了哪些努力?存在的障碍在哪里?

墨白:通过自己的叙事语言使小说更有味道,我一直想使自己的语言在表达人物内心世界的时候更准确,更具有深度,更纯粹。存在的障碍是还没有达到我的这种理想境地。

雷霆:你的叙事语言颇富诗意,尤其是浓重的油画色彩。说说你想获得怎样一种语言风格?

墨白:你已经替我说出了一些,富有诗意的语言和语言的色彩感就是我所追求的,我想使我的叙事语言像水一样在纸面上流动,既富有情绪,又富有一种质感,准确而富有光泽,即使在黑暗之中我也想使她闪闪发光。

雷霆:你的写作始终都保持着一种实验姿态,对形式的探索是你一贯的追求。可以说,你的许多小说,比如《梦游症患者》、《寻找外景地》、《光荣院》、《民间使者》、《雨中的墓园》等都具有文本意义,可是这一点并没有引起批评界的关注,你是怎样看待这个问题的?

墨白:这很正常。我记不清是哪位大师说过这样一句话,他认为好的读者比优秀的作家还要少。法国巴黎有个"午夜"出版社,"午夜"的出版商就是一个好的读者,"午夜"是法国文学的幸运。在我们的现实生活里,很少出现过像巴黎"午夜"这样有眼光有胆识的出版社。在最初,那些伟大的有创造性的作家都会受到来自传统和保守势力的反对和诋毁,比如贝克特[①]、罗伯·格里耶[②]这样伟大的小说家也仍然受到冷落和碰壁,可见一个有创造性的作家他面对的不仅仅是自己的写作,更重要的是对传统势力的挑战。罗伯·格里耶曾经说过大意如下的话:那些新作家绝没有退回到,或舒服地待在前人所征服的领域里,他

[①] 塞缪尔·贝克特(1906~1989),爱尔兰人,法国新小说派的先驱,主要小说作品有《莫非》、《马洛纳之死》、《无名的人》,他同时又是法国荒诞剧的代表人物,主要剧作有《等待戈多》、《结局》等。

[②] 阿兰·罗伯·格里耶(1921~2008),20世纪法国新小说派代表人物,主要作品有《橡皮》、《窥视者》、《嫉妒》等。

们正在超越前面几代人所提出的种种难题。是的,一个先锋小说家,他需要的是前进,而不是后退,他需要用他的生命来冲破他面前的种种障碍。同样的例子出现在很多先锋作家和艺术家那里,比如美国的乡土画家安得鲁·怀斯①、罗丹②。当年罗丹的《巴尔扎克》出世时,遭到了多少庸俗的攻击?那些世俗的目光,怎么能看到在《巴尔扎克》身上渗透着罗丹的灵魂,巴尔扎克③一个灵魂就够我们惊叹的了,那么在他的身上再加上另一个伟人的灵魂,即使在漆黑的夜间,那座雕像也会闪闪发光。可惜的是,那些庸俗的、保守的、带有偏见的、没有艺术欣赏力的眼光硬是看不到,你有什么办法?不过这没关系,罗丹在等待,他有足够的耐心等待着,时间最终会作出自己的判断。

雷霆:中外作家中你最欣赏的有哪几位?有没有其他作家的技巧影响过你?

墨白:对我产生影响的作家有很多,各个时期有不同的作家。我认为一个重要的作家能改变一个读者对世界的看法,掀起一场文学革命。对我创作技巧的影响,一些画家要比一些作家更重要,像达利、莫奈等。这些画家最早地影响了我对艺术形式的理解和认识。

雷霆:你作品中的女性人物,要么美轮美奂,要么恶俗不堪,有类型化之嫌,是女性心理不易把握,还是其他原因?

墨白:有这么严重吗?我倒觉得我对女性的把握丝毫不比男性差。如果真的是你那样的感觉,我认为你所说的那种美是我理想化中的女性,在我的心目中自始至终都有一种我向往的女性,可是在现实生活中我始终没碰到。那些恶俗不堪的女性则是我对生活的真实感受,这是无可奈何的事情。实际上我特别喜欢我作品中的一些女性,长江文艺出版社最近出版了我的长篇小说《欲望与恐惧》,起码在这部作品里是这样的。我觉得一个男人想要了解这个世界,一个重要的途径就是通过女人。

---

① 安得鲁·怀斯(1917~2009年),20世纪美国最伟大的写实主义大师之一,他一生只上过两周学,全部教育来自家庭和大自然。怀斯的绘画通过乡村小屋,山野鸟兽和朴实的小人物,表现存在于人类内心的孤独感。在极端写实的优美自然景象和洋溢诗情的作品中,潜含着一股淡淡的哀愁与怀乡的感伤。

② 奥古斯特·罗丹(1840~1917)是一位影响力从法国遍及全欧洲的现代雕刻艺术家。罗丹的主要作品有《思想者》、《亚当与夏娃》、《加来义民》、《巴尔扎克》、《吻》等,他的作品不是在狂热的情感状态下产生的,而是一种充满毅力与高度的忍耐,在他与雕刻家也是他的学生卡尔耶·克洛代尔的情感上,最能体现他复杂的精神世界。

③ 奥诺雷·德·巴尔扎克(1799~1850),19世纪法国伟大的现实主义作家,他一生创作了九十多部长、短篇小说,总称《人间喜剧》。

雷霆：阅读你的作品，让人感兴趣的是，你的语言充满诗意，可你却极少或者说拒绝在小说中抒情，是抒情与小说本意相悖，还是你不愿意抒情？

墨白：这和小说叙事有关，是一个广阔的话题，放在以后再说吧！

雷霆：眼下，我们生活在一个浮躁的社会当中，人们都在为金钱而奔波，文学越来越接近世俗，我们所说的纯文学越来越不景气，在今后的写作中，你是否考虑过还坚守自己的写作立场？

墨白：在一个具有先进科学技术和思想的社会里，真正的作家和艺术家应该是上帝的使者，应该受到应有的尊重。我们的写作并不需要别人施舍什么，一个真正的作家，他的写作不会有太多的功利思想，他的写作是人类良知的发现，或者说是对精神世界再现的诱惑。你想，一个作家他能把思维这种空灵的东西用文字固定下来，再创一个精神世界，这是多么神圣的事业。我刚才说过，写作是一种具有宗教意义的精神活动。同样，对文学的理解和尊重，应该是社会良知的发现，而不是你持什么样的面孔。

雷霆：你今后的写作目标是什么？

墨白：不停地写作，一直到我拿不动笔的时候。我觉得，只有写作，才能体现出我存在的意义。

原载《山花》2003 年第 6 期

我们应该怎样叙事
——和墨白对话

张晓雪

时间:2006年12月25日,上午10点
地点:郑州,《莽原》杂志社

  这次对话是我和墨白先生在几天前就约好的,因为是熟人,所以就少了客套,我们刚入座就直接进入了话题。

  张晓雪:前几天我在网上看到,有人在谈现在的小说写作,不是怎样写的问题,是写什么的问题。我觉得,这是一个很陈旧的话题,根本用不着讨论。

  墨白:对。就是回到现实主义,也是怎样写的问题,就是在叙事上走现实主义的老路,你还要刻画塑造人物,你还要注意情节,你还要运用细节,你还要想到人物语言的个性化,更不要说现代派和后现代派了,这怎么会是写什么的问题?咱们回头看一看,浪漫主义、象征主义、魔幻现实主义、意识流,等等,哪个文学流派说的不是怎样写的问题?回头看一看,文学史上有影响的作家,哪一个没有自己独特的叙事风格和语言风格?眼下的文坛缺少文本的创新意识,缺少激情,没有探索,这不是好现象。伯恩哈德①曾经说过,重要的不在于写什么,而在于怎样写。实际文学的问题,一直都应该是探索,是创新,是怎样写的问题。

  张晓雪:我有同感。文学的根本问题,应该是文本问题,是语言、结构和叙事。

  墨白:对。注重文本和叙事,这与一部作品对认识社会的本质和表现人类的精神并不矛盾。小说强调写什么,就是把小说放在了社会学的范畴里。而怎样叙事,则是把小说放在文学的范畴里来进行关照,这是两个概念。小说首先是文学,然后才是社会学。小说的重要特征是虚构,是艺术真实,是用小说的内

---

①托马斯·伯恩哈德(1931~1989),奥地利小说家、剧作家,20世纪后半叶德语文坛风格最独特、最有影响的作家之一。

容和形式来反映社会,是文学意义上的社会学。所以,小说是怎样写的问题,而不是写什么的问题,就是你刚才说到的,是语言、结构、场景、叙事和创新的问题。

张晓雪:首先,小说是语言艺术。语言是小说的血和肉,而故事只是骨骼。我读你的小说,往往是语言上的享受。你小说的开篇,让场景慢慢地展开,让读者能清晰地感觉到你所传达的信息,读起来真是很美,我认为这就是作者在最初的时候,送给读者的一个礼物,是一种阅读上的享受。说你小说的语言充满诗性,一点也不夸张。即使是写到很丑陋的东西,你也是从人物的内心感受切入。作为编辑,我在处理来稿的时候,就会碰到这样的情景,一些作家会把小说里的丑陋写得很恶心,这种叙事语言是失败的,这类作家在语言上的随意性,不能让人接受,对人物对事件缺少准确地把握,我认为问题就出现在语言上,这类作家首先是叙事语言不过关,内心世界缺少修养。一个作家的叙事语言,那就是一个作家的修养。

墨白:不错,语言的问题就是修养的问题。语言来自思想,来自灵魂深处,那是生命里所经历的东西,是一种真诚。

张晓雪:对。你的叙事语言很讲究,是通过长期训练才达到的一种境界。即使很沉重的东西,你仍然注入了浓厚的情感。我觉得,这种情感性的东西,只有通过语言来表达,单凭故事是不行的,就像你刚才说的,语言来自灵魂的深处。刚才我说过,读书实际就是在享受语言。一部作品,只凭故事是达不到这种境界的,无论读者意识到或者意识不到。你的叙事语言的重要特点,我认为就是情感的注入,是心理体验的注入,这是你小说语言的优势。

墨白:哦,真是醍醐灌顶,情感的注入、心理体验的注入,我以前没有意识到。

张晓雪:无论你意识到,或者意识不到,你的小说叙事语言已经具备了这些。心理体验从哪儿来?是从你生存的那块土地上来,从你的颍河镇上来。比如说《街道》,整篇小说你都在写两个人物的心理路程,你小说里所表达的情感,和读者产生了强烈的共鸣。读你小说的时候,很多人都觉得你的语言很美,觉得你是一个很纯粹的作家。就像《回家,我们从清晨一直走到黄昏》和《霍乱》这种怀旧的小说,你写的仍然有着强烈的现实感。有的作家,在处理这种题材的时候,他可能真的写得很旧,看上去仿佛落了一层厚厚的尘土。可你的旧事仍然是那样的鲜活,同样能触及读者的心灵,我想这和你小说的心理体验有关,和你小说的叙事语言有关。据我所知,你小说的读者群很稳定,他们只要读你的小说,那就会喜欢。这些读者之所以一次次地读你的作品,据我分析,首先,就是你小说的叙事语言。你小说所表达的主题大都很沉重,有些时候,你小说所营造成的氛围、人物的命运,等等,压得让人喘不过气来,但是你给我的总体印象是,你的小说读起来仍然感到很轻松,即用很轻松的语言表达很沉重的主题。我读杨绛,她的叙事语言就像是在和你拉家常,作家能到这个份上,那就很了不得。我相信你的小说往后会越来越轻松,而读后又让人不能忘怀。

墨白:谢谢你的鼓励,我希望墨白不会辜负你的教导(笑)。你讲到语言,使我想到蓝调音乐,最近,在空闲下来的时候,我在听蓝调。为了纪念蓝调对美国文化乃至世界音乐的贡献,从 1997 年开始,马丁·斯科西斯①联合七名世界级导演,各拍了一部用来展示这种"最身体的音乐"的电影,组成一组题为"百年蓝调音乐之旅"②的大型纪录片,目的是想在银幕上刻下蓝调的轨迹,给人留下视觉印象。马丁·斯科西斯说,作为一种世界性的叙事语言,蓝调把灵魂带给全世界的人们。而对于我来说,欣赏蓝调真是一场快乐的盛宴。

张晓雪:我和你有同感。那些著名的蓝调音乐家大都是黑人,我看他们在演唱时使用的乐器都很原始,像小号、吉他、手鼓等。

墨白:对,表达的情感也最真切,使用的语言也是口语化。在马丁·斯科西斯导演的《回家的感觉》③里,桑·豪斯有一首歌,你只要听过就不会忘记。歌词是这样的:今天早晨我收到一封信,你猜上面写的什么,上面写到快点快点,你所爱的少女死去了。你知道吗,我抓起我的行李箱,沿着路一直走下去,哦,当我到达地方,她正躺在冰冷的土地上。你知道吗,似乎有一万人,正站在她墓地周围,知道吗,她不知道我爱她,直到他们将她埋葬⋯⋯那忧郁而伤感的语调,使你强烈地感受到了他情感的存在,真是美不可言。

张晓雪:哎,我突然觉得,你小说的语言有些蓝调的风格。

墨白:是吗?

张晓雪:有一点。我一直在琢磨你小说语言的风格,咱们这样一说,我觉得还真有些像。你小说的叙事语言追求诗性,这就像蓝调的旋律,这种旋律,我看就是你小说叙事语言的整体,真有这样的感觉,我一直是你作品的责编,所以你的语言风格给我留下了很深的印象,我这里有一本《莽原》。就这一页吧,我给你读一读,我读你的作品,你听,看看有什么感受⋯⋯那延绵不断的长满了绿色树丛的堤岸和没有尽头的弯弯曲曲的河面不停地呈现在我的眼前,一切都是那

---

①马丁·斯科西斯(1942~),美国现实主义电影导演,主要作品有《出租车司机》(1975 年出品)、《愤怒的公牛》(1980 年出品)、《基督最后的诱惑》(1988 年出品)、《无间行者》(2007 年出品)。

②《百年蓝调音乐之旅》,2004 年出品。

③《回家的感觉》,1997 年出品。

样的陌生而亲切,而停靠在岸边的铁船和水泥船却让我感到凄伤,那条我记忆里的土黄色的木船停泊在哪一片河湾呢?一切是那样的茫然,但在那茫然里我仍然残存着一线微弱的希望。在幻觉里,我一次次看到了那条张着风帆的土黄色的木船在河面上顺水而下,我年轻的姑姑就坐在船头上……语言的复句结构,语言的情绪化,像流水一样富有质感,这样的语言在你的小说里俯拾即是,并且贯穿始终。蓝调演唱的内容,就是你小说的内容,既带有鲜明的地域性,又带有浓烈的情绪,一种民间的情绪,而你小说里人物的语言,就像刚才你说的那首歌的歌词,尽量的口语化、个性化,真有些像蓝调。

墨白:这可能是巧合。

张晓雪:我觉得蓝调音乐的叙事风格,形象地概括了你小说语言的叙事特点。我记得你曾经和刘海燕说过,在你的小说里,小说人物的视角与意识的有机结合和转换,叙述者的外视角和小说人物的内视角的承接与转换,这两点构成了你小说的语言结构。在阅读你小说的时候,我有同感。你小说里的语言结构,和小说的叙事结构像一只鸟的两翼,都起着重要的作用。当然,在你的小说里,语言的结构没有叙事结构那么明显,没有叙事结构给读者的印象更强烈。像《映在镜子里的时光》,如郝雨先生在《墨白小说论》[1]里所说,是一部精美的和高境界的全新样式的艺术作品。全新的艺术形式使你的小说充满了象征性,使小说充满了张力。

墨白:说起叙事结构,我想起了伯格曼[2]。

张晓雪:我记得他导演的电影获得过四次奥斯卡奖。

墨白:对,《呼唤与细雨》、《芬尼与亚历山大》都是。他还获得过众多的电影奖项,像《野草莓》就获得过柏林电影节金熊奖。《野草莓》讲述的是78岁的博格博士一天的生活经历。博士早起从家里出发,要赶到十几里外去参加政府为他在学术上取得的成绩而举行的庆典。影片从老人的一个梦境切入,显然是一种象征。在前往庆典的路上,年迈的博士不断地通过记忆和梦境回到过去。看是一天,实际上是对其一生的重新阅读,是在与死亡面对中贯穿整个生命的重新阅读。伯格曼用电影清晰地表达了人类的梦境,表达了生命的苏醒,表达

---

[1] 郝雨:《墨白小说论》,《平顶山师专学报》2002 年第 4 期。
[2] 英格玛·伯格曼(1918~2007),瑞典电影导演,被公认的现代电影最重要和最有影响的人物之一。在伯格曼的大部分作品中,一个重要的美学特征是不直接反映现实的冲突和重大事件,不着力描写外在环境和人物的外在行为,不注重展开剧情和刻画人物性格,而是把注意力集中在人的内心世界、内心生活、内心体验和感受上,通过人的内心世界折射或暗示社会的某些侧面。伯格曼的主要作品有《呼唤与细雨》(1972 年出品)、《芬尼与亚历山大》(1982 年出品)、《野草莓》(1957 年出品)等。

了对死亡的认识。伯格曼以一个老年人的视角,使我们每一个看到这部作品的观众思考人生的意义。《野草莓》的叙事手法,让我想到福克纳,想到乔伊斯。伯格曼用面对死亡的目光,来打量由体验带来的沉思,同我们在阅读福克纳和乔伊斯时一样,使我们跨越了记忆和无意识的门槛,我们在现在与过去之间出入,在梦境与现实的相互回应里,完成了从历史到现实的瞬间转换。实际上,伯格曼是运用了意识流的手法,他在极短的物理时间里,来反映整个漫长的心理时间。而在叙事上,从两条线上展开,现实之中的旅行,代表着从现实到未来,而回忆中无限的心理时间,则代表着从现在到过去。

张晓雪:你的许多小说,也是这样的叙事结构。比如,刚才我说到的《映在镜子里的时光》,这部小说的物理时间不到两天,而你却讲述了40年间的历史。《映在镜子里的时光》叙事的一个重要特征是文本和文本的环套,在当下的生活里,小说的主人公讲述1958年"大跃进"的《风车》和1966年"文革"的《雨中的墓园》,很独特。诗人蓝蓝说过:这是一部可以为叙事学提供研究的作品。对于语言表达本身神秘的探求,可看作是作者对艺术创作的最终追寻。我有同感。

墨白:对结构的探索并不是最终目的,最终目的是更准确地表达作者对人生的感受和认识。少年的伯格曼体弱多病,常常受到老师和同学的嘲笑,这种深受耻辱的经历在他的灵魂深处,刻下了深深的烙印。伯格曼的父亲是斯德哥尔摩一家医院里的神甫,他常常溜到停尸房去偷看尸体,偷偷地听父亲布道。伯格曼6岁的时候,就在父亲的惩罚下,体验到了死亡的恐惧。这些感受,后来都体现在他的电影之中。1934年,伯格曼在他16岁那年的夏天前往德国,在魏马,他曾经参加过希特勒出席的一个节日活动,当时年轻的伯格曼并没有在意,而到了他的成年,他常常对此感到耻辱。伯格曼对灵魂的忏悔表现在他的另一部电影《呼唤与细雨》里。

张晓雪:我认为,这种对灵魂的忏悔,就是一个人的修养。

墨白:对。在《呼唤与细雨》里,4个女性都具有象征意义。34岁的单身女性艾格内斯住在一座漂亮的房子里,她不久将死于子宫癌。她的姐妹卡琳和玛利亚,以及女仆安娜一起守在她的床前。玛利亚是个性感的女郎,来给艾格内斯看病的大夫曾经是她的情人,即使在姐姐痛苦的呻吟声中,她仍然在寻找机会和大夫调情。卡琳却是一个冷漠的人,为了不让丈夫碰她,她用打破的玻璃割伤自己的性器官,当着丈夫的面把血擦在脸上。而艾格内斯则是苦难的象征,艾格内斯因病痛无法入睡,她感到寒冷,呼唤自己的姐妹,可是她们却不理会。这个时候,只有女仆安娜来到她的身边,用大提琴声安慰她。艾格内斯躺在安娜的怀抱里,在安娜的安抚下,慢慢地死去。2005年秋天,我在梵蒂冈圣彼得大教堂里,看到米开朗基罗①的《圣母哀悼像》时,我就突然想到了《呼唤与细雨》里的这幕情景,在那个寒冷的夜晚,安娜抱着艾格内斯的场景,和《圣母哀悼像》十分的相似。如果说,《野草莓》是对生命进行关照,那么他的《呼喊与细雨》,就是对人类灵魂的审视。

张晓雪:宗教的力量很强大。有的时候,宗教能给一个痛苦的灵魂带来安慰,使茫然无助的人有所依靠。在宗教面前,人往往会变成一个孩子,那个孩子会对他心目中的那个上帝表达自己的心事。我想,伯格曼就是从上帝那里得到了面对自己的勇气。

墨白:这一点,我想只有伯格曼自己知道。但是,伯格曼对自己灵魂的忏悔,使我深受触动。而在叙事结构上,伯格曼对色彩的运用十分独到。艾格内斯房子里的墙壁、地毯、窗帘和帐幔都是红色的,混合着死亡、回忆和梦境,这种红色潜入了爱的子宫,如同人类出生时从母体里流出的血液。而女人的床单、衬衣和内衣则都是白色的,体现了某种内在的东西,在这些白色里,好像漂浮着卡琳的冷漠、玛利亚的放荡和艾格内斯痛苦的灵魂。而后是黑色的葬礼,男人们黑色的西服和世界黑色的影子,象征着死亡,即使是白天,你也能感受到浓重的夜色。我们只有在艾格内斯记载往事的日记中看到绿色,可是,由回忆而带给我们的微笑和幸福,已经接近了尾声。在走近死亡的时间之中,伯格曼对人性作了一次真正的考验。死者为活着的人撕开面纱,揭开心灵的真正面目。但是,死亡并没有改变什么,或者说死亡拒绝改变什么,在死后,爱才显得那么重要。在这里,安娜是一个爱的象征,安娜带给我们的温暖穿越了沉闷的死亡景象,使我们看到了爱的阳光。

张晓雪:你从伯格曼这里得到什么样的启示?或者说,小说的叙事和电影的叙事有哪些不同,又有哪些相似之处?

墨白:电影和小说的叙事有着很大的差别,一个是视觉艺术,另一个是语言艺术,但他们的本质是相同的,那就是对人类精神的表达。这种表达时刻都在发生着变化,这种变化就是对艺术的探索。对艺术的探索,重要的是观念的变化。柏辽兹②的歌剧《特洛伊人》,描写的是古希腊特洛伊战争,而前段时间我看过一个新版的《特洛伊人》,出现在舞台上的古希腊士兵,全都穿上了"二战"时期纳粹士兵的军服,手里拿着卡宾枪,这给我带来了强烈的视觉冲击,也使我

---

① 米开朗基罗·博那罗蒂(1475~1564),意大利文艺复兴时期雕塑家、画家、建筑师和诗人,主要雕塑有《大卫》《摩西》等,壁画有《最后的审判》等。
② 艾克托尔·路易·柏辽兹(1803~1869),法国作曲家。

产生了许多联想。还有韦伯①的音乐剧《万世巨星》，给我的感受也十分强烈。耶稣基督来到了现代人中间，他身边的人在不停地向他发难，问他当年为了救赎人类，而被钉在十字架上值不值得。韦伯在直接拷问着现代人的灵魂。为什么能产生这样的作品？那就是观念的变化。

张晓雪：你的作品给我的印象就是一直在探索，我记得《莽原》曾经发表过评论家何弘对你小说研讨会的综述文章，题目就是《精神探索和叙述试验者墨白》，你自从创作以来，把你小说的背景都放在颍河镇上，并构成了你的精神故乡，形成了像沈从文的湘西、福克纳的约克纳帕塔法一样的精神载体，确实是一个值得研究的课题。

墨白：有时候，我把我小说里的颍河镇当作我在现实生活里的场景。有些时候，我会想起怀斯。怀斯出生在美国宾州费城郊外的一个名叫查兹佛德的小村。他一生只上过两个星期的学，每年的夏天除了到近处的缅因州去度假，到他去世，从来没有离开过查兹佛德。他的绘画作品里所表现的就是他生活的村子，乡村的小屋、朴素的小人物，表现着存在于人类内心的孤独感，在他作品优美的自然景象里，你却能明显地感受到一股淡淡的哀愁和伤感。但是，他却创造了属于自己的艺术风格，成为现实主义绘画的优秀代表。我从怀斯身上获得了启示，我小说里的颍河镇已经像血液一样流进了我的体内，来到了我的现实生活里，我的生命已经无法和她分离。

张晓雪：我从你和海燕的对话里才知道你在故乡先后待了三十多年，你对土地和你生活过的镇子，真是太了解了。

墨白：怀斯曾经说过这样的话：他画查兹佛德附近的山丘，并不是因为它比别处的山丘优美，而是因为他生于斯长于斯，对他有特殊的意义。颍河镇是我生命里的东西，我无法不处处打上它的烙印。

张晓雪：我读卡夫卡，觉得他的写作也是这样，他现实里的生存环境和他的精神状态，对他的写作起着决定性的影响。

墨白：卡夫卡的父亲是一个时装礼品店的老板，这个犹太人只关心他的生意，对子女管教严厉，使卡夫卡从小在心理上就笼罩着权威的压力。由于家庭和环境，卡夫卡幼年就形成了孤僻的性格，他对世界充满了恐惧，充满了对世界的不信任。卡夫卡这样认定自己：他有精神方面的疾病，肺病只是精神方面的疾病移到了内部。事情都有它的两方面，或许正是他父亲对幼年卡夫卡的惩

---

① 安德鲁·劳埃德·韦伯(1948~)，出生于英国伦敦一个音乐世家，主要音乐剧作品有《猫》、《歌剧幽灵》，是当今世界才华横溢、思智过人的艺术大师。他的音乐《万世巨星》，1971年首演。

罚，才成全了卡夫卡在文学上的成就。如果卡夫卡在幼年的生活是另外一种样子，那么后来的卡夫卡可能就不是我们现在所看到的卡夫卡。是卡夫卡的父亲教会了他对世界的不信任，于是才有了《变形记》，才有了《城堡》。与世界的对应和紧张的内在关系，成了卡夫卡小说的主题。

张晓雪：有时候我就在想，是什么促使卡夫卡这样一个脆弱的人，这样一个对世界充满了恐惧的人，来进行写作呢？

墨白：是他的直觉，是从他内心里流淌出来的像雾一样朦胧的对世界的感受，是孤独和恐惧，是世界给他的耻辱感和对人世的不信任。卡夫卡真实地反映了自己病态的精神世界，使这个弱不禁风的布拉格人成为不朽。像伯格曼一样，卡夫卡并没有把自己的人生经历用文字直接表述出来，如果我们看到一个全知全能的卡夫卡，那么卡夫卡对世界也就失去了他特殊的意义，他把自己变成了格里高尔·萨姆沙，用奇异的、梦幻般的、不合生活的逻辑，来表达他真实的精神事实。他让自己变成了土地测量员，他把自己对世界的经验转换成寓言，并赋予他的文本以隐喻或者讽刺的本质。

张晓雪：这就回到我们前面所说的话题，是怎样写的问题，而不是写什么的问题。

墨白：所以，我们不能忽视卡夫卡为了将自己的经验转换成一个故事的想象性结构，所采取的复杂性的手段，我们不能不承认，卡夫卡首先把象征性赋予了他的小说，所以当我们读《城堡》、《审判》时，才能感觉到有着说不尽的主题，有着多种可能性。正是卡夫卡小说的象征性，才使他的生命这样长久，才使他能放到各种各样的环境里去。由于他作品的象征性和寓言性，才有了他作品的普遍性。

根据记录整理
原载《天津文学》2008 年第 8 期

历史、经验、责任与创作
——墨白访谈录

龚奎林

时间:2009 年 6 月 12 日
地点:墨白书房

  墨白的创作起步于 20 世纪 80 年代后期的先锋小说时代,他的写作不但具有先锋小说的叙事技巧,而且更看重对人性的观照。进入 21 世纪,当其他先锋小说作家纷纷转向甚或退隐时,他却继续用自己的解剖刀、显微镜去观察世俗人生的人性欲望。墨白的小说贯穿着一种暗红色的悲剧宿命以及人性生存困境的无奈选择,从而给人一种历史苦难蜕变造就尖锐的刺痛感和人性的荒芜感,进而传递出作者对生命的终极思考和人文关怀。因此,其叙述技巧的实验、人性蜕变的诡异、文本情绪的紧凑与张力总是给人一种耳目一新却又喘不过气的感觉。这次访谈我更多的是从文学外部(包括个人经验、生存背景、历史经验等角度)切入墨白的小说创作,从而获取一个作家的身后有着怎样的时代背景和精神成长资源。

  龚奎林:你的小说充盈着童年记忆,其中既有快乐的童年经历,也有不幸的童年阴影。可否谈谈这种童年记忆与你小说创作的关系。
  墨白:对我来说,童年经历是重要的。我出生在淮阳县新站镇,也就是后来出现在我小说中的颍河镇,在童年记忆里,这个镇子对我来说是神秘的。我的故乡地处中原,现在看来她的位置十分偏僻,但在陆路交通不很发达的 20 世纪五六十年代,颍河的航运在我们河南却是数一数二的。因为有了航运,故乡的集镇在我的记忆里是繁忙的。这你知道,颍河是淮河的重要支流,源头在登封嵩山脚下,流到周口以后有另外两条支流汇入,其中一条就是贾鲁河。贾鲁河的源头靠近郑州的花园口……
  龚奎林:就是蒋介石以"抗日"为名扒开黄河的地方?
  墨白:对。当年的黄河水顺贾鲁河流入颍河,所以后来我们那儿的大片土地就成了黄泛区。颍河的另一条支流就是流经漯河的沙河。沙河的源头在平顶山境内的尧山,那是哲人墨子的出生地。因为漯河在京广线上,所以大批的货物到漯河后再通过颍河转运,比如说从南方运来的毛竹、从大兴安岭运来的粗大的红松,到了河里,就被扎成长长的竹排或者木排往下运。

龚奎林:你小时候在颍河里看到过竹排和木排吗?

墨白:看到过,十分壮观,长长的好像没有尽头。我在《梦游症患者》里曾经写过,三爷的大儿子王洪良出外去调查他三弟王洪涛的"反革命"行为时,乘坐的就是木排。我在颍河里经常看到的是货船,那个时候我们称国营船,就是公有的船队。颍河的木船非常大,七八只排成一排,被汽艇拖着逆水而行。汽艇就是小火轮,没有汽艇的时候,船夫们就辛苦了,他们要背负纤绳逆流跋涉。如果是顺水那就舒服多了,船夫们在高大的桅杆上张起白色的风帆,一字排开顺流而下。颍河在历史上十分有名,春秋战国时的地图上叫颍水。那个时候的中原有着茂盛的原始森林,生活着大象。古代的河南地域被称为"豫",可能与此有关。我在登封嵩阳书院的厢房里,曾经看到过一对粗大的象牙,那就是在当地出土的。那个时候的河流是没有堤岸的,就连黄河也没有。古时的黄河像一条黄色的彩带被风吹着,在中原大地上随意地摆动,有时候它能流到淮河里来。

龚奎林:我曾经看过一个资料,淮河先前是有自己的入海口的,后来黄河夺淮入海,则被沉淀的泥沙堵住了。

墨白:所以现在的淮河流入了洪泽湖,然后转道通过大运河进入长江。在我的童年和少年时代,颍河对我来说是十分神秘的,她不但开阔了我的视野,而且丰富了我的想象力。这无尽的河水从何处而来?我不知道。她又要把张了白帆的货船带到哪儿去?我也不知道。那个时候我们镇上有四个码头,镇子最西边是盐业仓库、粮食仓库和木材公司的码头,从漯河漂来的竹排和木料都停泊在那里。镇中是过河的渡船码头,镇东是土产仓库码头,再往东就是煤业公司的码头。货船来了,一排靠在河岸边,船舱那样深、那样大,装载着无数的秘密。船民南腔北调,仿佛带有异国的风味。有一次我看到一对抬了一大筐青菜的船夫从街上回码头,他们嘴里哎哟哎哟地歌着号子,满头大汗,样子很累,可他们就是不肯停下来休息,一直翻过大堤不见了。多年以来,那对抬筐的船夫一直在我的记忆里行走着,一刻也没有停下来过。在我童年的视野里,颍河就是最大的河流,天底下再也没有比颍河更大的河流了。

龚奎林:是啊,那个时候还没有山外有山的概念。

墨白:所以,河流和河流上的一切,对我构成无数的神秘。你知道,北方的河道与南方的河道不一样,它的河道非常深,夏季的颍河经常发生洪水,洪水气势磅礴,溢满了河道。洪水一来,颍河两岸的居民都上岸抗洪,到了夜间,两岸的河堤上到处都是马灯,像节日一样。

龚奎林:哎呀,那你们小孩子当时很兴奋啊!

墨白:孩子嘛,不知道洪水的后面隐藏着什么样的灾难,他们有的只是兴奋。

洪水大的时候,站在我家的院子里就能够看到,浑黄色的水面十分宽阔,像无数的马匹在奔腾,那种气势没有什么可以和这条河流相比。所以,他带给你的震撼是强大的,而你又没有能力去说清他,包括船民的生活,也没法说清。对你来说,没法说清的东西就构成了神秘。比如说造船,我们那儿的许多船民,都是自己造船。造船的工序十分复杂,当船体在河岸边侧着立起来的时候,就成了一个巨大的音箱,当造船工人用锤子撞击板凿往船板之间的缝隙里下灰捻的时候,那种劳动带来的乐声使你无法忘记,仿佛那声音就构成了他们的生活方式。

龚奎林:他们都是本地人吗?

墨白:不,也有外地人。他们说话的口音让我明白他们有着和我不同的生活背景,就像造船工人击打船舱发出的声音,带给你无限的想象。到了冬季,整个颍河都被冰封,河面一片银白,像银带一样飘向远方。我们那儿的渔夫也和别处的不一样,他们捕鱼用的是一种细长细长的木船,一边是一块白色的木板,我们那儿叫白船子。傍晚的时候渔夫拉着白船子往上游去,到了夜晚,他就划着白船子顺水而下。鱼儿看到白板就像看到了光亮,它就跳上来,结果被白板外边的网兜网住了。夜间你听哗哗的打水声,那就是渔夫的白船子来了,白船子朦胧着从河岸边划过,然后又慢慢地隐到灰暗里,船桨打水的声音也渐渐地淡去。但也有许多恐怖的事儿,比如颍河里年年都会淹死人。总之,颍河带给我的是对世界的好奇和丰富的想象。除去河流,另一个构成我童年经历的就是土地。应该说,土地带给我的乐趣与欢愉是无法表达的,土地里能生长出各种各样的农作物,在我童年的时候,我没有见过纯粹供人观赏的花朵,像牡丹、月季之类,而各种农作物的花朵我都见过,到现在为止,我仍然认为庄稼的花朵是最美的。因为土地,在我幼年的记忆里,夏收秋种,劳动是没有休止的,因此在我很小的时候就学会了各种各样的农活。土地使我对世界产生了一种信赖感,只要有土地存在,生活就会有希望和保障。土地的神秘不但是会种植生命,还有对人的接纳。人死后,要下葬进入土地。隆重的丧葬仪式,对孩子来说充满了恐惧和神秘,但又是庄严而神圣的,我们的生命与土地就此构成了一种没法割裂的关系。另外一个构成我童年经历的就是我出生的镇子。我刚才说的河流和土地是人和自然的关系,现在我要说的是文化。我们镇上的文化是由佛教、伊斯兰教、基督教和汉族文化共同构成的。我们镇子西街居住的是回民,有一座明朝时期留下来的清真寺。而我读书的小学校,就是由山陕会馆改建的,这我在《梦游症患者》中写过。我们镇子河对岸,有一座教堂,是专门为河道里来往的基督教徒修建的。基督教在我们那儿的影响是根深蒂固的,现在我们那儿很多人都信基督教。还有佛教,我们镇西在新中国成立前曾经有过一个延庆寺,我的小说《失踪》写的就是这个寺院,可惜后来那里成了一个仓库,但佛教的影响仍在。在我记忆中,镇子街道上铺着石板,两边的门面房都带"出厦",下雨天你可以从镇东走到镇西不淋雨。新中国成立前,雷家和马家那些大户人家留下的房子很气派,是具有明清风格的建筑,高大、阴沉而潮湿,长满苔藓的院子里充满了神秘感。新中国成立后,这些房子都收回国有,成为镇政府的办公地,有的被改造成盐业、粮食、土产等各种仓库。但这些建筑给人留下了许多故事。而我童年记忆里的一件大事来自一场火灾,俺家那场大火是在我出生不到一个月时烧起来的,母亲冲进大火什么都没有要,只把我抱了出来。这个偶然的事件,经我母亲的反复讲述,在冥冥中带给我一种梦境一样的东西。这个事件的本身很残酷,但对于童年的我来说却充满了刺激和好奇,到了最后,这个事件给我的生命构成了一种密切的关系,这是我生命中无法避开的经历。以前,我们说一个作家的生活是体验,但我不这样认为,我觉得一个作家的生活积累就是他的命运,是他身不由己躲都躲不开的命运。苦难也好,幸福也好,生也好,死也好,他早已身在其中。

龚奎林:就你的个人经历而言,你经历了许多人生苦难,从一个农民变成一个小学教师,最后进入省城成为专业作家,这种成长体验与你的小说创作是不是有着密切的关系?

墨白:不是关系密切,是决定性的。没有故乡的生活经历,就没有我后来的小说。我不到十岁那年,父亲因为"四清"运动被判了刑,我们的家庭状况发生了彻底变化。这个变化带给了我两点:一是饥饿感,二是由饥饿引申出的对生活的恐慌感。当然,这是两个不同的话题:一个是生存的困境,归属于苦难;另一个是精神的困境,归属于痛苦。关于苦难的记忆主要来自饥饿、劳动强度、居住环境、文化生活各个方面,而最深刻的是饥饿。我们镇上人均土地少,产量又低,再加上是生产队的分配制,所以一年当中有半年缺吃的。因此产生恐慌,不仅仅是身体需要热量,还牵涉孩子的精神成长。当一个人吃不饱肚子的时候,会连锁发生方方面面的事情,所以为了吃饭,我做过各种苦力事。那些年每到秋季,我都会擓着笋头夹着铁锨到收过的地里翻耕红薯。因为那个时候是用东方红牌拖拉机深耕种红薯,所以红薯扎得很深,当生产队的老牛拉着土犁子出过红薯后,还有许多红薯留在土地的深处。在茫茫的翻耕过的黄土地上,只要你肯下力气,一下午就可以挖到一笋头红薯。一个十一二岁的孩子在太阳下的黄土地上翻耕,深层的土地里不停地给他带来刺激和惊喜,当夜幕降临的时候,一个孩子弯着腰背着一笋头沉重的红薯在黄土地上往家赶。你看我现在个子这么低,这是因为我在童年时从事各种各样的高强度劳动造成的,其实我家人的个子都不低,我大哥孙方友你是见过的。那时候,与吃饭有关的事情都要靠体力劳动,吃面要推磨,吃水要到水井里挑。我们那儿的水井非常深,有两丈那么深,而且要上台阶。特别是冬季下雪天,我小小的个子挑着水桶爬台阶,走不好,就会滑倒在地。一滑,两只水桶就咕咕咚咚滚下去了。再一个就是家里的居住环境很差,一到下雨天房子就漏水,总是外面下大雨家里下小雨,家里的锅碗瓢盆都用来接雨水。我很小的时候就为家里的房子漏雨而发愁,所以在我的记忆中,家里一直在不停地反复建房子,最初是土房,和泥、脱坯,全部是人力。

龚奎林:我们老家用牛去和泥,就是蒙着牛的眼睛,让牛在泥地里反复踩。

墨白:我们没有牛,牛是生产队的,所以只有用人力。泥和好后再垛墙,劳累总是无边无际,所以这些经历你是无法忘记的。而更刻骨的是对生活的无望和恐惧,你不知道你的前途在哪里。因为那个时候的人是有等级的,不但有"地富反坏右",就连工人和农民也不是一个阶层,工人吃的是皇粮,而农民是要靠自己在土地里刨食,这不是制度问题,而是人的平等问题,这深刻影响了那个时代的人的精神,这也就是我们后来说的二元对立。身份的不同,就会影响一个人的命运。比如说考学要推荐,那就没有你的份,参军、招工这些有出息的事你想都不要想。那种生存环境会给一个孩子带来很大的精神压力,你不知道前途在哪里,生活的朦胧和无望似乎永远没有尽头。生存体验和生存苦难不但从各个方面渗透到一个孩子的血液之中,而且渗透到整个社会之中,对苦难的记忆不仅仅属于我,而是属于那个时代。

龚奎林:疾病隐喻与死亡哲学贯穿在你的小说文本之中,尤其是精神病,这使你的小说渗透着一种浓郁的悲剧意识,你对疾病与死亡的钟情和你的生活经历有关吗?

墨白:有关。最初是我对死亡的认识。小时候我家住在镇医院的隔壁,我记忆里的镇医院门诊房非常宽大,而且房内的结构十分复杂,我从来没有弄清过那座房子到底有多少间房,有多少个出口。每天我都会看到身患重病的人被送进医院,也就是说疾病会随时闯入你的生活。在夜深人静的时候,我会被突然传来的哭嚎声所惊醒,那些过世的人要么是老人、要么是孩子、要么是男人、要么是女人。我躺在床上,听着那些无助的撕心裂肺的哭嚎声随着杂乱的脚步声,随着轧过坑坑洼洼的青石街道的车轮声,慢慢地消失,我的四周又陷入了沉静。那个时候我躺在床上望着空洞洞的屋顶,心里充满了恐惧和好奇,那个刚刚死去的人他是谁?他长什么模样?他到哪儿去?到底是谁接走了他?作为一个孩子,他不敢向大人去询问这些神秘的东西,于是你对生命产生了疑问,在不知不觉中死亡带给了你生命经验中无法避开的东西。而实际上,死亡就是一种生活,是我们无法避开的生活状况。当然,疾病也是如此,如果你去医院,如果你有意去观察,你会发现众多的身体疾病在我们存在的世界里极其普遍。我幼年的时候,在我们镇上见到各种各样的残疾病人。有一个修鞋匠是一个瘫痪的人,他走路依靠他的两只手臂。小时候我一直弄不明白,他是从哪儿弄来的那么多修鞋的钉子呢?还有一个修车匠是个瘸子,他走起路来一拐一拐的,我们叫他八仙,但他的修车技术非常高。镇上还有一个疯女人,姓朱,我们都叫她朱疯子。我们成群的孩子撵着她,用坷垃砸她,好像觉得很刺激。朱疯子有时会突然回头追赶我们,吓得我们惊叫着逃散了。所以,日常生活中的疾病不但使我们产生好奇而且给我们带来恐惧。当然,这是就身体的疾病而言,而另一种疾病是来自精神,精神疾病产生的根源是权力、道德、政治、宗教、文化等社会因素,精神疾病的存在就是对社会制度的隐喻。所以,在我童年和少年经历的那个时代充满了各种不同的精神疾病,而我童年和少年所处的社会也是病态的,那种病态渗透在从那个时代过来的每一个人的精神里,这当然也包括我。所以,这种病态在我的小说中呈现出来是很正常的。疾病隐喻与死亡哲学是人生的一个重要话题。

龚奎林:绘画也是一种表达对世界感受的方法,你的小说出现了冷色调和多色调,人物也如同雕塑一般,而你又是从专业绘画者转向文学创作的,绘画和写作同为艺术有着很多相通的东西但也有差异,绘画的元素是如何影响你的创作呢?

墨白:谈到绘画,要感谢我小学五年级的班主任,他叫张夫仲,是我绘画的启蒙老师。从小学五年级一直到初中毕业,张老师都是我的班主任,所以我对绘画最初的认识和绘画技巧都是从他那儿得到的。因为我的初中和高中时代正好在"文革"中,所以众多的政治运动和节日给我提供了许多练习绘画的机会。一年的节日真是太多了:三八妇女节、五一劳动节、六一儿童节、七一建党节、八一建军节、十一国庆节、元旦、春节等这些节日学校都要出画刊庆祝,再加上众多的政治运动,所以我的初中和高中时期几乎没上过课,我整天都在学生寝室里度过。我把八张一开的新闻纸接成一体画一张巨大的壁画,包括毛泽东、邓小平这些风云人物的画像。等到1978年我进入师范学习绘画的时候,才开始接触大量的西方绘画,等到我进行写作的时候,一些绘画元素在不知不觉中进入到了我的文字之中,比如绘画对我叙事语言的影响。当然,我从许多大师那里得到了启示。比如夏加尔①,他使我对记忆和梦境有了更深刻的认识和理解;比如达利,他使我看到了时间和人性的另一面;比如蒙克②,他让我看到了

---

① 马克·夏加尔(1887~1985)的绘画主要表现对童年和青年时代他的故乡俄国一个名叫维台普斯克小镇的回忆,打破了时空观念的限制,不同的瞬间和不同场合同时出现于画面,表现自由的幻想。飞跃在他画中的鸟、时钟、情侣、花束、牛、羊、马戏演员、新娘,都是乡愁与爱的幻想。夏加尔艺术的神奇之力,在于能与所有阻挠灵感超脱与压制人心的各种势力相抗衡。

② 爱德毕·蒙克(1863~1944)是20世纪表现主义绘画的天才,他的绘画给我们最强烈的特征是透过风景对劳动者和自我精神的深刻表现,从生的不安到爱的焦虑,从死的恐惧到爱欲的痛苦,他以苛刻偏激的表达方式来传达意念,从而创造出令人难忘的爱、热情、嫉妒与死亡的形象。

死亡的存在和生命的焦虑;比如莫奈,他使我认识到当生命的主题确定之后,主题的重复和复式语言的重要性;比如凡·高,他让我看到一个真正的艺术家,在他的精神和肉体达到高度的统一后他的作品所产生的无穷魅力,等等。所以我认为,绘画和写作虽然说一个是视角艺术一个是语言艺术,但绘画和写作却有着相同的本质。

龚奎林:河南作家的作品中都孕育着一种哲学思辨和历史意识,在我看来这是同其他省区作家的最大差别,你的作品同样如此,能否对此谈谈?

墨白:哲学来源于生活,比如儒家的人生观和道德观,比如老庄要达到的人生境界,都是中国文化的主流,这些就储存在民间的日常生活当中,我们从一出生就受到这种文化的熏陶,蕴藏在中国文化中的哲学思想并和我们息息相关。比如对死亡的认识,其实就是对人生哲学的认识,那个时候,你或许没有认识到这是一个哲学话题,但有关死亡的事件一定有哲学的意味在里面。当然,随着时间的推移,我们会把许多我们自己考虑的问题归纳到哲学上来,比如一个人的历史观。以前我总觉得历史是古人的事情,其实历史和每一个存在过的人都有着密切的关系,我们就是创造历史的人。为什么这样说,因为任何历史都具有强烈的主观性。比如司马迁的《史记》,它同样带着强烈的主观印记在里边,《史记》是从司马迁的角度来看历史的。如果换一个人来写《史记》,那么他所呈现的事件可能和司马迁所呈现的事件有着很大的差别。我们现在看到的历史是由无数的个体记忆所构成的,而众多的个体记忆构成了集体记忆,这就是我们现在看到的历史。所以,后来人类对历史上任何历史文献的考证都无法还原到历史的真实,无论你怎样考证都是带有主观性的历史观。当然,这是一个关于哲学观念的话题。现代哲学已经渗透到意识形态的各个领域,比如对时间的认识。博尔赫斯认为,时间是一切哲学问题的核心。古代哲学家把人类大的哲学观念早已提了出来,比如老子的《道德经》,比如古希腊的哲人们提出的哲学话题。现代哲学只是在古代哲学的基础上更加细化。因为哲学就根植于文化,就存在于我们的生活当中,那么作为涵盖社会学的文学创作携带哲学的思辨和自己的历史观,那是很正常的事。

龚奎林:读你的小说能明显地感觉到一种诗性语言和诗性化情绪,据我所知,你写过不少诗,洋溢在你的小说深处的诗人气质和这些有关系吗?

墨白:实际上,我对诗歌的热爱不亚于对小说的热爱。师范毕业后我回到故乡小学任教,一待就是11年。20世纪80年代,正是新时期诗歌的繁荣时代,大批的民间诗歌团体纷纷在诗歌报刊上亮相,十分壮观。那个时候我们小学的几个青年老师也成立了一个文学团:叫"南地文学社",而我们当时主要是进行诗歌创作。那个时候我们不但订了大量的文学刊物,如《收获》、《十月》、《人民文学》、《世界文学》、《外国文学》、《苏联文学》、《文艺报》,那个时候的《文艺报》还是以刊物的形式出刊的,同时我们还订了许多诗歌刊物,如《诗刊》、《星星诗刊》、《诗歌报》、《诗选刊》等。所以,我对新时期的诗歌进程是十分熟悉的,而且我本人也写诗,我自己有两本手抄本诗集,装订得像正式出版的书籍一样,从封面到版式都是我自己设计的。

龚奎林:哦,那你准备什么时候拿出来出版呢?

墨白:呵呵,到目前为止我还没有这个想法。但是,诗歌的观念对我的小说叙事起着潜移默化的作用,比如隐喻。我小说中的隐喻是与诗歌有关系的,包括小说叙事的诗性语言,都与我写诗、喜欢诗歌有关。但是我觉得,我小说中的诗性语言恰恰不在这里,而是来源于小说语言的情绪化。这种情绪化是有质感的,就像一条流动的小溪,可以触摸。当然,这种情绪化不只是作者本人的情绪,而更多的是我赋予作品中的人物,加上我小说的复式语言所带来的节奏感,可能是这些给你带来了以上的阅读感觉。

龚奎林:你的创作一开始就致力于对颍河镇的构建,你把许多意象赋予了这个小镇,而在我看来,你小说中水的意象尤其突出。我一直在想,这种意象给你的小说创作带来的是什么呢?

墨白:这是一个很有意思的话题。从某种程度上来说,水的意象代表了我小说的叙事风格。水的意象不仅体现在叙事语言上,也体现在故事的场景里。当然,这与我对河流的认识和理解有关,这也是我生命中无法避开的,因为颍河带给我了太多的东西。这你知道,我对颍河进行过深入的了解和调查。2001年,我从故乡出发,独自沿着颍河一直走到安徽的正阳关,也就是颍河和淮河的汇合处,然后又顺着淮河往下走,一直走到淮河流入大运河。2007年,我又从信阳出发,沿着淮河往下走,慢慢地接近淮河的腹地。应该说,淮河对我的写作影响非常大。在我意识里,淮河与我们民族的苦难经历最为贴近,因为我们在现实里看到很多重大的水灾都发生在淮河流域,比如1975年的那场罕见的水灾。所以说,淮河有着更多的人文气息,淮河上至今仍然生活着大批的船民。淮河对我们民族来说是一条重要的河流,尽管她充满苦难,但她带给了我们很多警示性的东西,比如现在的河流污染问题。如果你留意的话,我的小说里多次写到这些。可能正是我对淮河的情感才奠定了我小说中对水的情结。

龚奎林:乡土中国的苦难是你小说的主要命题,因而你小说出现了许多底层者的边缘叙述,你为什么这么喜欢苦难叙事?

墨白:现在有人提出"底层叙事",我觉得这里面有一个问题,那就是他们把"底层叙事"锁定在社会问题的层面上,他们只注重了底层,而忽略了叙事,而我们应该明白,我们面对的是文学,它首先应该是叙事,是应该具有文体意识的叙事,是建立在文体创新上的社会学,这是文学观的问题。我们的文学所要关注的是生活在这个社会里的每一个人,在文学面前,人是平等的,没有大和小之分。对于文学而言,你能说孔乙己小吗?你能说祥林嫂小吗?我们应该首先从文学的角度出发,去对这一部分人群的生存状态和命运进行关注,而不是从社会学的角度出发,去给他们讨个公道,这种理解才是准确的。我认为底层的苦难远远没有结束,我们需要加深对这种苦难存在的认识,而不是去淡化这种苦难。也就是说,我们文学家要真正地关心他们的存在,就要从文学的角度来正视他们苦难和痛苦的存在,而不是去俯视他们的存在。实际上,中国作家如果没有真正了解中国农民,那是不可能写出大作品的,尽管中国城市这么庞大,但现在城市的主题仍然是由农民构成的,为什么这样说?因为现在中国的意识形态仍然深受权力意识的影响,而这种权力意识就是建立在传统的农民意识之上的。也就是说,现代的社会仍然不是开放个性的舞台,这就是我们的民主进程为什么缓慢的原因。在我看来,中国底层的苦难不仅仅是物质生活的贫乏,还是精神层次的匮乏。人类的苦难历来更多的是精神苦难。比如死亡这个母题,就是人人无法摆脱的精神苦难,无论任何人,当他真正面对死亡的时候,他都无法超脱,这就是精神苦难。所以,现在生活中的物质苦难远远不是精神层次上的苦难,而我们的写作不能只面对那些所谓的社会问题,文学要关注的是人类的灵魂,对人类由精神构成的苦难才是文学面对的永久命题。

龚奎林:是的,你的小说主人公大都是一些挣扎着的痛苦的灵魂,你通过解剖刀把时代阵痛下国民的劣根性呈现出来,借助文学叙述还原灵魂的真相,以引起治疗的注意。因此,在你的笔下,人性的剖析与作家的责任总是连为一体的。

墨白:文学的责任并不是为读者提供摆脱苦难的灵丹妙药,文学的任务就是把普通民众的生活状态和他们赖以生存的真实的社会形态呈现出来,这远远不同于社会中通常道义上的帮助和观照,比如金钱资助。文学的作用是任何东西都无法代替的,它要告诉我们的是这个时期人的生存状态和环境是怎样的,比如我们读《红楼梦》,就是为了了解那个时代的社会形态、精神危机,因为国家的危机则是由个体的精神危机汇集推动的。作家的责任是为这个社会提供精神分析的母体和蓝本,是从意识形态来完成对整个人类精神的体现。如果没有作家体现人类精神的这个层次,这个社会是不完整的,这恰恰是作家责任的首要所在。

龚奎林:你作为当年先锋小说作家之一,经历了二十多年的风雨人生路,依然坚守自己的文学主张,而时下也流行一句话:先锋作家死了,或者说转向了,你赞同这句话吗?

墨白：任何时候"先锋"都不会死，这是文学的规律。"先锋作家死了"说的是某些人，某些先锋作家在文坛上消失了。我们都知道，整个文学史是创新的历史，没有创新哪有文学史？所有的流派提供的东西都是创新的东西，那个所谓的先锋作家死了，而后一个先锋作家又出现了，只能说是不同类型的先锋。如果先锋死了，文学没有了生命力，那么整个文学就没有了希望。一个时代的文学，如果没有叙事文本的创新意识，哪里还有文学？所以说"先锋作家死了"，这是门外汉的说法，我们没必要这么大惊小怪。任何有出息的作家都是不会向读者和市场妥协的，真正有出息的作家会引导读者走向陌生的境界，提供一些我们不明确的东西和新的思维方式。比如卡夫卡、乔伊斯、博尔赫斯、纳博科夫等，哪怕你说就连这些人也死了，那么我仍然相信还会有新的先锋出现。

龚奎林：我在阅读你的作品时，总感觉你笔下的主要人物都经受了记忆之痛和时间之伤，为何如此？

墨白：是为了再现人存在的真实。有许多人总把现实主义、现代主义和后现代主义断裂开来，实际上它们是相通的，是承上启下的。现代主义和后现代主义关注的是人类存在的时间和人类记忆的存在，这是更真实的现实。海德格尔在《存在与时间》中说，时间呈现的状态是当下、过去和未来，而我们生存的现实只存在于现实的一瞬间。在存在主义看来，任何事物都是当下的问题。现代主义和后现代主义就是对时间和记忆的认识，是对人类存在的认识。我们都知道，记忆建立在时间的一瞬间，梦境、幻觉、经验、历史、生命的存在形式统统存在于一个人的记忆之中，所以我说现代主义和后现代主义是建立在现实之上的真实，这是现实主义根本没有认识到的问题，也是现实主义没法解决的问题，说到底也就是文学观念问题。时间和记忆的问题是文学的根本问题，因为时间和记忆涉及人类精神层次的各个方面，它不仅仅是文学话题，更是哲学话题。

龚奎林：为什么对"颍河镇"这一文化隐喻场如此着迷？这个问题你曾经和张钧、雷霆都谈到过，我也对此好奇。你说："一旦进入颍河镇，我想象的翅膀、我自由的翅膀、我语言的翅膀就会自动地张开。一个作家要建立一个属于自己的文学领地，是极艰难的事情，像马尔克斯，像福克纳，像沈从文。一个作家的文学领地是和一个作家的艺术生命紧紧相连的。"现在对这个理解有新的变化吗？

墨白：没有。一个真正的小说家是靠直觉写作的。不论你在这之前读过多少人的书，掌握了多少叙事技巧，有多少新的艺术观念，你一旦进入写作，那么以前你所认识到的那些都要抛开，而是要进入到和你的生命息息相关的生活里去。也可以换句话说，无论你掌握了多少叙事技巧，而那些技巧统统是为表达你脚下那片你熟悉的土地而服务的，都是为了更准确地表达你所生存的社会形态和生命意识,是为了更准确地表达我们对生命的感受,这是丝毫不能怀疑的。也就是说作家一定要靠直觉写作,他的写作要建立在他的生活经验之上,这很重要。所以,我生命里的颍河镇也就是我文学里的颍河镇,颍河镇对我来说,是什么都不能代替的。

龚奎林:你的作品常常凸显出传统文化的现代断裂,能谈谈吗?

墨白:这是我们所处时代的精神特征。以前在"毛泽东时代"形成的某些(编者注)道德观、价值观,一旦到了改革开放就受到了彻底的颠覆,自改革开放以来,我们整个国家和民族发生了翻天覆地的变化。这种波澜壮阔的社会变革,当然会造成社会矛盾和人性的张力冲突,在精神上出现明显的断裂,这很正常。

龚奎林:你刚才说到的传统文化的断裂,我突然明白,你的小说为什么迷恋表现"文革"政治的遗风、固执的乡村民间文化与现代观念的冲突。

墨白:20世纪50年代以后到80年代以前的中国,应该是文学的一个重要话题,但这是一个缺少中国当代文学深刻关注的时代。这一点,西方文学对"二战"的关注是我们的一面镜子。关于"二战",西方作家写出了多少震撼人心的好作品呀!可是目前关于我们那个时代的中国当代文学,所涉及的都是一些皮毛,没有进入到那个时代的本质里去。比如"文革",我认为"文革"只有在中国的文化土壤里才会发生。为什么?就是说中国的皇权意识存在于民间,"文革"之所以发生,那就是和我们每一个中国人都有着直接的关系,和我们身上的奴性有关,和我们赖以生存的处处扼杀个性的文化土壤有关。存在于那个时代的每一个人都应该对"文革"的发生负有不可推卸的责任。每个人对"文革"都有责任,因为那个时候我们都不知道自己是谁。

龚奎林:据我所知,你的阅读非常博广、视野非常开阔。西方文学、西方电影、西方绘画你都有很深的涉足,而且对你影响很深,能谈谈这方面的感想吗?

墨白:首先,我认为阅读是一种有重量的精神运动。一个作家应该站在人类的精神高度来看自己的处境,这样会使自己的写作更清醒。罗曼·罗兰①曾经说过,所有的光明不是在黑暗之外,而是在光明之中。所以,一个作家不能故步自封,自以为是。广泛的阅读能改变一个人顽固的旧观念,这对一个作家极其重要。

龚奎林:我喜欢读你的随笔,你的随笔和你的小说一样充满玄思,如何理解这种"玄"呢?

---

① 罗曼·罗兰(1866~1944),出生在法国中部克拉姆西小镇,法国思想家、文学家、社会活动家,主要著作有《名人传》《约翰·克利斯朵夫》《母与子》等,1915年获得诺贝尔文学奖。

墨白：我没有想到这个话题，但很有意思。这可能和我的叙事观念有关，用小说的叙事方式来写随笔，有动感也有悬念。这个话题我想得不是太清楚，大概是这个意思。

龚奎林：从你的个人角度而言，你作品的主人公都非常的孤独和忧郁，我的理解可能是和你这个人一样，你的作品似乎对生命的终结有着不解之缘。

墨白：因为人的终极现实的存在，任何人都无法摆脱这种孤独和忧郁。我们每一个在现实生活中存在的人，没有谁能真正知道你在想什么，就连你最熟悉的那个人，你也不知道他的潜意识里存在着什么。也就是说，我们无法打开人的精神世界，而一个人的精神世界恰恰是浩瀚的，像大海一样。很多人都处在孤独之中，处在精神的忧伤之中。你所说的我作品中的这种孤独，我觉得恰恰是我追求的东西。

龚奎林：在文学与影像纷纷联姻的当下，你依然在创作中坚守自己的文学观念，文学的形式和技巧固然是作家认识世界的方法，但在当下消费主义文化和大众读图时代，这种叙述实验对读者的接受来说是否距离太远？

墨白：上面我已经说过，任何形式和技巧都是为了更好地表达我们自己脚下的土地。但是文学仍然存在着创新的问题。小说到了21世纪，单单讲一个故事，远远不是小说的本质。小说里的故事应该只是一个叙事单元，故事应该和小说结构、叙述语言、小说的哲学意味、小说的个性化和艺术的真实一起，成为构成小说的一种元素，使小说这种文学形式更丰富。我觉得文学呈现的东西是任何东西无法代替的。文学应该是培养一个民族精神品位重要的一环，我们每个人都要有使自己成为精神贵族的愿望。在我看来，精神贵族其实就是高度的精神自由，一个人的精神自由是非常重要的。因此，需要培养自己的人生境界，任何时候好的东西都是在塔顶上的。人类的精神是一座金字塔，人只有卸掉背负世俗的利益和荣誉，才能往精神的高峰攀登。

龚奎林：最后问一个文学外的问题，当初为什么把笔名称为"墨白"，"墨"和"白"是自然界中两种靓丽的色彩。同时，这两个字在我看来又是充满矛盾的黑白分明，也就是说，这个笔名本身含有诗意的、对立性的味道，是富有张力、使人过目难忘的。

墨白：这是个非常有意思的话题。墨白两字所包含的意义当初我没有想到，根据后来的我理解，"墨"是绘画上最极致最美的颜色之一，"墨"和"白"构成了宇宙中的白天和黑夜。再一个，道家的最高境界是"无"，当墨变成白的时候就是无。道家的太极就是"黑"与"白"的构图，黑中有白，白中有黑，并通过这两种元素来概括自然的存在。但是，这些都与我的笔名无关。我当时起这个笔名就是为了简单好记，是无意识的。

作家面对经验世界的时候该如何表达自己和周遭人群的理性诉求,该如何通过艺术的建构传递人间的真善美与邪恶,因为时间关系,这些都不能作太久的访谈。但回望我和墨白先生的对话,使我认识到,他是一个在自己的经验世界里担负起责任的作家。是的,作家的责任是一个作家进行文学创作的根基与灵魂,市场经济固然重要,但是在嬗变与阵痛中作家应该坚守自己的灵魂与信念,那就是通过文学创作裨益于我们的时代与社会,墨白无疑就是这样一位优秀的作家,他用自己的文学解剖刀穿透人性与社会的变异与蜕变,呐喊成为他微言大义的原动力。在这篇访谈中我们更清楚地看到,个人经历、生存体验、历史阐释、叙事实验等,这些构成了墨白小说的母题,并使他的作品呈现出一种色彩斑斓的姿态。

2009 年 7 月,根据录音整理
原载《西湖》2010 年第 2 期

精神自由与人格独立
——墨白访谈录

高俊林

时间:2009年11月26日
地点:墨白书房

高俊林:这些天我集中阅读了您与一些批评家的对话,在你们的对话里,其实已经涉及了有关您小说创作的各个方面。

墨白:这说明我以前说的太多了,这次我要多听听你的。

高俊林:我这样做的目的,一是想尽量避开你们曾经谈论过的话题,二是想以此为参照来审视我对您小说的阅读感受。在我阅读您小说的同时,我还从不同渠道搜集了一些批评家对您小说的评论文字。我从中发现了一个有意思的现象,评论家们从您小说里发现了各不相同的论述话题,这些话题主要围绕在叙事学、社会学和精神活动三个层面。在叙事学方面,评论家们主要指出了您小说的结构及叙事迷宫,如对叙事语言的探索,形式与伦理的关系,民间叙事与诗学记忆,叙事的荒诞性、象征性、隐喻性,虚构的颍河镇所构成的精神家园等这些话题上。具体到社会学意义则是城乡二元对立、人性的异化、疾病的隐喻、历史的宿命、对"文革"的审视、对国民性的批判、人类生存的困境和精神苦难、您小说的历史观等,而精神层面的话题则包括人生的寻找与生命的神秘性、现实即梦境、人生的游离性和命运的偶然性、对自我审判等这些人生主题以及小说人物的失语、自卑、梦游等精神特征上。

墨白:您在最近的一篇文章中也提出了西方现代叙事与本土关系的话题。

高俊林:是这样,我把您看作是新时期以来,在中国本土成长起来的既具有现代先锋意识又包含着古典忧患意识的当代作家。我之所以不厌其烦地列举上面这些论点,一是想表明您小说世界的丰富性,二是想把我们谈话的内容放在这个基点上。我觉得,中国内地当前的后现代写作面临着一个非常突出的本土化问题。抛开具体的写作成就本身不谈,就本土化方面而言,为什么同样是东方世界,印度、日本甚至台湾地区做得比较好,如白先勇。您觉得是不是因为我们拒绝了自己固有传统的缘故?

墨白:不是我们拒绝了传统,而是我们身上传统的包袱太重。在我们生活的环境里,从小到大连空气里都飘荡着传统文化散发出来的气息,正是这些使我们深陷井底,挡住了我们的视线。我们应该先走出去看世界,然后站在世界的高处回头审视我们自己。

高俊林:但是在我看来,中国内地的后现代不是自然生长出来的,也不是嫁接的,而是完全一种移植的。套用一句流行语,它是"被后现代化"了的,而不是自然而然地生长起来的。它将原来的树木连根拔出,传统被连根斩断,然后栽上了新的苗子。但我们都知道,文化的地域差异是一个普遍存在的事实。作为当代文坛上一个在后现代写作领域里作了很多探索的作家,您的写作不但引起了文坛的多方关注,也取得了非常突出的成绩。您在实际的写作过程中有没有过这样的困惑,就是一种远离传统无根的漂泊意识?

墨白:我相信,真正进行探索的小说家,都会为此感到困惑和产生漂泊感。当我们困惑的时候,那是我们并没有意识到文学的精神实质。后来我才明白,无论你掌握了多少现代和后现代的叙事技巧,你要关注的永远应该是你所处的社会现实,应该关注你所熟悉的那些人的生存状态和精神状态。无论你是哪个国度的小说家,无论运用什么样的手法,而真正的文学精神都是相同的。

高俊林:在当下的小说界,由于现代叙事学的嫁接,中国传统小说的叙事可能就一去不复返了。可我注意到今天在底层的人们依然喜欢阅读传统的评话体小说,而更为年轻的一代则倾向于消费一些快餐文化。您有没有想过尝试一种新的章回体式的写作手法,像20世纪40年代在延安解放区的一些作家所尝试过的那样?

墨白:没有。在小说的叙事上,我绝不会倒退。小说叙事学的发展也绝不会倒退。如果我们回到传统的叙事方法,那说明我们已经丧失了创造和想象的能力。文学史是创新的历史,这是常识。真正的小说家绝不能向读者妥协,真正的读者也绝不会放弃对审美情趣的提升和尝试。如果你的小说不能给读者带来思考,缺少真正的文学精神,只从商业的角度考虑,那你不如去写电视剧,不如去写小品。在这个时代,小说家是十分寂寞的。但有一点我们也不能不承认,小说艺术是人类最重要的精神母体、语言母体,许多好的电影、话剧、电视剧都是由小说改编而成的,这是事实。说到底,文学仍然需要面对复杂的人性和人类像海洋一样浩瀚的精神世界,而不是面对钞票、浮躁、谎言和世俗。

高俊林:每一个作家都有自己的阅读资源,民间、古典、外国、现当代,您更趋向于从哪里获取资源?

墨白:在阅读上,我是一个杂食者。要说有所偏颇,我更倾向于外国文学,因为我从小到大所受的都是中国传统文化的教育,我需要补习的是外国文学。但无论读什么书,就是发现自我和认识自我的过程。这是我的读书心得。也就是说,我无论读什么书,都是在读自己。我渴望从别人那里发现和认识自己,深挖隐藏在我记忆深处的那些被遗忘的经历,并不断地拓宽进入自己精神世界的航道。

高俊林:写作本身有着不同作用,例如对于孔子或者司马迁来说,是一种作为使命感的写作,对于波德莱尔①来说,可能是一种宣泄,对于卡夫卡来说,又可能只是一种随意性的个人习惯。所以,每个作家的写作都持一种姿态,要么是民间的,要么是精英的,要么是主流的。就我的阅读感受,您始终保持着一种民间的写作立场。在写作的时候,您是完全不考虑这方面的因素,还是纯粹从自我出发?

墨白:一个作家的写作就是他的命运。我在颍河岸边一个偏僻的小镇生活了三十多年,我的身份就是农民。除此之外我还从事过搬运工、油漆工、木匠、石匠、小学教师等工作,为了生存我外出流浪,这就是我的命运,这就决定了我写作的民间立场。我没法拒绝命运带给我的这一切。

高俊林:您怎样看待现时代作家创作的境遇问题,一个作家的创作受着哪些因素的具体制约?是来自政治方面、经济方面、文化方面,还是有心无力的无奈?

墨白:对一个作家的制约,主要是来自精神方面。一个作家真正要面对的就是他自己,而不是别人。一个作家成熟的标志就是他的精神达到高度的自由,他能抵制住来自金钱、权力、地位、世俗等各个方面的诱惑,他要敢于面对自己灵魂深处最黑暗最肮脏的那一面。伯恩哈德曾经说过:只有真正独立的人,才能从根本上做到真正把书写好。我所理解的这句话的含义是:一个作家最重要的是精神的自由和人格的独立。

高俊林:您的绘画经历显然为您的文学创作打上了深厚的烙印。我注意到您的小说中非常追求一种色彩感觉。您自己在创作中有没有自觉意识到这一点?又是如何把握以达到一种相对平衡的效果的?

墨白:任何艺术都是相通的。你可能注意到,我在和别的批评家谈话时多次涉及了这个话题,比如我们说起过黑人蓝调音乐对我叙事语言的影响。蓝调产生于苦难之中,黑人用蓝调音乐表达他们对苦难生活的感受,可以说蓝调音乐的产生和他们在生活中遭遇的苦难有着直接的关系。同时,我们也多次谈到电影艺术对我的启发。最近,井冈山大学的龚奎林博士来访,我还和他谈起过夏加尔、达利、蒙克、莫奈、凡·高等画家对我的影响,绘画对我的影响不单是叙事,更多的是对我陈旧艺术观念的更新。

---

① 沙尔·波德莱尔(1821~1867),他为近代西方诗歌开创了一个新时代,不仅是法国象征派诗歌的先驱,而且是西方现代派诗歌的鼻祖。他用《恶之花》再现的"病态的花"在世界诗歌宝库中已成为无与伦比的令人颤栗的艺术珍品。

高俊林：您怎样看待时间观念、空间观念？我的这个问题是在实际生活的层面上提出来的，当然也可以就小说创作中涉及的具体情境而言。因为我们知道，迄今为止，我们对于这个世界的感觉完全是建立在时间的假设与空间的限定上，您有没有想象过一种超越时间与空间的叙事风格？也就是说没有时间，没有空间。所有的事件与人物都是无时不在又无处不在的，它们完全超越了我们通常意义上的所谓时间与空间？

墨白：假如我在小说里写咱们今天谈话的书房，这个书房说不定就会消失。但是，假如我在书房这个空间前面写出具体的数字来象征时间——2009年11月26日，高俊林来到了墨白的书房——那么这个空间和数字就不会消失。数字就是时间的象征。有了象征性的时间，就会像迷宫、镜子等那些东西一样，具有持久性。我常利用空间来解释时间，让时间变得可以触摸。就我的理解，时间应该存在于空间之中，如果没有空间，我们怎样才能解释时间的存在呢？比如，现在我们所处的书房。空间存在于时间之中，而时间又是在空间中展开的。按照牛顿的说法，时间现在正流动在空洞的地方。时间在任何时刻，都正在以统一的方式流动。也就是说，时间在世间，在宇宙的任何一个地方都在流动。时间是河流。现在，每时每刻，我们都在流淌的时间河流之中。而当我们行走在自己的时间河流里的时候，就没法进入别人与我们并行的时间河流之中，这就像赫拉克利特①所说的一样，人不能两次踏进同一条河流。当然，现在我们坐在这儿交谈，就是时间的两条河流的交叉。如果这样理解，当我们在不同的地方看同一个电视节目的时候，当我们在不同的房间上网交谈的时候，也应该被看作是时间的交叉。而当我们在不同的地方阅读同一本书的时候，应该说是时间的重叠。当我写《映在镜子里的时光》这本书的时候，所有的人都不在场，后来人们在另外的时间里阅读这本书，我认为这就是作者和读者的时间重叠。应该说，我们的时间可能会因为同一本书在多年之后而重叠。关于时间的交叉和重叠，我是这样理解的：时间的交叉，是时间在平面上流动时产生的，是前后方向和左右方向的交叉；而时间的重叠，则是指时间的深度，是上下的、竖向的。博尔赫斯说时间是一切哲学的核心问题。在这里我引申一下，时间同时也是现代小说叙事的核心问题。从记忆的性质来说，虚构的小说和源于具体环境的小说有着同样的真实，也许更真实。但环境瞬息改变，只有象征始终存在。这一点，卡夫卡做得最好。我总在为创作一部具有象征意义的小说而努力。

高俊林：您的小说中所涉及的权力观念，您觉得是一种象征性的具有普遍意义的，还是当下我们所置身的时代与环境使然，只是一种特殊性，或者只是一种历史性的现象？

---

① 赫拉克利特（公元前540～前480），古希腊哲学家。

墨白：权力意识在我们这个民族根深叶茂,皇权、父权、夫权。在我们的现实生活中,权力意识无处不在,权力意识隐藏在我们每一个人的内心深处。在我们身边,没有哪一个人不渴望权力的。在现实生活中,当权力的宝座向你招手的时候,没有谁不动心的。你说我不渴望,那是你没有真正面对自己的灵魂。而我们中国人一旦大权在握,就要维护它的独裁性,这是我们文化的本性。在我们这个国度,民主和法制之所以进展缓慢,这就是根源。

高俊林：我前一段时间一直在看太平天国的历史。那些天国宫廷里的权贵们大多数一开始都是地地道道的农民,有的甚至是等而下之的赤贫阶层,为什么一旦在大权在握以后,马上就堕落腐化至极?

墨白：应该承认,我们教科书里的历史观对培养我们民族的思维方式和行为方式起着根本性的作用。比如,在说到农民起义的时候,我们的历史课本里有一个关键性的词语,叫"杀富济贫"。这个词语是有情感色彩的,是褒义的,也就是说,我们自己认为这是正确的,是应该提倡的,是应该效仿的。这个词的潜意识告诉我们,一个人如果有了钱,有了财富,那他是有罪的,是应该受到仇视和惩罚的,就应该把他的财产"劫"过来,然后把人"杀"掉。这个词的另外一层意思是,在我们这个国度里,穷是有理的。实际这种思想已经渗入了我们这个民族的骨髓,成了像鲁迅先生所痛刺的"国民性"的特点之一。可是一旦"杀富济贫"成功,那些掌握了权力的人就会从这个极端走向另外一个极端,那就是我们刚刚说过的权力意识。等到自己的手里也有了权力,我们灵魂深处的恶习就开始泛滥,最初的目标已经被改变。

高俊林：在时间观念上,您更愿意把握哪一种,是过去、现在还是未来?对您来说,哪一种感觉更为真实?

墨白：时间的长度,远远超出了我们这些凡人的想象力。时间是永恒的。时间的永恒包含了过去、现在和未来。永恒是所有的过去,过去不知道从何时开始;永恒是所有的现在,这包括了宇宙中所有空间,包括我们人类居住的所有城市和乡村,当然也包括我们现在谈话的书房;永恒是所有的未来,尚未到来但永远存在着的未来。其实,说明白了也很简单。对于我们来说,我们所有的生活都存在于现实的一瞬之间。而现实的一瞬,很快又会变成过去。所以,失去的时间构成了我们过去的经历。但是,过去对于我们来说却是不真实的,因为过去只存在于记忆里;对于我们来说,未来也是不真实的,因为未来只存在于我们的希望之中。只有现实的瞬间,对于我的写作来说才是真实的。可是,这个我们赖以生存的瞬间,又是不确定的,是在变化之中的。所以,我小说里的真实是建立在以现实的瞬间为基础,在记忆和想象之间展开的。

高俊林：20世纪中国文学创作中一个很突出的现象就是:作家本身的出身问题。往往在大学中文系科班教育出身的人成不了作家,反倒是一些从事其他行业,如医生、画家、军人等涌现出了许多作家。您自己最初就是从事绘画的,您怎样看待这一现象,能否从自己的亲身经历谈一下心得?

墨白:科班出身的大多从理性出发,理性认识往往会使我们成为学者,而小说家需要感性认识。好的小说家在感性认识的基础上还需要想象力和创造力。说到这我想先说说赫拉巴尔①。赫拉巴尔出身贫寒,自出生就失去了父亲。他一生中从事过许多不同的职业:他在公证处当过抄写员,当过仓库管理员,在铁路上当过铺铁轨的小工,火车调度员,服过兵役,做过小手工业基金会的代理人,在一家批发公司里当过业务代表,还当过另一家公司的推销员,等等。在这之前,他一直生活在捷克一个名叫宁城的小城里。他从小时候开始,便日复一日、年复一年地到酒馆里听人们在面对困苦生活时倾诉心声。他三十五岁那年来到了首都布拉格,住进了破旧的贫民区一个由废弃车间改成的大杂院里,使用公共厕所和澡堂,连洗漱用水也要提着水桶到院外去打。他就在这样的环境里一住二十年,这期间,他做过废纸回收站的打包工、剧院的布景工,更多的年头是要到二十公里外的一家钢铁厂去劳动。他在这里接触到了炼钢工人和技术人员,还有教授、工厂主、学者、小业主、银行经理、企业家、政治家、律师、普通人和囚犯。他在四十九岁那一年才正式出版了第一本小说集《底层的珍珠》,从此一发而不可收,成为20世纪捷克文坛继《好兵帅克》的作者哈谢克②之后又一位文学大师。可以说赫拉巴尔是一个从社会底层走出来的作家,他太多的生活经历成就了这个热爱文学的人,他的不朽之作《过于喧哗的孤独》和所有的著作都来自感性认识。但是,他在年轻时代就拼命阅读本国以及世界的文学和哲学著作,他崇尚哲学家康德③、叔本华④和克尔凯郭尔⑤,崇尚诗人波德莱尔、阿波利奈尔⑥和兰波⑦。在他的朋友中有演奏家、画家和诗人,这些经历使他对文学有了充分的理性认识。所以说,一个小说家,首先需要的是对生命的感受,然后由理性的光辉来唤醒他记忆里那些沉睡的生活经历,并引导他走向新的境

---

① 博胡米尔·赫拉巴尔(1914~1997),20世纪最伟大的捷克文学家之一,主要作品有《过于喧嚣的孤独》、《河畔小城》等。

② 雅洛斯拉夫·哈谢克(1883~1923),捷克伟大的小说家,他的长篇小说《好兵帅克》是人类文学遗产的经典之一。

③ 伊曼努尔·康德(1724~1804),德国哲学家、天文学家、星云说的创立者之一,德国古典唯心主义的创始人、不可知论者,德国古典美学的奠定者。

④ 亚瑟·叔本华(1788~1860),德国哲学家,唯意志论的创始人。认为意志是人的生命的基础,也是整个世界的内在本性。

⑤ 索伦·克尔凯郭尔(1813~1855),丹麦基督教思想家,存在主义先驱,主要著作有《非此即彼》、《哲学片段》、《生活道路的各个阶段》、《恐惧与颤栗》等。

⑥ 纪尧姆·阿波利奈尔(1880~1918),法国诗人,小说家,超现实主义文艺运动的先驱之一。

⑦ 让·尼古拉·阿蒂尔·兰波(1854~1891),19世纪后期法国天才诗人。

地。对于一个优秀的小说家来说,感性认识和理性认识,两者缺一不可。

高俊林:在我们的生活现实里,当腐败变成了一种非常普遍的现象,甚至构成一个肌体的必要组成部分后,文学对于某一个具体腐败分子本身的谴责已经没有多大意义了。我注意到了您的小说中也写到了腐败,但您并没有停留在一般道德意义上的谴责层次上,您关注的不是腐败现象的表面,而是关注他们的生存境遇,他们的精神世界,以及他们人生的失意、痛苦、不安、焦虑和恐惧。我感觉您写得很平静,不露声色。这使我想起了鲁迅的小说。我最近一直在自我反思,其实,我们每一个人都持有双重标准:例如对于腐败本身非常痛恨,但一旦在得知自己的亲戚朋友进入了官场,获得了职务,或者赚了钱,也就是说有了腐败的机会后,反而得到一种精神安慰。我们都来自社会的底层,就我们熟悉的底层而言,一方面他们纯朴、率真,另外一方面他们又非常自私、狡黠。他们有时候温厚、善良,有时候又极端冷酷、残忍。"五四"早期的作家大多具有民粹主义的倾向,对他们进行了无限的美化,其实他们也是在进行着19世纪俄罗斯作家曾经做过的那样。前一段我读了陀思妥耶夫斯基早期的一些文章,他以一个贵族的身份对于底层民众非常温情,认为他们饱含着最为天真的性情,其实同时代的托尔斯泰、屠格涅夫①、契诃夫都有这种倾向。直到20世纪30年代中国的沈从文、废名依然如此。您有没有觉得自己在反映底层人不幸遭遇的同时,因为暗含着的人道主义同情反而在一定程度上冲淡了您对于他们各种痼疾的批判?您觉得自己在以后具体的文学创作过程中会涉及这些吗?您将以怎样的心态去面对这个现象?

墨白:首先,我们缺少的是对自己灵魂的审判和认识。今年,翁贝托·埃科②加入了意大利知识分子抗议政府总理贝卢斯科尼发动的对揭露其性丑闻报纸的指控的论战,他为此回顾了意大利1931年的历史。墨索里尼的法西斯政权勒令全国1200位大学教授宣誓效忠,但仅有12人拒绝,他们为此失去工作,其余皆为保住教职而屈从。埃科为此总结到:人民是一切罪恶的同谋。这话极其深刻,而且这句话也说中了我们疾病的根源,在20世纪60年代发生的"文革"运动,就是这句话的最好注解。"文革"之所以能在中国发生,那是因为我们有这样的文化土壤。我们不能光去指责"文革"的发起者,其实生活在那个时候的中国人都是"文革"的同谋,是支持者和参与者。可是事过之后,我们又有多

---

① 伊凡·谢尔盖耶维奇·屠格涅夫(1818~1883),19世纪俄罗斯伟大的现实主义作家、抒情诗人,主要作品有《前夜》、《父与子》、《贵族之家》等。
② 翁贝托·埃科(又译安伯托·艾柯,1932~),出生于意大利的欧洲重要的公共知识分子,主要作品有《玫瑰的名字》、《波多里诺》、《密涅瓦火柴盒》等。

少那个时代的过来人对自己当时的行为进行过自我审判呢?比如现实生活中的腐败,其实我们也都是参与者。当然,我们身边的许多人并不是为了发财去行贿,而是为了生存,为了求得一个安身立命的工作,他们更多的是出于无奈。前几天,我看到一则消息,说是因涉黑被双规的前重庆市司法局局长文某,他被媒体曝光的价值三千万的豪华别墅成了旅游景点。一个刘姓导游说,现在的"双子别墅"已经成了新的风景名胜,就像赖昌星的"红楼"一样。许多游客绕道也要去观看一下,并从内心里发出惊叹,哇,别墅好漂亮,真够豪华!这样的别墅也能成为"风景名胜",而且你会感受到前来的观看者都是由衷地向往和羡慕。这就是我们所处时代的荒诞,这和"文革"时期,那些心怀无端仇恨的红卫兵前去揪斗"地富反坏右"时的情景有什么区别吗?没有。我相信,如果这些人一旦像那个贪官大权再握,说不定还能盖出比这更豪华的别墅来。这就是伯恩哈德所说的可恶的习惯势力。我们的生活内容实际就是有许多可怕的习惯势力所构成,我们每一个人都被习惯势力带着往前走,却很少思考习惯势力对我们的危害。叔本华说,真正的习惯力量建立在懒惰、迟钝或者惯性之上,它希望我们的智力和意欲在做新的选择时免遭麻烦、困难,甚至危险。所以,在我们的历史中才有太平天国最后的结局,才有"文革"的产生,才有接连不断的贪官污吏被曝光,因为我们是这些罪恶的同谋,因为产生这些事件的毒根就深藏在我们每一个人的内心深处。我们深陷习惯势力之中,却麻木不知。这就是我们所处的社会的病症,这才是最可怕的。我生活在这个时代,这个国度,我深处这种习惯势力之中,我身上同样有这样的恶习,所以我的写作首先是要面对自己的灵魂。

高俊林:对您小说的阅读,使我想到了福克纳笔下的约克纳帕塔法郡、哈代①笔下的威塞克斯、沈从文笔下的湘西,还有贾平凹笔下的商州、莫言笔下的高密。应该说,您也为中国当代文学创造了一个颍河镇。您创造的颍河镇不再是某个人物的,而是用现代的文学观念再现了本土社会生活的丰富图景:现实与历史、日常与幻想、瞬间与记忆、真实与梦境、美好与邪恶、世俗与宗教,等等,这些都在您颍河镇小说的系列里再现出来,并构成了我们这个时代的精神载体。您笔下的颍河镇是一个令人惊奇的世界,颍河镇既像一面巨大的镜子反映着一切,又像一个巨大的磁场吸引着一切。福克纳将现实的世界、破碎不堪的世界拾捡到约克纳帕塔法,而您在构造颍河镇的时候同时选择了福克纳与卡夫卡:既有福克纳的大气,又有卡夫卡的虚幻和精神渴求。当然,这是您自己的世

---

① 托马斯·哈代(1840~1928),英国作家,主要作品有《还乡》、《德伯家的苔丝》、《无名的裘德》等。

界,颍河镇构成了您的创作母体和精神家园。对于您的小说创作,"颍河镇"是我们无法避开的话题,最终我们还是回到了这里。我感兴趣的是,颍河镇是您在下笔的时候自然而然地发生的,还是您一开始就有意为之,想以此来铸造一个具有规模性的家园系列?您觉得对于一个作家来说,他早年的生活经历尤其是其生于斯、长于斯的故乡,对于其一生的创作是否发挥着至关重要的影响?

墨白:像评论家一样,在和朋友谈起我的小说时,颍河镇同样是我无法避开的话题。但老说这个话题让我感到有些为难。一方面,关于颍河镇,我所想到的可能都已经说过了,我不愿意重复那些我已经说过的话;另一方面,你现在又涉及这个话题,如果我拒绝,那就显得我这个人有些不近人情。但是受你热情的感染,我还是要说两句。就像一个人无法选择他的出生一样,颍河镇对于我的小说创作来说,是命中注定,是自然而然的。我现实中的一切都和我笔下的颍河镇不可分离,就像血与肉的关系。以前是这样,今后恐怕还是这样。在我今后的小说里出现的人物,他精神的故乡我相信仍然是我熟悉的颍河镇,无论他走多远,哪怕他走到月球上去,我都不会割断他和颍河镇的血脉。

原载《小说评论》2010 年第 3 期

小说的多维镜像
——墨白访谈录

江 媛

时间:2011年2月18日上午
地点:喀什·橙街酒吧

墨白:去年春天,你去过我的家乡颍河镇,现在是冬季,我来到你的家乡喀什,来到你常常给我提起过的这家橙街酒吧,我有许多感触。

江媛:关于喀什,我肯定是要说的,我想我们有的是时间。因为,我刚看您文集的电子文本,同样有许多想说的话,所以我想先谈谈您即将出版的文集。

墨白:这是目前我所创作的中篇小说的结集,共六卷,每卷分别以其中一部小说的题目为书名:《航行与梦想》、《尖叫的碎片》、《局部麻醉》、《瞬间真实》、《幽玄之门》、《雨中的墓园》。

江媛:这套文集里,您为每一部小说都配了具有隐喻性质的题图,像凡·高、夏加尔、蒙克这些大师的作品所表达的主题,我认为直击了您小说的思想核心,象征了您小说里人物的生存和精神境遇。这样一来,它不仅使文字与绘画具有了一种孪生的隐喻效果,还赋予了文本更多的理解门径。在每本书的排选和构成上,您是怎样考虑的?

墨白:每辑大致收入六至七部中篇小说,之所以收在一块儿,是偏重于小说的时代背景,或者相同的地域关系。比如《雨中的墓园》,收入的小说大多与我对历史的理解有关;比如《局部麻醉》,小说的背景大多是颍河镇。在每册的后面,同时收入一篇评论文章和一篇后记,加上题图,这样每部文集就构成了独特的阅读结构:一是题图,也就是对小说的隐喻和象征,用来营造阅读的现场感;二是小说的叙事文本,也就是小说内容所涵盖的人类精神世界和世俗生活,是等待阅读的主体;三是批评家的立场,这些文章不但记录了不同的阅读声音,而且提供了认识小说文本的多种途径;最后是后记,这一部分是小说家创作之后再阅读的思想体验,同时阐释小说家的写作立场。

江媛:我明白,您想通过这套文集为人们提供一个多意的阅读版本,为人们提供一种认识自身和自身所处世界的方法。由此可见,您是想告诉人们:任何生命个体都生活在不同的困境之中,当社会无法提升到普遍的仁爱和平等状态的时候,个人缺少遁逃困境的方法和路径。处在这种困境之中的个人,应如何保持独立的思维,减轻从众的盲目性所带来的精神危机和肉体的沉沦?

墨白:阅读者和小说家是一对同谋。小说家在自己创造的文本中再现社会的本质和生活的真相,他把痛苦、孤独、寂寞、不安、焦虑、阴谋、苦难、压抑、茫然,甚至快乐、幸福、希望、仁爱、平等等这些,都根植于他的文字中。同时,他把所有能离开这些或者进入这些的路径,也都修建在他的文字当中,阅读者想得到这些,只有通过阅读本身,通过对小说文本的感悟和思考来完成。

江媛:《雨中的墓园》一辑收入的大都属于历史小说,历史总是紧紧地跟在生活的身后。所以,在不同阶段的中国人,就生活在不同的历史状态下,并常常回过头来要为自己经历过的生活进行定义。您关于历史的小说让我们认识到,现在我们所看到的历史,是已经被断章取义或者本质已经被篡改的历史,也就是说,这样的历史现状已经无法为人们混乱的价值观提供准则,您是不是想要告诉人们,这样的历史现状已经影响了我们的现实?

墨白:在我们的现实状况里,发生在20世纪之中的一些历史事件被封锁起来,而另外一些充满了主观性的历史却被拿出来放大。我们常常自行运用一种实用主义的历史观,来催生一种实用主义文化,民主的灵魂已经离开了我们这个民族只迷恋物质的躯壳。所以,不同的历史观会为现实生活带来不同的结果,也就是说历史观能深刻地影响和决定社会的现实。由于人类的主观性,历史常常遭受着被篡改的命运,而历史的编撰工作,往往由某个朝代的最高统治者来组织进行,这样一来,历史就成了服务于政治的工具。在历史沦为统治者的统治工具之后,其断章取义或者经过加工粉饰后的历史,已经失去了原有的本质,对于一个民族来说,这是一件悲哀的事情。我之所以写一些关于历史的小说,是想借助小说来揭示历史被不断篡改的事实,进而提示读者,保持个人对历史独立认识民间立场的重要性。我想通过小说来阐释现实与历史的关系,以及人类看待历史的方法。即使是我们不能面对历史的真实,最起码也要真诚地面对自身的生命经历,来为我们自己置身于世界获得一种独立性的判断和思考。

江媛:你的这种观念被浓缩在《同胞》、《霍乱》、《雨中的墓园》等此类小说中,让我们看到社会所培育出来的人性的恶瘤,以及价值观念混乱的社会秩序,而恰恰是这些,给个人命运尤其是底层人物的命运造成了毁灭性的打击。您在这里阐释了我们确知的历史和被篡改的历史,而后一种历史对人们的渗透和影响强于前者。这种状况主要决定于人文环境的透明程度,在单一的服务于单一群体文化占据主导地位的时代,多元文化的声音势必被禁锢。在这样的状况下,我们渴望听到发自内心深处的声音。您的小说让我们感到安慰,您来自内心深处声音的强度令我震惊,是什么力量支持您发出这种异样的声音?

墨白:我遵从自己内心的事实,也尊重我小说里每一个人物灵魂的真实。只有真实的内心,才能穿透欺骗、暴力以及权势的重重阻碍,帮助人们回归到认识生活的本原立场上来。

江媛:您在《兽医、屠夫和牛》这篇小说中,采用了一种人与动物是非倒置的叙事方法,那头被人类不断剥夺生存甚至交配权的公牛,最终不得不开口说话,并对人类的行为进行着人性的定义,面对人类人性的整体丧失,您为什么把人性赋予一头牛?

墨白:我想以此实现批判的强度和反讽的力度,警醒人们在人性丧失的时刻,要听到痛苦的击打声。由于现实生活中普遍的实用主义历史观和价值观,我们人类自己不断地给自己带来毁灭性的灾难。在 20 世纪的经历中,有一些历史我们不愿意回首,其实就是不肯接受治疗,这种讳疾忌医的行为,只能把疾病暂时掩埋在我们的肉体深处,而一旦聚集到一定的阶段,爆发的强度和破坏的力度将令人无法想象。

江媛:这种被人性扭曲所造成的毁灭景象,我在您的《风车》里有过深切的感受。不错,出于实用主义历史观,让我们成为了一个常常回避历史,丧失了真正历史镜鉴的民族,这种回避的根本原因是什么?

墨白:其实你已经作了解答,那就是实用主义历史观。这种历史观,已经让我们的社会陷入了人人自危的境地,在这个社会里,你再也无法听见能够修正自己行为的声音。我们常说,良药苦口利于病,可如今我们的社会却畏惧苦口,盛行的是遮掩疾病,认为这样就得到了解脱。我们清楚,如此蒙蔽只能使得疾病加重。

江媛:这一现象,完全可以套用到您的小说《风车》中的理论家的身上,他的那一套理论,最终把人民公社烧得荡然无存。

墨白:匈牙利作家乔治·康拉德①在其著作《民主的哲学》中说:"社会公平、透明的原则达到何种程度,是衡量这个社会文明程度的标志。"由此看来,只有社会公平、透明的原则达到一定的程度,人们才有勇气不回避自己造就的历史,才敢于有勇气治疗自己人性的痼疾。

江媛:打个比方:如果说,我们中国的历史有 10% 的可信度和有 40% 的可

---

① 乔治·康拉德(1933~),匈牙利著名小说家、随笔作家。1973 年因与官方发生冲突而失去工作,后出国,1990 年当选为国际笔会主席。主要作品有小说《社会工作者》、《失败者》等。

信度,那会产生如何的不同?

墨白:米哈耶罗·米哈耶罗夫①在《谎言王国的现象学》中进行了这样深刻的阐述:"对极权的渴望,是这种意识形态的根本内驱力。然而,既然不可能控制精神世界,它于是就不遗余力摧毁一切精神生活,再用虚构的东西填补空白的精神世界,这样既可以控制人们的精神世界,虚构的本身也成了奴役的工具……当然,真实历史不会因为人们不能掌控已经发生的事实进而想废掉就能被废掉。但是,虚构的历史却足以导致精神奴役。这么说来,意识形态在所有精神生活领域虚构的东西并不是要引导人从这一角度思考,而是要让人压根儿就不思考。"毫无疑问,历史的可信度越弱,造成人们受到愚弄后的麻木程度就越强,进而能使我们的价值观出现一种摇摆不定的混乱。这种摇摆不定的价值观,常常导致人们的行为出现偏离人性而步入兽性。《迷失者》中的赵东方就是最好的例子,他企图毁灭掉自己成长的历史,这种行为在中国的社会生活中十分普遍。而这种行为,时常会得出杀父弑子的结果。假如我们看到的中国历史有40%的可信度,那么这种情况就会有所好转,更多的历史真相,将会给人们提供判断自己行为的准则。然而,现在的情景却不容乐观,赵东方的行为就是对现实的隐喻。回避历史或者扭曲历史的结果,造成了历史传承的断裂,其结果促成了权利对人们的精神奴役,以及人们获得权利后行为的放肆和不计后果。

江媛:不错,正是我们生活中这类为所欲为的行为,给生活在底层的人们带来了苦难,这种苦难,您通过《幽玄之门》中龚堆一家人的苦难心灵和凄惨命运,让我们有了深刻的感触。《局部麻醉》也是这样一部探索人类精神痛苦的小说。我读《局部麻醉》,从中看到两个主题:一是在生存困境的包围迫压之下所引起的精神绝境,二是远离精神饥饿的肉欲。每当白帆被阴狠的官场规则逼到绝境的时刻,他妻子饥饿的肉欲几乎在同时围攻上来,白帆在双重力量的摧毁之下,已经无路可逃。选辑在《局部麻醉》里的小说,表现出您深切关注人类苦难的写作姿态,针对这部小说集,您所理解的写作应该是怎样的?

墨白:无论世风怎样变化,真正写作者的独立人格都不会被权势所奴役,他们自由的灵魂都不会被金钱所污染。他们写作的力量来自他们的心灵深处。对自己行为的忏悔与反省、对媚俗的反抗、对社会病态的揭示、对人间苦难和弱者的同情、对人类精神痛苦与道德焦虑的关注等,这些因素构成了他们写作的姿态。同时,真正的写作者应该对旧有的文学叙事充满反叛精神、对惰性的传统阅读习惯具有挑战意识,他们的写作充满了想象和创造的激情。他们的写作

---

① 米哈耶罗·米哈耶罗夫(1934~),南斯拉夫学者、翻译家,20世纪70年代因反对铁托政权而多次被捕,后移居美国。其主要著作有《俄罗斯主题》、《地下手记》、《暴政与自由》等。

是在为人类认识自己和世界提供一个新的途径。

江媛：应该说，收在《局部麻醉》里的《光荣院》、《白色病室》、《讨债者》、《迷失者》、《七步诗》等，都体现了您写作的精神实质。在我阅读《迷失者》的时候，还意外地分享到一种饱含泪水的冷幽默。这部小说让我想起了"文革"中打倒孔家店的运动，我想每一个受到儒家文化熏陶的中国人，同您小说当中的赵东方一起，共同制造了十年"文革"，如果我们反观自己就会发现，我们都是那场浩劫的参与者和同谋，或者说，"文革"是中国人心灵共同分娩出的怪物，这正如斯坦尼斯罗·巴兰察克①在《绝对的地平线》中所叙述的那样："存在的秩序"的力量，它通过每一个个体的责任行为得到证实和增强。我现在感兴趣的是，《迷失者》这部小说，和20世纪中国发生的一系列政治运动，是否有着一种看不见的精神联系？或者说是否来源于同一个隐喻的母体？

墨白：发生在20世纪中国的政治运动，就是维护极权的体现。为了维护这种极权才导致了一系列的政治运动。其实，权力对个人行为和心理的异化，在我们的现实生活中仍然普遍存在。之所以会催生这种现象，原因是权力缺乏监督。缺少监督的权力就会奴役整个社会，促成社会对权力的无条件服从的现实。由于对权力缺乏监督，权利的获得者的行为得不到法制的规范，从而培养了整个社会官本位的价值观，即对权力的向往和不择手段的获取，导致个人欲望的不断膨胀。《迷失者》中的赵东方就是由权力而产生的个人欲望的膨胀者，在他那里，我们看到了一个混淆是非失去公正的现实。

江媛：《迷失者》同"打倒孔家店"的实质一样，是一种对旧有历史和文化的盲目颠覆，这种盲目颠覆的深层根源，就是实用主义，即对我有用，我就拿来；对我无用，我就毁弃。一个官本位的社会，必然导致这个社会的一切历史均要经过政权部门的筛选，并要求一切服务于这种由政治选择的主流意识形态，这样就远离了大众民意。在远离了大众的主流意识形态的土壤里，只能生长服务于主流意识形态的文化、伦理和观念。应该说，这种现实是我们中国人自己造就的，因为在这个问题上我们都是失语者，我们没有发出异样的声音，这就造成了一个民族的悲哀，是我们自己培养了一种丧失人性的主流意识形态，就像刚才说的，我们每一个人都是同谋。

墨白：因此，要想从根本上改变中国人的精神面貌，首先就要具备多元文化和多元意识形态的生存土壤，否则我们在精神上会产生深度贫血，会导致我们

---

① 斯坦尼斯罗·巴兰察克（1946～），波兰诗人、翻译家，1965年开始发表诗歌和评论，成为波兰"新浪潮"诗歌领袖，1981年流亡国外，任教美国哈佛大学。其作品有诗集《身体的重量》，评论《逃出乌托邦》、《在水下呼吸》等。

沉陷在一种蝇营狗苟的生活目标上，形成一种唯利是图的社会面貌，天下熙熙皆为利来，天下攘攘皆为利往，人们为了利益不仅颠倒是非，而且还亲人反目、兄弟相残，我们会为自己营造出一个失去公正，人人感受不到幸福的社会，我说这些绝不是耸人听闻。

江媛：不错，您在《七步诗》中就讲述了这种人类只迷恋物质的外壳，而丧失灵魂之后的不幸生活。现在来说说您的《航行与梦想》，如果我没有记错，这部小说集汇辑了《寻找旧书的主人》、《重访锦城》、《错误之境》、《航行与梦想》四部有关两性关系的小说。我想知道，在生存困境和精神困境的双重包围之下，两性关系出现了怎样的异化？灵魂与肉体又将出现怎样的割裂？奔突于感情纠结中的男女，该怎样面对自己的困境，不让情感形成捆绑对方的绳索，而让情感生活成为双方的一种磨炼或经历？

墨白：你的话题过于密集，让我一时难以找到切入点，两性关系的异化、灵魂与肉体的割裂、情感的困境、捆绑的绳索、成长的磨砺，每一个话题都是人类精神层次的命题。其实，世界上就两个人，一个是男人，一个是女人，有男人和女人的世界，就有两性关系，两性关系就是我们的日常生活，就是我们的生命，我们每一个生活在世上的人都无法躲避，这是很正常的。英国理论物理学家霍金①说："人类遗传密码中携带着自私与侵略的本能。"人类的这种本能是构成我们现在所处环境的根本，人类需要进步，需要文明，就制定规则来约束自己。当自然的人性受到约束时，就会往外奔突。不同的价值观念，不同的人文环境就会出现不同形态的奔突姿势。由于人类的不同社会环境和文化背景，对待两性关系的态度和处理方式就千差万别。每个人都有每个人的爱情观和价值观，况且两性关系是人类最隐秘的行为，是私密的领域。所以，没有谁能为处在因两性关系而产生的困境里的男女开出药方来，想认识两性关系的异化和割裂形成的原因，想走出困境或者割开捆绑自己的绳索，只有依靠当事者本人，别人真的无能为力。我本人认识与感悟两性关系的最好途径，就是置身于生活现实之中的洞察与阅读，也就是对小说的阅读。也许只有文学，才能真正抵达人类的内心深处。

江媛：像福克纳创造了约克纳帕塔法，马尔克斯创造了马贡多一样，您在众多小说中也为我们创造了一个颍河镇，而让我感到意外的是，上面我们说到的这些反映两性关系的小说里的事件，均发生在颍河镇以外，把有关两性关系的

---

① 斯蒂芬·威廉霍金（1942~），英国剑桥大学应用数学数及理论物理学系教授，当代最重要的广义相对论相和宇宙论家，是继爱因斯坦之后世界上最著名的科学思想家和最杰出的理论物理学家之一。

小说置放在颍河镇之外,是否暗示着当个人处于梦想与现实的紧张关系中,个人为了获得精神自由,不得不进行一次次去往他乡的精神流浪?

墨白:人类貌似强大,但具体到人类的个体,我们的内心都是非常孤独和脆弱的。由于个体要面对生命的终极,在无法超越的现实中,只有两性关系能使我们产生美好的梦想。婚姻是体现人类两性关系中最重要的一环,却常常被我们的梦想排除在外,而我们两性关系的悲欢离合大多又发生在婚姻之外。这些不正当的男女关系,被我们的法律和伦理道德视为丑陋的行为。这样一来,那些被世俗观念所围困的灵魂的飞翔,就变得有些悲壮,而这悲壮却最能切入到人性的本质,也最能减弱一个民族的精神异化程度。我们是人类的一员,我们渴望生命和精神的自由,而自由是需要付出代价的,甚至是沉重的代价。一个人的流浪,一个人的精神流浪,最深刻地隐喻了我们为了追求精神自由所经历的痛苦和获得的幸福。

江媛:《重访锦城》中主人公谭渔重访锦城,来看望曾经和他相爱过的女人,结果他的爱人死去,一切都因记忆的再现让谭渔经历着精神上的重创,这部小说似乎讲述了主人公沿着记忆之路,走回到现实生活中,梦想最终破碎的故事。主人公想通过记忆找到昔日的恋情,现实却击碎了他记忆中的恋人。还有您的《错误之境》里关于记忆与现实的故事,您是否在告诉我们,记忆和现实构成了一种极端冲突的关系?

墨白:我们每一个人的现实,都是借助或者依靠记忆来支撑的,记忆在某种程度上,构成了我们生活的内容和精神主体,我们依靠记忆来判断现实,只有当现实生活和记忆发生错位的时候,才构成了你说的冲突,这是生活的本质。

江媛:在您的小说中,感情生活一旦落入现实,就像《错误之境》之中的结局一样,情感不仅被种种阴谋消解,甚至因爱而生成仇恨。

墨白:这仍然和我们所处的现实有关。你看,我们20世纪所经历的就是你死我活的斗争,要么你是人我就是鬼,要么你是鬼我是人,人性在政治权力的争夺中明目张胆地被阶级斗争观所粉碎。当人与人的敌对社会被争权夺利的实用主义价值观代替后,人性中最为脆弱的爱情,仍然没法逃离因爱不成而产生仇恨的境地。

江媛:在您关于两性关系的小说中,几乎每一个主人公都不遗余力地寻找着自己的感情归宿,一旦他们将内心爱的形象附着在现实生活中的形象上,他渴望的情爱生活立即被消解的片瓦难存。在情爱生活方面,中国人难道是个孤儿?究竟是什么导致了两性追求幸福的悲剧?处于这种境遇之下的男女,又将如何消解这种悲剧的折磨强度?

墨白:在无力改变社会现实的前提之下,两性只有宽容和理解才能消解这种悲剧。而我们这个民族恰恰缺少的就是宽容和理解,缺少对社会责任的担当。我们中国人所关心的只是自己的家人,或者和自己有血缘关系的人,当我们面对人类的苦难和灾难的时候,往往是事不关己,高高挂起,这是一种家庭式的建立在血缘关系上的价值观。而爱情所面对的对象,恰恰被排除在血缘关系之外。这就是我们所处的文化,看似充满亲情,但它的本质却是冷漠,是对我们所处社会的冷漠。我们需要的是建立在理性上的,而非血缘关系上的价值观,我们需要培养对社会的责任心,担当起我们自己应该担当的义务。

江媛:您的《尖叫的碎片》里收入了《隔壁的声音》,这部小说刻画了主人公"我"寻找亲人的一种不同寻常的经历,这种个人对亲缘关系的珍惜,是否反映出当个人身陷困境的时候,亲缘关系对支撑个人生存的重要性?

墨白:在以往我们经历的现实中,政治上的一个小小打击,就能毁掉一个人的一生,问题严重一点的,就会株连九族。我们中国的历史历来如此。当个人被他所处的社会抛弃之后,出于生存和情感上的需要,个人就会不自觉地从亲缘关系中,获得某种无形或有形的精神或物质的依仗。中国人大多重视亲戚关系,这是因为在社会无法给个人提供某种可靠的保障时,人们就需要凝聚亲缘关系的力量,来维系某种个人生存的可靠保障。久而久之,就构成了上面我们说过的建立在血缘关系之上的价值观,这种有害的价值观在我们中国根深蒂固,所以我们人为的精神灾难、生活灾难从来没有停息过。

江媛:在《真实真相》里,从农村来到城市打工的来喜偶然目睹了一场杀人案件。事过之后,一些不在场的人却在叙述案件的发生过程,而无人相信案件的真正目击者的陈述,随着越来越多的人对案件过程的叙述,作为案件目击证人的来喜,开始对自己的亲眼所见逐渐产生了怀疑。案件由于他人铺天盖地的言论而日益远离真实,并瓦解了案件目击者的陈述。如今,相信什么样的言论和选择什么言论,常常将人们置于将信将疑的两难选择之中,自由言论的环境,似乎从未来到过我们中间,接受过滤后的言论几乎构成了当下人们的视听生活。这种公共视听,时常导致盲目的行为和盲目的言论,并把事实真相深埋进舆论的尘土之下,给人们制造出种种人为的错误声音。这种由言论反观出的普遍现象,反映出人们强大的淹没事实真相无意识的愚昧。

墨白:这种愚昧的本质,就是个人的生命权利一再被剥夺并得不到尊重的现实。

江媛:不错,这样一种人人都要表达和宣泄的状态,恰恰反映了个体权利一再被剥夺并得不到尊重的这样一种社会现实。因此,个体不得不服从社会主导舆论的筛选。让我们感到不安的是,这种对舆论的目的性筛选,只能由拥有话语权的人来进行,正是这种话语霸权筛选出的舆论,把人们带入远离事实真相的境地。我想请您告诉我,导致这样一种畸形话语氛围的社会根源是什么?当所有的舌头都出来扭曲事实,所有事件都经过含有强烈目的性的再加工之后,个人如何保持独立的判断并保持自己的声音?

墨白:你问题的尖锐性让我无从应对,但有一个事实我们应该注意到,那就是,我们是一个处处讲面子的民族,同时也是一个对普通人缺少尊重的民族。我们的面子建立在虚荣心之上,这正是我们许多苦难所产生的根本。有了这种虚荣心,真理就丧失了生存的土壤,面子成为了我们生活中处处不在的可怕的习惯。有了这种习惯势力,在现实的日常生活中,那些有了权力的人,那些手里有了金钱的人,还有我们这些自认为读过一些书的人,往往都觉得自己比别人高明,觉得自己高人一等。我们一生的努力,都是为了光宗耀祖,我们所做的一切都是为了抬高自己,为了获得别人的认知。而可怕的是,在这个过程中我们又无视他人的存在。我们有一个词,叫衣锦还乡,就十分恰当地形容了我们在拥有了高人一等的资本之后得意忘形的神态。如果我们放在平等仁爱和人的尊严的天平上来衡量,你会看到这个词有多么的丑陋。我们因面子而贪婪,我们因面子丧失自己的精神,我们因面子而丧失了坚持真理的勇气。如果能在这种环境中发出自己的声音,真的是十分可贵,但是小说家只提出社会问题,至于个体生命怎样保持自己独立的声音,那就因人而异了,这需要人类的良知和社会的道义来支持。从《事实真相》这样的小说里我们可以感受到,我们缺乏的并不是智慧,而是纯正的精神品质,缺少面对现实生活的勇气。

江媛:前不久,凤凰卫视的一期《锵锵三人行》节目,描述了这样一种事实:进入上海世博园,人人都要排队,为此有人开玩笑说,上海世博会,让每个中国人实现了进入大门的平等,这让普通百姓感觉非常痛快,但那些诸如局长处长之类的基层干部却牢骚满腹,因为要想不排队进入世博园,就必须经过市长特批。

墨白:特权还是存在,为什么还市长特批呢?

江媛:不错。这样一来,那些够不上市长特批的阶层就感到很不习惯。这件事给我留下深刻印象:当中国人面对一种由国际力量促成的平等机会的时候,某些人不是由衷的高兴,而是为自己无法施展特权而愤怒。面对这一现象,我想起了权力的自我膨胀问题,一个本来十分正常的中国人,一旦手中获得了一定的权利,他就一定会把这种权利运用到极致,以显示自己高人一等。我觉得,正是观念深处的不平等,才致使社会纵容了特权的无限膨胀,哪怕是一个平凡的人,也都做着想拥有特权的梦想。您小说里就有许多这类人物,比如《胡言乱语》中的父亲和儿子。您能从深层谈谈导致这种权利自我膨胀的根源,究竟是来自社会体制,还是来自人们观念深处的奴性和官本位思想?

墨白：《胡言乱语》讲述了我们所处社会的一个普遍现象,也提出了一个中国社会无法回避的问题。小说中的父亲对儿子这样说："你就是见天倒尿盆子,也是在省委干事呀! 孩子乖,难道这个你就不懂? 你没看现在镇里的张书记给我说话时的眼神都变了吗? 你知道税收这个月给我们要多少? 六百! 我说这几个月的生意不好,他们一下子就少收了二百,为的啥? 就因为你到省委去了!"我之所以引用这段话,一是可能回答了你的问题,二是它可能入骨三分地刻画了渗透在我们中国人思想里的权力意识。

江媛：不错,我们由此也能看出中国人心灵深处的异化程度:对权力的向往,经过不遗余力攫取到权力的专横跋扈以及在丧失权利之后那不堪一击的脆弱灵魂。您小说里这对孪生的主题,深刻地象征着中国人的精神困境。

墨白：这就是我们的生活现实。

江媛：您的许多小说都揭示了隐喻和现实生活的相互关系,比如《事实真相》、《迷失者》、《幽玄之门》、《风车》、《尖叫的碎片》,这些小说里所形成的不同本质的隐喻,都来源于现实生活这个母体,《风车》是对大跃进僵化的政治背景所进行的隐喻,《幽玄之门》是对人民公社时期被束缚在土地上农民悲惨生活的隐喻,而《迷失者》则是对"文革"盲目破坏和否定的隐喻,《尖叫的碎片》则是对精神痛苦的隐喻。由此看来,隐喻绝不是作家自行捏造出来的,它是小说家对现实生活高度提炼的成果。如果说文字构成了小说的血肉,那么隐喻则直抵小说的思想核心。我对您小说中隐喻手法的运用,理解的是否准确? 隐喻与小说的整体构成一种怎样的联系?

墨白：你的理解让我欣慰。在小说里,作家所描述的事件穿透生活本质的时候,隐喻就产生了。比如卡夫卡的《城堡》,K面对那个没法进入的城堡,却仍然痴心进行着种种进入的努力,现实中这样的事情太多,于是无法进入的城堡就构成了隐喻。赫拉巴尔的《过于喧嚣的孤独》中的主人公终年从事着处理废纸的工作,最后他把自己当成废纸打进了纸包。这就是对现实生活的隐喻。隐喻依随在小说的叙事文本之中,血肉相连,不可分割。

江媛：您小说里的人物命运有似曾目击的真实,比如《俄式别墅》中的情感经历,《告密者》中两个女人为解救丈夫的奔走劳碌,《讨债者》中农民讨要货钱的无望,这一切都给我一种置身于现场的感觉,您能否从不同的层面谈一谈,当小说对现实生活进行处理时,应该怎样叙事?

墨白：小说的叙事有着非常复杂的成分。旧有的叙事观念是要讲一个故事,其实,小说最重要的叙事手法是由叙事所构成的悬念。小说的叙事悬念是由叙事的语感、人物的情绪、事件的象征、主题的隐喻、叙事结构以及小说人物的命运等多种叙事元素构成的,我们平常说的故事,在现代小说叙事里只是构成小说叙事的一个基本元素,而小说的悬念是由像故事这样的多种元素所构成的。充满悬念的叙事是建立在对时间和记忆的认识之上的。对时间和记忆的认识,我在文集里的后记里已经作了阐述。

江媛:在您的小说中有两篇小说常常令我感念不已,它们是《母亲的信仰》和《父亲的黄昏》,幼年时期在父亲身陷囹圄的那些日子里,母亲不仅独自支撑起全家人的生活也支撑起父亲的精神,这是我从小说里读到的浓情厚意。我觉得您身上具有很多小说里母亲身上的特质,比如坚强和勤奋,当然还有与命运抗争的倔强。我甚至觉得母亲对您的影响遍及您的血肉和灵魂?您是否能谈谈母亲和父亲对您的人生及写作之路的影响?

墨白:这应该是一个单独的话题,关于这个话题的文字会有无限的长度。父亲和母亲给我血肉之躯,也给了我做人的原则,那就是勤劳而真诚。父母对我人生的影响无法用文字来表达,只能感悟。父母的教诲至今仍然是我生活的指南。

江媛:我记得有位作家曾经这样说:"一个作家无论经历什么,只要他(她)能够活下来,这一切对他都有着非比寻常的意义。"索尔仁尼琴因为流放生活写出了《古拉格群岛》,他因对精神苦难的揭示而焕发光芒。小说的思想力量往往来自作家的经历和磨难,因此被现实的苦难和困境所逼迫出来的小说,具有无可比拟的思想深度和对人类苦难的深切体会,同时,这也是您的小说具有震撼人心效果的秘密。这些小说与那些闭门造出来的小说相比,具有日久弥深的感染力,因此要想真正了解一个作家,您首选要了解他究竟经历过什么,他对生活的观察是否能够达到细致入微的程度,他是否具备平等、自由、仁爱的立场。您是否能告诉我一个秘密:每当您回顾自身的经历的时候,为何总是热泪盈眶?

墨白:这让我突然想起了你的两句诗:"自由身处在苦难的囚笼里,依旧为光明和爱情而歌唱。"可是,你上面涉及的仍然是一个复杂到难以应对的话题。为何流泪?首先是感动,是你所面对的事实真切地感动了你。对于一个作家来说,你的作品就是你的命运,是你无法躲避的命运。除去小说叙事,一个作家最重要的就是要真诚地面对自我,真诚地面对社会。当你真诚地面对我们正在生活着的世界时,面对那些充满苦难的生命个体时,你无法不热泪盈眶。所以,我一直在写作,写那些能让我热泪盈眶的人和事,并努力做着我认为有价值和有意义的事情。

江媛:以上和您交谈的是一些我自己比较感兴趣的话题,历史观、人类的苦难和痛苦、叙事和隐喻、两性关系、记忆与时间、人的尊严、人性的异化,等等,这些应该说您的小说是一个复杂的混合体。我们看到,不同的评论家在读您的小说时会发现不同的层面,比如叙事学,评论家们会说到您小说的文本建构及其叙事迷宫,文本的荒诞性、象征性、隐喻性,对叙事语言的探索,形式与伦理的关系,民间叙事与诗学记忆,等等;在说到您小说的社会学时,他们论及的是精神疾病、对"文革"的反思、城乡二元对立、对国民性的批判、对人类生存困境和精神苦难的剖析,等等;在说到您小说的精神层次的时候,涉及的是生命的神秘性、人生的游离性、命运的偶然性、人生意义的寻找、现实即梦境、对自我的审判,以及底层人物的失语、自卑、梦游等精神特征。我在这里还是想再提出您小说里的颍河镇,可能这是评论家关注最多的美学话题,但我还是想了解一下,颍河镇与您小说所反映的社会现实有着怎样的关系?

墨白:是缩影,我们所处社会的缩影。

江媛:完了?

墨白:完了。

江媛:真不公平,我说了这么多,您一句话就完了。

墨白:我该说的已经都在小说里说过了,再说就会使人厌烦了。

江媛:好吧。现在,我真心谢谢您回答了我这么多令人倍感困惑的问题,同时祝福您:祝福您的小说走入人们的精神世界和心灵深处,而不是走入世俗的深处。最后,再次感谢您满足了我长期以来对于您小说和您本人的好奇心。

墨白:那么喀什呢,我们什么时候说说喀什?

江媛:喀什要说,我先领您到处走走,偎馕偎馕(维语玩一玩),然后再说。现在我领你去买买提小吃店,这家的烤包子皮薄、肉嫩,一咬满口香。

墨白:在哪儿?

江媛:在大巴扎西面,我们要先穿过人民广场。

原载《时代文学》2012 年第 3 期

先锋从来就没有退场
——墨白访谈录

孔会侠

时间:2012年7月3日上午
地点:墨白书房

  2012年3月24日,星期六,为了给这次访谈作准备,我专程拜访了墨白先生。同时,这也是在持续阅读他的小说一段时间之后我和他的一次交谈。可是,3月24日这天我们预定的访谈时间却一推再推,一直延缓到7月3日。今天,当我再次来到了墨白先生寓所,发现他的肤色略有变化。我理解,那可能是青藏高原的紫外线在他的面容上留下的痕迹。我知道,在刚刚过去的六月间,他完成了一次西藏之旅。等来到墨白先生的书房,在案头上,我看到摆放着二三十种关于西藏的书籍。在我们落座之后,我随手拿起一册,那是一个名叫石泰安的法国人写的《西藏史诗与说唱艺人的研究》,厚厚的一本,黑皮,白字,这带有装饰的封面,有些像他的名字。在这书籍的扉页上,我看到了墨白先生留下的笔触:"墨白,2010年5月23日,拉萨。"哦……我说,您有这方面的创作计划?正探腰沏茶的墨白先生看我一眼,笑了笑说:还没有。不过……墨白先生一边把一杯茶送到我面前一边说,那确实是个神奇的地方。墨白先生在我一边的木沙发椅上坐下来之后又说,尝尝,毛尖。

  孔会侠:如果我判断的没错,这应该是您最喜欢喝的茶。
  墨白:根据从何而来?
  孔会侠:因为每年夏季,您都到鸡公山去写作。
  墨白:哦……
  孔会侠:您是哪一年开始到鸡公山去的?
  墨白:2006年。
  孔会侠:一晃,就七年了。可这比起您在颍河镇待的时间,还短了一些。
  墨白:颍河镇?当然当然。
  孔会侠:看看,我已经习惯把您小说里虚构的颍河镇,看成是您的故乡了。

墨白：我很乐意。

孔会侠：淮阳县新站镇，湿漉漉的颍河，这是您小说给我的强烈印象。这之间，我偶尔会冒出一个念头，要去您的故乡走一走，那就是颍河镇的原形吧？

墨白：对。我和大哥都写这个镇子。

孔会侠：一对同胞兄弟，同写一个镇子，却是两种完全不同的风格。

墨白：你应该说，这是比较文学的话题。

孔会侠：是，我有这想法。我知道您在故乡待了36年。最后的11年，是在镇上的小学度过的。你任教的小学，只有十个班的学生。我在新浪一个名叫"墨白研究"的博客里，看到过您居住过那间房子的照片。我想问一下，您大哥是什么时候从哪里走出来的？

墨白：和我一样，1992年。那一年，我们一起从故乡迁徙到周口。我大哥年长我七岁，所以，他在故乡一直生活了43年。

孔会侠：在中国当代文学里，很少有这样的现象。记得还是您在淮阳师范读书的时候，孙方友先生就已经开始发表作品了，您说过，他是您文学道路的引路人。在您的文学道路上，起初对您产生影响的不是作家，而是画家。在淮阳师范读书的时候，您学习绘画，您最初的艺术观是从像夏加尔、凡·高、达利等等这些艺术家那里得来的，他们颠覆传统、表现生命质感的绘画，对您早期的文学创作，起到了潜移默化的作用。那么，在后来的文学道路上，对您产生影响的还有哪些？

墨白：哲学。比如柏格森①，他关于空间时间和心理时间的理论，深刻地影响了我的小说叙事观念。弗洛伊德②我是间接接触到的，花城出版社1988年出过一本名叫《弗洛伊德与文坛》的书，作者名叫陈慧，是河北师范大学的一个教授。你知道那本书印了多少册？420册。我却在我们镇上的小书店里买到了一本。鬼使神差，真是奇迹。弗洛伊德说，无意识才是真正实际的精神。在我看来，康德的不可知是指向人所处的社会，而弗洛伊德的无意识则指向人的内心世界。我小说里的不确定性和神秘性，就深受康德的"不可知论"的影响。康德认为，美不涉及欲念和概念，美仅涉及形式。这也是我的小说叙事特别注重文体价值的根源。

---

① 享利·柏格森（1859~1941），法国哲学家，其哲学体系中的基本观念"创化论"最富有个人思维特色。他的著作文思绵密、比喻生动，富有诗的气韵。1927年，因其著作的文学造诣，被授予诺贝尔文学奖。

② 西格蒙德·弗洛伊德（1856~1939），奥地利精神科、神经科医生，精神分析学派的创始人。他一生中对心理学的最重大贡献是对人类无意识过程的提示，提出了人格结构理论、人类的性本能理论以及心理防御机制理论。

孔会侠：西方的现代哲学，确实对西方的现代和后现代文学，起到了启迪作用。

墨白：小说叙事要不断地突破既定的阅读和审美趣味，才能获得长久的生命力。其实，不光是小说叙事在发展，其他各个艺术门类，比如电影、戏剧、音乐、绘画和摄影在艺术形式上也都在不断创新。比如摄影和绘画，作为视觉艺术，艺术家们一直都在寻找衔接这两种艺术的方式。曼·雷①是我比较喜欢的摄影大师，他生前涉及绘画和摄影两个领域，他曾经说过大意如下的话：我画我无法拍摄的，也就是那些源自想象与梦境的；我拍我不想画的，也就是那些既存之物。我想，曼·雷肯定是思考过绘画与摄影这两种同是视觉艺术的衔接方式的，或许是他没办法实现，才说出上面那些无奈的话。可是随着数码摄影处理技术的发展，已经打破了摄影和绘画之间的界限，艺术家们运用 Photoshop 软件，已经可以把摄影作品处理得看上去如同一幅绘画作品。艺术家们在原本的照片中删除或添加本不存在的内容，把不同时期、不同地方的照片融化在一起，把现实和历史融为一体，那些梦境一样的艺术作品在视觉上给我们带来了冲击力的同时，无形中也改变着人们的艺术观念，或者评判一幅摄影作品和一幅绘画作品的艺术标准。艺术家们在绘画与摄影的边界找到的这种细微的衔接方式，就是创新。这给我们的小说叙事带来了启示。创新，才能获得新的生命，这是艺术发展的规律。

孔会侠：您从不同的艺术门类里获得小说叙事的灵感，比如电影。我注意到，您在不同的场合，都谈到电影艺术对您小说叙事所产生的影响。您是什么时候开始真正接触西方电影的？

墨白：没有明确的时间界线。但我还清晰地记得，我第一次看塔可夫斯基《乡愁》的经历，那是 2000 年冬季的一个夜晚，距离塔可夫斯基拍摄这部影片已有 19 年。一辆老式的黑色轿车卷起一些灰尘，从弥漫着雾气有些荒芜的乡间小路上开过来，尘土和烟雾在满眼绿色的田野里漂浮，一个有着金红色头发的女人和一个面色忧郁的中年男人，从停下的汽车里走出来。车轮飘起的尘土，飘浮不定的迷雾，异乡荒芜的田野，不知来自何方同样也不知伸向何处去的颠簸小路，还有那个留着红头发的陌生女人，那个目光生疏的中年男人，所有的这一切，都被弥漫在无边的伤感和忧郁里。油画，那画面就是一幅幅油画，充满魅力，他的叙事镜头把我镇住了。

孔会侠：谢谢您上次给我推荐这部电影。是的，我也有同样的感受。特别

---

① 曼·雷（1890~1979），出生于美国费城布鲁克林区一个犹太家庭，父亲原籍俄罗斯，移民美国后以制衣为业，母亲是芬兰人，他是 20 世纪二三十年代巴黎摄影界的风云人物。

是我看到那个疯老头,站在罗马广场大理石塑像上高声呼喊着,我们必须返回我们误入歧途的转折点!那时我想,他触及到的是人类灵魂深处的东西。您肯定记得,在《欢乐颂》的旋律里,那个癫狂的老头,就像一位独醒的先知,他仿佛在自言自语,这是一个什么样的世界啊?竟然要一个疯子来告诉你们该为自己而羞耻!当他把一桶汽油浇在自己身上,然后点燃的时候,我的脑海里突然就闪过了文宝和小明,您小说《梦游症患者》里的人物。不同的只是,文宝常常一个人在颍河边独语,但他却听到了小明在大火里绝望的呼喊。在《东方红》的乐曲里,不是《欢乐颂》,是《东方红》,小明从一个活生生的生命,变成了一个无人知晓的野鬼,真的是野鬼,因为从来没有人来超度他的亡灵。

墨白:哦,小明……一个深陷迷途的孩子。在多米尼克点燃自己的时候,他唯一的朋友,那个面色忧郁的俄罗斯流亡诗人,正点燃蜡烛穿越温泉。那是多米尼克对他最后的嘱托:一个拯救世界的秘密巫术,而拯救的希望如风中的烛火摇曳缥缈。漂泊在异乡的诗人手中的蜡烛一次次熄灭,又一次次点燃,他坚持着漫长的跋涉……他尽管艰难,但他终归是有方向的,可是小明呢?我们呢?我们这些曾经在"文革"中梦游的中国人呢?我们盲目,彻底地迷失了方向。

孔会侠:20世纪以来的西方艺术,还有外国文学资源,确实是我们文学发展的参照,但学习模仿永远不是出路,"化入"才具有可能。像您,就是把新的叙述方式落实了,落在民族生活的土壤中,落在芜杂荒诞的现实痛苦中,落在国民人性和命运遭际的复杂神秘中。曾经一段时间,我在思考"先锋文学"的未竟之路如何走,您用现代多样化叙述方式,深锐隐喻关涉我们生存的诸多本质真相,让我豁然开朗,也许这才是现代文学之所以发生的根本。您能否给以具体阐述?

墨白:康德怎么说?美仅涉及形式。应该说,文学的现实永远不缺乏生活,缺少的只是对生活的发现。而这发现,只有形式才能呈现,只有最好的形式,才能完美地承载我们的精神。你知道,12年前那个冬天的夜晚看完《乡愁》之后,我的内心久久不能平静,我没有办法克制住自己,那个时候已经是深夜12点,可是我仍然忍不住又重新开始看第二遍。我太喜欢这个内心孤独而对人类精神有着深切关怀的人,他曾经深深地表达过自己的忧虑,我们拓展了物质财富的领域,却剥夺了人的精神维度,对其威胁置之不顾。在塔可夫斯基的身上,你能强烈地感受到他的忧虑,他的忏悔精神,是忏悔,建立在忏悔之上的拯救,一种强烈的宗教气质。陀思妥耶夫斯基在他所处的时代就曾经预言,西方未来的文学在本质上将会是忏悔性的。忏悔精神,这应该是现代文学发生的根本。但是,忏悔精神,这正是中国文学所缺乏的,因为我们这个民族本身就缺乏对自我精神的忏悔意识。这种缺乏是由我们民族的实用主义价值观所导致的。一个小说家,要超越自我,唯一的方法就是不断地进行忏悔,并从中发现自己,认识自我。

孔会侠：这是您"欲望三部曲"里的主题。用文学的形式对自我精神所进行的忏悔，这是您的追求。我在阅读"欲望三部曲"时，常常感到您的忏悔之路走得那样艰难。我知道，在由时光为材料铺就的道路上，所有的来者都没有归途。在总有文学潮流像时髦衣服一样此起彼伏的年代，如何走自己的文学道路，看来是每个作家都要认真考虑的问题。您选择的"先锋"对您创作的逐步推高和成就，就是有力例证。我觉得，您作品叙述的核心指向是真实性。丰富的生活经历，还有广泛的阅读认知，使您对深隐在表象事实下的本质真实，有敏锐的把握与哲学的体验。因此，在悲凉沉重、失落压抑的感受中，您的思想抵到了真实之核不可理喻的可怕、荒诞与悖谬。也许这才是人类生存的本相。您的《风车》、《梦游症患者》所揭示的历史真实与人性真实，让人触目惊心。这让我想起了卡夫卡，现代主义作家对您认识视野与表现视野的影响都有哪些？

墨白：对世界的认识是一个广阔的话题，这和现实中个体漫长的生命经历有关。我理解你说的表现视野，应该是小说的叙事问题。刚才我说过，对我小说的表现视野的影响应该来自哲学，来自对时间和记忆的认识。时间与记忆是我小说叙事的核心要素，生命所产生的意义，是在时间与记忆的维度中展开的。在这里，我说的时间就是柏格森说的空间时间。柏格森用空间固定概念来说明时间，他把时间看成各个时刻依次延伸的。用来表现宽度的数量概念，也就是我常说的物理时间。而我说的记忆就是柏格森说的心理时间。心理时间是各个时刻相互渗透的，表现强度的质量概念。在我的小说叙事里，物理时间和现实的延续有关，而心理时间则和记忆有关。小说叙事的本质，就是在再造的物理时间里捕获流失的记忆。就像你刚才说的，在我们生命的现实里，时间是不可逆转的，但是，记忆却能使我们的生命重访过去。因为现实是建立在"此刻"的一瞬间，这就决定了叙事的本质：我们所有的写作都是在记忆中展开的，都是由记忆构成的。由此我们可以说，我们记忆里的"过去"，比现实里的"此刻"更为真实，也更有深度。我们无法阻止物理时间"此刻"的稍纵即逝，我们看着叭叭作响的"此刻"的时间像砂砾，或者像秒针的声音一样从我们的指间滑落在地而心生忧愁。我们只有通过记忆，通过小说的叙事，使我们曾经的时间获得物质性的重量。

孔会侠：我理解。这是您小说文本真实性的根本。您用文本的众多象征性来表达思想层面、感觉层面的真实性，让我忽然有种假设：如果用传统的故事性讲述来表达，能抵达哪个层面的真实呢？也许，故事性只能表现现象，传达感悟，而象征才能表现本质，传达思想。形式是刀和刀法，合适的形式才能有力度有方法，在传统技术揭不开撕不烂剥不掉重重包裹的情况下，怎样才能挖掘并呈现那坚硬而深藏的真实之核?

墨白:思想层面的真实性是建立在视觉层面的真实性上,在小说叙事里,如果视觉层面达不到真实,思想层面的真实就无从谈起。所以艺术的真实性,才是小说家在叙事中关注的焦点。当然,即使是小说的叙事是建立在物理时间的"此刻",艺术的真实性就能解决了?并不是这样。小说的叙事并不是要把人生的每一寸光阴都记录下来,应该是有选择的,因为在我们的生命里,在这物理时间的"此刻"里,是有记忆构成的,而记忆的成分十分复杂,记忆是由我们所有的生命经验所构成的,以及情感的密度、梦境、幻想等,记忆是一个庞大的海洋,整个人类的经验都被记忆所包容,所有你的叙事都要有选择。

孔会侠:您涉及了小说的结构。

墨白:是。小说的结构要有层次,有了层次,才可能有深度。就像中国建筑里的园林。通过一堵镂空的墙壁,可以透视到墙壁后的另外一面墙,然后再通过那堵被镂空的墙壁,看到第三道墙。这就是小说的空间感,小说有了空间感,才可能与外部世界贯串流通。美秀美术馆位于日本京都附近的滋贺县境内,是贝聿铭①20世纪90年代完成的一个著名建筑。美术馆的入口只有一条路,离开接待馆你要先走过一段雪松围绕的山路,然后再穿过一条隧道,连接隧道的是一条120米长的吊桥,桥的另一端才连着美术馆的广场。然后从广场有日式寺院的台阶通向大厅。大厅建在山脊之间,一系列的玻璃屋顶栖于起伏的山峦之上。层层递进,若隐若现,神秘而缥缈。这就是小说的结构层次。

孔会侠:精彩。我觉得现实主义文学对您的影响主要是认识层面的,而现代主义对您的影响主要是叙述层面的。比如您在《裸奔的年代》中不同时段叙述的不连贯性、解构性,您在《手的十种语言》中的碎片化处理等。我想知道现代主义,或者后现代主义对您的影响具体是如何体现的?也许许多种因素的影响常常是混溶的,我想让您条分缕析个分明,可能并不合适。

墨白:举个例子总可以的。我在塔可夫斯基的电影里得到过启示,比如《镜子》。塔可夫斯基在《镜子》里使用了许多新闻纪录片来呈现历史:最早的飞行气球、苏联红军强渡锡瓦什海、攻克柏林大厦、广岛原子弹爆炸、"文革"中天安门广场潮水一样涌动的红卫兵……就像这些荒诞的历史事件本身一样,这些历史事件作为一个没头没尾的片断,在看似没有叙事动机的状态下出现,让你摸不着头脑,可是当你完整的看完影片以后,才会发觉这些历史的突兀与破碎,恰

---

① 贝聿铭(1917~),出生于广州,祖辈是苏州望族,他的童年时光在苏州园林里度过。作为20世纪世界最成功的建筑师之一,贝聿铭设计了大量的划时代建筑。作为最后一个现代主义建筑大师,他被人描述成为一个注重于抽象形式的建筑师。

恰暗示了它们的无处不在,所有熟悉和了解那些历史的人,我们个人私密的抒情记忆,都会感受到历史上悲剧时刻的恐怖。那些碎片作为一种记忆、一种隐痛唤醒我们,让我们认识到这些历史——就像"文革"一样——对未来人类所产生的阴影。我视这些碎片为复活的历史。在《手的十种语言》里,我通过方立言,给那些沉睡的文字重新注入生命。这确实很复杂。你想,我们叙事的此刻,是时间与记忆的合并,我们从物理时间的"此刻"来切入人的记忆,也就是心理的层面。表面上看,在客观自然中时间在三维空间中单向度地向前流逝,但是,由于记忆的切入,我们内在的时间便可以不受自然规律的束缚,一方面,我们可以随时返回历史诗意地再现流失的生命经历;另一方面,我们的叙事又面临不断出现的未知。而在"此刻"后面的未来,那些我们无法预测的未来,则构成小说叙事的悬念。因为,我们不知道在未来的那一刻,这个世界会发生什么,地震、海啸、恐怖活动、火灾、车祸,等等,而作为个人私密的无法捉摸的内心世界,则更为复杂。

孔会侠:您的谈话使我明白,其实,对小说叙事的探索在您这里,从来都没有停止过,这也是您处在边缘的原因。人流总是多数,边缘总是少数,您在边缘处静看迷乱的世界,精准而犀利,您看似淡泊随缘,其实目标坚定,雄心是建构自己的文学王国——不可替代的"颍河镇"。因为,我和您同样生长在那条河畔,所以对您作品的意义所指、心念所感共鸣挺多。"颍河镇"既是您的表现域,也是您的背景域,您用文字实现了它精神隐喻的丰富性与深刻性。您文本的结构、视角、细节、人物,甚至一草一木,无不具有象征性,"形式即内容"在您作品中得到了实证诠释。我感觉在您的写作中,虽然故事、时序是次要的,但细节是主要的,像《欲望与恐惧》中的"让我用用您的笔",像《光荣院》中老金的奖章,人物在某些时刻突然爆粗的方言等,您关于细节的描写也生动形象,意味深长。我还注意到一些其他先锋作家,在非现实的虚构中也很精心细节的现实性,细节在您的文本结构和叙述表达中,起到了什么作用?

墨白:血肉,细节是小说的血肉。小说的故事框架可以虚构,好的小说细节也可以虚构,但这虚构一定是要建立在对现实生活的感受之上,要达到艺术真实。卡夫卡的《变形记》真实吗?那是人在受到社会压抑之后的精神真实,我们相信那是一个人的梦境。其实,人类记忆的本质就是梦境。因为,记忆像梦境一样无序,记忆会把不同时段的事件和情绪重构在一起,这就给记忆中的许多意象蒙上了一层梦的面纱。这些我们在塔可夫斯基的《镜子》里能强烈地感受到。那些明亮的火,无处不在的雨,还有无缘无故刮起的风,我们不知道它们因何而起,却一次次的在记忆或梦境中闪过,没有情节故事的交代,这些确实存在着,可又捉摸不定。这些不可名状的意象,让习惯于将一切来龙去脉都解释清楚的观众可能一下难以接受,可是细细地想一想,童年时代,谁没有过发呆的时候,我们望着窗外滴答的雨水无助,我们望着一阵风吹拂着树枝轻轻摇摆的懵懂,在我们的童年,这才是最重要的,这就是小说的细节。在我们长大成人之后,我们所有过去的时光,其实都是由记忆里的一个又一个意象构成的,那些充满诗意的意象。至于意象后的故事,观众完全可以用自己的生命体验去补充完善。这就是现代小说的叙事。

孔会侠:您的作品不是封闭性的故事结构,而是开放式的结构。尽管不是畅销书作家,也不迎合读者的阅读期待,但我发现,您实际上很重视读者,文本总留有多条路径供读者进入,不直接表现自己的思想,作者隐在叙述者的后面,以召唤结构让读者调动自我体验来参与其间。随着中国文学的分化,读者群落也发生明显分化,您觉得随着大家知识层次的提升,纯文学的发展空间会不会前景乐观?

墨白:我当然希望文学的前景无限美好,但纯文学走向何处,不应该是我考虑的事情。我所要做的事就是好好地写,给我希望的文学的美好前景做一些基本工作。你说得不错,在现代小说里,读者不是像阅读现实主义小说那样,被动接受写作者给出的全部信息,而是与小说家处在同一层创作的位置,连接小说家与读者的是相同的意象,而意象后的故事却只能到各自的生命体验中去怀想、去追忆。经由诗意的叙事语言的连接,情感在阅读中得以提升,读者也由被动变成主动,他参与到小说里来,他不再被小说家所预设的情节所左右,而是亲自参与一个探索生命的历程。小说家迫使读者在阅读的过程中,把分裂的记忆整合起来,让读者不自觉地进入小说家在小说里留下的门,读者在那些门边进入小说的内部,在这种叙事里,读者和小说家处在同一个平面上,从而使小说的世界丰富起来。

孔会侠:无论是您写"文革"的小说,还是您写现实的"欲望三部曲",或者是您的其他小说,字里行间在拘禁之中总氤氲着一股粗重的反抗之气,这反抗与质疑并行,在诗意化感觉的表达中,透露出强烈的渴望——对现代"人"平等自由生存空间的渴望,和理性、互爱、尊严的渴望。自由是您的精神气质,关于人在现实生存中的自由,您怎么理解?

墨白:你知道,我来自社会的最底层,在我的生命历程里,我饱受了人为的来自不同阶层的精神歧视。对自由与平等的渴望,是从我的血液里自然流淌出来的。你说,我怎样理解人在现实生活中的自由?当然是像我的生命一样重要,像我的眼睛一样重要。我相信,成千上万的生活在社会底层的民众,都会有我同样的向往与渴望。

孔会侠:现在很多人都在感叹生活繁杂得超出想象,这也给描摹复制生活的作家提供了很大的困惑和难度。也是,面对生活,面对自我,我们不仅难于认识,还难于界定。那么,我们该如何认识并表现当下生活?

墨白:如果一个作家去描摹现实生活,那么他永远解决不了准确地表现这个时代本质的问题。小说不是描摹现实生活,小说是在现实生活经验的基础上创造出来的世界,而不是他对世界的描摹。不是描摹,是创造。描摹和创造有着本质的区别。可以肯定,理解卡夫卡的方式有多种多样。为什么会这样,那是因为他给我们提供了一个与我们的精神有关的世界,这个世界又因晦涩而变得复杂难懂。所以说,创造是对世界的发现,而不是描摹。《城堡》是对现实世界的描摹吗?不是,他发现了那个被我们忽视的世界。创造是思考和审视,是生命的切入,是对世界的洞悉,而描摹是旁观。罗伯·格里耶在谈到这个问题时说得很透彻,他说,不是描述一种已经存在的感受,而是创造一种尚不存在的感觉。

孔会侠:我喜欢您那些写底层的作品,像《事实真相》、《讨债者》等。这让我觉得当前有些作家赶潮流的"底层文学"有作秀之嫌,其实"底层"绝不只是社会等级的符号、受苦受难的可怜虫,"底层"是这个社会许多真相的体现者,会有许多丰富的来源于那个叫"人"的生命的感受和希求,也会有社会性、民族性、人性的许多隐秘,我们该如何认识底层、表现底层?

墨白:我最为关注的,是把个人的生命体验融入到小说里。我认为,只有个人真切的生命体验,才会产生刻骨铭心的印记。小说叙事的根本动力是来自一个人的生命深处,是你对生命的经历,那些和你有着共同命运的阶层民众的生命经历。我说的是亲身经历,和一个人的命运有关,不是有些人说的去体验。在你的生命里,如果你没有过爱,没有过惆怅,没有过忧伤,没有过被耻辱,没有过被伤害,没有这些生命经历,那么你的小说就很难产生感人的力量。

孔会侠:您的真正写作是在 20 世纪 90 年代——先锋退潮干将撤回的时期。在当代文学进程中,20 世纪八九十年代有一个有趣的现象就是:潮流能托起作家,能将作家带进文学史。伤痕文学、反思文学、改革文学、寻根文学、先锋文学、新写实……那个年代许多作家的声名崛起都跟潮流有关系。但您选择先锋,已经不可能有这样的历史机遇了,那么这选择就有清醒而自信的文学预设、固执而强大的文学理想在其中。"先锋文学"结束的遗憾至今仍在许多人的心中存在,但 20 世纪 70 年代末 90 年代初,"先锋文学"作为一个潮流,其退去又是必然要发生的。除了市场化等外在因素外,那时期先锋文学本身的"凌空蹈虚"恐怕也是主要原因。隔着二十来年的光阴再审思先锋的退潮,您觉得都有哪些方面的原因呢?

墨白:先锋文学结束了吗? 20 世纪 80 年代出现的"先锋文学"是由几个代

表性的人物呈现的,后来他们回归到现实主义,这就给人一种"先锋文学"结束了的错误概念。其实,先锋文学从来就没有退却,退却的只是那几个已经形成了那个时期"先锋文学"符号的个人。在当代文学的进程中,先锋从来就没有退场。何锐先生就是一个见证人。何锐先生退休前主事《山花》杂志,退休之后连续几年主编了《守望先锋·中国先锋小说选》,这应该是先锋从来没有退场的例证。话说回来,真正的小说家,是鹤立独行的,他不应该属于哪个流派,即使有,也是后来的批评家为了著书立说的方便,给他加的衣冠。

孔会侠:这让人感到安慰。是这样,文学什么时间都需要先锋。先锋其实不只是文学形式的创新,叙述方略的探索,先锋首先是一种精神和姿态,就像您刚才说过的忏悔。然后是一种对世界对文学的认识方式和表达方式,其最终完成的是对当前文学困境的突破,对自我写作模式的突破。当下文坛,在为数寥寥的先锋继承者中,您是体现得很充分的一位。那么,您的理解中,"先锋"都有哪些方面的具体内涵?

墨白:你说得不错,首先是精神层面的,然后是形式的。其实,思想和形式是没法分开来谈的,任何时候,精神和形式都是融为一体的。比如说小说的叙事语言要有节奏感,有节奏感的叙事语言就像一部无声的交响乐,在我们的潜意识里回荡。但是你不能把小说叙事的节奏感从小说的叙事里独立出来。小说就像一座建筑,语言就是墙壁,而这墙壁是流动的,充满情感的,悲伤与喜悦、忧郁与欢乐、焦虑与平和、绝望与希望,等等,这些像雾气一样流动的情感构成了小说内部的力量,正是这力量,支撑着你建造的这座建筑。当然,小说的叙事结构元素有多种,比如小说叙事语言的情绪化,就是小说结构的一个元素。好的小说应该用一种异常复杂的过程来展现现实生活,小说所阐明的生活本身,不应仅仅是你所处的这个时代,也不仅仅是你所生活着的那个社会生活的表面。运用语言去探索人类心理和人类普通的精神本质,这是让小说家着迷的深邃的领域。所以亨利·詹姆斯[①]说,一个艺术作品的最精深的本质,永远是创造者的精神本质。所以说,小说家要用纯粹和唯美眼光来看待现实生活中的各种现象,无论是龌龊的、可恶的、丑陋的,你都要把它当成一件艺术品来看待,就像波莱德尔。你要在一切无秩序的现象中看出秩序来,在一切丑陋的东西里看出美来,以此来排遣我们烦闷而无聊的生活现实。一个小说家,对于艺术创新的追求,不能有一瞬间的停留与满足,他要不断地追求。

[①] 亨利·詹姆斯(1843~1916),心理小说创始人,世界文学史上最重要的小说家之一。詹姆斯的小说风格独特,语言精妙、技巧娴熟,代表作有《黛西·米勒》、《一位女士的画像》、《螺丝在拧紧》等。

孔会侠：您对先锋的责任与热情，与您对生活的责任与热情是并重并进的。所以在当前的文学语境中，全球化视野下世界文学的坐标，仍将是衡量中国文学和中国作家个人写作境界的坐标系。眼下在故事化横行的浅层次写作浪涌中，先锋的意义仍将存在，您觉得这些年先锋文学在个别人的坚持下，还有哪些方面的不足和缺憾？

墨白：我们许多作家在小说叙事上，从来就不懂得民主，不懂得尊重他小说里的人物。他主宰了他小说里人物的一切。其实，一部文学作品一旦问世，那么她就是独立的，她就要自己去闯荡世界了。纳博科夫在谈到自己与《洛丽塔》的关系时说，有名的是《洛丽塔》，不是我。我是一个默默无闻的、再默默无闻不过的小说家，有着一个不知该怎么发音的名字。小说家为什么就不能像别人一样谈论自己小说里的人物呢？从记忆的本质来论，当然可以谈论。小说家可以把自己小说里的人物请到自己和朋友的身边——就像对待他的家人和朋友一样，那个被你创造出来的人物，比如黄秋雨、吴西玉、谭渔，如果你真正了解他，那么有时候他比你现实生活中的人更真实地存在你的生活里——你们可以坐在一起喝点茶，或者喝点咖啡什么的，因为你是最熟悉他们的那个人，你知道他的身世。我们需要这样的朋友，需要这样的朋友帮助我们来完成我们对社会本质的认识，认识的过程对我们来说十分重要。这就像一部小说的叙事，我们在现实生活中需要的是过程，而不是结尾。

孔会侠：这就是您在《手的十种语言》里要实现的。是这样，重要的不是在调查最后发现的事实真相，而是方立言调查过程本身，重要的是过程，而不是结果。

墨白：尤其这种没有结果的调查，最接近现代小说的叙事策略。博尔赫斯认为，20世纪伟大的小说全部是侦探小说，为此他说到了福克纳的《圣殿》、亨利·詹姆斯的《螺丝在拧紧》，还有卡夫卡的《城堡》。这话未必精确，但却有他对现代小说叙事的理解在里面。比如《手的十种语言》，其实，这是一部侦探小说，作为办案人员，方立言把所有与命案有关的线索与碎片收集起来，时刻准备揭开事实的真相。但碎片在这里已经不再是碎片，所有的碎片都被方立言的生命历程统一起来，变成一个整体，生命过程的整体。这就是小说的合理性，在阅读的过程中，读者总是追求这种合理，但却又无法如愿。因为，我们看到的那些由各种碎片构成的现实在不断地发生着变化，其实这就是我们生活的现实，感受现实生活的过程成为阅读的主体，而事件的结果已经不重要。

孔会侠：我理解您的观点。在我对您的阅读感受里，您在以前的小说中造过梦，但我觉得您以后的创作可以造子弹。对您小说的仔细阅读，让人能感受到作者及人物内心都有层层叠叠的痛苦，经由文字一浪一浪地涌来，涌进读者的阅读心扉,霎时间涨满。您有叛逆者的不满与质疑,有理想者的焦灼与忧郁,还有是非清晰爱憎分明的不会糊涂。这种饱满的情绪,加上制造硬度与密度的能量,我希望您下一部作品就是一枚子弹,能更干净利索,尖锐地刺穿现实,带出呼啸而过的狂劲与擦身而过的灼痛。

墨白:子弹?评论家的表达,这得让我好好地想一想。我记得《巴黎评论》杂志在采访纳博科夫的时候,曾经问过他大致如下的话:你深感亨伯特与洛丽塔的关系是不道德的?纳博科夫也说过大致如下的话:错,不是我深感亨伯特与洛丽塔的关系不道德,是亨伯特自己。刚才我是怎么说的?一个小说家,首先要尊重自己的小说人物,要注重自己小说人物所处的生存现实,而不是自作聪明,把小说里人物的一切都承担起来,替他生活,替他做爱,替他思考。不关心小说里人物的生命感受,是中国作家普遍所缺乏的。所以一个小说家,要与他小说里的每一个人物保持着友谊,并用自己的生命温暖着对方。或许你说得不错,我并没有置身事外,我和我的小说里的人物一样,存活在文本之中,或许有一天等我离开这个世界的时候,我的这些朋友们仍然独立地生活着。现在是我关照他们,而等我不在的时候,他们可能会回过头来关照我。

孔会侠:您的谈话总是像您小说叙事的风格一样,充满了隐喻。

墨白:有那么严重?只是处理问题的方法不同。你看……

墨白先生说着伸手拿起我最初放下的那本《西藏史诗与说唱艺人的研究》,掀到第一卷的内容上,递给我说,你看看,这个法国人研究历史的方法是什么?他的第一卷是《文献及其分类》,首先收录的是大量的参考资料的书目,然后才是问题的现状。我们的现实……墨白先生停顿下来,他端起茶杯来呷了一口看着我说:你说说,应该是什么?我笑了笑反问道,喝茶?墨白先生也笑了,他说,不错。回头我一定给你弄一些上好的毛尖来。对墨白先生事先的赠予,我欣然接受。我说,我等着。随后我让他给我推荐一些他最近阅读的书籍。接下来,我们一边喝茶,墨白先生一边不停地从座位上站起来,走到他高大的书架前,从不同的书柜里取下不同的书籍:保罗·奥斯特①的《隐者》与《末世之城》,唐·德里罗②的《坠落的人》与《大都会》,乔纳森·弗兰岑③的《纠正》与《自由》,弗

---

①保罗·奥斯特(1947~),出生于美国新泽西州纽瓦克市一个犹太裔中产阶级家庭,毕业于哥伦比亚大学。他被视为美国当代最勇于创新的小说家之一,主要作品有《纽约三部曲》、《布鲁克林的荒唐事》、《幻影书》等。
②唐·德里罗(1936~),出生于纽约意大利移民家庭,美国著名的后现代小说家,主要作品有《白噪音》、《人体艺术家》等。
③乔纳森·弗兰岑(1959~),出生于美国伊利诺伊州,美国当代著名小说家、随笔作家。其作品以抨击现代传媒、书写普通民众著称,并具有强烈的时代性。

兰纳里·奥康纳①的《生存的习惯》与《上升的一切必将汇合》,安吉拉·卡特②的《焚舟纪》与《精怪故事集》,伊恩·麦克尤恩③的《阿姆斯特丹》与《水泥花园》,罗贝托·波拉尼奥④的《荒野侦探》与《2666》,阿摩司·奥兹⑤的《咏叹生死》与《胡狼嗥叫的地方》,哈罗德·布鲁姆⑥《读诗的艺术》与《西方正点》,汉娜·阿伦特⑦的《极权主义的起源》,萨义德⑧的《东方学》,D.M.托马斯⑨的《白色旅馆》与迪诺·布扎蒂⑩的《鞑靼人沙漠》……

这期间,墨白先生又给我续过两次水。在他叙说的声音里我端起茶水呷了一口,不错,味道从浓变香,从那茶里,我确实喝出了一些特别的味道来了……

根据录音整理
原载《创作与评论》(上半月·创作)2014年3月号

---

① 弗兰纳里·奥康纳(1925~1964),被公认为是继福克纳之后美国南方最杰出的作家之一。
② 安吉拉·卡特(1940~1992),20世纪英国最有创造力的作家之一,主要作品有《明智的孩子》、《马戏团之夜》等。
③ 伊恩·麦克尤恩(1948~)是英国文坛当前最具影响力的作家之一,主要作品有《赎罪》、《时间的孩子》等。
④ 罗贝托·波拉尼奥(1953~2003),出生于智利,当代西班牙语文学中最具有创造性的作家。
⑤ 阿摩司·奥兹(1939~),出生于耶路撒冷,最具国际影响力的以色列作家之一,主要作品有《我的米海尔》、《爱与黑暗的故事》。
⑥ 哈罗德·布鲁姆(1930~),出生于纽约市,当代美国极富影响的文学理论家、批评家。
⑦ 汉娜·阿伦特(1906~1975),原籍德国,1933年纳粹上台后流亡巴黎,1941年到了美国。20世纪最伟大、最具原创性的思想家、政治理论家之一。阿伦特在《人的境况》一书中指出:言谈本身具有巨大的政治意义。如果不是想要直接动用暴力,那么言谈所具有的措辞和劝说便是政治方式本身。总之,在一个亮起来的公共舞台上勇于发言、挑战和接招,一个人表达了他的尊严。
⑧ 爱德华·沃第尔·萨义德(1935~2003),出生于耶路撒冷,1963年起任教于哥伦比亚大学,当今世界极具影响力的文学与文化批评家之一。萨义德以知识分子的身份积极参与巴勒斯坦的政治运动,为巴勒斯坦在西方世界最雄辩的代言人。他在《知识分子论》里提出,知识分子应该特立独行,不应该与当权者妥协、誓从独立的角度提出批判。
⑨ D.M.托马斯(1935~),英国小说家、诗人。《白色旅馆》集历史、幻想、病历、诗歌为一体,丰沛情感的力量和精湛的叙事技巧使这部小说成为了后现代文学的当代经典。
⑩ 迪诺·布扎蒂(1906~1972),出生于意大利北部的贝鲁诺市。《鞑靼人沙漠》确定了布扎蒂的文学地位,为他博得了"意大利的卡夫卡"的美名。这部描写"期待"的卡夫卡式作品,展现了梦想的冷酷与破灭,折射出人生的无奈与凄凉。

为墨白描白

田中禾

　　那年冬天,我们在周口开了一个河南青年作家研讨会,墨白是研讨的主要对象。到周口的第二天下了雪,大家冒雪到乡下去看一个村办小厂。中巴在豫东的乡野间奔驰,农舍零落,树影萧索,雪落在村路上,变成泥泞浊水。踏过村庄里的烂泥,走进几间大房子,看到一些女孩坐在缝纫机旁为剪裁好的白棉布镶边、绣花。这些床单、枕套都是出口产品,当老外们享用它的时候,可知道它们是这些乡村女孩在没有暖气、没有煤火,甚至没有门窗的寒气逼人的大房子里缝制出来的?不知是因为一天能挣几元钱,还是因为能在寒冬里聚在一起开心,她们一边干活,一边说笑,屋子里充满淳厚、乐观的气氛。这次冒雪到乡下去的印象能够长久地留在我的记忆里,不只因为豫东平原的质朴,更因为墨白作品里的氛围使我真切地感受到了乡土那令人感动、令人牵挂的情怀。墨白在这儿出生,在这儿长大,在这儿经历着人生最宝贵的少年时光,他是豫东平原乡野的儿子,血液里流动着与生俱来的执着、坚韧和自尊。在周口的两天,我更加理解墨白的作品和他的忧患感,也算真正和他相识。在此之前,我对他的了解只限于作品和会议上的发言。近距离的私下交谈,使我洞察到这个豫东小伙子内心世界异常丰富,对文学充满了激情。听他操着一口地道的豫东乡音,讲起文学激昂慷慨,充满理想主义和远大志向,评价作品使用着世界经典的标尺。那时候,他那淳朴的外表与他作品中表现出的强烈的探索精神、谈吐不凡的文学观形成一种反差,让我内心涌出无法压抑的惊喜。我经常不遗余力地抨击河南文学观念的保守、俚俗,曾经不无偏激地提出,"只有农民军退出舞台,文学才有希望"。说真的,我对农民意识对中国文化的破坏深恶痛绝,多年来,我们崇尚所谓农民作家、乡土文学,其实是在不断对文学进行庸俗化、实用化改造,使它背离文学的基本精神,扼杀作家以独立人格去发现和思考,从而扼杀艺术个性。现在,在这片农民意识深厚、农民军依然占据文学的主流平台的可爱而又可怕的乡土上,居然生长出一个有追求、有底蕴、有个性的作者,他的思想和创作已经从乡土走向人性,我有理由对他寄托更多的期待。

　　此后,我一直关注他的创作,几乎他发表的每篇作品我都读了。在家乡的背景中,他更像一个地道淳朴的豫东人,而在他的作品里,我看到的是一个知识者、思想者面对生活的严肃思考,语言的文化气息和形式的现代追求使他的作品展示出一种广博的胸怀和开放的视野,墨白在自觉地进行着知识分子的写作,有着自己的哲学和文学观。最可贵的是,他执着于自己的内心,不去投合潮流。对于一个初露头角的作者,能不赶热闹,坚守自己,在这个时代,除非对文学抱着赤诚的信仰,对自己的追求充满信心,否则是难以做到的。

他从家乡调入省城已经将近十年,如果说从前我和他相距几百里路,现在我与他只隔着几个社区,步行也就十几分钟就能到。虽然平时依然相聚不多,但心灵上沆瀣一气。文学也罢,处世也罢,性格也罢,多有相像。而今的墨白,已经卓有成就,从被指导的角色转换成指导别人的角色。偶尔参加作品讨论会,起初好像还如当初一样内向、低调、谦虚,不肯抢先发言,等到会议接近尾声,美丽的语言编织出的美丽喜剧即将达到高潮的时候,他腼腆地笑一下开始说话。几句之后,露出峥嵘本色,把持不住说真话的冲动,慷慨激越,犀利雄辩,不遮不盖,往往语惊四座,使场面上庸俗的东西一下子显露出尴尬。说真的,墨白有点迂,他与吹吹拍拍拉拉拢拢的世风格格不入。不知道有没有人在私下里劝告他,我可是常被人劝告,被人诟笑,不是想让大家来捧捧场嘛,那么认真干嘛呀!好像人一认真就显得幼稚可笑。墨白在这方面表现出的单纯决不意味着他的智慧和他对处世哲学的领悟比别人差,只是他对文学的虔诚和骨子里的清高使他不愿做随波逐流的庸常之辈。即使大煞别人风景,他也不屑于说违心的鬼话。其实说鬼话比说真话容易多了,甚至连书都不必读,信口开河,信手掏一叠高帽出来,瞎说一气,皆大欢喜,何乐而不为?既讨好了别人,也省去了自己智慧的浪费。然而我相信墨白的哲学,既然荒废了半天时间不在屋里写作,就必须说点真东西,以免浪费自己和别人的生命,玷污文学的圣洁。帮助传播虚伪,是一种罪恶。

从与墨白相识,到相互成为朋友,他的沉稳、不事声张、坐得住、守得住真让我羡慕,无论什么时间打电话,总能听见他那舒缓、柔和的回应,证明着他一直坐在桌边,过着平静的日子。他的声音给人安详、自适的感觉,反映出怡然自得的心态。交往这么多年,从没见他流露过烦恼,一副乐乐呵呵的样子,好像只要有文学,生活就很称心。时下文人不仅难以安于寂寞,更不肯安于不做官。我不幸做了几天官,尽管并不自愿,说到文人的官瘾还是有点碍口。我很遗憾,在任时没为墨白谋得一官半职,还常劝他,啥也别管,只管写你的东西。然而,墨白好像并不介意,看着别人很在意官呀位呀,话语权呀,座位、名次呀,他不但一点不动心,反而好像更笃定。我发现,这个文学上很现代的人,心灵上守持的却是中国传统文人的傲骨。正直、正派、有气节,有抱负,这是中国传统文人的品格。说他是性情中人也好,耿介也好,他自己都不在意。我行我素,自得其乐。他比我强,我做了几天官,出污泥而有染,有时候还很入世,墨白却是对文学之外的事情没一点兴趣,因而他的心灵更纯净,处世也更宁静、淡泊。反映在他近几年的创作上,作品里固有的筋骨感更强,多了些练达、超脱,形式和语言也都更见境界。

原载《文学报》2005 年 9 月 8 日

优雅,色彩及比喻丛丛
——墨白印象

刘恪

一

又是一个黄叶飘落的日子,一阵风卷着昏黄的尘土,雾一般地从马路牙子上掀起,掠过正在修造的高楼,一段马路刚刚填平又一段马路被挖断了。我行走在这个永不停歇而被挖掘的城市中,时常被那些漆得或蓝或黄的栅栏阻断。哟,刘恪。我被一个声音当面喝住,几乎和墨白撞个满怀,他去三联书店,去我刚离开的地方。我知道他去淘书。在我的印象中墨白总是骑一个山地车跑,从这个城市的彼端到此端,有一件惹眼的红衣服,他的"宝马"不是停在这个书店,便是停在那个做文学的朋友的公寓,当然也可能停在某个女士香宅,小小的聚会,或激愤,或高谈阔论,或交流一些阅读的看法。墨白的人缘好,在这个城市有一个圈层结构,老者有田中禾,年轻的有八月天,相近者有汪渌,似乎还有慵懒与浪漫的不同层次的女性,她们热爱文学,企望有些声气相投的朋友,构成一种准沙龙状态,我一到河南也被融入了这个体系。经常坐在一块儿清谈的是墨白、海燕和我。

关于书籍是我们一个长盛不衰的主题。某年春节我去他家看到他的书房和客厅,惊奇于他的图书整洁而高雅,他几乎搜集了国内全部的外国文学的个人文集和全集,他说,仅差一个尤瑟纳尔。我用眼睛抚摸了一遍漂亮的书柜和精装本套书,很肯定地说,包在我身上。第二年我在北京的万圣书园、风入松、国林风给他凑齐了一套。他说有外国人日日夜夜地陪伴着并吸入他们的气息与味道,而让国内小说家和各类杂色书籍在客厅里待着,整整一面大墙,所有图书拔地而起最后封顶,同时我们的作家在这里客气而彼此有距离地交谈。墨白很宽厚,他能大部分地认同这些作家,并且很认真地阅读了他们。由于学科的研究我也有三年被他们折磨着,最后带给我的是绝望。在郑州市农业路上的三联书店向东二百米有一个小书吧,小资情调,有很多品种是过去发生时。刚刚有一本新书:《小说的语言和叙事》,南非布林克写的,他得意洋洋地向我推荐,新书,我刚巧碰上,送给你吧。我抓住时机,赶紧说,好啊,在他来不及反悔时已落入了我的书包。时间是2010年12月2日，墨白的墨迹未干便已被劫。当然，我也常带一些给他和海燕，我认为的好书。

墨白的图书观：读书，快乐。我们的精神食粮，治疗我们的心灵，使我们免于更多的伤害。还有，阅读是我们认知世界的方式，我们是在阅读中获得世界的事物与人，而不是我们的行动拥有世界，因为行为是不可到达边际的。

墨白习惯于行走在这座城市如同他行走于颍河岸边。我常常把他想象为巴黎的戈蒂耶，为雨果戏剧在巴黎大戏院上演，他充当了浪漫主义文学的拉拉队队长，踩着人头爬进剧场，那件耀眼的红马甲便成为了巴黎的先锋事件。一个为文学献身了全部优雅的人。不同的是墨白缺少一点唯美主义的颓废，眼里也不显示那些孤独和忧郁，却将这些所有精美的元素深藏于他的文本的深部，荡溢着如星灿般蓝色的幽光。

二

墨白作为小说家，他是个好色之徒。色彩在他那儿毕尽光华。这倒是非常切近于这个视觉的读图时代，因而他是一个视觉中心主义者。《红房间》、《幽玄之门》、《白色病室》、《黑房间》，在这一串色彩的书单赫然写着一个个颜色的名字：墨白。如此强烈的对比构成个人称代的符号，这不仅是一个身份标示，如果是，他完全可用原名孙郁。它透露的是个人的文化意识与文本取向，从语义学上他又有其深层的象征表述，暗示为个体行为的性格表现。我取样《白色病室》将其词汇依样排列……白色……空空……白灰……苍白……冬日……残雪……白麻……白房子……尸体……白血……梦境……白大褂……白单子……白布……寒日……白沙漠……白帷幔……这是从苏警己的视角去布置的一个环境。这个环境占有开头一章，差不多有两千字。难道这仅仅是医院环境布置？不！它还是一个梦境，一次死亡事件。是回忆也是现实。从墨白的书写目的看，他在这一片白色笼罩中用着重号标出了"蓝色"，但蓝色上依旧是白梅花。蓝，被这浩大的白侵略着，背景显示为一种坚定不移的白颜色。白色是一种悲怆与恐怖，白色是一种终极之色。它是一种环境细节的书写，但更重要的是一种世界本质的状态。严格说来世界只能分为白与黑，显示为世界最准确的本相，而其他七种颜色不过是光谱变化的结果。所以，白色是存在的底座，因而马列维奇将《白色的白色》用做对传统的颠覆。如果按照巴迪欧对20世纪历史的分析，一切极端的恐怖事件均已在这个世纪展开了，恐怖是20世纪持久而不衰退的符号,我们便有理由称这是一个白色的世纪,不仅在它的象征语义上,重要的是其事件的性质上,更重要的是,白色所表述的存在的共通性。苏警己从死亡事件开始,实际就已把存在置于白色之中。白冰雪最后落下死亡的帷幕更呼应了这种存在的底气。《白色病室》是普通生活中的细节,或者日常生活中发生的事件,但它组织的是生命形式里死亡的多重表演,不管责任归谁,谋杀是这个世纪一只看不见的手,包括自我异化的精神病,怎样一步步变成异己的因素与力量仍是一种个体的自杀。所以,20世纪的罪恶是匿名的。它会产生最真实细微的效果,死亡是存在中的一次断裂,苏警己一开始目睹的便是不可挽回的生命,这表明他将这种多重死亡形式一次又一次地置于空的边缘,它必然在断裂中消散,存在的底色仍然是白色。白色暗含着否定取消生命,这是20世纪发生最多的存在性事件,这真是一个生病的世纪。白色,是世界纯无的记录。白色在断裂中构成对传统的反抗。

墨白是一个爱写房间的作家:红房间、黑房间、白房间、蓝房间。因而门与窗便成了他的取景框。那个谭渔一双眼睛不停地滞留在门与窗之中,室内景一件一件如风云卷动,房间标明了写作空间,他在家永不停歇地寻找空间,空间是缤纷多彩的,奇异的,这些门、窗、洞、镜框都充满了隐喻意义:欲望。在空间里寻找欲望。欲望是发散性的、偶然的、随机的,他去信阳寻找小慧,却在反复的寻觅中获得小红的欲望。这时"面孔"也成了空间。空间则是欲望的隐喻。我不明白的是他为什么把黑房间安排在他故乡的颖河镇?如果是一种写实,那是自然主义的,如果是文本尾部的几口棺材,那则是一种宿命,抑或写一种乡亲故里的沉重。《幽玄之门》仍布置在乡村叙事之中,臭不断地出入门洞,不断地观察门洞,人们生活在各种各样的门里门外,还有生命之门、生死之门、艰难之门、神秘之门,"门"的意象空间是幻化奇异的,现实与虚幻交融了这一门洞概念使之提升到某种性质的意象。我们不得其门而又出入其门,这成了我们生活终极的一种悖论。

三

我们来看看墨白文本的句子。墨白不是一个写实的反映论者,而是一个描写的表现论者。生活在他的大多数文本里不是依照本来面目被模仿的,而是依照情感、情绪、感觉被描写的,被表现的。

《梦游症患者》是他的一部长篇力作。第一章写"梦中的乡村",基本句型:白帆是什么?姥爷的陈述是描写性的,这构成了他修辞性文本的深层结构:白帆是什么?是一系列由比喻套生的宾语。白帆是白色。白帆是哪种颜色,白帆是冬天的积雪,姥爷长衫……白绒绒……高高的桅杆……吃满了苍劲的秋风……还有河岸,还有丛林,水鸟……一切都是"我"沉溺的幻想。转接第二章时,还是用"文宝从梦中醒来"。连接着黄土墙已是一系列的套生比喻。第七章缺席者中的渔夫基本沉浸在他的想象中,句型基本结构为:渔夫……想(干、做、走、说、看)等一系列状态中,渔夫状态均是描写性的,而且是用一个接一个的长句描写,想象作为一种内心独白的语言。凡以文宝、文玉为驱动的视角都会是一种想象性描写。第二十九章一二节开头便是文玉的一系列想象性比喻:……明柱……霞光……纱布……一个人的脸……黑锅底……想……他睡了……还有那不断复现的唢呐,唢呐是一种声音,文本中始终飘荡在两岸,在水面,在船上,和一系列景物相关,是木排移动着唢呐,于是唢呐变成了非声音的象征性器具,是一种苍老的色调,是一种悲怆的情绪,水意象和唢呐意象交融在一起,与人与环境相互构成套生性的比喻关系。那条河,那个木排以及雨水都构成了深度的象征隐喻关系,它如此渗透到人的身体与社会时代,渗透到整个人物的精神世界。我们可以说整个《梦游症患者》就是一个比喻丛生的文本。

墨白的长句已经成为他文本的惯例,这种长句的特点:一是,连珠式的,一个从句接一个从句;二是,分句之间互相缠绕着,纠结为撕缠不清地滚动;三是,长句一定在一种底色中运动,或红或黑,或白或蓝,大抵显示为忧郁之色;四是,用多种比喻重叠,浑涂,浸染,刻意地展示为一种复合式意象。这种长句的优势,发挥着能指的符号特征,或并置,或交错,或变形,这样的系列性长句就造成了整个文本的某种巴洛克风格,有繁复、错综、细密、浑厚的文体特征。

应该说墨白为文是从容的,犹如水袖长鞭地驱遣文字,他发誓也要给文本描绘出一种画面感,这与他作为一个美术工作者不无关系,但也不尽如此。绘画的人多如牛毛,但其文本并无画质,某种画质必须与意蕴相连,所谓诗意化的写作。墨白的诗意化很内在,这一点与他的心理特质和内在情韵是相连的,他为人有许多温文尔雅的东西,这与他内心强大的博爱有关系。一个在细节上关照好女性的人,他的动作与言辞一定是优雅的,某次聚会他会带上葡萄,某次相约他会带上红酒。他的语言总是春风细雨,温情绵软,于是他身上便散发出人性的诗意与画质。一如他照样骑着山地车从郑州东边移到西边,这次也许不是谈文学了,而是去会他的几个麻友,有汪渂,有耿占春的弟弟,还有一个是谁呢？可以在桌上拼杀一天，放松放松，吃一大碗郑州烩面，放浪而归，不过，最近应该换上汽车了，他当了河南省文学院的副院长，终于有了一次仕途跨越，我当然不希望他因此而改变其文学的观念，先锋永远是一个孤独的坚守者。

我在祝贺他时正在帮他编辑一个作品小集，在另一个平台为他鼓吹呢！

原载《时代文学》2012 年第 3 期

# 研究论文选辑

梦想者永在旅途

何向阳

如果用一个词来给墨白的写作做一个概括,没有比"行旅"这个词更贴切的了。而且,这个词,也完全可在他的主人公身上找到对应,那些寻找,那些向彼在的游走,那些"在路上",那群不同程度的白日梦患者,好像他们的命运背后有同一只推动的手;在一场场如狂奔的行进中,在总会落得个不了了之结局的寻找后,他们一再执拗地上路,那幅犹疑却又迷狂的神色让人怪异非常,却坚信那场永无终点的行走正是他们的命定。

于是在墨白长达13年的创作中,那个"走"的母题一再闪现着,犹如路尽头一个或隐或显的目标。"走"使旅行本身变成了动词,变成了放逐。故事总是开始于离开,一个人,要到一个地方去,到这个地方是为了找一个人,这个人是他青年或少年时的女友,一个至今仍在纠缠于他的情感梦想的人,这个寻找的人到了他要找的地方,却无一例外地与他要找的人失之交臂,那个他要寻找的人或是死了,或是变了,或是走了,总之根本没找到(找不到),被找的"她"总以"不在场"回应着"他"的寻找,由此,这个失落的、不意的结局又成为另一场寻找的契机,那个寻找于是成为一种找不到之找的循环游戏。寻找,就是在这里,变作了游走。

《重访锦城》里的谭渔就是走在这条路上的人。一个大雪纷飞的日子,一个叫谭渔的男子重访锦城,来看望一个叫锦的曾与他相爱却做了别人妻的女人。这个故事几乎成了墨白所有小说的原结构。小说一开始就明白交代了这一点。于是那个墨白式的原型故事在一系列如车站、广场、街道、胡同等具象的背景所暗寓的行走中展开了,然而锦城,他寻找中遭逢的3个女人——吴艳玲、赵静、雷秀梅等昔日同学,众口一词提供给他的都是锦已不在人世的消息,对于老同学的变化他虽惊异却不在意,只是那个锦总像活在他的不同于现实的时间里,令人挥之难去,于是那个老人出现了,烛光摇曳中,他掉入了另一个时间洞中,那个对他的生存至关重要并绝对真实的锦城——如墓穴一般黑暗诱人的往事中。在铁匠铺锤子砸铁皮发出的刺耳声响里,谭渔已呈分裂状的理想与现实、内心与环境、置身与向往的身、心破成碎片;幻觉与现实的倒错中,"他像一条黑色的疯狗在锦城陌生的街道上奔逃",这种狂奔使其从现实诸网络中逃离后,掉入另一种网络——往事的纠缠中,即从空间的超稳定性结构中逃离,不意却落入时间的不确定性关系中,从情感真空的此在落入意识真空的彼在,注定这般行走的人必会迷失于时间之中。"他清醒地意识到自己不知身在何处"。自虑焦灼与绝望于此,另一个"彼在"成为下一个远方。《航行与梦想》即是如此,"萧城是一个非常喜欢独自旅行的人",小说开头就再明白不过地交代了行旅主题,而把逃避或逃离过程视为行旅意义的更深层,旅途是往事再现的最好方式——现实与往事混成一团,让人弄不清人在现实中的独旅或者思想中的独旅哪一种更为真实。《航行与梦想》也是在两个时空展开的,人物关系既复杂又单纯,萧城要去江村找一个叫燕子的女友,他们是一直未及谋面的长达五年的通信者,小说再度写到了寻找,但却是在"我"的视域下进行的,这样小说就为我们提供了三重时空,作者"我"的,人物"萧城"(过去时态的"我")的现在时,"我"与萧城往事重现的过去时,结局是那个叫燕子的女友最终是找到了,却不是萧城想象中的女孩,而是一个死在路上的白发老人。小说在人物关系中迷失,也再一次迷失于幻觉与现实交错的时间里。于是,除了往事的无法拼贴之外,还有梦想的不可实现。由此,墨白封死了过去与未来的两条道路,所以只余行走的这一现在正在进行时,只余这一连接过去与未来的时段,于是那不倦的出发与行走本身成为使梦破灭的现实的一种对抗。不仅如此,小说还写出了另一种隐于行旅后的残酷,一种目的的残酷,那底牌翻过来是,在现实中执拗地醒着寻梦只会使梦破灭。这难道就是抱定梦想不妥协于现实、生活在别处的人的结局?

然而,墨白主人公的执拗脾性超出了现实回给他们的失望。他们有比现实还要冷硬的坚毅。所以,那一次次不顾落幕终场的突围就尤显得壮烈。在《寻找旧书的主人》里,这种寻找的焦灼几乎不能自抑。"我沿着一条陌生的道路去一座被废弃的旧仓库里去寻找一个陌生的老人"。而寻找老人只是为寻找那本被卖的旧书《而已集》的主人——"我"旧日的情人陈平。命中注定"我"无法找到"她",那个主题像一支回旋曲似地又出现了,这次,主人公找到了"死",反反复复的医院、太平间和精神病医生把这个现实中的梦游者的行为搞得更像一次梦游。多多少少,墨白的主人公在现实人眼里,都有些轻度的精神官能症,表现为现实的分裂症状与对梦想的偏执症状,这要视具体环境的"临床"反映而定。而且,他们无论以怎样的称谓、顶着如何的姓名,都无一例外地如一个人似的,对现实水土不服,对理想又求之过甚,以至到了最后,从一个真空掉入另一个真空,弄到疲惫窒息,弄得行走成为一种生命的本能,直至心力交瘁,郁郁而终。从这个角度看《讨债者》则会认为那些被作者冠以"讨债者"、"摆渡者"等抽象的名字有一重关乎存在的隐喻,二者都是行者,只不过"摆渡者"是两岸间移位却明白极限的理性控制者,他把自己的线路相对严格控制在此岸与彼岸之内,

"讨债者"四处奔波看似有目标却目标不断遭改写的已陷入疯狂的被动者,他走投无路,将他的背景写成是一场大雪,恰与他的茫然失路相吻合。"视线上和心理上的迷乱",这也是近年墨白小说中不断出现的字眼,"讨债者"最终在木料场冻成僵尸"像一条无家可归的野狗"这个结局,仿佛超出着墨白的其他行旅者——他们原来只是目睹别人的"死",那形形色色不同意味的死使他们找到了再度逃身的借口,然而,这一次却轮到了他们自己死在路上。无家可归,一无所有。难道这就是命运对要在现实中实现梦想的那些多少有些病态的不安分人的惩罚?!小说到此戛然而止。

墨白从对现实的疑惧终于走到了对自我的怀疑。此前,这种焦虑已经积得很深。"鼠王像一个幽灵行走在五月中午的田野里";"一个炎热的上午,谭渔穿过市中心那条繁华的街道,默默地行走在陌生的人群之中";"暮秋的傍晚,孤独者逐渐接近一个黄色的村庄"。值得提醒的是与"行走"这一出现频率颇高的词同时一再强调的时间,如果这三篇同发于《山花》1995年第二期的短篇《鼠王》、《现实的颠覆》《孤独者》还不足以证明的话,看了《失踪》、《逃亡》、《寻找乐园》、《远道而来》、《进入城市》、《民间使者》、《苍凉之旅》、《穿过玄色的门洞》这一系列作品的标题就会心有所悟,当然还可拉来墨白早期作品20世纪80年代的《岸的影》、《绿色邮车》、《命的船》作为佐证,阅读中我发现,他的最近期小说《走进你胸膛中的梦游者》与他最早发表的处女作《远行》有着内在惊人的意象叠印,而中间已隔13年光阴。日子真的无处可寻么?墨白忠于环境所给予他的感受,忠于那感受要求他的表达,十多年流逝消亡的岁月,他只拼尽笔墨去镂刻一个字,行旅是这个字的表义,更深层引而不发的是写作本身对时间的否定——正如他的主人公都是一些"丧失了时间与方向感的人"一样,写作者墨白一以贯之不倦行走的主题剖示了写作本身对抗时间对抗死亡的意义。

这是隐于时间背后的最深度的改写。行走,因为孤独,也因为憧憬。远方的不确定性提供了多种生活的可能,文学,正是因了这一点,成了时间的反叛者,或说,真正介入其中的写作是反时间的,它带有回忆性与虚拟性,正是此种逆时间性使其对抗超越着死亡——包括常规生活对人生命激情的吞噬,这一点墨白有着他笔下的梦游者所不具备的清醒,《航行与梦想》篇首引用的波德莱尔的《旅行》诗句——"时间到了……我们已倦于此邦……死亡!开船航行!"和《街道》中主人公罗马"时光就是渔夫,捕我们上岸"的感慨都印证着此种自觉。所以,在墨白现代的语句后面,包裹的仍然是一颗浪漫古典的心。那个象征理想的"她"是不能解构的。"死亡算得了什么,它挡不住我魂游苍天。"这是一句誓言,也是一种襟抱。它使那场行走,像神话中西西弗斯推石上山的仪式,既像一种惩罚,又像天命。

"他在奔跑的过程中,想象着自己变成了一只鸟,他要飞到大气层之外去。"这是《精神病患者》中的话。"他拎起旅行袋走出门……又一次回到了以往许多流失的时光里。"这是《飘失》中的句子,而"老人"、"旧时恋人"则重复出现在他作品里,如果引来统计学的方法,调查一下墨白小说中这些名词与"行走"这个动作出现的次数及二者间的关系,会得出很有意思的结论。是啊,有些时候,有些时候,"我们会深深地陷入某一种事物的腹部,比如雾,比如季节……使我们成为色盲",墨白在他1994年的一本小说集的跋中阐述着画匠与艺术家的区分,这个区分当然不只是艺术选择的方式或手段,技术之上,我注意到他首先提到的是人格,这篇写于1993年那个特别年代——先锋们在不顾一切地将文学放在形式的砧板上实验的年代里,我听到了与那个时段不一样的声音。我想,这应该就是墨白的意义,这应该也是写作的意义。虽然这么做,会因孤独而陷入更深的孤独——如那个行走不辍的人——还会寂寞,无人喝彩路上长年游走的作者比我更深知这一层,然而那个人没有停下来不走,那个只有一个侧影的孤独者,甚至不再问有没有渡口。

多年以来,孤独者就那样在连绵不断的陌生的土地上行走,行走逐渐变成了他的一种义务。

原载《小说评论》1998年第1期

沉浮在荒诞与隐秘之痛中的真实
——墨白长篇小说的魅力

孙桂荣

在目前这个日趋讲求速度与利益的时代,小说是越来越商业化和大众化了。作为体现一部展现作家综合创作实力的长篇小说,因为厚度与耗时性等因素,在影视、光碟等咄咄逼人的围攻下求生存的挣扎更令人触目惊心。比如,最近将徐霞客写成"徐狎客"的文学博士叶开在谈到他的《口干舌燥》的缘起时就曾深有感触地说:"现在的长篇小说有两大主流,就是帝王题材和隐私题材……"是的,没有一个时代的长篇小说能像今天这样懂得"接受美学"的道理,懂得让小说在内容和形式上更时尚更迎合大众口味一些。不过"不识时务"的人其实也有,河南作家墨白就从不以作品的商业成功为目的,他宁愿选择一些冷峻严肃的题材,采用一些颠覆性的陌生文本形式,也要让他的写作真正能为读者提供一种新的认识世界的视角和对生命的独到感受。"总是那一株,那株杨树在思想之边缘。"墨白引自保罗·策兰《从初始到初始》中的一句话作为他第一部长篇小说《梦游症患者》的扉页导语。他非常欣赏阿斯塔菲耶夫说过的一句话:写作需要的是全副心灵,而不是趋附时尚,不应该在文学中寻找地位,而应该从中寻找自我。这对如今日益商业化和快餐化的小说创作来说无疑是极为沉重的,当然更是弥足珍贵的。

尖锐与刺痛:缘于历史的荒诞与人性的沉落

墨白是一个出身底层,有着卓越文学天分和不倦奋斗精神的作家,他力求以小说这种艺术形式去烛照他所走过的路和他所理解的历史与现实、人生与人性。翻翻他近来几部长篇小说,我们会发现他对幼年时代那场荒诞而真实的浩劫岁月,和中年以后20世纪90年代人们精神的匮乏和压抑有着深深的关注。他的《梦游症患者》、《寻找外景地》、《欲望与恐惧》几乎都是围绕这两大主题而来的。作为河南中原腹地生长起来的作家,他的小说不以轻巧流丽见长,却以凝重浑厚著称。熟悉墨白的读者会发现,他通过对于虚构的"颍河镇"的叙述,建立起一种关于人类生存和精神的"隐喻场"。在这个"隐喻场"里,人类的生存是痛苦的,生命在痛苦的挣扎中所表现出来的本质是悖谬的,灵魂在生命之中或之外扩张、裂变,无家可归,一次次逃亡,又无处可逃。墨白小说也有诸多很浓重的个人化特质,但与不少新生代作家强调个人化言说时往往会淡化或有意疏离对于社会现实的言说不同,他在鞭辟入里地挖掘人性深处灵魂震颤的同时,总能强烈地将这种人性真实同历史与现实结合起来,乃至彰显它们之间巨大的张力甚或错位,体现了"以个人言说辐射历史与现实"(张钧语)的努力。读墨白小说最大的震撼就是萦绕在这些张力与错位中的尖锐刺痛感。

首先是历史的荒诞之痛。《梦游症患者》与《寻找外景地》中那个剧组所要拍摄的《风车》及与它相联系的《雨中的墓园》,都是叙述中国那段荒诞而残酷的"文革"历史的。《梦游症患者》凸现了原本平静安宁的颍河镇在全国这场自上而下的狂热运动来临时荒唐而残酷的一幕:这里有手足兄弟因为"政治派别"的不同而进行的谩骂攻击,有夫妻被亲生儿子揪斗着祖露私处的羞辱与悲愤,有被狂热的"革命"激情烧昏了头只能与动物为伍的红卫兵小将,也有沉睡昏累中被人弄大了肚子却茫然不知的懵懂少女……反正三爷心目中那个子孙繁盛人丁兴旺的家族梦想在这场运动中是彻底风云流散了。《风车》里无水可车的风车竖起的更是一个意味深长的寓言:要在北方的土地上建造一架南方才有的风车,用来车水,结果只能是在干涸的北方土地上留给人们一个经久劳动后的空洞土坑。《雨中的墓园》则告诉我们一个对历史的真相产生怀疑的故事:在"文革"开始后不久的1966年9月7日,一群人突然在同一天遭遇死亡,但面对遍地坟茔对他们的死因三个讲述者却分别有三种不同的说法,而他们又都是那场死亡事件的见证者。在这里,历史的荒诞感最大程度体现出来了——胜者将相败者寇,历史因为一个人的情感好恶就能发生改变,历史已经失去了它的本来面目,它只存在于人们的"叙述"中。这就是荒诞岁月中的荒诞之痛。由线性地铺叙历史场景,到质疑整个狂热年代的历史叙述,墨白在他的长篇小说里体现了他鲜明的历史创伤体验和反思深度。当法律、道德、伦理、情感这些维系整个社会体系正常运转的因素,被高度政治化的"革命"、"社会主义"、"救世主意识"等取代之后,留给人们的就只能是一心为"公"下私欲的极端膨胀、打碎一切禁忌后的无政府主义狂欢表演,以及家破人亡断垣残壁的破败酸楚记忆了。在这场废墟中建立的历史也就成了真正荒诞的历史。墨白在大众文化喧嚣的现今时代,以对中国那场血淋淋记忆的回望和重书给了世俗狂欢中的人们致命的一击:历史的尖锐与刺痛已经深深熔铸在我们的血液中了,忘记曾经耻辱的过去不但得不到任何警醒,更是一种可耻的逃避。

其次是人性沉落之痛。"由普遍的个人荒谬行为,找寻人性沦落的原因,并表达出这种荒谬对民族灵魂造成的切肤创痛。"[1]在墨白所描述的那段历史场景中,除了深切的社会关怀外,我们还可以感到一种人性关怀在熠熠闪光。历史的荒诞往往是由人们的狂热、迷信、理性缺失、没有自我精神造成的。即使温柔敦厚如三爷,我们也可以从他对毛主席像章的虔诚膜拜和对待子女儿媳的态度中,看出家族观念和救世主意识是如何钳制着他的头脑的,这种精神自我的缺失其实就是错误运动能在中国发动并迅速在最广大地区蔓延开来的深层国人心理基础。墨白小说特别善于将人性沉落之痛放置到人最隐秘的心理和行为中进行考察。关于现实中的隐秘,墨白认为它同神秘是不同的。"神秘的力量来自我们自身,是自然的,是一种生命现象;而隐秘的行为和事件则来自社会、政治和文化,是人为的。"[2]生老病死天灾人祸往往是我们无从把握的意外,但特定环境下的人为隐秘事件却体现了更多社会和文化内涵,也更接近我们所要考察的人性本质。墨白在人最隐秘的原欲本能中写出了人心理错位和精神扭曲的最深层原因。比如,尹素梅强烈的欲望要求原本也是其生命力旺盛的一种表现,但在克制、内敛的礼教观念和公公、丈夫的压制下,并且借了动乱年代狂热思潮煽风点火的点拨,她从追求身体的快感逐渐变得寡廉鲜耻,甚至丧心病狂起来。不但与小叔子通奸,而且就在为丈夫守孝期间连外甥文宝也不放过。当她反将一只破鞋挂在文宝母亲的脖子上时,我们会发现她做人的起码良知都被她这灾难性的欲望之火吞没了。这是一个人性在欲望的无限放纵中沉沦的故事。《欲望与恐惧》则着力探索了因性的压抑而丧失了尊严和自我的另一种精神沦丧方式。同尹素梅不同的是,吴西玉的故事不再是在特定的历史荒诞中凸现的,而是直接构筑进20世纪90年代中期以后的中国现实。也正因为这样,没有了社会、时代外部因素牵绊的人性,沉落才更具有生命本体意义上的惊心动魄之感。当颍河镇卸去了历史的沉重所指回到主人公成长的个体生活体验中时,它对一个乡村少年的幻想与欲望却仍没有真正满足。吴西玉似乎天生是一个欲望比较强烈的人,就是青年时期在红薯地里翻秧子时天上偶尔滑过一架飞机他都会幻想突然掉下金钱美色之类。他说人类的历史就是一部欲望史,生与死、地位与权势、金钱和女人……我们谁能逃脱了干系。然而,另一方面他卑微的出身、内向的性格、耳濡目染的传统伦理教育,以及他不排除功利目的的社会性别定位却让他在鲜活的生命欲望到来之时恐惧、焦虑、绝望、退避着,用各种方式恶作剧,甚至恶意地作践着压抑他的人或事,同时也卑鄙地践踏了自己的尊严和人格。比如,上大学时他因不无挑逗性的语言而被打了一巴

---

[1] 林舟:《以梦境颠覆现实——墨白书面访谈录》,《花城》2001年第5期。
[2] "金钻评语",见墨白《梦游症患者》扉页,河南文艺出版社,2002年。

掌,在他中年以后,在这个他当年暗恋过的女同学离婚之后,他却对她一边曲意迎奉,一边又在关键时刻动用最污损的方式和语言旧事重提来加倍地侮辱她,然后狠狠地离开了她。而他在老婆和情人间摇摆辗转的过程更是一副现代人因欲望不能满足而旁逸斜出,又因承担不了责任而畏首畏尾的绝妙画像。当一个人精神世界与肉体世界、社会身份与欲望心理盘根错节缠绕在一起悖向逆反,而他却没有勇气决断时该是一种多么尖锐而刺痛的存在啊!从《欲望与恐惧》里我们可以读出一个大学团委书记挂职副县长的吴西玉,一个能够被犯了事的男人指望救助离了婚的女人获取慰藉的吴西玉;同时又是一个在欲望与恐惧间辗转怯懦得"像条狗一样卑鄙地生活着"的吴西玉,一个在汨汨的私欲之河中沉溺淹没却喝一口水就呛的永远干涸的吴西玉。墨白在本书正文的后记里,借"作家"同他的女友的对话中说,他想从吴西玉身上看到"我们自己的影子",看到"我们许多人正像吴西玉那样没尊严地活着,生活得那样无耻……"通过他的精彩叙述,他这个愿望达到了。揭穿生活的瞒和骗,撩起人心灵的疮疤,这同他那些以"文革"为背景的小说一样为我们揭开了人性沉落的尖利刺痛之声。

神秘与独白:小说文本的梦幻式表达

如果说墨白小说所构筑的颍河镇世界在主题意蕴上形成一种人性悖论与沉落的价值隐喻场的话,与之相联系的则是由他小说独特的艺术形式所带来的一种奇崛而复调式的"梦魇隐喻场"。他的小说是典型的先锋文本,他常常颠覆读者的阅读经验,将我们带到一个陌生而独特的境界中去。从他的几部长篇小说结构来看,《梦游症患者》采取的是主客观双重视角,七个以文宝为第一人称的叙事章节与颍河镇的"文革"故事平行地进行着,从而形成诗性和理性相谐的效果;《寻找外景地》则将现在与过去、剧组中现实的人事情同剧作脚本中的人事情相提并论,并让他们发生切切实实的"对话"与"互动"关系,从而整体上形成了荒诞、反讽和神秘的艺术效果和复合式结构;《欲望与恐惧》手法相对较为单一,但他采用了吴西玉的心理意识活动来结构全篇,并在序言里加入了解释本书"关键词"这样独具匠心的艺术形式。而小说语言上也颇具个性色彩,比如仅就《寻找外景地》一部小说而言,根据内容的需要就涵盖了《雨中的墓园》的神异幽暗、《风车》的夸张荒诞以及描述剧组人员生活的世俗粗鄙等三种不同的语言风格。总的说来,最能体现墨白苦心经营的风格特色我认为有两点:一为神秘,二为内心独白的不断复现,他们共同形成了他小说的梦幻式特征。

神秘是墨白小说给人的突出印象,这与他的创作观念有关。墨白非常注重意念和感觉,他说意念本身就是精神性的东西,它是一种情结,一种模糊不清的情结,但它又实实在在地存在着,不停地折磨他,使他不得安生。"意念仿佛是水,感觉就是流动的雾。"①一旦受某一外部事件的激发,"意念"就会由抽象变成具体的"感觉",成为写作者对外界的一种感知方式。知道了意念和感觉对墨白的意义,我们就不难理解具有超验性和非理性的神秘风格何以会在他的小说中占据那么重要的位置了。"神秘"在墨白这里有三重意蕴:其一,是事件与情景的神秘。比如《寻找外景地》中,那起极左年代的多人死亡事件由于不同人的讲述有了毒死、淹死、炸死三种不同的解释,由此必然产生出神秘怪异、诡谲丛生之感。更让人骇然的是《雨中的墓园》中那些阴气森森的死亡场景——死者劳动过的渠首与扳网、弥漫着死亡气息的葡萄园、累累白骨的墓地——却在剧组寻找外景地的过程中纷纷现实地浮现出来,而明明死去的人竟又诡异地告诉一个剧组人员当年那些人的死因是缘于一场大火!另外作为现实场景中的剧组人员的结局也是诡谲阴森的,比如掉队的美工小罗会突然地沉尸于河中而被当做鱼打捞上来,两部小说可能的作者田伟林(丁南的推测)结尾则精神失常地疯癫,导演浪子拥着一个酷似他当年恋人的年轻姑娘死去……这大量不可思议的荒诞恐怖情节和难以解释的神秘不经事件都使这部小说具备了浓厚的诡异和梦幻色彩。其二,是人物与人物命运的神秘。对不少当代新潮作家来说,小说中的人物并不是,或者说主要不是作为故事、情节的载体以鲜活的个性化主体特征出现。多数情况下,他们只是把人物作为一个神秘意象的符号,借以传达作者内心生活的隐语和潜意识深处的某种奥秘,比如余华前期的某些作品就有以抽象数字指代人物的倾向。西方学者罗杰·福勒曾说过:小说中的人物个性是一种幻象,是许多小说读者共同培植的期望在文本上的投射。在墨白小说中,比如那个生活在自我封闭的世界里懵懵懂懂而又时常闪烁着智性和诗性之光的文宝,很难说就是生活中那一类人的现实写真,墨白借助他更多体现的是对荒诞历史和扭曲人性进行反思的一种文化想象。因此,这个其他颍河镇人都疯狂卷入那场动乱唯独他文宝的安然无恙,就有了一种神秘的符号特征。即使当墨白走出那段狂热年代走笔至20世纪90年代的当下现实时,他笔下的人物命运也往往会带一点神秘的宿命色彩。比如《欲望与恐惧》中那个吴西玉作者就在序言中为他感叹道,吴西玉不但对他那些陈城师范读书时的朋友的命运一无所知,就是面对他最亲近的两个女人时他也不知道接下来会发生什么事情……吴西玉几乎对自己的未来没有一分的把握,未来对于他来说是那样的神秘,就像一场永远没有尽头的黑暗。新生代批评家张钧从音乐术语中借用了

---

① 张钧:《小说的立场——新生代作家访谈录》,广西师范大学出版社,2002年,第447页。

"梦幻主音"一词来形容墨白小说中人物的精神状态,而且认为这种梦幻式的精神状态是他们的生命主音,而正因为这种"主音",导致了他们行为的乖谬和悲剧性后果。① 所有这一切,无不使墨白笔下的人物具有了一种难言的神秘气质。其三,神秘化可以说既是墨白结构文本的主观追求,也是他对历史与现实讲述方式的一种必然结果。墨白曾在小说作品或创作谈中不止一次地谈到神秘。《欲望与恐惧》第一章的"关键词"解释中他还专门列出了"神秘"一词,而且郑重其事地总结道:讲述现实生活的神秘是他的小说立场。并且他还以变幻不定地带赌博性质的牌局相比拟:牌局就是他小说的叙事策略。知道了他这种创作意识,我们就不难理解他以个人方式言说历史与现实时所带有的那种难言的神异荒诞气息了。反过来,从上文我们讲到的他小说的结构框架、人物设置、环境渲染、主题营造来看他的几部长篇小说普遍地带着某种或隐或显的神秘韵味也是必然的。另一个批评家林舟也说:墨白的小说是"以梦境颠覆现实"②。是的,墨白可以说是典型地做到了让艺术情境神秘化和隐秘化,用梦幻和象征击碎生活中的肉体和灵魂,用开放性和无中心非闭合的结构来展示历史和现实的。

除了神秘,墨白长篇小说还善于用呓语独白的方式将人物的心理活动径直呈现到小说文本表面。内心独白(monologue),有时也称自言自语,最初是从戏剧电影中而来的一个词,它将人秘而不宣的心理语言明明白白地写出来,是暴露人内心活动最直接的方式。独白的运用在墨白的小说中有两种形式:一是将不同人物的内心活动平行展示的散点透视法。这种让各色人等轮番上场将隐秘心理表演一番的全知全能叙述在《寻找外景地》中表现得最明显。除去那两个描述过去岁月的文本,可以说它的现实场景就是由一个个人物的心理思绪和纷乱回忆构成的。人物的心理语言同其说出来的语言与做出来的行动进行对比,很多情况下能起到极大的反讽效果。比如,丁南在剧组人员中还算得上是个正派、严谨、稳重的人物形象,但他的内心独白中同样充满了诸多粗俗与欲望的东西,如他跟夏岚在一起时,彬彬有礼的外表下总是不断掀起内心肉欲的狂澜。散点透视的方法使叙述者无所不能地钻入每一个人的内心深处,将其一念之间的意识流动紧紧把握住,这的确能起到透过现象看本质的作用,大大增强了小说人性表现的真实性。当然不分主次地任谁就来一番内心独白也会给人一种纷繁杂乱之感。另外,有些人的心灵独白过长过滥过俗,如导演浪子那一段竟在两三页的篇幅中反复出现他那个"我日你二哥"的口头禅,影响了作品奇

---

① 张钧:《小说的立场——新生代作家访谈录》,广西师范大学出版社,2002 年,第 449 页。
② 林舟:《以梦境颠覆现实——墨白书面访谈录》,《花城》2001 年第 5 期。

谲神秘的艺术整体性。而且动辄就大段大段,甚至几页的心理琐碎独白对读者的阅读忍耐力也是一种挑战。相形之下,《欲望与恐惧》中以吴西玉一个人的心理视点观人阅世并结构全篇的方法要纯粹凝练一些,也更益于人性沉落主题的深刻表达。这其实是墨白小说内心独白的第二种使用方式。墨白对这种形式的最精妙运用应该是在《梦游症患者》中,他用了文宝这个总是生活在自己的世界里无法与外界沟通的患梦游症的"痴呆"孩子的眼光作为叙述视点,用他看似不合常理天真幼稚的问话来驳诘那段荒诞的"文革"历史。他是颍河镇唯一一个没有卷入那场狂热运动的超脱者,也是活在自我精神里的唯一智者。同那些所谓正常人的龌龊、粗俗、欲望的心理活动相比,他的心灵呓语则是优美的、精粹的、天真而富含诗意的:

> 文宝跟在渔夫的后面往前走,我们在穿过水淋淋的树林吗?我们在穿过水淋淋的房屋吗?我们在穿过水淋淋的目光吗?我们一直就这样在雨中行走吗?从清晨到黄昏,我们是自由自在的鱼吗?渔夫领着文宝在黑暗里穿行,他们要到河道里去。渔夫回头看看身后的文宝,他的心里突然感到了安稳。

这是刚刚被运动中狂热的人们揪斗得差一点死去的渔夫同文宝一起回家的情景。醒目的黑体字是作者特意为之,标示的是文宝这个"梦游症患者"的心灵呓语。它超越了当时那个荒诞年代的荒诞思潮对正常人性的磨损与锈蚀,更越过了世俗功利的羁绊,直接上升到人类素朴天真的原初。在《梦游症患者》中墨白将文宝这种诗性的带纯净特质的语言一律用黑体字标示出来,成了那个精神自我普遍丧失的年代灵魂坚守之"可能性"的最后一个寓言。整个世界都疯了,只有这个生活在自我天地里的梦游症患者才是清醒的,而从后来渔夫的"安稳"来看,这种精神力量的作用也是很大的。用出自"患者"心灵的诗性和哲理化的语言对道德沦丧、人性毁灭、精神荒芜的浩劫年代进行反讽,墨白这种匠心独运的梦幻独白手法可以说是将他的历史荒诞和人性沉落主题成功地表现出来了。

结语:"先锋"及其可能性

墨白小说的荒诞、神秘和对叙事艺术的苦心经营使他无疑具有很强的先锋性。在中国当代文学中,"先锋"这个词代表了一种荣誉,但这种荣誉在随意撒播和蔓延的过程中也会变成一种标签,一种"意识形态",一种集体可操作性程序对作家独特艺术个性的扼杀。尤其是进入20世纪90年代以后在大众文化商业性叙述的进逼下,在小说动不动就以销售排行榜论英雄的现在,"时尚"不再的先锋写作能够走多远似乎成了不少人对文坛一种心照不宣的审视和疑惑。比如,昔日先锋主将苏童近作《蛇为什么会飞》发表后,有人就说他依然用20世纪80年代的语言写作,不错,但"也不多了"。墨白在先锋这条路上已跋涉了很多年,不过他显然还处于"现在进行时"状态,还会有许多不可知的"变数"出现,这"变数"会不会大到彻底告别先锋的地步呢?在当今的文坛上这种先例不是没有的,以后恐怕还会越来越多。

  对于中国作家的"先锋情结"我一直心存敬畏,甚至幻想。就在很长一段时间以来,甚至先锋小说模式化、雷同化几乎已成为一种集体性狂欢的表演时,我也固执地认为先锋这种小说姿态本身没有错,错的是中国作家对它的技术化理解和拙劣效法。不同于将在后台调制好的情绪、人物、故事、风情一股脑地端到你面前的电子影像文化,小说这种自有文字就开始的古老艺术是将一切隐匿在叙述和语言符号之中。现在有人提倡"好看"小说,其实再商业化、通俗化的小说在讲故事、塑造人物、调度场景方面也没有影视艺术直观形象,这是由它们不同的传播媒质决定的。小说的优势不在这儿。心理、梦幻、(潜)意识、非理性等看不见摸不着的具体瞬间、心游万仞目极八荒的无所不能写以及叙述风格结构技巧等才是小说区分其他艺术门类的独有品性,这些其实都是很"先锋"的东西。先锋因为"精英"因为"不大众",而被不少读者冷落当然也是一种事实,但像目前文坛主旋律和个人化写作都在并肩生长着一样,它自有它存在的理由和方式却是一定的,或许它才是小说保持艺术"纯性"的最后一块守望地。从这个意义上讲,墨白在这个领域所做的提升先锋小说艺术品位的努力,和他对先锋姿态的毫不动摇的坚守,①都是很值得我们肯定和钦佩的。当然,这并不等于说他的小说就是尽善尽美。除了上文我们提到的他有些心理独白滥俗缺乏节制外,他那些以"欲望"为突破点切入人性痼疾的小说往往在本能上写得太满太实,社会内涵相对突出不够,这会影响到他所要揭示的人性本质,比如他那部《欲望与恐惧》相对于篇幅来说,主题探索略嫌单调枯涩而不够丰满开阔。不过墨白的"欲望"小说,同当前那些描写性爱刺激读者猎奇心理和感官享受的通俗之作是有根本区别的。我们有理由期待他有更好的小说尽快出现。

原载《石河子大学学报》2003年第3期

---

① 林舟:《以梦境颠覆现实——墨白书面访谈录》,《花城》2001年第5期。

影像"原乡"与民间叙事
——墨白小说漫谈

聂 伟

墨白的小说一开始似乎就是以某种边缘化的形态生长着。在写下这句话之后我还要再做一个补充:此"边缘化"并非彼"边缘化"。就20世纪90年代以来当代文学发展的整体格局来说,文学创作的边缘化与个人化趋向的确是社会大的现实环境使然,然而具体到作家个人写作的小环境里,即便是在文运盛隆的年代,从墨白的小说中流露出的气息显然也使得他无法适合那些"宏大叙事"饕餮盛宴的胃口,它们所获得的喝彩被迅速地淹没在现实的喧嚣声中,仍待读者以沉静的心态和良好的艺术素养来欣赏。

边缘,就是墨白小说的精神气质。在我看来,20世纪90年代弥漫在文坛上空的那些"退却"、"撤退"或"突围"、"坚守"的悲壮烟云,还有目前仍在进行时的、从"宏大叙事"向"个人叙事"艰难转型过程中所诱发的精神休克,在墨白小说的叙事中几乎是免疫的。究其原因,不是作家的迟钝或冷漠,而是他的创作始终关注于时光微澜之下那些更根本的问题。个人认知和想象世界的方式牢牢地规定了作家的写作态度,并深入到文本审美肌体的筋骨之中。因此,从某种意义上说,理解"个人"与"边缘"的存在意义,是进入墨白小说审美世界的一个精神通道,而在通道的那一头则连接着由回忆、想象、神思和梦游堆叠而成的隐喻之海。这是一场一个人报名参赛的竞走,因为"边缘"气质就在它的游离、孤独与无目的性,有的时候就连最清醒的文学漫游者也无法预测叙事的脚步将迈向何处,他只有习惯性地朝来处回望,借以判断自己游走的大致路线。而表现在墨白的小说中,这个叙事漫游系统的原点就是作家反复提及的"颍河镇",将其理解为作家的"原乡"。

绵延:关于"颍河"的诗学记忆

从颍河小镇深入墨白小说世界的精神腹地,这也许是一个笨拙的方法,因为时至今日,如果谁还想依据文学地理学的经验在现代小说中来一次特洛伊古城式的探险,无疑会碰一鼻子灰。"颍河镇"既不是那个子虚乌有的"受活庄"(阎连科)或"王家庄"(毕飞宇),也不可能像双桥镇那样借助陈逸飞的油画获得旅游价值的提升。事实上它是如此普通,与地图上任何一个豫东小镇都没有什么差别。而让我感到惊讶的是,这个并无多大地域特色的小镇,竟然在墨白的故事中演绎出如此复调式的多重生存图景。从早期的《黑房间》到其后的《幽玄之门》《航行与梦想》,直到晚近的《回家,我们从清晨一直走到黄昏》,有关"原乡"的梦游与记忆如碎片般飘荡在虚实相间的叙事时空之中,构成了墨白的小说创作中一直念兹在兹的主题。

"原乡"之于墨白并不是肉身经验意义上的故乡,因为故乡的意义永远都存在于不可追忆的往事和无法复原的现实之中。在《回家,我们从清晨一直走到黄昏》中,当"我"顺水而下,踏上寻亲的道路,这一切似乎已无法避免。英国玄学诗人布莱克曾经追问人们对于天堂的向往,他说有人在梦中游历了天堂,并且折下了一枝花朵。醒来以后那枝花宛然就在手中。那枝花朵作为肉身亲历的物证,或许暗示每一次出发都具有重新返回的可能。如同《航行与梦想》中"萧城常常渴望乘车或乘船到陌生的地方去旅行或航行,可奇怪的是,在旅途中萧城往往会想起另外一些他曾经亲身经历过的往事。"然而事实上这种重返的行为却注定会演变成一场充满误区和偏差的个人记忆的考古。由此,我们也就可以理解墨白小说中的人物何以常常游走在现实与虚幻之间的阴阳界上,有的时候以为自己已经走出了很远,转眼发现其实还在原处打转。《飘失的声音》中的"我"邂逅一位叫做杨玉的女子,然而最后却是一个"鬼打墙"式的迷局。而《错误之境》中的谭四清要到红马那个地方去寻找女友,然而与其说他去寻梦,倒不如说他主动去向蓄谋已久的错误投怀送抱。类似的故事最终都失陷在颍河镇的沉默与重重雾霭之中而不知所终。而作为细心的读者,如果拨开叙事的迷雾,就会发现故事中最令人惊心动魄的部分倒不是叙述者煞费心机的布局,反而是潜隐在故事后景处的那座破旧灰暗的颍河小镇。它貌似真实,不偏不倚,在《黑房间》里叙述者甚至煞有介事地描述了小镇的具体方位图,但又有谁知道,在那些言之凿凿的路标背后究竟隐藏了多少感伤、阴谋、罪恶以及难以摆脱的宿命呢?或者再进一步问,在这样的情形之下,究竟是哪种力量决定了叙事的主动呢?

一个原本作为故事背景的可有可无的叙事元素,渐渐升格为叙事的对象。不仅如此,它甚至部分地置换成为叙事的主体,同样也获得了故事发展逻辑的部分规定性。"颍河镇"意象在墨白的小说中是以叙事主体和叙事对象的两种形态而共存着,这样作为主体的对象和作为对象的主体就彼此互为影像,同时获得了表现与被表现的叙事自由度。"颍河镇"之于叙事艺术的隐喻性关联,让我们隐约感受到来自文学想象大师博尔赫斯的诗学遗韵。如果说,博尔赫斯笔下加拉伊街上的"阿莱夫"为迫于窘境的现代叙事艺术提供以无限小的、无限凝练的艺术形式透视宇宙洪荒的阔大胸怀和深远视角,同时重塑了今天的小说创作者以艺术审美精神拥抱和统摄现实生活的强大自信,那么在墨白的小说中,那个如"阿莱夫"一样神秘莫测的"颍河镇"意象则更多地来自于作家本人的生活经验、审美直觉和心灵世界的复合感应。我无意于考量早年的颍河镇生活对作家墨白精神世界的形成带来了多大的影响,但可以肯定的是,"颍河镇"业已成功地转化为作家以文学叙事象征世界人生的"阿莱夫"。它表现在一系列文本创作中,就是以"颍河镇"为故事场的巨大心理时空建构:空间结构对应了故事对现实世界的隐喻,而叙述者"我"(在相关的"原乡"叙事中,大多数都采用了第一人称的叙事)在故事中的漫游,则对应着心理、情绪在时间上的变动与绵延。

  隐喻是一种静态的镜像呈现,绵延则表现为动态的叙事冲动。这两者仿佛一枚硬币的两面,它们相互表现的同时也相互限定。具体到"颍河镇"系列小说中,过于封闭的空间叙事会导致叙事主题的单一化,尤其在以技巧、结构见长的短篇小说中,很容易造成故事的雷同,甚至阻遏叙事进一步向现实生活的渗透和扩充。而文学虚构的目的,在于不断寻找重新审视现实生活的审美门户,以审美精神统摄和提升现实世界。如果一味偏好叙事在现实和虚构两个世界中平行运行,那么现实中的无限远离与虚构中的无限接近,只会使作家陷入更大的叙事失落。或许墨白注意到了这一点,他化解这对叙事矛盾的方法也堪称巧妙:颍河镇何以为镇,在于缘河而建。"河"的意象给人物的漫游和叙事的绵延提供了充分的自由。这样一来,围绕"颍河镇"的故事已经不再是一个小世界里风干的化石,相反,它在"出走—漫游—回归"的叙事路线中不断经历新的冒险与参照,同时也在矛盾的冲突与纠合中,补给了叙事主体自我言说的推动力和伸展度。《民间使者》中的"我"一直对父亲的生活充满了猜测,直到父亲去世之后,"我"开始沿着他日记中的线索,逆向地寻找他的生命足迹。这同时也是一次文化寻根的历程,最后"我"在彼岸的桃园和泥坝的乐声中寻找到精神的归宿。然而,我更注意的是其中叙述者"我"寻亲过程中的渡河细节。"颍河"两岸仿佛两个截然不同的世界,一边是现实无聊呆板的世界,一边是精神自由升腾的世界。前者联结着肉体的衰亡,后者象征了民间艺术精神的重生。在这两种截然相反的叙事中,"颍河"承担了精神传承的媒介,由此,关于"颍河镇"的故事就在以下几个表意的向度上获得了往复伸展和跳跃的可能:作为故事质料的现实的颍河镇,在此基础之上升腾而起的作为审美意象的虚构的"颍河镇",还有作为精神脐血、来自原始心灵召唤的"颍河"。现实世界的多重影像投射在不同的叙事层面上，生成了盘根错节的叙事子题，不断丰富和充实着作家营建的"颍河"诗学。而我们也有理由相信，终有一天墨白会将这些碎片全部整合起来，熔铸成一部关于"颍河"记忆的集大成之作。

民间叙事：关于《光荣院》、《风车》和《告密者》

　　为社会底层的弱势群体代言，进而反省和批判意识形态权力的运作机制，是当下许多立足民间边缘立场的作家所秉承的基本价值态度。对这一主题的关注，无论从构思、取材、选题到叙事上，当代文学中已经积累了大量的思想和创作实绩。这些既有成果在带给写作者极大精神鼓励和示范性意义的同时，也带来了相应的疑问：作家个人对于权力话语的反思，是否就意味着不停地将文学从一个禁区写到另一个禁区，或者是通过社会性话题来制造影响？进而，在关注底层弱势群体的"民间"文学逐步向新闻纪实风格靠拢的今天，是否还存在属于文学内部审美属性的表达方式，并以文学自身的力量来洞悉现实生活与意识形态话语的真相？我个人认为，在这方面阎连科（《思想政治工作》）和刘庆邦（《神木》）已经走在当代作家的前列。而在小说《光荣院》、《风车》和《告密者》中，同样能够感受到作家墨白锐利的目光背后深沉的文化关怀与人道主义同情。

　　《光荣院》仿佛就是现实生活权力世界的微缩景观，从院长、医生、厨子月红、老金（新任命的小采买）、老德和老钱（退伍军人），一直到虾米（异乡人），在这个与颍河镇几乎隔绝的封闭生活空间里组建起了严格的等级制度。所谓大鱼吃小鱼，小鱼吃虾米。这是一个牢固的权力序列。故事中的人物组合可能随着老金和虾米的去世而发生改变，然而权力制控关系却并不会因此发生任何动摇。然而作家并不仅仅想告诉我们这些，他暗示读者，有一种无所不能的力量在显性叙事的表层之下运行着：在这个微小的权力系统之上，还有一个从未露过面的"你的老连长，也是我们的民政局局长"时刻在遥控指挥。而这才是主宰整个叙事的决定性力量。他是整个光荣院退伍军人在恶劣的生活条件下得以保持隐忍苟活的信念核心，然而这个仅仅在话语口头出现过的隐身人物却一直在过度滥用下级对他的无条件信任。如果说虾米的绝望在于他无以逃脱"缸里来缸里去"的漂泊命运，那么这些被权力遗忘的人们不也正在沉默中等待老死的阴影一步步逼近？

　　《风车》记述的是"人民公社运动"初期的一场闹剧。这一切都起源于原籍江南水乡的公社党委书记的一个"原乡"情结：要在麦田里建造一座浩大的池塘,竖起风车,将旱地改造成水稻田。如同唐·吉诃德对世界充满奇思妙想的改造,不过唐·吉诃德是以长矛对风车作战,而这些"人民公社"的狂热者们则是凭借风车对自然界的生长规律作战。就故事的题材而言并不出奇,事实上,今天任何文学描写也无法穷尽那个革命狂热时期登峰造极的想象力与破坏欲。让我感到有趣的是《风车》中呈现出了"革命"话语内部的缝隙或者说杂交。党委书记所使用标准的革命化书面语,普通群众使用的土生土长的民间口语,出现在文本中的这两种话语系统都是我们可以理解和想象得到的。然而小说最吸引人的部分则是那些在权力两极之间的基层干部所操练的一种奇特的话语。他们原本出身民间,无法抛弃习得的思维和言说方式;而他们同时又是上级指令的坚决贯彻者和解释者,自然膺服于革命书面话语的神奇魔力。不可避免地,两种话语在他们的身上展开了遭遇战,于是陷入了一种"邯郸学语"的语系分裂混乱:

队长说:"你这个恶棍,把碗给我端起来,吃!我到底要看看公社食堂里的饭菜是怎样使你拉肚子的?"

队长说:"不行,我到底要看看公社食堂里的饭怎样使你拉肚子!"

队长说:"顶不了也得顶,吃!"

队长嘴里骂道:"这个龟孙,这个龟孙……"

语言嫁接和杂交中的"Bug"所营造出的戏谑化效果,它对冠冕堂皇的革命正统话语的消解力量,远远胜过民间土生土长的语言对于权威话语的直接抵制。结果呢,当然是"对牛弹琴"的无效劳动。有趣的是,小说通篇都采用了虚张声势的骑士语体,这种"洋泾浜"风格本身就让人反胃,进而让听众产生强烈的排斥感。如果按照小说中理论家的话,思想改造从语言开始,那么由文本叙事的无所适从而带来的语言混乱,事实上一开始就从相反的方向上宣判了所谓思想改造的破产。从语言的结合部来击打革命话语系统的"软肋",这无疑是致命的,也因此突出了《风车》之于话语暴力美学的颠覆性意义。

从权力机制分析,到话语模式拆解,作家墨白对于意识形态权力批判、反思的逐步深入,也同步于文学创作实践的"向内转"。在《告密者》中,作者绕开话语的暴力,直指语词交锋背后操纵话语生成的心理运作机制。故事讲述的是豫东农村聚赌抓赌的小型治安事件。村妇花子的丈夫老手私设赌场,因为有人告密而被拘留,同时被捕获的还有几家镇上的权贵。故事就从花子对丈夫无望的营救开始。花子看到了基层官僚的装腔作势和颐指气使,这使得她感到无以发泄的愤怒和委屈,她所采取的方式就是奔走求告、借便搭车、哭闹诅咒。总之,一个农村泼妇所能够想象出来的伎俩她全部用尽,最后只好无奈接受罚款的事实。这时峰回路转,丈夫被释归家,可是随后带来的打击对她更为彻底:她恨之入骨的告密者竟然是自己的丈夫!"她突然感觉到绝望像秋天的树叶一样随风而至,飘满了所有她能看到的空间,最后把它围住了。"

《告密者》乍看起来很像是一部公案小说。花子因为求助丈夫,不慎被卷入一场阴谋之中。然而,她窥到的也许只是阴谋的一角。按照第一种解释,老手因不堪"里面"的"收拾"和巨额罚款,因此开始"反水",做了"卧底",于是就发生了镇子里的第二次抓赌事件。然而,对于以利己为第一的农妇来说,丈夫的"反水"免除了牢狱之灾,在庆幸的同时,顶多会让她感到日后暴露遭报复的恐惧,还不足以使她绝望。因为,绝望远甚于恐惧,它来自于内心的孤独、丧失信任和不安全感。事实上,老手的"反水"不过是这场秘密表层的外衣而已,在它的遮盖下似乎还隐藏着更为见不得人的阴谋。而不经意之间,花子也变成了这场阴谋的帮凶:

> 花子说,昨天挨黑的时候我从家里到河边收衣服,看到那个人正和老手站在河边说话。后来我问老手是谁,老手说他找你(全成)。
>
> 花子说,老西,昨天我也见过那个黑脸,他打听全成家在哪儿住。
>
> 郑凤兰说,你对他说了?
>
> 花子说,对他说了。

对于告密者的指认完全是以讹传讹,而花子从间接证人到直接证人的转向完全改变了整个舆论的导向。民间社会可能以沉默或不合作态度对待法规政令,然而却会对背信弃义者表示出一致的口诛笔伐,因为这是民间自然社群得以维系的前提。当替罪羊全成被推向孤立处境时,原本微妙的事态就变得更加扑朔迷离起来;基层政权中某些既得利益者恰好可以浑水摸鱼,借助民间舆论空穴来风的力量,堂而皇之地侵吞全成的工厂,而这一事件同样又会在民间社会层面上以"报应"说而缓冲了工厂收购、全成被捕事件所可能带来的心理震动。一个抓赌事件所引发的连锁反应,背后其实隐藏了多重意识形态力量此消彼长的回合,老手不过只是其中的一步棋子。一个多疑如我的读者甚至会不无恶意地猜度,或许在第一次抓赌事件之前阴谋早已开场,老手从两次告密中得到了他想得到的东西;而基层的既得利益者也乘着混乱局面中的有利时机清理了竞争者,击垮了对立面,同样得到了自己想要得到的东西。这样,《告密者》就成为民间社会与基层管理者之间一次钩心斗角的权力博弈。更让人震惊的是,这场意识形态动力的博弈大部分时间都是在晦暗的心理世界的深处进行,而决定天平的砝码则是贪婪、胆怯、失信、谎言、奸猾,等等。小说通篇很少心理描写的段落,但是在我看来它的确是一部心理现实主义的佳作。小说写到花子在县城里四处求告的时候,对公安局的看门人有一个特写:"可是她们没有看清他的瞳孔,他的瞳孔好像始终深深藏在他那细迷着的眼缝里。"

那是一双洞悉其奸的眼睛。尽管现在是明朗的上午,但当我写到这里的时候,依然感受到那瞳孔里闪出的冰冷余光。

原载《莽原》2004 年第 3 期

形式的伦理意义
——墨白论

李丹梦

  在"文学豫军"中,墨白小说的形式①感是颇值得回味的。我指的是那种执着的先锋派的面目。在一篇名为《乡土理念的嬗变与持守:话语·价值·权力》的论文中,我曾提到墨白的长篇《欲望与恐惧》,认为他在人物塑造方面存在着乡土理念的局限,一种城乡二元对立的紧张与抵触。于是有"打抱不平"者指出:"墨白是一个现代派作家,或者说是一个具有后现代特征的作家,李丹梦却仍用现实主义的理论和观点来审读墨白,这就不免有些顾此失彼和自以为是……"②其间的人事曲折不去管他,单就对方的辩说理由来看,对墨白的形式创新是极为推崇的,所谓的"现代派"和"后现代派"便是由此而发。他的逻辑似乎是这样:一旦在形式与技巧上实现了"突破",便可从"乡土"中一劳永逸地超脱出来。情况果真如此么?形式真的能有这样的"豁免权"吗?事实上,无论"现代"与"后现代",在基本的感知与推理层面,都是现实性的。真正的先锋是对精神整体而言的,一种常人难以企及的精神高度。它是感染的,而不是标榜的。我这样讲并非想再起纠葛,而只是客观地指出一种思维方式:在辩护者的言辞中,隐含着主体③身份建构的自觉与策略,这是作家颇为在意和敏感的部分。其中的潜在规则是现代与后现代是优于现实主义的,如果说形式的先锋能够让主体脱离"乡土",那么它在客观的效果上应该是与城市化一样体面的。本来,创作中有思维的局限很自然,之所以会引发类似耻辱的强烈反应,是因为我忽略了其中的形式努力,而这恰恰是主体引以为傲、自觉卓然的基础。我与墨

---

①此处的形式,是与内容相对的概念。请原谅我在此使用这个粗略、笼统的称呼,这是出于论述的需要而不得已为之。事实上,形式与内容的区分非常有限,尤其在墨白这里。我们将在下文的论述中发现,形式与内容愈来愈紧密地交织在一起,它们同时为主体形象的建构做出了贡献。
②参见孙青瑜等:《批评与争鸣·关于"两仪文舍"》,载《上海文学》2005年第4期。
③此处言及的"主体"并不是指墨白作品里某个具体的人物,亦不完全等同于作者,而毋宁说是一个作者在作品里不断追认的、希望与之趋同的形象感召,是作者、叙述人与人物交织、互动后得出的一个"我"之印象。

白君的分歧便在这里。在我而言,确是无意中触及到此点的。

回顾墨白的写作历程,他的先锋化写作多少有些迟到之感。从1984年于《个旧文艺》第一期上发表处女作《远山》以来,经历了漫长五年的摸索式练笔,墨白才在短篇《寒秋》(发表于《钟山》1989年第4期)中表露出较为老练的先锋气象。而与他几乎同时起步的国内先锋派,以马原、余华为代表,在此期间早已形成了蔚为大观的新潮格局。因而从原创的角度讲,墨白的先锋并不算先锋的。他常说自己的创作属于20世纪90年代,原因也在于此。一个先锋的起点和选择。就墨白以后的创作走向来看,先锋显然成为了他有意的追求目标。甚至在诸多先锋派的"大腕"纷纷游走出局,放弃此类写作时,墨白却依旧先锋故我。看他最近发表在《山花》(2005年第5期)上的中篇《七步诗》,先锋的笔调是越来越沉稳、坚定了大量的类似于马尔克斯《百年孤独》式的句子:"一年后"、"后来回忆",等等。它们使事件从原有的顺序流程中随性地跳脱出来,不断确立新的起点。由此,主体找到了一种结构情节的方式。它在加强与读者交流、引导读者关注叙述本身的同时,亦增加了阅读的难度。一个原本不算复杂的故事被揉搓得七零八落,演绎得扑朔迷离。一种先锋的特色。不能简单地讲这仅是模仿和借鉴,能够长期地采纳某种言说方式,应该是建立在某种真诚而热烈的心理倾向之上的。对墨白而言,他以自己的创作实践塑造了一个顽强的、"格格不入"的、最后的先锋者形象。

然而,就在墨白日趋圆熟的先锋叙述中,我们亦时时能够感受到现实与历史的牵掣与滞涩。其表现是多方面的:典雅的语言与粗糙的内容,本质的存在与生活的现场,内里涌动的激情与小心操作的冷漠,等等。它们奇特地扭结在一起,就像"墨白"的名字一样充满对峙与张力。墨白曾公开表露过他底层关怀的立场,它"不是由自己决定的,而是命运决定的"。"我本身是一个生活在社会最下层的人,这决定了我的写作立场。"[①]也就是说,作家还是希望通过他精致的叙述来触及现实的,尽管迂回、曲折了些。在他众多的以颍河镇为背景的小说中,流露出深切的乡土记忆,一种难以割舍的情愫。让人感兴趣的是先锋的姿态在处理这种记忆(现实)时所抱持的微妙态度。就小说所出具的实体故事而言,它们较之一般的乡土作品并无多少新鲜之处,然而墨白坚持以"繁复"来讲述"简单",以"精深"来表现"幼稚",以"洋派"来传达"乡土",这本身就意味深长。它颠覆了我们对乡土作品的范式般的印象,但又绝不仅止于此。对于乡土,主体仿佛是在借机强调,又仿佛是在闪避与逃离。

这种错位的、不平衡的讲述在墨白那些反映民工题材的作品中表现得极为

[①] 雷霆:《孤独的文本探索者———青年作家墨白访谈录》,引文略有改动。

触目,如《寻找乐园》、《事实真相》、《第九十九种冰轮》等。要说明的是,对于民工的关注应该是和作家本人的经历联系在一起的。墨白曾当过农民、搬运工、油漆匠,有着和民工相似的生活。描述民工可视为他未能相忘江湖(乡土)的一种坚实证明。我们完全可以推想,在写民工的过程里,作家看到了自己当年的影子,一种自我的投射与释放。在这类小说中,墨白浓墨重彩地描述了民工所受到的伤害与侮辱,就其感同身受的立场而言,主体算是对乡土和记忆奉献了自己的一份眷顾与"忠诚"。这也构成了那看似天马行空先锋叙述中的伦理收束与坚持。

在中篇《事实真相》中,墨白写了一个叫来喜的民工目睹了一起凶杀案的始末。然而,当警察来采集证词时,却根本不屑于听他的讲述,所有不在场的人都说得振振有词,倒是他这个亲历者,显得力不从心。一种公共场域的"失语",这是主体诉说的核心。确切地讲,由于外界的忽略与漠视,民工或曰农民在话语中根本是不存在的。如果说在政界和艺术界,人们还勉力玩得起这种话语游戏的话,那么对于底层生活的人,这将构成致命的剥夺。而对于有艺术敏感的人来说,更是如此。墨白发现,一个人如果从话语中被删除了位置,那不仅是人格与尊严受到威胁的问题,更意味着对生命本体存在的压抑与贬低。毕竟,人不是物,是人,便要表达,要倾诉。这种锥心的记忆和体验是否和主体对于先锋话语(叙述)的选择有着内在的关联呢?换句话说,当主体用桀骜不驯的、不乏时髦的方式讲述卑微往事的时候,是否隐含着将卑微从话语象征层面予以解脱和地位提升的潜在目的呢?就民工和作家经历的重叠来看,这里的卑微显然并不局限在描写的对象上,还指涉主体自身,而叙述则成了一种有关身份与形象的优雅建构。在《事实真相》里,与来喜在外界的沉默形成鲜明对比的是,主体对于来喜内心那穷形尽相的描述。一种意识流般的声音痉挛与狂欢,它暗含着主体针对外界话语蔑视、剥夺自身存在的反拨。然而,来喜的所有内心独白都是向着他在乡下的对象——小巧发出的,小巧成为他在世界上唯一能够与之敞开心扉的倾诉对象。就实际的效果来看,这种脆弱的公共维系与交流中所涌出的语言非但不能作为主人公话语丰富乃至人性丰富的证据,反而捉襟见肘地承认了民工在公共话语中的无权地位。来喜后来的命运也证实了这一点。他由于忍受不了包工头弟弟三圣的欺侮,借着夜色用一根钢筋袭击了三圣,以为将他打死了,其实打死的是另一个人。结果当三圣再次出现在他面前时,来喜疯了,与之相伴的,是他的内心独白也就此中断。这绝非偶然的"同步"。表面看来,来喜是被"真相"致疯的,这本是一个误会,而之所以导致了来喜的崩溃,是因为来喜无法用他独白式的语言来解释和确认世界与自身的关联。如果说在凶杀案的调查中,来喜尚能顶住外界将自己排除于"真相"之外的压力,给自己一个独白的缓冲空间——在对小巧的遥遥倾吐中,他维持着自身那点可怜的自信——那么当他亲眼看到三圣"复活"时,这点自信也荡然无存。换种说法,三圣的"死而复出"狠狠地打击了来喜的存在意识与信念,他无法自圆其说了。既然三圣事件雄辩地否定了自己,那么之前凶杀案调查中别人对自己的不屑也都是正确的……这些都发生在一念之间。与其说来喜是因恐惧而疯狂,不如说这疯狂导源于对自身存在的深刻怀疑与绝望。主体想要告诉我们的,系诸多事件导致了来喜的疯狂——他把凶杀案与三圣之事摆在一起便隐含着这样的意思,而来喜致疯后嘴里反复念叨凶杀案的细节则进一步证实了这一点——三圣的风波不过充当了压断骆驼脊背的最后一棵稻草。由此来反观主体的先锋叙述,它无疑是反抗的。但和来喜那小奸小坏的行动抗争来看(诸如偷工地上的钢筋),主体的反抗显然着眼于更大的"野心",不是捞取物质上的蝇头小利,而是要争取民工与自己在话语中的地位乃至主动权。他对来喜内心活动的浓墨重彩便隐含着这样的目的。然而从最终的结果来看,来喜那看似丰富的心理语言只是一个自我内部的宣泄和消耗,它缺乏公约性和可沟通感(小说的结尾,当来喜发疯后,他曾在心中千呼万唤的小巧亦弃他而去。这使得之前来喜内心独白的语言真正成了瓮中之鳖,那假想的、唯一的、朝向外界交流的公共通道也被封闭了)。也就是说,先锋的叙述并没有给主人公挣来任何的利益与尊严,不仅如此,来喜内心独白内容中那略显模式化的思路(尤其是对城市的偏激情绪)还激发了某种不耐烦地感觉,来喜在公共话语中依旧是个空白。而主体却从这种先锋叙述中获得了真切的实惠:我说的不仅是叙述本身的新奇与独特,以及它对于传统的乡土文学文体风格的颠覆,更重要的是,经由这种叙述,原本从同情立场出发的、与来喜经历有重叠的主体和主人公拉开了距离——因为民工(农民)即使有独立的话语,也不大会是这般先锋的腔调——主体借此与自我的昨天告别,一种潜意识里的乡土逃离,通过话语及形式的争夺与反抗曲折地实现了。①这也是墨白小说最突出的特点。质言之,作家的出身、经历在文本的内容与形式上均打下了印迹,主题的相对陈旧与形式的追新求异之间形成了断裂,两者都基于主体真诚的愿望与体验,由此敞开了一种挣扎、动荡的身份感,在城乡对峙之间。

在墨白的颖河镇系列中,有一类小说集中地反映了"进入城市"的主题。诸如《重访锦城》、《飘失的声音》、《爱情的面孔》、《进入城市》、《从乡村到京城的路途》,等等。它们将民工题材中逃离乡土的意识从形式的隐晦层面落实到内

---

① 从这个角度讲,墨白的文本形式具有不可忽视的内容意义:在某种程度上,他甚至超出了文字表面呈现的内容。

容中来。主人公为男性,是一个来自农村的青年作家或知识分子。作为文本内的观察视角,他身上传达出主体的精神状态。而小说的空间呈现块面的切割与转换:从颍河镇到附近的中心城市或者相反,它们由主人公寻找(或曰感受)爱情的经历串联起来。具体地说,颍河镇里住着主人公的妻子、儿女,他们代表了乡土的精神脐带,而城中则存在一位女性,她或典雅,或庸俗,透露了城市的莫测与神秘。于是,"进入城市"的主题便被置换成了对欲望、身体的想象和处理。值得一提的是,将城市与女性结合在一起的联想与构思在河南作家中并不少见,周大新、李佩甫的作品中都有这样的体现。事实上,这似乎已成为乡土作家感悟和言说城市的一条必由之路:共通的男性视角,类似的异地爱情,抽象的城乡对立通过男性对女性的把握与征服体现出来。就像二郎安慰罗马那样《从乡村到京城的路途》:

> 妈那个×,咱们不就是从农村里来的吗?我们不就是农民的儿子吗?我们比人家低多少……他城里人咋着?她马金珠咋啦?她到底不是被你感动了,不讲真的假的,你也睡过她了!睡过她就等于睡过城里人了。她到美国就是拿到绿卡又怎样,你也算睡过他美国人了!在学校里我就对那些鸡巴干部子弟城里人充满仇恨,现在我们不是也打进北京来了吗?①

当这种赤裸裸的粗俗与仇视以直接引语的方式出现在墨白诗意的、略带凄恻的行文中时,不和谐的感觉是强烈的。它表明,一次性的叙述(写作)无法同时兑现主体的重塑与再生。换言之,这不是一个脱胎换骨的行为,叙述只是暴露、强化了主体内心分裂的表情。当他不再使用书面语(一种叙述形态)而直接记录人物的语言时,便再也不能遮掩和转换烙刻在记忆深处的乡土痕迹:包括方言的语调和二元对立的思维方式。由此导致的现实不仅在增加作品真实含量的同时,亦让主体的先锋飞翔变得任重道远。不仅如此,前者还渗透到先锋的逻辑之中,对其构成了拆解的怀疑与威胁。显然,"进入城市"这个主题凝聚了主体太多的痛楚,以致他再也无法超然世外。最突出的表现是此处的爱情(构思)不再"纯粹",我不是说主体的体验不真诚,相反它浓烈得让人窒息。然而就像郁达夫的性苦闷总是笼罩在国家贫弱的阴影中一样,墨白的爱情描写也难以脱去乡土身份的自怜与自恋,尽管是以一种被克服、被否定的方式体现出来。

在《飘失的声音》中,男主人公谭渔(与"痰盂"谐音,由此暗示出遭人唾弃的、屈辱的地位与遭际),一个在单位备受压抑的写作者,碰到了崇拜者杨玉

---

① 墨白:《重访锦城》,长江文艺出版社,2000年,第69页。

其间的过程充满了浪漫,杨玉在邮局里工作,当谭渔来寄他的小说集《孤独者》时,杨玉便记住了他。两年后,她鼓足勇气来找谭渔,于是发生了想象中的敞开心扉、一见钟情和身体结合。仿佛是一个老掉牙的孤独者艳遇的故事,正当我们对此失去耐性时,小说结尾陡然来了个逆转,杨玉失踪了,到处都否认她的存在,连她的工作单位也说从来没见过这个人。于是,杨玉成了一个虚幻的梦影,真实与梦境的界限就这样被打破了。依照作家的解释,这可归结为神秘的写作方略:"讲述现实生活的神秘是我的小说立场"①,就小说本身来看,神秘更像是一种自我防护的措施,它把庸俗的白日梦变成了具有普适意义的荒诞处境。一种向着存在领域的挺进和提升,虽然生硬了点,但却起到了明智的自嘲效果,它使得之前幼稚的爱情免除了自恋的嫌疑而具有了一层深沉的体面。在我看来,这也是神秘风格的肇始动机。之所以如此,是因为"进入城市"乃是主人公谭渔和作家共同面临的最大困境,它对于主体叙述风格的形成具有决定的意义。这里的风格或形式可还原为主体对自身存在困境的解释和克服的努力,就像阎连科的霸气诉说一样,也只有从这个角度去理解风格与形式,才能最大限度地去除伪饰的干扰。

在谭渔对杨玉的"爱情"中,一开始便有着某种身体的迫切和直奔主题的冲动。这也是墨白笔下爱情的构思模式:像谭渔对小慧(《爱情的面孔》),吴西玉对尹琳(《欲望与恐惧》),谭渔对叶秋(《进入城市》),都是如此。一种性的焦灼与渴望。有的时候你会觉得这种感觉过于地突兀——它不细致,我并不是要鼓吹什么形而上的精神之恋,但把所有的爱情都归结为欲望的躁动就文学本身而言是多少有些乏味的——如果将其置于"进入城市"的主题背景中,便容易理解了。本能的欲望冲动中隐含的是乡土对于城市急于理解与窥视的愿望。这么说也许有点冷酷,但假若不是这样,就内容而言,"进入城市"本身又从何体现呢?对此,我以为创作主体是有着充分的自觉的。他需要设置某种吸引与相遇,在城乡之间。于是,欲望便充当了城乡直面沟通在象征层面的媒介,而身体则衍变为沟通的现场,进入城市即是进入女性的身体,一种符号意义上的同构置换。这也是我为什么说墨白的性爱构思不纯粹的原因:此处包含着主体对城市的探究心理,其间不乏先验的情节设置(属于理解、推理的范畴)。然而,也正是这种不纯粹,暴露了农民在进入城市过程中的真实心理。就像二郎宽慰罗马所说的那样,乡里人在看待城市时是有着天然的对立情绪的,这种对立也潜移默化地移置到了他与城里女性的爱情上。所谓睡过她了,这"睡"字便形象地体现了那纠缠着敌对情绪的复杂的爱意。而无论你说这是实际的功利也好,自卑

---

① 参见墨自长篇小说《欲望与恐惧》序言中的关键词解释,长江文艺出版社,2002年,第8页。

的障碍也罢,造成的结果都一样,即欲望的如火如荼、漫无边际与细腻情感的网。一种神速的、短兵相接的爱情方式,欲望在此成了无理之理。这本来也没什么,但当墨白试图将这种农民的欲望心理或爱情状态予以神秘、忧伤的色彩以及存在的普遍化时,问题出现了。就主体而言,由于他和作品主人公有着相似的背景与体验,如此的处理与把握显示了他在经历过一番痛苦的自我说服与摇摆后,对自身存在的一种肯定。这本来也属自然,只是其间充满了文人的趣味与精致的气息,这与他着力渲染的粗粝的欲望描写构成了极大的抵牾,对于阅读(接受)者来说,它已不能用"张力"这样的措辞来包容了。由于欲望本能写得太满太实,又瓜葛了太多的城乡与身份的敏感与牵累,从客观的效果来看,它解构了精致,嘲笑了神秘,甚至让人起疑:这神秘的涵括与提升是否只是粗粝的障眼法,一块笨拙的遮羞布?说到底,精致应该是由内而外地流露的,它需要细节的协助与支撑。在墨白"进入城市"一类的小说中,我们最大的感受是主体的精致冲动(诸如神秘、荒谬的体验)与内容是割裂开的,就审美的趣味来看,小说的风格与形式较之文本的内容与故事,显然已提前一步进入了城市。

  这种割裂感在长篇《欲望与恐惧》中体现得尤为明显。小说描述了男主人公吴西玉的情爱悲剧。曾是农民的吴西玉依靠妻子牛文藻的关系在省城大学谋得了校团委副书记的职位,同时在陈城挂职副县长。表面看来,他志得意满,事实却并非如此:陈城的副县长是个虚衔,学校的职务又被人顶替,他成了一个"体面"的城市多余人,并且深陷在两个女人的情感漩涡中,不能自拔。妻子牛文藻的变态、辱骂,情人尹琳的爱和无边的欲望,都给吴西玉造成了沉重的精神包袱。最后隐情败露,吴西玉受到刺激,遭遇车祸……作品大体上以第一人称——吴西玉喃喃独语的自述展开,并把交代写作缘起的序言与后记有机地并入正文,真实与虚构就此打成了一片。一种旗帜鲜明的"元小说"的姿态,就像叙述人在序言中所说的那样:

  我的写作极为关注这种在黑暗之中燃烧的精神历程。我用什么来完成这种叙述呢?我用我的亲历和感受来剖析我所看到的一切,这种剖析是真诚的,我把刀子首先对准自己的胸膛。我认为这种真诚极为重要。您在阅读这部小说的时候,面对的就是我,尽管作品的主人公名字叫吴西玉,但您不妨可以把他看成那就是我,尽管小说的情节和人物都是虚构的,但我和吴西玉对生命和人生的感受有着很多相同之处,比如我同吴西玉一样曾经有手淫的经历,我毫不保留地对您讲述产生手淫的原因和动机,剖析自己的灵魂,这就是我的真诚。①

在这看起来颇为大气的宣言中,我们能够感受到主体自我建构的强烈企图,它朝向的是高尚与庄严的维度。这让人想起卢梭的《忏悔录》,其潜在的逻辑似乎是这样:敞开心扉是真诚的表象,而能够坦诚自己的缺陷与丑行则意味着人格境界的提升。换言之,暴露自己的丑陋是为了摆脱丑陋,重塑自我,成为一个高尚的人。"燃烧的精神历程"、"真诚"、"剖析灵魂"这类义正词严的、考究的用语都证实了这一点。如此一来,"我"与吴西玉便不可同日而语了。如果承认这也是一种叙述的"功利"的话,那么此种"功利"显然是不在"自我剖析"的视域之中的。一个无法参透、触及却又蠢蠢欲动的心灵暗盒。它试图在叙述中,在吴西玉那委琐、自恋、歇斯底里的独白中为自己网开一面,赋加某种自我的价值。

为了说明这一点,我们要回到小说文本。就吴西玉与情人尹琳的相识来看,完全就是谭渔与杨玉故事的翻版——墨白似乎很喜欢在作品之间建立这种纵向的联系,以向人暗示出其思想深入的脉络——只不过杨玉的名字改成了尹琳,一个投怀送抱的女人,她让处处压抑的吴西玉多少获得了一点男性的虚荣与自尊。当两人第一次野合时,叙述人"我"在描写那癫狂的做爱场面时突然宕开一笔,他写道:

> 在相识的第一个夜晚里,我和尹琳就被人类本有的欲望之火熔化了,可是除去我们的肉体,我们又真的相互了解多少呢?她靠一本《永远真诚》走进我的生活,那个时候我们相识还不到八个小时,我们就被生命最原始的欲望之火烤化了……②

原本是吴西玉与尹琳之间的一次私人偷情,突然就变作了"我们人类的"、"生命最原始的欲望"行为,这究竟是认识方面形而上的深化,还是高尚的扭曲,真诚的作秀,抑或偷情者的道德遁词? 与郁达夫的原欲苦闷相比,墨白的欲望与偷情缺少了一种真正的承担。具体说来,前者一直处于痉挛的挣扎状态,隶属于个人的空间,而后者则在认识的升华中悄然卸下了羞耻的重负,并朝着公共场域敞开自身。那看似坦荡的性爱描写绝非是自然主义的,而带有某种表演的性质,里面埋藏着高尚的预谋。主体一方面要和盘托出吴西玉那低贱、混乱的内心世界,愈俗气愈好;另一方面要建构一个堂堂正正的自我形象,愈深沉愈佳。这种自相矛盾的叙述理念使得双方都受到了损害,一种存在意义上不伦不

---

① 墨白:《欲望与恐惧》,长江文艺出版社,2002 年,第 4 页。
② 墨白:《欲望与恐惧》,长江文艺出版社,2002 年,第 104 页。

类。结果我们既对描写部分的真实性疑窦重重，又对升华的动机纯度产生了不信任。这里的《永远真诚》是吴西玉的一本诗集，它和谭渔的《孤独者》一样，乃是一种形而上的呼唤，但把它们置于原欲与偷情的描述中，总免不了一种硬气与做作之感。

在小说的结尾后记部分，叙述人"我"从吴西玉的内视角中脱离出来，恢复了自己作家的身份。后记记录了作家"我"与一个女友就小说《欲望与恐惧》的对话。女友说："我感觉到你的这部小说包含着深刻的文化内涵和对死亡的认识，同时你让吴西玉在内心深处进行忏悔。我们曾经讨论过，中国人似乎缺少宗教似忏悔意识，没有自我审判意识，而在吴西玉身上你就给予了他忏悔的意识，这一点很重要……吴西玉实质上就是我们时代的精神状况。"[1]我们发现，又是那种硬性的拔高与提升！吴西玉的个人宣泄演变为"时代精神状况"的代表，具有"深刻的文化内涵"，并带上了神圣的"宗教忏悔"的色彩。这与其说是女友对小说的感悟与评价，不如说是叙述人（主体）对写作（叙述）的自我期许。此处出现了一个疑问：依据常理，升华与对原欲的描述之间的抵牾是比较容易发觉的，而作家为什么会习焉不察，且一而再、再而三地出现这种"失误"呢？他完全可以用一种和吴西玉统一的话语方式完成吴西玉的故事嘛。之所以会这样，我以为，它是出于一种深刻的心理需要。具体说来，升华实现了主体由来已久的逃离意识，从吴西玉的世界中解脱出来，与他所代表的乡土理念和身份脱去干系，这便是理性升华的目的与趋向。而"元小说"的形式意味也在于此。叙述人"我"与吴西玉的"若即"关系是为了"若离"的结果，这其实早在序言中"我"对于"欲望"、"爱情"、"隐私"、"恐惧"、"神秘"等关键词的解释中就已定下了基调。那理性的形而上的话语形式是吴西玉所不具备的，由此生发的对于吴西玉内心世界的观照说到底是一种曲解。我们发现，这种曲解充满了《欲望与恐惧》的文本。看得出，它已成为主体有意为之的一种身份表达策略，其潜台词是对高雅和深沉的倾慕与渴望。就墨白来说，沉沦于乡土现实（从对吴西玉的心理描写和角色进入中体现出来）与升华的分析都是真诚和自然的，但此真诚与彼自然之间在审美的趋向上是截然相反，乃至互相消抵的。于是一切又都回到了主体对于乡土的处理上。而墨白小说叙述中所出具的对立形态（一种悬置、曲解的解决方案）显示了一种身份的敏感与遗忘——此系主体最大的"真诚"——其形式与内容一道，向我们展示了农民"进入城市"过程中的复杂心理。

以上我着重论述了墨白以"进入城市"为主题的一类小说。这与一些论者在分析墨白时的切入点有所不同，他们感兴趣的是墨白小说中所流露的神秘

---

[1] 墨白：《欲望与恐惧》，长江文艺出版社，2002年，第271页。

感,荒诞、悖谬的存在意识,零度的叙述,等等。的确,墨白的作品在上述方面提供了很多"谈资",而我关注的是这多样的形式技巧背后的必然性,或者说它们何以会如此。在我看来,任何一种叙述技巧,哪怕是最先锋的、怪异的,都可还原为主体与现实的关联,包括存在的意识、感觉也是如此。每个人对生活的主体感觉追根溯源,均是由他的经历和对生活的记忆决定的。就像墨白在小说中所反复描摹的阴冷色调,说到底,他是一个曾饱尝苦难、流浪和屈辱之苦的灵魂对于生活底色的本能感悟。一种既曲折又直接的对应。我抓住"进入城市"的小说来论述墨白,不仅是因为"进入城市"揭示了主体存在的根本的尴尬境遇,更重要的,是在这个主题下,凝聚了作家绝大部分的痛楚,其间所呈现的主体的精神状态是很难作伪的。而所有的叙述技巧在此都应该可以找到它的现实依据。

在"进入城市"题材的小说中,墨白已显示了出色的向普遍、抽象的存在之域"挺进"的潜质,只是由于城乡身份的敏感牵制以及本能欲望描写的过于铺张,"挺进"的行为不够从容、有力。而一旦抽去和虚化了城乡对峙的现实,这种潜能便充分地施展出来。诸如《错误之境》、《讨债者》、《局部麻醉》、《白色病室》、《光荣院》等,这些作品的共同特征在于:以冷静的笔调构造荒诞、悖谬的生存之境,它往往有一个现实、可感的故事作外壳,我们被诱引着,不知不觉进入意义的边缘,一种难以承受的虚无感。特别一提的是,有血有肉的人物塑造与还原并非这类作品的目标,人物只是传达作家生存感悟的一个符号、棋子,无奈与徒劳的挣扎成为不变的性格基调。就像谭四清(《错误之境》的主人公),他到一个叫红马的地方寻找自己以前的女友马响,本是想追溯一段逝去的梦,却莫名其妙、阴差阳错地走进了凶杀案的现场,被害的女人也叫马响。谭四清因此而获罪,进了监狱。这是纯粹的偶然事件,还是隐含着命运的必然?从故事的结果来看,它似乎是对谭四清寻梦的嘲弄与否定,也就是说,他不该去找马响,寻找本身就是个错误。然而,生命虽然不属于梦,但却是靠无数的梦想来支撑和运行的。谭四清即使不去寻找马响,也势必还会陷入其他的梦境。从这个角度讲,谭四清的遭遇是带有存在论上的象征意蕴的。具体地说,存在意义上的"错误之境"是无法改变与避免的,人类努力的结果也只是从一种错误耸身跃入另一种错误。用作家自己的话来说:"人永远都是一个思路清晰的梦游者。"①这显示了主体对于人类生存本相和精神困境的一种超验性的体悟与把握。

---

①参见张钧:《以个人言说方式辐射历史与现实——墨白访谈录》,收录于《小说的立场——新生代作家访谈录》,广西师范大学出版社,2002年。

谭四清式的寻找在《讨债者》中再度出现了。我们发觉,这种"寻找"的姿态在墨白的小说中出现频率极高,像《寻找旧书的主人》、《航行与梦想》、《民间使者》、《重访锦城》、《雨中的墓园》等,对此都有所体现。显然,"寻找"已固化为作家一种执拗的构思,这本身就是一种"有意味的形式"。寻找既是故事的框架,同时也预设了一种情感的意向,对历史、生命的困惑与感伤伴随着寻找扑面而来。在《讨债者》中,那个所谓的讨债人并不像我们一般所想象的那样理直气壮,气势汹汹,他甚至连个具体的名字也没有。其卑微、凄惶的形象与索债身份的巨大落差,一上来就造成了悖谬的感觉。这种悖谬感随着故事的发展加剧了。我们看到,讨债者满怀焦虑地来到颍河镇,本想在春节前收回人家欠他的蒜钱,以过个像点样的年,结果非但没有拿到钱,反而像条野狗似的被灌醉、冻死在异乡。小说中数度写到迷失:由于大雪的缘故,讨债者在颍河镇的街道里迷失了方向。讨债者努力地回忆着他前几次来到颍河镇的情形,但那些已失的往事和经验不但没有帮助他,反而使讨债者越来越感到视线上和心理上的迷乱。而他碰到的每个人都表情暧昧,用一种似是而非、言不由衷的话来打发他,误导他,凶险莫测的气氛由此弥漫开来。讨债者完全陷入了被外界操纵、愚弄而又无能为力的境地。一种存在意义上的迷失,它回应着寻找的努力,构成了寻找的结果。于是寻找即是迷路——最深刻的悖论!——迷路又提供了寻找的契机,一种无休止的循环。只有死亡才能中止这一切。就讨债者的形象来看,他是个农民。而就他所遭遇的不公与不幸而言,小说《讨债者》是否隐含着作家对农民存在处境的一种哲学寓示呢?我这么说并非捕风捉影,墨白对农民的关注是公认的。我们可以把他那部描写民工食堂遭遇的《寻找乐园》与《讨债者》①比较一番,主人公同为农民,同样在寻找。食堂在城市打工,挣工钱,而讨债者到颍河镇是讨蒜钱。两人都想让生活过得好一点,一种低标准的要求,却都以被伤害、侮辱乃至死亡而告终。《寻找乐园》的文字里透露着强烈的愤怒与不满,那是针对城市的不乏偏激的想讨回公道的情绪。小说一开头,那个刚踏上城市土地的年轻人就遇到了一个大麻烦:他在"人间天堂"的城市里找不到厕所。这对于怀有"寻找乐园"憧憬的他无疑是当头一棒,也意味着在此他连最基本的问题都难以解决。经由《寻找乐园》和《讨债者》的横向比较,我们可以推断,引发作家写作这两部作品的情感是共通的:均是对农民生存境遇的同情与

---

① 《寻找乐园》是墨白民工题材类小说中的代表作。小说通过民工食堂的悲惨遭遇写尽了城市的冷漠与残酷,接二连三的苦难降临在食堂的头上,这是一种偶然的记述,还是出于内心激愤的一种强调性的设计?《寻找乐园》就像是一篇沉痛的报告文学,看不到一丝光亮与温暖,而城市则成了不折不扣的人间地狱。

关注。故事与风格尽可以变换，但那种备受压抑的感受世界的方式却是自始至终的。这再次证实了我在前面所说的形式、技巧背后存在的必然性问题，一种主体的叙述伦理的选择。《寻找乐园》写得极为沉痛，但总有一种报告文学式的局促。立场明确、爱憎鲜明的讲述固然让人痛快，但也使作品的内涵趋于单薄，留给人回味的东西不多。这种局促感到了《讨债者》得到了很大的改观。叙述主体将人物与事件从历史与现实的背景中剥离出来，但又不是根本地切断其联系，而是把对个体生命的关注置放于人类生存的困境中。一种直面存在本身的努力与思考。它让墨白超越了自我，包括乡土情结以及城乡对峙的二元思维模式。在《讨债者》中，墨白回避了对生存目的、价值和终极意义的思考——对饱尝苦难的墨白来说，这不过是一种自欺欺人的骗局——而转入一种活命哲学，即对于生命存在的本真展示。在《讨债者》的世界里，本质已不是隐藏在现象后，而是包含在现象中，换句话说，现象即本质。较之《欲望与恐惧》中那做作、生硬的升华，《讨债者》显然前进了一大步。

这种哲学的、类似于存在主义的构思在《局部麻醉》、《光荣院》等作品中达到了墨白式的极致。其中的人物与故事横跨了现实与存在两个层面——一种直逼本质的叙述，却又和现实不离不弃。以《局部麻醉》为例，外科大夫白帆作为屏弱生命的表征，被作者投进了一个充满了残酷与荒谬的世界。他的隔壁住的是杀猪的袁屠户，猪的惨叫时时刺激又麻木着他的神经。白天他给一个因阴茎充血肿大而羞愧难当的老人治病，然而未及治愈，老人便因抵不住周遭的白眼而上吊自尽；半夜里白帆被叫去为怀孕难产的院长老娘动手术，治病救人的职业道德感此刻早已从个人意识中退出，所谓的精湛医术蜕变成了替院长遮羞的技能。就这样，白帆一次次地面对生命的出生地——阴门，却又一次次将生命扼杀于此。母亲得了肠梗阻也是他动的手术，面对母亲那被切开的腹部，白帆突然有些困惑。"这是我待过的地方吗？"他出生在这里如今他又在这里翻耕，他一边这样想着一边从腹部里掏出那堆大肠和小肠。尴尬的日常工作逼着白帆成为一个冷漠无情的人，然而在夜晚，他又要激情满腔地与妻子柳鹅做爱，以满足她似乎永无饱膺的性欲。柳鹅与袁屠户私通得了一种腿疼病，又是白帆切开了她腿上的皮肤和肌肉。本来他还可以像以往那样冷酷地进行下去，但由于麻醉师的缺席，妻子痛苦的嚎叫让白帆崩溃了。他将安定药液注射进了血管，通过暴力自虐的方式暂且忘怀了"外部肮脏而纷乱的世界"。在此，作家似乎是想告诉我们：人只有将生命麻醉了，才能从荒唐的境遇中抽身逃离。

我们发现，在《局部麻醉》里充满了荒谬与虚无的气息，这两点被墨白自称为是其小说美学的基础，亦构成了一种叙述的基调。它们在给人带来沉重的警醒与触动的同时，也引发了某种遗憾：色泽是否过于单调了？为什么就不能有些许阳光和暖意呢,特别是那久违的、爱的光彩?在此,我并不是想重提什么理想主义的老调,只是就文学艺术本身而言,它提供给我们的应该是一个丰富的、多层次的世界,如果不认为这是一种美学的奢侈的话。荒谬与虚无的感悟本身无可指摘,但如果作品仅停留于荒谬与虚无情节的叠加与累积,这里是否隐含着一种思维的片面与暴力操作呢?要解答这一点,我们必须回到对形式背后的必然性的考察上(此处的形式是宽泛意义上的,它包括技巧、美学风格等,甚至已然化为内容的一部分)。就墨白来说,他对世界的感悟方式是由他苦难、不公的经历所决定的。荒谬、虚无,包括神秘,这些美学倾向追溯到底,都源于主体对生活与生命的失望与埋怨。在这一点上,墨白《局部麻醉》类的小说与他那些现实性很强的民工题材的作品以及进入城市类的小说并无不同,只是在《局部麻醉》里,这种失望与埋怨被一种冷静的笔触予以抽象化、哲学化了。我在论述《讨债者》时曾说过,存在主义式的哲学思考中包含着主体超越自我的努力,即试图从咀嚼一己悲哀和个人经历中跳脱出来,用一种世界的或曰人类的眼光来思考问题。但必须看到,这种努力并非一劳永逸,在感觉与思维的层面主体仍旧存在着二元的、绝对的惯性。《局部麻醉》里那漫无边际的荒谬与虚无便是一种绝对的诉说,只是这种绝对由于用一种冷静、超然的口气道来而不易被人察觉而已。① 就阅读的感受而言,我们在其中所体会到的压迫与作家刻骨铭心的压迫记忆在程度上是旗鼓相当的,对作家来说,这是否是他在思维层面对以往经历的一种变相的复制与挪用呢?换言之,此系被压迫者从压迫中学到的一种压迫美学,即墨白的形式伦理。总体讲,墨白的写作是一种"在途中"的摸索,就像谭渔在城乡之间徘徊一样,墨白以他多姿多彩的创作在形式的层面象征地再现了一幅主体自我沉沦与超越的生动图景。

原载 2007 年《文学评论丛刊》第 9 卷第 2 期

---

① 在此,要补充一点:这种绝对性在长篇《梦游症患者》中由于白痴文宝的出现而略有改善,文宝是一个善良的、对生活和生命充满热爱的人。但他的声音实在太微弱了,其白痴的身份加剧了这一点。整部《梦游症患者》充斥了人性的丑恶和暴力,这是作家对"文革"的理解,亦透露出他感受世界时的兴奋所在。

人性的异化、疾病的隐喻与历史的宿命
——墨白小说论

龚奎林

中原大地的特殊地缘优势使得它自古以来一直是兵家争夺和权利争斗之地。20世纪的河南自然也充满了忧患与灾难,因为现代史上的历次战争在中原大地悲壮而残酷地一一上演,蹂躏着这块千疮百孔的土地,而20世纪50年代后期到70年代又再次上演了一部灭绝人寰的饥饿与生存大战。因此,苦难成为河南作家笔下的永恒母题和诉说愿景。徐玉诺、冯沅君、师陀、姚雪垠、张一弓、刘震云、李佩甫、阎连科、刘庆邦、墨白等河南籍作家,大都是这一次次苦难中的侥幸逃脱者,他们以笔为旗,对历史、苦难以及沧桑有着鲜明的诉说和批判。

人活着就注定了痛苦,这是上天考验人类意志的法则,墨白以自己苦痛的经历在文本中虚构了"颍河镇"这么一个生命诞生与结束的宿命之地,卑微的灵魂在此痛苦地挣扎,而挣扎的结果却往往是一种宿命的沉沦,所呈现的本质和乖张是悖谬的。因此,个体在强大的虚无与悖论面前不得不低头,正如墨白所说:"从生命的终极意义来说,人永远是一个思路清晰的梦游者。我们都清楚自己将走向哪里,可是我们还是尽可能地使梦做得长一些。基于这样一种认识,我虚构了颍河镇这个'隐喻场'。所以,我的小说里大都是一些挣扎着的痛苦的灵魂。"[1]所以,那种死亡腥气的笼罩、暗红色的悲剧宿命以及生存与毁灭的主题一直贯穿在墨白的创作之中,其小说总给人一种历史、苦难造就的尖锐的刺痛感和人性的荒芜感。笔者主要想从人性的异化、疾病的隐喻、历史的宿命、叙述的意味四个层面阅读墨白及其小说所提供的苦难叙事和历史隐喻。

人性的异化

20世纪以来的小说一反原有的宏大叙事和日常生活叙事,在反思、反讽的

---

[1] 张钧:《以个人言说方式辐射历史与现实——墨白访谈录》,收录于《小说的立场——新生代作家访谈录》,广西师范大学出版社,2002年。

基础上思考当代中国的苦难根源以及生命不能承受之重的毁灭，于是，剥开苦难的外衣我们能够发现人性深处的残忍与荒凉。那些既得利益者为了保障自己的权力，借用一种集体主义式的神话话语霸权机制以非常态的权力机制压抑和扭曲常态人的自然本性、生存权利和日常生活愿景。因此，在毕飞宇、阎连科、墨白的笔下，文革以及后文革给底层民众所带来的苦难总是那么荒诞与怪异，一旦苦难与困境接踵而来，人的生存本能和命运竞逐使得人性走向了真相的末途，因为人性本善与人性本恶永远是相对的、即时的，伪装的皇帝的新装永远欺骗不了穿透灵魂深处的善与恶。所以，墨白希望通过自己的小说"显像管"还原生存本能中的人性百态："我觉得对社会底层人的生存困境和精神困境的关注，我不能放弃。因为我和他们有着共同的经历和命运……苦难就在我们的目击之处，绝不是作秀"，"在现实里，在我们任何一个可以目击到的地方，到处都在生长着苦难和痛苦。"①存在主义哲学家萨特、加缪等更是印证了人类存在的荒诞性，在这个被现代主义技术文明异化了的世界，人类的本质也逐渐疏离、异化。但在前现代主义困境中，政治权力和话语权力却加剧了世间的苦难，在苦难中一方面能够感受一种相濡以沫、分享艰难的温馨，但另一方面，当人的主观能动性无法超越苦难的困境之时，人的兽性则开始膨胀，人性走向异化。

因此，通过个人努力在艰难中获得成功的小说家墨白根据自身的生存体验去聚焦底层人的生存困境和精神困境乃至死亡，那种灵魂的裂变和人性的扭曲总是在无奈中获得悲壮的认同。饥饿是人类在生存困境中面临的最直接的威胁，从20世纪50年代中后期到70年代后期，饥饿如同噩梦般的阴影萦绕在中原大地上，这就成为墨白小说中的一个关键词，因为饥饿是直接以生存的艰难、求生的本能、人性的恶为背景呈现的，所有的努力都只是为了能活着，能为亲人活着。是的，我一直认为，人不是为自己而活，父母从孩子出生起就成了孩子的奴仆，而人从成年起就注定了为别人而活。一切的存在都只是固在，而人的存活更是为了亲人的存活，在《月光的墓园》老手的母亲为了填饱一家五口的肚皮而委身于柳根，母亲不得不通过性的交换为孩子活下去，而掌管权力的队长柳根却利用了人民赋予的权力实现自己膨胀的欲望。《寒秋》则讲述了一个饥饿的小孩毛头被后娘村头嫂虐待致死的故事，因为毛头和自己同父异母的兄弟在饥饿的困境中争取生存物资，后娘就以过量的粉条把他诱往死地。人生的辛酸与人性的扭曲及残忍莫过于此。

而小说《梦游症患者》主要讲述了王老三一家三代和全镇人在"文革"时期那种神秘精神力量的裹挟之下，每个人从自己不同的心情和欲求出发，疯狂参

---

① 刘海燕、墨白：《有一个叫颍河镇的地方》，《莽原》2006年第3期。

与了那场摧残人性的荒唐而残酷的政治运动,结果,王老三一家三代十余口人相互成了仇敌,最后全部死于非命:亲兄弟因为"政治派别"的不同而进行谩骂攻击;王老三亲手把在舱中通奸的三儿子王洪涛和二儿媳妇尹素梅的船沉到了颍河河底;一心要当革命小将的中学生文玉,在疯狂挖掘莫须有的"变天账"无果后,残酷地侮辱并折磨死自己的父母。这就是当时我们整个民族的一个悲剧缩影,一幅人性异化的欲望化图景出现在读者面前,人性在被毁灭者之被毁灭时已经完全被扭曲,墨白在此通过文本的冷酷叙述撕裂了历史内部自在的逻辑以及血腥游戏,并以此来思考那一段荒谬历史的背后缘由:人性恶是如何起源的,在权力话语面前它是如何实施的,父权制神话的目的何在?然而这一切作者只是通过一个故事的叙述来解答,从而在根子上粉碎了国家话语的道貌岸然。"文革"的残酷和荒谬凸显出生命本质中的幽暗与卑微,当生命走向疯癫与死亡之时也就是欲望终结或失落的最后归宿。

疾病的隐喻

精神病(疯癫是精神病的一种)、傻两种生理疾病是作家墨白所反复渲染的人生悲剧,不管这种悲剧是天生的还是后天被逼成的,"人们在这些怪异现象中发现了关于人的本性的一个秘密、一种禀性。"[1]它们都是和人性的异化以及苦难的悲怆联系在一起,一方面,呈现出主人公对自己身份的怀疑、对社会的焦灼、对秩序的嘲弄;另一方面,却赋予了某种隐喻般的内涵。它们已经不再担负本原的责任问题,而是通过隐喻来揭示社会、自我、他者三者之间的复杂关系和人性黑洞。

《白色病室》中的年轻医生苏警已深陷现实的各种烦恼难以解脱,最终将自己倾心的女人秘密害死,自己也在自虐和虐人中走向精神迷乱,由一个精神病医生演变成一个精神病患者,生命存在的悖谬与迷狂在反方向的起点获得一致性。在这里,精神病已经成为一种负荆请罪的惩罚,但是,这种惩罚也是一种慰藉,用精神病想象的存在覆盖无可弥补的缺憾和已经消失的形态。《事实真相》讲述了打工者的故事,在郑州打工的农民来喜拿不到工钱,就在工地上偷了些不值几个钱的钢筋带回家,在车上被人发现后,他不但受到了同伴的白眼,而且包工头的弟弟三圣以此为由威胁不给他工钱。他再也忍耐不住了,用一根钢筋

---

[1] 〔法〕米歇尔·福柯:《疯癫与文明》,刘北成、杨远婴译,生活·读书·新知三联书店,2003年,第17页。

袭击了三圣并以为将他打死了。其实,他打的是另外一个车上的旅客,所以当三圣再次出现在他面前时,来喜变疯了。变疯的最主要的原因是面对造成苦难的敌对方的憎恨,然而过失杀死另外一个毫不相干的人使来喜承受不了生命之重的负累,恐惧和疑虑如同幽灵徘徊在秩序和理性的边缘。所以,他的疯癫可以说是逃避现实的一种方式,也可以说是上苍对自己罪恶的惩罚。正如福柯所说:"疯癫是因对某种结局的幻觉引起的,但在实际上解开了真正的情节纠葛。它既是这一纠葛的原因,又是其结果。换言之,疯癫是对某种虚假结果的虚假惩罚,但它揭示了真正的问题所在,从而使问题能真正得到解决。它用错误来掩护真理的秘密活动。"①

"文革"小说《梦游症患者》以主客观双重视角复现了"文革"时期社会生活的历史阵痛和集体悖谬,从而寻找人性沦落的原因,并表达出这种荒谬对民族魂灵造成的切肤之痛,正如后记中所说:"真实地再现那个年代人们的生存境遇,再现一个丧失精神自我的年代,是我的梦想。在叙述语言里隐含一种诗性,使整个作品隐喻着一种象征的主题,也是我的梦想。"②主人公傻子文宝如同福克纳《喧哗与骚动》里的傻瓜班吉和阿来《尘埃落定》里的傻子藏族土司一样,在病理学上是一个精神病患者,但在生活中却是一个洞察人性的智者。文宝不仅能读懂自然的眼睛,更能听懂源于自然的声音,正是这种自然状态使得他成为神人合一的精灵和智者,他用喃喃自语和粗野不羁的谵妄性言辞宣告了自身的意义,通过自己的幻想和谵妄说出历史的隐秘真理。与其说他是个傻子或精神病,不如说他是通过这种皮肉的外相来获取自由的可能,因为疯癫建构了一种新秩序,在新秩序中超越世俗的此在产生一种对历史的预感。所以,文宝可以整天站在颍河边或四处游荡,还可以活在自我精神里想着看似不着边际的事,说着谁也听不懂的话,这是疯癫给以他的权力,让他在自由中寻找解决问题的可能,他是颍河镇唯一一个没有参与那场躁动狂热运动的超脱者;而相反,那些所谓的"正常人"却淹没在"文革"非理性的癫狂行动中,最后自食其果。因此,文宝通过本真的疯癫与谵妄性的语言直面人的本性和生存处境,他用自己的诗性想象和哲性语言抵抗道德沦丧、人性毁灭和荒唐浩劫,从而超越此在的污秽世界而进入洁净的彼岸。福柯认为:"语言是疯癫的首要和最终的结构,是疯癫的构成形式……这种话语既是精神用自己特有的真理自言自语的无声语

---

① [法]米歇尔·福柯:《疯癫与文明》,刘北成、杨远婴译,生活·读书·新知三联书店,2003年,第28页。
② 墨白:《梦游症患者》,河南文艺出版社,2002年,第283页。

言,又是肉体运动的有形表达。"①于是,在劫难之中,文宝通过喃喃自语的话语来表达自身的存在和感觉:"我不想睡了,""我什么时候能醒?""谁能让我醒来?"最后,他果然清醒了,但失踪了。这种清醒而失踪的结果本身就是对那个苦难的、欲望的、龌龊的"文革"社会的有力鞭挞。而多年以后那个熟悉而又陌生的神秘客风尘仆仆地回到小镇打听三爷显然就是作者的希望所在。这里,作家墨白通过一个疯癫者的救赎与解脱沉重地诉说特殊时代的苦难本原以及解脱方式。

墨白曾这样阐述他对这部小说的创作动机:"1996年距离'无产阶级文化大革命'的开始已经整整三十年了,距离'文革'的结束也二十年了,'文革'那一年我还不满十岁。当噩梦在一个还不满十岁的孩子身边发生的时候,他用幼稚的眼光注视着梦境里的一切,他身不由己地去经历梦境中的一切:兴奋、向往、迷茫、恐惧……梦是那样的漫长,足足做了十年,或者更长一些,一直到他长大成人,那场噩梦几乎构成了他的血肉和精神……当他从梦境里醒来的时候,当他爬到一座山顶或者走到一望无际的大海边回头朝他的来路观望的时候,他受到震惊的灵魂很难用语言来表达。"②这段话其实表明,傻子文宝是作者寄语的某种精神幻象,或者说,文宝的遭遇与作家墨白童年的噩梦经历产生了精神同构。因为整个社会都被一种极其荒谬和惨无人性的力量所整合,处于疯狂状态的人任其支配而丧失了独立的话语权,完全成了梦游症患者而盲目地存在于这个世界。这里似乎也有一种暗示:作者通过疾病的隐喻其实在劝喻当下,希望历史不再重演。

历史的宿命

历史包括两种:一种是各种事件构成的自然发展的历史;另一种是由某些人叙述出来的历史。无论是哪一种,都离不开人的作用,人的终极目标是走向死亡,因此历史在秩序与混乱中具有无法解脱的宿命。当革命成为一个政治的噩梦消失之后,我们步入后革命、后社会主义时代,开始关注日常生活和消费叙事,我们有意忘却曾经那段难以名状悲哀的历史,然而,作为一个固在的存在,历史的阵痛所造成的苦难永远是无法忘却的,这是我们的宿命,更是我们的责

---

① [法]米歇尔·福柯:《疯癫与文明》,刘北成、杨远婴译,生活·读书·新知三联书店,2003年,第91页。
② 墨白:《梦游症患者》,河南文艺出版社,2002年,第282页。

任。于是,墨白有意重返历史现场,审视那巨大的苦难所在,缓缓诉说自己悲悼的痛楚、尖啸的无奈以及绝望的情绪,那种犀利奇异的感觉总是直刺人的灵魂深处的痛楚,人性的恐怖一览无遗,一种中国人与生俱来的宿命感和虚无感便油然而生。《风车》就是一个在特定历史时期人的生命和灵魂的真实而扭曲的表现,队长、理论家的好色、滑稽与木匠的徒劳如同嘉年华般消解了政治权力话语的严肃,木匠为赶进度制造风车,几天几夜不合眼,最后残废。在火烧棚屋的时候,当权者想到的只是抢救风车,而无人去关注那一个个被烧死的右派或者地主婆。所有这些为献身革命的个体在历史的荒诞中成为了政治祭献的礼物,献祭者一旦被纳入国家意识形态的话语权力体系,就具有了崇高价值。正如德国文化人类学家恩斯特·卡西尔所说:"一个人通过忍受某种肉体摧残,其目的仅仅为了加强他的超然力量、肉体——巫术的力量和效验。"①而这种力量已经为革命所用,于是,历史就在革命神话中走向了宿命的终结。

一切历史都是当代史,这种历史的宿命也呈现在当下的生活语境中,因为历史的宿命就是人的宿命,《七步诗》就讲述了这么一个凄楚、绝望而疯狂的故事。福柯曾根据环形监狱建筑以及监视效果创造了一个词——全景敞视主义(panopticism),即通过权力机制的运作,对被监视者进行监视、规训与惩罚,"他能被观看,但他不能观看。他是被探查的对象,而绝不是一个交流的主体……在被囚禁者身上造成一种有意识的和持续的可见状态,从而确保权力自动地发挥作用"②。这其实也告诉我们,生活中的每一个体都处于权力的监视中,这是历史和权力赋予人的宿命,这种权力可能是政治的权力、经济的权力、爱情的权力、伦理道德的权力、秩序的权力或者他者的权力等。墨白的长篇小说《欲望与恐惧》就是这样一部被规训与惩罚的小说,作者采用了关键词叙述方式,如"第一部:序言"由"欲望"、"恐惧"、"隐私"、"爱情"、"神秘"、"牌局"等七个词语的解释构成,每个词语作为一个标题,每个标题都直逼人性的最深层以及最隐秘处。这显然有着对韩少功《马桥词典》的借鉴,但又超越了那种简单化反讽式的文本技术书写。文本对"欲望"解释为:"这是一个如同海洋一样辽阔的词语。"全书由此开始剖析一个农民的儿子——那个叫做吴西玉的"我"——赤裸裸的灵魂以及充斥其中的欲望、恐惧与无奈。主人公吴西玉用婚姻作为赌注换取城市的立足之地,妻子牛文藻成了一生的克星,其近乎变态的性惩罚,使吴西

---

① 〔德〕恩斯特·卡西尔:《神话思维》,黄龙保、周振选译,中国社会科学出版社,1992年,第244页。
② 〔法〕米歇尔·福柯:《疯癫与文明》,刘北成、杨远婴译,生活·读书·新知三联书店,2003年,第226页。

玉处于性压抑状态,然而不可遏制的欲望使得他得不到满足时,借助于极端的心理和行为(如找情人、手淫、意淫、兽交等)来获取,然而这在知识分子吴西玉看来是一种永远摆脱不了的原罪与宿命,因为各种规范时时在监控他,于是导致他不断产生内心的恐惧,而文本也就以此来解释"恐惧":"这是一个寄生性的词语,恐惧因欲望不能实现而产生。"因此,吴西玉一直处于被政治、伦理、道德等权力运作的监视中,最后主人公不得不希望借助两次大"逃离"来实现:一次是从情人的床上和肉体上"逃离",但他却挣脱不了内心与情欲上的枷锁;另一次是从自己家庭中的"逃离",主人公在妻子的威逼和监视下跳楼而逃,但他又无法挣脱许多外在的枷锁。妻子牛文藻的那双眼睛似乎时时在监视他,那句经典名言:"吴西玉,你的今天是怎么来的?"更是剥夺了他作为男人的所有尊严,道德伦理权力使主人公吴西玉无处遁逃。吴西玉的命运其实是每一个生活在历史当中的个体的宿命。作者通过文本的压抑无情地挤压着读者的心理承受能力,甚至逼视着人们面对这种黑暗的情感深渊。

叙述的意味

墨白从先锋写作开始显露山水,但他的创作本质显然是指向批判现实主义的,这种批判现实主义的文本创作技巧又是走向现代主义和后现代主义的,正如墨白自己所说:"在我的小说里,历史与现实、现实与虚构、虚构与梦境,它们之间的界线往往是模糊不清的。这些特征都有后现代的意味。但我的作品里往往又呈现出现代主义的东西,比如我比较注重叙述的崇高感,注意建立作品的深层结构等。可以说我是一个介于现代与后现代之间的写作者,无论前者还是后者都做得不彻底。"①因此,我们很难说,墨白的作品是属于哪一个派别,他有自己的写作风标——融现代主义、后现代主义和批判现实主义于一炉的。在这种技术主义的个人性引导下,意识流的心理独白、喃喃自语的叙述、对形式技巧的偏爱、对神秘氛围的营造、梦幻境界的凸显、死亡场景的交结、语言选择的敏感就构成了墨白的艺术特色,然而这种特色却在墨白的多元化叙述背景下又沉淀出浓郁的诗意。所以,墨白就是墨白,他的苦难叙事与人性的异化、疾病的隐喻、历史的宿命纠缠迎拒在一起,然后又通过独特的叙述技巧增加了扑朔迷离、梦幻组合的文本阅读,勾连起读者的阅读期待与陌生化想象。

墨白曾经说他的小说创作从一开始就非常重视形式和技巧,"你只有先注

---

① 张钧:《以个人言说方式辐射历史与现实——墨白访谈录》,《当代作家》1999 年第 1 期。

重形式和技巧,才能更好地表达你的思想。当然,一个作家在写作之初可能很注重技巧,到了成熟的时候就可能不太注意这些了,但你不能说小说里形式和技巧就不重要了。我认为形式和技巧是一个作家认识世界的方法,形式的不同就是视角的不同,一种新的形式就是为人类提供一种新的认识世界的方式"①。他于1999年出版的长篇小说《寻找外景地》可以说是这样一部追求艺术技巧的作品,将现在与过去、剧组中现实的人事同剧作脚本中的人事进行"对话"与"互动",从而形成了荒诞、反讽和神秘的艺术效果与复合式结构;《梦游症患者》采取的是主客观双重视角,七个以文宝为第一人称的喃喃自语的叙事章节与颍河镇的"文革"故事平行进行并相互交叉,从而在"对话"与"互动"中获得历史奥秘的缘由以及距离产生美的可能,形成诗性和理性、秩序与无序、癫狂与疯狂相互补充的效果;而《光荣院》也颠覆了线性叙事传统,在历史、现实和未来的叙述迷宫中感受那种扑朔迷离。小说通过虾米对老金磨鱼钩的回忆和老金淹死的可能性进行平行交替,意识流的心理独白使文本的叙述变得更加暧昧,语言也充满了阴郁的颜色和死亡的气味。由此可以看出,作者通过反讽与对比的技巧,一方面,对国家意识形态和公共话语建构的叙事话语(政治神话、时代神话、人性神话)进行祛魅;另一方面,则对个人化的叙事话语(人性、生命、尊严)进行建构。在《寻找外景地》中,作者对上面的形式与技巧的探索则更进一步,主要讲述一个电视剧组前往颍河镇寻找外景地,剧本根据两部小说改编而成,其中《风车》反映"大跃进"时期的多种荒谬,《雨中的墓园》则描写了"文革"时期一起神秘的多人死亡事件。然而在他们的寻找过程中,小说中虚构的环境、事件和人物却在现实生活中意外出现,历史的沉重和命运的神秘怪异地交织在一起,一种感觉、情绪和生活现实有机融合而形成的艺术性融入了超现实与超感觉的情绪化、幻觉化,使得这部小说的整个情境充满怪异和神秘。而叙述视角和聚焦方式也不停地变换,小说完全打破了传统的闭幕式与向心式的结构方式,开创了一种发散性与开放性的非闭合结构的小说样式。这种叙述的意味更显得独特而意味深长,表明了作者对自己创作的不满足,而致力于孜孜不倦对作品叙事策略的不断探究。

总之,作家墨白通过文本的语言暴力获得内心创伤的补偿,以平抑历史给予自己的孤独和虚无,于是,梦魇般的阴暗、恐惧与压抑、死亡的探讨、疾病的蔓延、血腥的偏爱以及痛楚的感伤夹杂在文本的梦呓中,而故事与人物也在离奇的叙述中抵达悲剧的宿命。墨白是以叙述那些忍受着生活苦难和精神苦难的底层人的生存状态和精神状态为创作初衷的,对世界的怀疑使他承担起解构历

---

① 张钧:《以个人言说方式辐射历史与现实——墨白访谈录》,《当代作家》1999年第1期。

史的责任。因此,他的小说表现的是现代人在种种内在的(即人的无休止的欲望)和外在的力量(社会机制的与物质的)驱动与制约之下那种无奈的处境与命运,并通过穿透苦难、欲望、死亡和命数,最终穿透存在之谜。自然,人性的异化、疾病的隐喻、历史的宿命和叙述的意味也就成为墨白小说的叙述核心,而这又是墨白由河南作家走向中国文坛的转折点。我们有理由相信,作家墨白已经从一个地域作家成为了一个独具个性的成熟的中国作家。我期待着他和他作品中那些有血有肉的生命在诗意的世界中继续"行走"和"寻找"。

原载《山花》2008 年第 7 期

游离于世俗化与诗意化两极之间的焦灼
——墨白小说创作浅论

高俊林

从1984年发表第一部作品开始,墨白的小说创作至今已走过了二十多年的历程。如果要给他这些年来的大部分小说寻找一个具有涵盖性的关键词,我个人以为,当以"焦灼"最为合适。随意翻开他的一篇小说,几乎都能够感受到那种低气压般的无所不在的焦灼氛围:环境的焦灼,人物的焦灼,情节的焦灼……你甚至可以体味到那种浓烈而炽热的焦灼气息扑面而来。它似乎已经渗透进了你浑身的每一个毛孔,令你感到窒息。

这种焦灼并非墨白独自一人的刻意臆造。事实上,如果你仔细观察我们所置身的现实环境,就会发现,在今天焦灼具有某种共通性与普遍性,已成了一种时代病或社会病。除非你闭目塞听或视而不见、听而不闻,否则便无法不受到它的濡染。

对于一个写作者来说,焦灼当然不是所谓感情零度式的冷漠,与各种形形色色有意无意装扮出来的恬淡静穆更是相去甚远。它意味着作家对于其笔下人物与环境的深切关照,以及在此基础上所产生的个人情感上的矛盾纠葛与跌宕起伏。墨白与其他许多作家不同的地方在于,他没有奉行什么鸵鸟政策,而是敏锐地把握到了它并将之赤裸裸地表现了出来。正是在这种充满焦灼心态的关照下,我们注意到墨白的小说在两个世界(世俗化的世界与诗意化的世界)之间来回穿梭,游移不定。这两个趋于两极的世界,既相反又相成,并与时间存在着深刻的关联。如果说,世俗化的世界是直指当下体验的话,那么诗意化的世界则包含了对温馨过去的记忆与美好未来的想象。而所有这些记忆、体验与想象,都共同需要一个具体承载的母体,于是那个名叫"颍河镇"的地方小镇便出场了。

颍河镇,是墨白绝大多数故事所发生的地域背景。在那些不同的故事里,它有时候是起点,有时候是终点,有时候又只是匆匆驻留的中站。但当我们把这些零零碎碎的故事连缀在一起的时候,一个以颍河镇为中心的宏大而具有规模性的家园系列便矗立在面前。我揣测,这里面也许包含了作者在创作伊始的高度自觉。当然,这种自觉的试验已经取得了巨大的成功。

在以焦灼的心态围绕着颍河镇所展开的两个世界的描述中,我们看到,墨白对于世俗化世界的反映是一种常态:一桩桩鸡零狗碎的事件,一个个具体而微的人物,一组组藤缠葛绕的关系。而所谓诗意化的世界,只是一个映衬性的背景或参差性的对照。具体说来,墨白笔下的诗意化描写并非那种浓得化不开的大肆渲染,而是人物在世俗化状态下精神高度紧张时的一种暂时松弛,就像一个远途跋涉者在走累了以后需要短暂休憩一样。但它并非人物自主性的自我调节或者张弛有度的着意安排,而是疲累到了极限以后迫不得已的喘息,其中隐含着一种深沉渊默的压抑。换言之,那是一座火山行将爆发前的暂时沉寂,或者一个潜水过久的人将头露出水面的偶尔透气。

无论如何,墨白的小说都是一个复杂化的存在。以下,我将从四个方面对之展开具体的阐述。

颍河镇:作为一种记忆、体验或想象

一个作家与其故乡的审美关系,是在拉开一段时间与空间距离之后的冷静关照中逐渐形成的。故乡对于大多数生于斯、长于斯的子民们来说,固然是一种客观化的物质存在;但对于一个离乡背井多年的作家而言,已经变成了一种以时间为计量单位的凝固化了的精神存在。它像琥珀一样,以过去完成时态的形式,永远地被定格在那里,折射出作者曾经有过的爱恨情仇与休戚悲欢。在时间已经将一切都过滤得波澜不惊之后,作家才有可能近距离地客观观察它,如实地去表现它。因为,这个时候的观察才最真实也最具理性,才可能既不美化也不贬低。

墨白与他笔下"颍河镇"的关系也正是如此。他在一次访谈中讲道:"我小说里的颍河镇已经像血液流进了我的体内,来到了我的现实生活里,我的生命已经无法和她分离。"[①]可以说,颍河镇既是墨白的生命之源,也是他在进行创作时源源不断的灵感之源。那里是世态的微观,也是风情的一角。在墨白的笔下,那里人物众多,身份各异,以浓缩的众生相,共同组成了一幅当下中国地方小镇的清明上河图。

如果我们再加以仔细地考察就会发现,围绕着颍河镇而展开的故事共包含三个层面:

一是发生在颍河镇本土的故事,像《梦游症患者》、《七步诗》、《迷失者》等

[①] 张晓雪:《我们应该怎样叙事——和墨白对话》,《天津文学》2008年第8期。

小说。在颍河镇本土发生的故事是最为世俗化的，不带有任何诗意色彩。因为，这个时候的颍河镇可感可触，是一种现实存在。例如，在《局部麻醉》里，生活在颍河镇的医师白帆因为有过短暂南方求学的经验，所以极端厌恶这片土地，他觉得自己和这里的人格格不入。这片土地对他不仅没有任何诱惑，反而带来了巨大的压抑感。他以一个医生的眼光，审视着那里病态的人们——身体的病态倒在其次，心理的病态无处不在。他们浑浑噩噩，或耽溺于鸡零狗碎的琐事，或沉陷于粗鄙不堪的娱乐，即使痛苦到了极点，也只会以自虐的方式来进行一种奇怪的解脱。

二是从颍河镇的出走者，像《欲望与恐惧》、《航行与梦想》、《尖叫的碎片》等。颍河镇见证了一代又一代人的生生不息，但对于从那里走出的人物来说却具有双重意义，就像《裸奔的年代》里谭渔所感受的那样，"她给予了我生命，也使我背上了沉重的负担"。出走意味着最初的不满与厌恶，以及最终的叛逆与决裂。在出走者的视野里，眼前的世界是一个自己极力要摆脱掉的否定性世界。所以，当后来的谭渔静观五光十色的繁华城市而蓦然想起颍河镇时，那座肮脏的小镇在他的记忆里突然变得是那样的猥琐，在城市人的眼睛里那小镇如同一个身穿破旧棉袄蹲在阳光里取暖的老农。这使他突然获得了安慰，有了一种"我现在也是城里人了"身份认同的自我满足。这显示了他对于自己当初出走选择的肯定。

三是回归者和闯入者，如《雨中的墓园》、《霍乱》、《民间使者》等作品。对于回归者与闯入者来说，颍河镇是以一个充满诗意化的世界出现的。那里或承载着温馨的记忆，或寄托着美丽的想象。回归本质上是出走者对于异地世界的另外一种逃避。颍河镇成了他们在现实中处处碰壁之后可以退守的根据地。它重新被赋予了诗意化的色彩。所以，当《欲望与恐惧》中的吴西玉回到家乡以后，"那个时候我已经是一个离家漂流在外多年的游子，慢慢接近的故乡多少使我那颗终日焦虑不安的心慢慢地平静下来……我像一粒种子被安放在母体里，我渐渐地感受到了母体的温暖。"而在闯入者的期待视野里，颍河镇又成了一块类似世外桃源般的乐土。《民间使者》中的"我"一开始即是以一个近乎朝圣者的心态踏上那片土地的——"那块盛产着小麦大豆、花生、玉米和各种各样的植物的土地上，也同样盛产爱情故事和民间艺术家……那些充满了灰色村舍的黄土地，在那回荡着船工号子和少妇捣衣的棒槌声的河道里，到处充满了灿烂的阳光"。但无论是回归者还是闯入者，他们注定都是要失望的。因为，颍河镇并非凝固不变的，那里已经被现代工业文明严重污染了，变得千疮百孔、面目全非。就像吴西玉所感受的那样，那里没有了远扬的白帆与盛开的桃花，没有了捣衣少女与行脚纤夫，那里现在已经不通航了，河里的水又黑又臭……河道里流着酱油一样的河水。一旦长期扎根下来,必然会再度产生失望。诗意化的梦幻开始逐渐褪去,一场世俗化戏剧的大幕正在徐徐拉开。

不管是无奈的驻守者还是决绝的出走者,以至那些最后的回归者与突然的闯入者,对于他们来说,颍河镇分别是以一种或体验,或记忆,或想象的方式次第出现的。感受方式的不同自然会带来感受本身的差异,而所有这一切都源于时间的加工——近乎静止的岁月会让驻守者长期安宁的栖居形似一种折磨;流动的光阴则在给闯入者带来新鲜感的同时,往往又会将归来者早年那些污秽的记忆漂洗得干干净净。

政治话语笼罩下的暴力、情欲与道德

和当代其他一些小说家相比,墨白很少从正面去叙写政治。宏大的历史叙事从来都不是他所关注的中心。但这并不表明墨白的作品远离政治。事实上,一个小说家只要从事创作,就不可能不涉及政治,因为政治是作品中所反映的社会生活的一个必要构成。

从本源上来说,政治是人类为了提高生存效率而群聚在一起进行自我管理的一种组织形式。它们或是依照着合理的法律契约,或是遵循着野蛮的丛林法则。前者出于自愿能充分调动每一个个体成员的积极自主性;后者诉诸暴力则往往表现为极少数成员非分欲望的过度满足与大多数成员合理意愿的严重抑制。当政治使大多数成员的合理意愿都被严重抑制时,意味着政治的异化。而对那些极少数欲望获得过度满足的成员们来说,这种异化了的政治必然包含着暴力的极端发挥、情欲的充分宣泄与道德的完全自我优越感。在这个时候,一个人的政治身份便会大于其他一切身份。于是,获取重要的政治地位成为获取相应社会地位的最快捷径。小说《母亲的信仰》中母亲便是这么一个角色。作为生产队里妇女队长的母亲是勤劳能干的,也是善良的,然而无所不在的强势的公共政治话语几乎将温情的家庭私人话语完全淹没。母亲已经被政治给严重地异化了。她一开始在公共空间与私人领地里左支右绌,狼狈不堪。逐渐公而忘私,直至最终完全失去自我。在这个时候,政治身份与母亲身份构成了最大的反差。政治身份越是突出,母亲身份就越是单薄;最后只有当政治身份被完全剥离后,才实现了母亲身份的重新回归。

当政治遵循着丛林法则时,必然会展现出一种权力的霸气。而权力又是以暴力为基础的,是暴力一种隐秘的高级形态。它骨子里奉行着"拳头大的是哥哥"这一世俗原则,对于人的心灵造成严重的毒害。小说《梦游症患者》即展示了在"文革"那个特殊年代里政治暴力的恐怖。三爷一家的遭遇可谓惊心动魄：夫妻反目，父子交恶，妇姑勃溪……政治暴力将私人领地一点点地蚕食殆尽。非自然的政治压抑了本来最为自然的人性，人为酿制的阶级仇恨替代了天然的伦理亲情。

除了滥用暴力外，政治还会扭曲情欲：它既可以最大限度地满足情欲，也可以对情欲造成完全的压抑。在长篇小说《欲望与恐惧》里，吴西玉周旋于两个女人之间，一方面是妻子牛文藻，一方面是情人尹琳。双方都发挥到了极端：尹琳是欲望的极端，牛文藻是恐惧的极限。欲望并没有带来新生，恐惧却让人觉得窒息。实际上，欲望与恐惧是一体化的，就像一枚硬币的正反两面。在由传统社会向现代社会过渡并充满了道德焦虑的当下阶段，每一个欲望的背后都必然伴随着恐惧——吴西玉在面对着妻子牛文藻的人性恐惧中获得了自己政治欲望的满足，在获得了对情人尹琳的人性欲望的满足中面临着丧失政治地位的恐惧。

情欲是人与生俱来的一种本能，是一种自然地呈现。它以即时性的瞬间现实体验，持久而深刻地影响着人的精神化存在，它随时都会冲垮理智的堤坝而泛滥成灾，墨白深刻而细腻地展现了这一点。他让我们认识到，在人性固有的缺陷面前，那些所谓最自信的坚贞其实也最为脆弱。尤其是在日新月异、变动不居的当下，面对着纷至沓来的各种世俗诱惑，当空间的距离即等同于爱情的距离时，所有纯美的爱情都只是缥缈的神话与传说。就像《裸奔的年代》里谭渔所面临着小慧的考验一样。为了证明自己的爱情，小慧找了一个做小姐的女孩对谭渔进行诱惑，而谭渔最终辜负了小慧的信任。但谁又能说小慧的实验本身就是非常正确的呢？这个本来只适合在古典社会里上演的正剧，一旦搬到了现代社会的舞台，便成了一部不折不扣的滑稽剧。

在政治年代，当政治已经完全渗透进人们的日常生活中并成为主宰性命题时，政治已经泛道德化了，或者说，道德已经泛政治化了。公与私，人与我，集体与个人，政治与亲情……这是一种非此即彼的两难选择，然而又必须作出选择。当政治发生异化时，最优秀的公共政治道德必然也同时是最劣质的私人伦理道德，反之亦然。道德仅仅成了事先的遮羞布或者事后的抹布。于是我们看到了，《风车》中的队长借检查工作之名行调戏妇女之实，《梦游症患者》中的文玉以"革命"的名义打死了自己的亲生父亲。这个时候所谓的私人伦理道德只是一个事后的观察者，它永远落后于利益当前时的判断。只是事后人物在内在压力作用下的一种自圆其说，是当事人在心灵深处为自我发放的免罪符，以达成一种自欺欺人的效果。

苟活者的卑贱与死亡

墨白说过:"一个作家的写作立场不是他自己决定的,而是他的命运决定的,是与他的生活经历有关。就拿我自己来说吧,我本身就是一个生活在社会最下层的人,这本身就决定了我的写作立场,没办法改变。"[①]正是早年的底层生活阅历,使得墨白在处理底层生活题材时,显得格外驾轻就熟。

在墨白的笔下,那些生活在最底层的人们,通常都是些默默无闻的被侮辱者与受损害者。他们的生活惨淡经营,日子平淡无奇。然而在风平浪静的背后,随时都有暗潮在涌动。在《寻找乐园》里,这些小人物的愿望已经降低到了无可再降的卑微:"我的嘴唇干裂,嗓子里像有一团火在燃烧,看着路边小铺门口冰箱里的冰糕,那火燃得就更加旺盛,我想,将来我有了办法,有了钱,我非可着肚子吃一回冰糕不可!"他们是进城的农民工,怀抱着寻找乐园的梦想离开家乡。城市是他们似乎触手可及的天堂,却又是最终可望而不可即的乌托邦。有时候,为了生存他们甚至不惜铤而走险,在死亡的边缘里讨生计,像《幽玄之门》里的吴殿臣一家人不惧危险地制作摔炮。他们命悬如丝,为求生而向死。在这个时候,活着就是一切:卑微的活着,屈辱的活着,低贱的活着,"好死不如赖活着"。生命只有长度而没有厚度,只具有数量的意义而没有质量的意义。底层人的生之艰难与挣扎,在这里得到了淋漓的展示。

墨白也写到了那些小人物曾有过辉煌的理想。他们也曾做过瑰丽的梦幻,却最终都抵不过岁月的日渐磨砺。在《裸奔的年代》里,墨白以无情的笔墨展现了同样无情的时间与严峻的生活如何把人一步步地世俗化起来。那些昔日怀抱着纯净理想唱着甜蜜歌声的美丽女孩,那些曾令当初的少男们怦然心动、辗转反侧的安琪儿,现在已变得粗鄙至极,早已成了势利无比的市侩。她们人老珠黄,心理的皱褶与额头的皱褶一样多,言行的粗糙与皮肤的粗糙成正比,在聒耳的麻将洗牌声与放荡的嘲谑调戏声里迷失了曾经的可爱与清纯。至于那些曾有过高远志向的男人们,对于他们来说,生命一旦没有了寄托,便会日渐空壳化,最终沦为行尸走肉。那已经不是生活,而是活着;不是享受,而是忍受。于是"食色性也"的动物性本能,在这里得到了最为充分的发挥:在"食"的法则压迫下舍生忘死,在"性"的欲望支配下醉生梦死。

然而我们看到了底层人惊人的忍耐力,令人产生一种说不清的复杂感受。

---

① 雷霆:《对文本的探索》,《山花》2003 年第 6 期。

即使被命运逼到了墙角,他们依然在那里默默地忍受。那是一种另外意义上的忍辱负重:忍生命之辱,负生存之重。在《寻找乐园》里,已经丧夫的秋兰嫂领着小女儿梅豆四处乞讨,只是为了凑钱要回被城市扼杀了年轻生命的丈夫的尸身。于是,在小说的结尾,我们看到了令我们触目惊心的这样一幕对话:

  秋兰嫂从一个柱子后边闪出来,我一把抓住她的手就走,一直走到广场上我才回头看她一眼,我说,走。
  雨水从我们的头上飘下来,四周一片哗哗的响声。秋兰嫂哽咽着说,我得把你哥带回去呀……
  那就带。
  可人家火葬场里要钱……

生的偶然,死的必然,活着的茫然,以及各种灾难的不期然而然。浑浑噩噩的当事人对一切都保持着麻木。他们自在地活着,随意地死去,生与死没有了明确的界限,甚至被完全泯灭。死亡的随意性甚至令人感到荒诞,就好像一首写得太坏的乐谱中毫无理由地突然进出来的一个休止符。因为太多的死亡并没有唤醒什么,反而使人变得更加麻木。时间照样流逝,生活依旧太平。当然,我们也许可以获得另外一种安慰,因为"死亡就是通向可能性世界的唯一通道。死亡是一种奇妙的荒谬,因为它不停地将可能性的世界开启或关闭"①。虽然对于这些底层的人们来说,死亡并不是一种自我主动选择的救赎行为,但至少也是一种被逼无奈之后的消极逃避。

叙事革新与语言创造

  用现代、后现代的叙事手法来反映中国当下生活是墨白小说所一直追求和探索的,也是目前中国的先锋小说家运用同样手法来反映当下社会一个比较成功的范例。墨白从一开始就注意到了运用西方小说叙事来关照切近的历史与身边的社会现实,正如他在《梦游症患者》后记里所写的:"在叙事语言里隐含一种诗性,使整个作品隐喻着一种象征性的主题,也是我的梦想。"这种努力就将他与传统的现实主义叙述者鲜明区别了开来,并为他自己打上了一份浓厚的先锋色彩。

  但与其他一些在现代、后现代叙事方式上渐行渐远以致最终脱离现实中国

---

① 冯俊:《后现代主义哲学讲演录》,商务印书馆,2003 年,第 168 页。

情境的作家不同的是,墨白一直在进行着现代主义与后现代主义的本土化努力。因为,他显然无法将欧美的后现代主义全盘移植过来。虽然,在拒绝乌托邦幻想、追求大众化与否定天才理念等方面,他们有着同样的追求。但墨白的中国当代"后现代叙事文本"怎么也无法在"愉悦"、"轻松"等方面与西方对接。因为,处身于当代中国已经断层化了的社会与撕裂了的现实,他的叙述语调不可能做到悠游恬淡、从容有致。现实语境中触目即是的种种荒诞,使墨白无法不形成自己独有的那份凝重而焦灼的风格。那种心魂深处的沉重感来自于他脚下的土地,这必然使得他的笔触沉甸甸的。这种沉重感所带来的形式表达,主要表现为叙事革新与语言创造两个方面。

叙事的革新在墨白的作品里得到了多方面的展示,如多重的叙事视角、几个不同叙事空间的重叠或交叉、被打乱了正常顺序的叙事时间等。这里不再一一列举,只举一个作为参照,那就是叙事人称的瞬间转换,如长篇小说《裸奔的年代》里的一段话:

> 在谭渔的感觉里,他如同坐在一间地下室里,一种孤独凄凉的感觉油然而生。屋里很静,空气仿佛凝聚了,仿佛有许多看不见的绳子缠绕在他的身上。他挣扎了一下,伸手拉开了窗帘。通过窗子我看到西边南侧的楼房上已经亮起了许多陌生的灯光。几棵高大的法国梧桐耸立在他的窗前,桐树的枝杈上已经生长出许多淡绿色的嫩叶,由于夜色的缘故,他看不清树叶的颜色,那些淡绿色的叶子只是他的一种想象。这不一定准确。明天我一定要到楼后面仔细看一看,看一看在这个季节里法国梧桐的叶子到底是一种什么样的颜色,还是多年前我在乡村里看到的那些树叶的颜色吗?即使在乡村,他也已经有好多年没有仔细观察过春天里树叶的色彩了。

我们看到,在这一段文字里,有着非常频繁的人称变换,"我"与"他"交替出现。作者试图以人称的置换来暗示着观察视角的变换,以及其中所包含着的时空流转。当然,在墨白这里,叙事的革新不仅仅服务于纯形式的创造,而且隐含着对于叙事对象本源的另外一种更深层次的追溯。所以,墨白很喜欢通过某些不可见的带有神秘色彩的声音,来传递一种本质上的真实。就像《同胞》里神秘的女人笑声,《光荣院》里磨鱼钩的声音,《隔壁的声音》里电锯的声音……墨白的目的在于表明:所有那些外在的可见的一切都是幻象,它们有时候固然以绚丽的表面迷人心魄,而最终只落得一片空虚。真相其实被隐秘得很深,我们明明感受到了它,几乎触手可及,但苦苦追寻之后,却又渺然无踪。

现代主义与后现代主义的话语阐释既丰富了文学阐释的空间,也为当下社会的文学性解读提供了一种新鲜的解读方式,但并不是终极。正如有论者所指出的:"不能够期望任何一种文学思潮、任何一种文学社会话语会拥有永久性的价值。文学社会话语,例如现代主义和后现代主义,是暂时性的,它们必然简化了阐释世界的模式,这在某些时候和某些环境下会是有益的。它们从来都没有完全取代已陈旧了的阐释模式的地位。"①所以,墨白在采取现代主义与后现代主义叙事手法的同时,并不完全排斥传统的叙述模式。在很多场合里,他将它们羼杂在一起,交替运用,充分显示了叙事手法的丰富性与灵活性。例如,长篇小说《映在镜子里的时光》,就是这方面的一个最佳注脚。

在尝试多种叙事方式革新的同时,墨白也一直进行着艰难的语言探索。因为,"在一个不断大众化的社会,有了报纸,语言也不断标准化,便出现了工业化城市中日常语言的贬值……我们的头脑塞满了五花八门的程式化的语言。逐渐地,当我们自己以为是在表达自己的感情时,我们只不过是在使用些陈词滥调罢了。"②墨白有一种非常自觉的语言创造意识。我想,这是任何一个读者都要赞成的论断。他有时候大笔挥洒,积极调动多种修辞手法,看似铺排,但其实并没有多少闲笔。像《风车》里:冬天已经来临,太阳光哆哆嗦嗦地在树影里走来走去。这已经不是简单的传统意义上拟人手法的运用,而更是一种象征,是一个时代氛围的一种暗示。有时候,他也大量地运用比喻。那些比喻的对象既是外在环境的一部分,也是人的内在心绪的真实展示,传达着人物或喜悦或悲凉的情感。像在《裸奔的年代》里,当谭渔从老同学吴艳灵那里得知自己以前所深爱的女友锦的死讯时:他怔怔地望着满天纷纷的雪花,那些雪花仿佛某个夏季里扬散的纸钱。在《映在镜子里的时光》里,当叶秋与丁南谈话时,丁南忽然感觉到:她的目光就像一只温柔的小手。这些比喻经常充满了人的物化与物的人化,既展现了人的心理,也客观地烘托了氛围。

当然有些地方,可以看出墨白的语言实验仍在继续。这体现了墨白作为一个优秀的小说家为语言革新所付出的代价。例如,在《告密者》里:他一边走一边从衣兜里摸出手机来,老西看他在上面按了几个号,就把那个有鸡巴长的小黑东西放在耳朵上。这种描述性语言诚然符合作为观察者的真实身份,但却是对于粗鄙化的过度模仿。而在《黑房间》里,也出现了类似"他领了一位猗猗菲菲光彩夺目的少妇"这样的句子,从叙述者的角度来看,又似有过于雅化之嫌。至于《黑房间》里的另外一句话:那会儿生产队里的五头黄牛、四匹白马、三头灰

---

① 〔荷兰〕杜威·佛克马、〔荷〕E.蚁布斯:《文学研究与文化参与》,俞国强译,北京大学出版社,1999年,第115页。
② 〔美〕弗雷德里克·杰姆逊:《后现代主义与文化理论》,唐小兵译,陕西师范大学出版社,1987年,第141页。

驴、二头骡子都懒洋洋地看着他。这种数字上的整饬排列显然是作者刻意为之,以达成一种反讽的目的,但其真实效果可能就见仁见智了。

墨白一直在努力实现着突破,既是对文学常规的突破,也是对自我创作范式的突破,以此寻找着对于文学形式的多样性创造,因为"小说家的根本任务就是要传达对人类经验的精确印象,而耽于任何先定的形式常规只能危害其成功"①。墨白自己在一个场合里也说过,他有一个写作习惯,就是同时构思几部小说——"我不停地为这些小说积累素材,并不断地寻找着最佳的叙事方式和最佳的结构形式……写任何一部小说我都是十分用心的,至于能达到什么样的地步,那是另外一回事。每部作品都有自己的命运,就像《洛丽塔》。而一个作家所要做的是,尽自己的能力去写好它。"②基于此,我们也就有理由期待着他在以后的创作中取得更大的收获。

原载《小说评论》2010 年第 3 期

---

① [美]伊恩·P.瓦特:《小说的兴起》,高原、董红钧译,生活·读书·新知三联书店,1992 年,第 6 页。
② 刘海燕:《阅读之梦与写作之梦——与墨白对话》,《文学界》2008 年第 7 期。

墨白:底层民众的偶然性命运

张 闳

游离性

墨白的小说显然不是那种只提供给人们躺卧在沙发上打发休闲时光的文学"甜点",相反,读墨白的小说并不轻松。这倒不是说他的小说晦涩难懂,相反,他的小说特别地具有平民色彩,但却有一种内在的紧张。这一点,正是墨白与我们这个时代流行的精神生活方式格格不入之处。

墨白最初是以"先锋派"的面貌出现的,但他并不属于当时(20世纪80年代中后期)的"先锋派"主流。他的形式感与现实感的一致性,与先锋小说注重叙事方式的写作主流有所不同。墨白写作的高峰期起自1990年,但他写作的探索性又与20世纪90年代的小说趋势形成了明显的反差。这种似乎是"不合时宜"的写作,却使文学的精神在更大程度上得以保存。墨白自己说过,他是一个游离于主流之外的写作者。正是因为这种写作上的游离性,使得墨白的作品显示出不同一般的品质。

墨白,正如这个名字所显示的那样,他的小说就是一个矛盾体。墨白在大学里学的是美术,我不知道他是否熟悉木刻,这种建立在单纯的黑白二色的对比之上的图像,通过矛盾美学完成了图像的内在统一,并显示出力量的美。墨白的小说与这种美术法则恰好吻合。艺术上的探索性和所表达的内容上的现实感,这两者一直是当代中国小说写作上的一对难以调和的矛盾。而在墨白的小说中,这两种特征都同样明显。它们都是墨白小说写作的基本方式。比如,在墨白那里,有一些小说带有明显的幻想色彩,却不失现实感(如《讨债者》、《重访锦城》等);另一些小说则是具有强烈的现实针对性,而在艺术上又有较强的探索性。收在本书中的几个中短篇小说基本上都是现实感很强的作品,它们大多是作者在20世纪90年代里写出的。

颍河镇

颍河镇,坐落在颍河边上的一个小镇。虽然是个虚构的地点,却是一个典型的中原地区的镇子。墨白笔下的故事大多发生在这个地方。颍河,一个古老的名字,它与我们这个民族的文化历史一样古老。在传说中它是古代圣贤老子的故乡,而墨白的故乡也在这里。他有理由为此而感到骄傲。也许正因为如此,墨白才选取他的故乡作为自己小说世界的原型。事实上,任何一个有写作理想的作家都希望建立一个属于他自己的文学世界——哈代、福克纳、加西亚·马尔克斯、沈从文、莫言……莫不如此。

颍河镇这个古老的小地方,是墨白文学经验的发源地。它一方面联系着遥远的古代世界,其中隐藏着我们这个民族文化历史的秘密;另一方面,它又是墨白笔下现实事件发生的场所。这是一个具有象征性的地点,历史记忆与现实经验的交汇地。通过对颍河镇民众生活的描绘,既可以看到当代中国乡间生活的基本面貌,也可以看作是日渐消失的民族传统文化精神和生活观念在现代社会的回光返照。

颍河镇上的乡民们依然保持着古老的生活方式和文化传统。小说《幽玄之门》揭示了他们生活的古老面貌——野性的本能,生的激情,死的宿命。而在小说《红房间》中,我们则可以看到这种传统的迷人之处。这篇小说是一连串故事的集合,虽然多是现代生活中的事情,但它们更像是古老的民间传奇故事,看上去如同出自民间说书人之口的奇闻趣事,它的神奇是古老的,哀伤也是古老的。

然而,这里人们的苦难也是古老的——他们是生活在最底层的人群,至今依然面临着巨大的生存压力,饱尝着生存的艰辛。颍河镇就是一个典型的当下中国的底层社会。而今天颍河镇的生活还面临另一重压力,传统的文化格局和生活方式在现代文明(特别是商业文明)的冲击下,正面临崩溃的命运,这给这里民众的生活带来了新的危机。

墨白的小说表现出对这些底层民众现实生活的密切关注。在谈到自己这些小说的时候,他说过:叙述他身边的那些忍受着生活苦难和精神苦难的底层人的生存状态和精神状态,应该是他写作《事实真相》里几篇小说的初衷。

与时下那些以"关怀底层"为幌子,要求农民与官僚"分享艰难"的所谓"现实主义"小说不同,墨白笔下的底层生活中存在的种种冲突往往是难以调和的。这一点,在墨白的那些以民工生活为题材的小说中表现得尤为充分。

民工

民工,是墨白这部小说集中的主角。民工是当代中国社会特有的产物,这个特殊的群体集中地体现出了当下中国社会生活的特性及基本矛盾。

在墨白的这本小说集中,有好几篇小说都与民工生活有关。这无疑与作者本人的经历有关。墨白曾经当过农民、搬运工、油漆匠,有过与这些民工相似的经历。也许,墨白是从这些民工身上看到了自己的影子。只不过今天民工的相对贫困程度和社会地位劣势,恐怕比墨白本人当体力劳动者的时候还要严重。

这些人是在传统农业文明崩溃后,贫瘠的土地(像颍河镇那样的)所吐出来的人口残渣。为了生存,他们不得不转入城市,靠出卖自己的劳动力为生。在他们中的许多人看来,城市无异于天堂。但实际上城市对于他们完全是一个异质的世界。小说《寻找乐园》一开始,就让那个刚踏入城市土地的年轻人遇到了一个大麻烦——他在这个"人间天堂"里却找不到厕所。这是一个警告——他们连生存最基本的问题都将难以解决。

《寻找乐园》中的这个年轻人来到了城里,找到了他的同伴,并对他们的生存环境感到惊讶和无所适从。像他一样,民工们来到城市,基本上都聚居于城市的边缘——所谓城乡结合部。这不仅是一个城市的地理学位置,更重要的是,它还是一个具有文化学和政治学意义的位置。这个地方有着意味深长的象征性,象征着民工特殊的社会身份。他们是没有归属的群体,既不是农民,也不是市民。他们虽然是城市的建设者,但并没有任何(实际的)权利可言。而这种地方往往是一个城市在生存条件方面最糟糕的地方,它既没有农村空间上的充裕,又丝毫享受不到现代城市生活的优越性,还必须忍受城市生活的缺陷。城市和农村的好处都没有,坏处却全有了。畸形环境中的畸形生活。特别是在当下社会,体力劳动价值贬值的情况下,民工的社会地位和生存处境不可避免地每况愈下。

在文化观念方面,民工也有其特殊性。他们身上依然残存着古老的文化观念,与现代社会的生存法则即使不是大相径庭,也是十分隔膜。因此,民工们在文化上也是现代社会的局外人。但为了生存,他们不得不忍受这种文化分裂的痛苦。他们渴望进入现代生活,但他们又对都市生活充满了畏惧和敌意,或者说是都市对他们充满了敌意。他们被现代生活所排斥,无论在政治上、经济上还是文化上,始终都处于边缘状态,而且是被歧视、被剥削和被榨取的对象。

墨白笔下的这些人物,正是处于这样一种矛盾重重的处境当中,他们与现代生活之间始终存在着一种对抗性的关系。有时这种对抗关系还会加剧,引发危机。比如,在《第九十九种冰轮》中,那几位淳朴的民工为了补偿被工头欺诈的损失并报复工头的欺侮,不惜铤而走险,去抢劫工头的家。在生存本能的驱使下,他们不得不为金钱卖命。我更愿意相信墨白的故事更接近于底层生活事件的真相。

民工由于其特殊的社会角色,正好成了当下生活的旁观者和见证人。中篇小说《事实真相》就写了这样一群民工。这些年轻的民工正在修城市的马路,城市并不关注他们的存在,但他们却关注着城市,关注着外部世界的动静。他们像孩童一般好奇,千奇百怪的都市世界在他们的眼前展开。他们恰好见证了一桩离奇的凶杀案。不过,由于他们特殊的社会地位,他们的见证在人们看来没有意义。小说的奇妙之处在于:它既是民工对现代都市生活荒诞性的见证,同时又可以看作是对民工自身生活现状的见证。

偶然性命运

墨白在本书的"自序"《我为什么而动容》一文的开头,谈到"挑战者"号航天飞机失事给他带来的震惊,并列举了一系列灾难性的事件。这些事件完全是偶然的,但却改变了人类的命运,给人类带来极大的痛苦。墨白提及这些重大灾难,在我看来,是为了表达他对人类痛苦命运的关注。墨白接着写道,他可能是这样一种人:对世间苦难的人类充满了同情心,或者悲悯之情。

不过,底层生活的痛苦有时并不在于它有多少灾难降临,也不一定就是他们注定要忍受必然的痛苦,而是在于底层生态的脆弱性。他们是无助的,一个偶然性的事件就可以成为他们的命运。比如,日常生活中某个细小的疏漏和错误,却会给主人公带来无尽的烦恼和厄运,甚至有可能是致命的。

《夏日往事》中写了作者记忆中少年时代的一个生活故事:一个调皮的男同学经常以恶作剧捉弄老师,这给同学们带来欢乐。但一次,他无缘无故地露出下体在课桌上睡了。年轻的女教师一气之下,用教鞭打了他的下体,导致男同学的生殖器受伤。人物的命运就这样偶然地被决定了,无可挽回地走向灾难的结局。接下来两个人及双方的家庭为此付出了极其沉重的代价,断送了他们终生的幸福,甚至生命。这似乎就是作者所见到的底层生活的一个隐喻。欢乐是那样的短暂,痛苦却是长久的。

《模拟表演》的故事与《夏日往事》有相似之处,却更加荒诞。生存的痛苦与它的荒诞性联系在一起,有着更加令人震惊的效果。小说讲述的是一位少年的记忆。一桩强奸案就发生在他的身边,而且还有更加恐怖的事情他将亲眼目睹。赤脚医生给人们进行性教育,打算用模型给大家作"模拟表演",结果,他本人及其情人却成了这场"模拟表演"的道具。疯狂的人群强迫这对情侣公开表演性交。残酷、疯狂、荒诞,成为这个少年最初的人生经验,而且影响到他未来的命运,成为他记忆深处难以摆脱的梦魇。这些即使不是我们生活的全部,至少也是我们内心的隐痛。

这些芸芸众生的、偶然的不幸,虽然不像"挑战者"号失事那样能震惊世界,但对于一个像墨白这样敏感而且充满怜悯之情的心灵而言,它们具有同等的震撼力,同样令人悲悯。墨白正是通过对自己和他笔下人物不幸命运的同情,表达了他对人类命运的深切同情。

摘自《感官王国——先锋小说叙事艺术研究》,同济大学出版社,2008年

墨白与巴尔加斯·略萨比较

张延文

2010年10月7日,瑞典皇家科学院宣布将该年度的诺贝尔文学奖授予秘鲁著名作家马里奥·巴尔加斯·略萨,在颁奖词当中指出授予略萨该奖项是为了表彰他对权力结构进行了细致的描绘,对个人的抵抗、反抗和失败给予了犀利的叙述。略萨的获奖可谓实至名归,作为拉美"爆炸文学"四大主将之一,他创作出了一大批优秀的文学作品,并先后获得了西班牙莱奥波尔多·阿拉斯文学奖、秘鲁国家小说奖、委内瑞拉罗慕洛·加列戈斯小说奖、海明威文学奖、西班牙塞万提斯文学奖、以色列耶路撒冷文学奖等众多文学奖项。略萨的写作影响了包括拉美、欧洲,甚至中国在内的很多小说家的写作,但是略萨的这份诺贝尔文学奖的荣誉仍然可谓姗姗来迟,而且着眼点还是在于他写作所具备的社会学价值和意义。这未免让人深思其中的奥义。

2010年对于最具东方文明代表性国度的中国来说是个值得骄傲的年头,中国的经济发展取得了飞跃性的进步,在这一年,中国成为了世界第二大经济体,这个位置由日本保持了足足42年之久。虽然从购买力平价的角度来看,早在2001年中国就已经超越了日本,甚至有外媒声称中国目前的经济总量以购买力平价的角度计算已经和美国相差不多,但这仍然是一个值得纪念的大事件,它足以代表中国力量的崛起!但在文化领域呢,这个世界文明的一度引领者是否也拥有了睡狮猛醒的趋势呢?答案显然是否定的。在这个年度,中国大众文化最为流行的词汇是"神马(什么)都是浮云"。在中国,社会文化价值的缺失和经济的快速发展形成了鲜明的比照。诺贝尔文学奖的颁发成为中国文化界最为关注的事件之一也就顺理成章了。中国需要证明自己仍然在文化发展方面并不落伍就被寄望于诺贝尔文学奖获得这样的大事件上了。

虽然,我们明白即使2010年度的诺贝尔文学奖授予了中国作家,也无法弥补当前虚浮的社会文化价值。其实,我们不必为此而过分沮丧,因为值得庆幸的是,在中国的当代作家当中,仍然拥有自己的"巴尔加斯·略萨",他们都具备了和神圣的字眼相称的价值和意义。墨白,就是这样的一个中国作家,他的写作在某种意义上来说具备了和略萨的写作一样先知的价值。先知在字面意思是认识事物在众人之前,同时指代那些具备了超越性认知的人。在宗教的典籍里,先知往往被赋予了神性的价值,是指受到神的启示而传达神的意旨或预言未来的人。在一个意义丧失的年代,先知更具备了深远的社会文化价值和意义,他们拥有超越的精神力量,具备创造文化价值的能力。

歌德的《浮士德》是一部具有开创性意义的伟大作品,当中创造出的不朽人物形象浮士德为我们提供了一个在社会大变革时代拥有精神追求的强者的痛苦而坚强的心灵历程。在《浮士德》第二部当中有一句诗:"当心,魔鬼,它老了。要认识它,你们得变老。"这里的哲学在于:死亡对于生者来说永远是先验的;想要超越死亡的唯一方式就是死亡之后更生,从而具备不死的能力,也就是获得神祇的地位。想要在物质的现实中获得精神的飞跃,就得拥有超越的能力,而这种能力的获得需要克服自身的局限——来源于时间和空间的束缚和压制。略萨和墨白的作品从不同的角度为我们营造了这种巨大的精神现实,以创造语言的方式来创造世界,一个和现实并行不悖并随时可能互相侵入的理想世界。

墨白和略萨的生活背景为他们提供了这种理想化的文化语境。略萨1936年出生于秘鲁南部的大城市亚雷基帕市的外祖父家里。秘鲁作为一个饱受殖民统治之苦的南美洲国家,虽然在20世纪之前就早已独立,但却一直缺乏真正独立的政治和经济权力,独裁者和殖民主义结合起来形成了特异的秘鲁社会政治经济文化特色。而略萨的外祖父家就是秘鲁上层白人社会的代表,略萨的父亲则是来自于秘鲁社会的底层。秘鲁在被白人侵入之前还处于比较原始的社会发展时期,印第安人是一个被白人"死亡"的民族,他们自然的文明历程被以西班牙为首的白人粗暴阻断,秘鲁文明当中天然具备了"死亡"哲学的特征。这在略萨的长篇小说《绿房子》等当中有着突出的描写。《绿房子》概括了20世纪20年代起整个秘鲁北部(从沿海沙漠地区到亚马逊河流域的森林地区)长达40年的社会生活,《绿房子》的故事发生在相距很远的两处地方,即位于秘鲁海边沙漠地区的皮乌拉市和远在亚马逊流域心脏地带的能够经商和传教的圣玛丽亚·德·聂瓦镇。故事的象征物就是那非常出名的,由外地人安塞尔莫建造的享乐中心——绿房子。虽然皮乌拉市已经由一个落后的小城发展成为了现代化的都市,而广大的森林地区仍处于原始状态当中,国内外冒险家还在那里勾结官府,作奸犯科,对土著民族进行残忍的物质掠夺和精神迫害。这种文化冲突和对比在《绿房子》当中为我们提供了鲜活的"浮士德"式的悖论,殖民者充当了"魔鬼"的角色,他们以先进的借口侵占别人的灵魂。这种时间的被掠夺以及空间上的并置为略萨的写作带来了锋利的切口,成为了略萨的小说创作当中一直没有摆脱过的底色。

墨白1956年出生于河南省淮阳县新站镇,曾经务农多年,并从事过装卸、长途运输、烧石灰、打石头、油漆等各种工作。1980年从淮阳师范毕业后,墨白在乡村小学任教11年,后来在杂志社做编辑,现为专业作家。墨白早年经历了

"文革"这个中国社会特殊的历史时期,主要的创作实践是在中国改革开放之后。和秘鲁类似,中国曾经在19世纪中期到20世纪中期的长达一百年的时间里处于半殖民地的情况。殖民文化导致了中国社会传统文化的断裂。这种断裂到了20世纪中期之后非但没有终结,还在某种程度上得到了加强。特别是在"文革"时期,中国社会更是进入了传统文化的荒漠期,一种被扭曲的,被嫁接的,被任意虚设的文化想象代替了原有的社会文化现实。这种非常态的"文化死亡"导致了中国社会文化从内部出现了妄想和自闭,以及精神的歇斯底里。与此同时,东方文明的受虐和分裂的特征却从另外一个层面出现了变异和加强。这在墨白的中篇小说《光荣院》和《风车》当中有着深入的描述。《风车》主要是讲20世纪50年代"大跃进"时期发生在中国乡村一幕幕血淋淋的发源于政治的文化闹剧,而《光荣院》则通过刻画一系列光荣院里的人,反映被社会变形过的偏执和虚妄。墨白小说表达出的被某种外在力量控制的人和事物,在一种失去自我的境地里的集体无意识和个体无意识的癫狂和迷乱状态,同样蕴含着一种整体和个体的死亡哲学,使得墨白的作品呈现出了残酷的美学特征。

如果说是"魔鬼"赋予了浮士德脱离现实时空的能力,从而获得了超越的可能性。略萨和墨白的"先知"身份则主要依赖在一种非常的历史境遇里的自我超越,他们知晓"魔鬼已经老了",或者说他们是在魔鬼已经老了之后才明白了自身的衰老乃至死亡的必要性。这种独特立场的获得是以个体自我死亡换来的整体的感知能力,这也使得他们的叙述视角超越了"我"的人称局限性以及普通的叙述时间和叙事空间的限制。在他们的作品当中呈现出的叙事美学可以称之为元叙事的变体,事物的发展在自身的自我演变当中,同时又处于无限宽广的外延当中。这种无限的外延使得事物在自我进程当中出现延异和背离,在多种事物的相互关联当中混沌和秩序并存。

略萨的《中国套盒》是一系列关于文学的随笔,涉及塞万提斯、福楼拜、雨果、海明威、卡夫卡、福克纳等大师的文学作品,讨论了文学叙事的核心元素。在中国的民间工艺品当中有一种套盒,在大套盒里容纳有小套盒,层层包容。这种互相包容的模式在文学上也有所运用,比如中国宋代的话本开头就经常使用这种叙事模式。略萨的叙事理念集中反映在他带有自叙传性质的长篇小说《胡利娅姨妈与作家》当中。青年作家小巴尔加斯跟舅舅家中一个比他大很多的胡利娅姨妈的恋情和广播电台同事连续剧作家彼得罗·卡玛乔的疯狂表现,是这部小说故事情节的主要框架。胡利娅姨妈和小说家高尚的恋爱受到了利马社会的百般阻挠,这一过程跟广播连续剧作家骇人听闻的讲述组织成了小说的整体。这部小说的单序号章里基本上是一个完整的故事;在双序号章里,则分别独立讲述了一个没有结尾的故事。这些单数和双数章节的故事表面看起来毫无关联,其实却互为表里,双数章节的故事是单数章节故事发生的外在环境,它们处于一个混乱而有序的世界当中,并在结尾的章节里不期而遇,最后达到了共同的归宿。高雅的小说家和受人尊敬的剧作家,他们编写的是一些混乱的故事,生活在一个低俗的时代当中。这使得小说获得了复调的意蕴,一丝不苟的呆板和惊世骇俗的热情、高雅和低俗、恭谨和戏谑混杂在一起。其中包含着对于事物本身的复杂性的理解和容忍,以及对于更为丰富生活的渴求和恐惧。《胡利娅姨妈与作家》当中的叙事所表现的恰恰是叙事的不可叙事性,或者说,这是一个叙事者试图摆脱叙事企图的清晰呈现,是一个叙述者在试图脱离叙述者身份所做的让事物呈现事物的元叙事的努力。

略萨的这种叙事策略在墨白的作品里也屡屡出现,比如墨白的长篇小说《映在镜子里的时光》和《裸奔的年代》等都采用了类似的叙述方式。墨白的小说叙事更加富于东方文化的神韵,而略萨的小说也大体上借鉴了东方文化的内在精神。在墨白的作品当中,人物命运的演进是充满未知的,弥漫着神秘的色彩,人和物处于一种混沌的秩序里,看不到未来,是叙述本身使叙述获得进展的动力,而叙事者只是因为叙事本身才不得已存在的。评论界曾经将略萨称之为"结构写实主义大师",这多少区别于另外一个南美著名作家马尔克斯的"魔幻现实主义大师"的称号。而我们对于墨白的写作则似乎需要有别于一般"现实主义"的称谓,在早期墨白被归入先锋主义写作,后来又被称为现代主义和古典写作的结合。这除了墨白写作当中多元的叙事方法之外,也和他小说语言的诗性、主题的多元以及文本内部丰富的隐喻和象征有关系。但更需要强调的是,墨白小说本身所具备独特的象征体系和隐喻结构,这集中体现在他数十年如一日的对于文学王国"颍河镇"的塑造。墨白的小说要么以颍河镇为发生地,要么是主人公来自于颍河镇,颍河镇是墨白小说人物的精神母体。墨白的小说虚构了颍河镇百年的历史。从某种意义上来说,墨白的小说整体上具备了"中国盒子"的结构,甚至可以说,他的小说在根本上就是一个日益膨胀的"中国盒子",小说的不同文本之间形成了广泛的互文性关系。这也是元叙事的根本特性,是墨白小说先知意义的内在保证。

如果说诺贝尔奖评奖委员会对于略萨的赞许在于他所表达出的个体对于权力结构的反抗,这种个体反抗恰恰体现在对于整体的承认和尊重。略萨试图描述出,或者说塑造出一个更为宽广的世界,这个世界的体系突破了原有世界的规范,突破了个体所能拥有的时间和空间的秩序和外延,从而颠覆了权力结构所赖以存身的体系的范畴,并最终颠覆了这个权力体系的合法性。墨白的小说同样具备这样的价值和意义,他不厌其烦地用叙述铺展着"颍河镇"文学王国的版图。而"颍河镇"和他故乡的新站镇绝非一个简单的对应性关系,"颍河镇"里的文化精神也不仅仅是一个中国的东方文明所能涵括的。墨白和略萨叙事精神的内在一致性让我们对于东西方文明的内在一致性有了一个根本的理解和认识，这种核心一致源自于神性的力量，在《浮士德》那里则类似于"魔鬼"的能力对于现实的超越性。在西方宗教叙述里，"魔鬼"不过是堕落的天使，处于神的对立面。这些都集中体现在对于原有时空关系的破坏和重构，对于"死亡"的冒犯——时间性的终结。

在 21 世纪的今天我们重提"先知"，并试图为这个古老的带有很强的宗教意味的词语注入新鲜的语义，我们试图将神话和神祇，或者说是神的敬畏与恰当表达的祭祀精神融合在一个现代的语境当中，为我们日益信息化的现实找到元叙事的动力和根源。这或许就是重新获得一个神话的开端——创世纪：在混乱与虚浮当中寻找原初。墨白的小说努力为小人物，以及小人物在一个缺乏安全感和真实性的处境下的环境寻求合法性和安全感，这是对于日益破碎、虚空现实处境的缝补和填充。在《浮士德》的时代，"魔鬼"取代了上帝来为仍然具有精神需求的人招魂；而在一个数字化的社会里，语言正在获得更为广泛的形态和可能性，语言的变体甚至正在为自身日益独立的合法性获得可能，人和神、物之间的关系前所未有得复杂和多元。今天的叙事想要获得合法性的唯一途径就是脱离自身叙述的冲动，让自身"死亡"，再重新回到叙述的语境，这种语境显然也存在着不可忽视的内在的背离倾向。这是一个为怀疑主义正名的时代，同时也让"怀疑"成为合法性的基础。

创立诺贝尔奖的诺贝尔先生在其遗言里声称要将一份奖项给予在文学领域中有理想主义倾向的最出色作品的作者。这种"理想主义倾向"也许在于对拥有一个完美世界的渴求，而这种完美的世界在每个个体那里都会不尽相同。也就是说，如果让世界上每一个人都分别建造一个天堂的话，那么每一个人的天堂都不会和任何另外一个人的天堂相同。这在根本上否定了属神的天堂在尊重个人意志的人间的合法性，因为神是唯一的。在一个属于个人的人化的时代里，新的价值规范从根本上否定了神的合法性，以及神祇的价值和意义。一个缺乏了神的合法性，也就是神性的时代，神话和神祇都沦为谎言，先知自然无处存身。诺贝尔文学奖颁奖委员会的悖论就在于他们宣称了个体的价值和反抗，同时又想获得一个理想主义的天堂。而墨白和略萨存在的价值和意义显然在于他们试图以语言的方式，这里主要是运用文字的语言来重新寻找原有的秩序无法获得的，或者说遗漏的世界，这个世界试图依赖自身来证明它的合法性根源，也就是源于叙述本身的叙事性。这也正是先知在当代的意义所在，即使在石器时代、青铜器时代，也许也会存在一样的根源，这也为墨白和略萨的写作在原初的意义上寻找到了一个结合点，那就是说：死亡的获得在于死亡并不发生于死亡本身,时间也不可能在时间那里终结,而神祇和神话也不必来源于神话或者上帝！先知所以知道的,在于他所未曾达到的未知之境,以及他背离自身的悲痛和孤立！

原载《作品》2011 年第 6 期

坚守与转向

於可训

我与墨白未谋面,但读过他的一些作品,也知道他的名气。最近又因为这个专辑通过几次邮件和一次电话,如此而已。以这样的交往,自然不敢妄论一个作家的创作。好在本辑主笔高俊林博士对他的创作已发表了精当之论,无须我另添蛇足。倒是他在创作上的一些追求和想法,引起了我的兴趣。

记得前些年做余华专辑时,针对余华的创作转向,我曾经说过"灿烂之极归于平淡"的话,后来又赞赏过莫言的向民间"大踏步撤退"。这些,似乎都与我们经常吊在口边上"回归"的话题有关。所谓回归,自然是指回到我们自认为是离开了的传统。而我们心目中的所谓传统也者,除了老祖宗传给我们的那点祖业,就是从洋人那里趸来的正统(现实主义和它的各种革命变体)。背离这两者,不是欺师灭祖,就是逆子贰臣。余华和莫言等人在20世纪80年代,因为搞过一阵子现代主义艺术实验,已有"欺师灭祖"、"逆子贰臣"之嫌,这回要"撤退"、"转向",按照市井间的说法,就是游子回头,就是金子都不换的珍贵。而且,这种回头的浪子,据有些专家说,从20世纪90年代,到进入21世纪以来,还不在少数,列名其中者,以笔者陋见所及,除上述余华、莫言外,还有苏童、李锐、格非等,俨然已成一种趋势,号曰"现实主义创作转向"。

但就在这时候,墨白却说:"在小说的叙事上,我决不倒退。小说叙事学的发展也绝不会倒退。如果我们回到传统的叙事方法,那说明我们已经丧失了创造和想象的能力。"这几句话虽然给人的感觉,说得似乎过于决绝,但就凭这几句话,也足见墨白绝不是一个随风倒舵或随波逐流之人,自古文人重特行,今之文人忌媚俗,从这个意义上说,无论以古、以今的标准来衡量,墨白都具有一个文人所特有的气质和精神。

我说这话,不是鼓动墨白和大家抬杠,何况上述"回归"、"转向"的衮衮诸公,都是当年的文坛骄子,而今的文学大家,墨白也犯不着与他们"作对"。我观其意,这其中自有他所坚持的理由在。文学这玩意儿,原本是一个自由的职业,不像行军打仗,无须统一指挥、统一行动,谁写谁不写,谁这样写,谁那样写,原本可以听其自然,不可强求一致。这也正符合如今这个时代主张多元的精神。好事者今天说这是一个方向,那是一种趋势,本可以信,也可以不信,不过一家之言,是当不得真的,更何况说这些话的人,多半是不搞创作或不会创作的如笔者这样的专家学者之流。既然如此,该怎么做,对一个作家来说,原本是没有约束力的。倘若谁真的听了这些专家学者的话,说现在该新潮了,大家都去新潮,现在该转向了,大家都去转向,现在该回归了,大家又去回归,那倒是跟风媚俗,犯了文学的大忌。墨白不跟风,不媚俗,坚持自己独立之思想,自由之精神,故值得我们表示由衷的敬意。

不过,问题似乎又有另外的一面:一个时期的文学,有一个时期的文学具体个别的表现,一个时期的文学,又确有一个时期的文学某种总体的发展趋势。这种总体的趋势,并不是一个简单的文学的平均数,而是由某些具有足够的整体影响力的作家所代表的,如上述诸公。中国当代文学,在相当长的一段时间,很注意这些有代表性作家的榜样作用,甚者还要有意识地树立一些作家作标杆,就像生活中树立的先进模范人物一样,要让大家向他们学习,走他们那样的道路,奔他们那样的方向。这种事,不但官方在做,号称民间的专家、学者和评论家有意无意地也在做。这样做,对大多数人来说,并没有什么不好,前头的马儿跑出的路,后头的马儿照路跑,倒省了许多麻烦和力气。只是苦了那些不想跟着一起"大呼隆"搞集体生产,而想自得其乐地种点自留地的作家,因为不在某流某派,或不合某趋势、某方向,要么被时人所忽略,要么被史家所遗忘,终归是难成气候的。君不见,一部现当代中国文学史(古代和外国文学似乎也无多少例外),该被这种流派、趋势和方向观埋没、遮蔽了多少有个性的作家、有特色的作品。"五四"以降,世人总爱谈文学的个性,在口头上说说容易,可真要在现实中坚守这一点,难。

然则,有个性的文学终归是值得提倡的,有个性的作家终归是值得尊敬的。但愿在这个大转向的潮流中,不要逼着仍想坚守先锋文学立场,或用高博士的话说"现代、后现代叙事"立场的墨白也去转向。墨白的坚守并非出于一己的执拗,而是有着清醒的理论意识和自觉的创作追求。既然如此,文学的天下之大,为什么就容不得墨白的这一份坚守呢? 更何况,墨白坚守的,或许更接近转向的本义,因为如今闹得正响的转向,并非完全的复辟旧制,而是创作性地转化成法。这转化中的创造性,实则仍源于转向者曾经先锋、前卫过的眼光和意识。从这个意义上说,又焉知余华、莫言者流的转向,不是以另一种方式对先锋文学立场的坚守呢?

原载《小说评论》2010 年第 3 期,原题为"主持人的话"

光荣的隐退与生命的责问
——墨白小说《光荣院》个案分析

夏 敏

初读墨白的中篇《光荣院》,感到在他那看似直白的叙事背后隐含着对生命意义的相当严峻而深刻的思索。不能保证普通读者透过时空倒错、几近魔幻的文字表面能够颖悟到的这种思索,但是经过细心地阅读,我们不难看出,小说推出的人物群像面对生死的各种反应,的确隐含着对现实人生的强烈反讽,叙述沿袭着并不张扬的冷幽默路子,但是给人的感觉是文义指向每一个自我。这样的小说必然给蒙昧的心灵带来震荡。

小说情节性不强,所以读者如果试图从中陶醉于跌宕起伏的情节,那么你就选错了作品;相反,本来就已经很简单的情节也被作者"折腾"得支离破碎。但是我们的阅读冲动并没有因为这种看似有些许凌乱的处理而受阻。本篇基本上摆脱甚至颠覆了普通小说的叙事传统,将原本完全可以按正常时序展开的故事,从意识流动的需要出发,进行"强行"肢解、切割和相互窜位。小说从头到尾贯穿着虾米对老金磨鱼钩的回忆和老金掉入河道可能淹死的种种猜测,使二者交替复现,而这样的复现使得小说表达混合了事实和猜想,把本来不能算是荒诞的东西变得荒诞,似乎一切都像一个梦,所以在题记中,作者特别加注了爱斯基摩人的格言:"梦是通往另一个世界的门。"在种种如梦的事件勾画中,老金之死与老金之活的场景,在小说列出的十个部分来回切换,使生命和死亡萦绕不去,就像电影技法中的蒙太奇,把现实人生及记忆,跟即将展开的未知事件打通起来,阅读的直观感受便是让人在作者设置的"谜障"和"梦幻"中,不辩历史、现实和未来。光荣院,是一个时间意味很强的空间场景,在这里,时空经常与记忆、猜测混绕交织在一起,给人一种时空倒错的感觉。但在这一倒错面前,作者并没有只是迷醉于他的叙事技巧和文字游戏,他的真实目的在于借助这样超时空的叙事,解构一个天经地义的政治理念,从而对生命的意义进行一次严肃的拷问。

从作品中我们读到,当盐业公司的库房用做接纳年迈体残、无家可归的战斗英雄的"光荣院"的时候,这个光荣院便开始走向衰落,"光荣"在现实社会中变成了一个迅速隐退的字眼,"光荣"是走进死亡的一个代名词。无论你是否喜欢,衰落日渐的趋势在被遗忘的"光荣"中得到淋漓尽致的呈现。小说通过一个寓居在光荣院并成为它底层人物虾米的内心世界,也通过曾经光荣的老战士们孤独、凄凉、变态的晚景见证了世俗执政者在面对传统政治在国家的经济大潮到来时所表现的脆弱与无力。当资深的建国"功臣"们取得了国家的政权历时愈久,那些不谙创立"家业"之苦的后代与它们形成观念和生活方式的反差就愈大。当小说中那位孙医生将"红嘴唇女人"刘娜带到娱乐室交欢的时候,当断腿的虾米与死去的叶在梦中交合的时候,都会引发老英雄老金的强烈不满或不屑。主流政治把它的拥戴者当成是令人羡慕的光荣楷模的时候,同样受到这种表彰的老战士们,在一个讲求多元化的时代却面临许多生存尴尬。

　　作者高明的地方在于,他借助一代人曾经拥有的光荣在现代社会的迅速消退,重新思考生命是为了什么而自尊地存在的敏感的话题。小说中那个名为"光荣院"地方,实为享受政府福利的老战士"养老院"。它是县民政局设在颍河镇上专为那些伤残战斗英雄"颐养天年"的地方,是曾经光荣过的老人生命终结前的"中转站"。它的成员从二十三人减少到十三人,棺材从十口到剩下最后一口,负责人从公事公办的邰院长到涉嫌腐败的王院长,都在这光荣院实现了"中转",但这中转不是周而复始的,而是悲剧性地萎缩的概念,暗示了无力回天的时代变迁。一群人心迹的巧妙勾勒,表现了传统建立起来的道德理念、生存态度和社会评价在急剧的社会变迁面前所遭遇到的新的困惑。从而巧妙地为读者展现了一个我们并不陌生、日渐淡出的旧日政治遗留的影子,但人性深处的生命意识执拗地在遗憾的日子中挣扎着。

　　小说中最核心的两个人物就是老金和虾米。他们有着不同的人生经历,虽然都寓身光荣院,但对老金来说,光荣院是以他为代表的一批战斗英雄的待遇、等级、资力、地位和身份的象征,尽管这个象征日益单薄,这是虾米所无法企及的。老金在战争年代,在他的连长率领下,不惜牺牲,勇立战功,他的伤残和他的勋章显示了他的光荣,他没有忘记把它们当成值得炫耀的光荣的象征。他提醒虾米:"你别忘了这是什么地方,这是光荣院。"老金说着拍了拍自己腿上的那道伤疤说:"这就是资格,你有吗?"功劳是他曾经荣耀辉煌的写照,是光荣记忆的一部分。为此他把他那锈迹斑斑的勋章挂在床头可望而不可即的地方,随时听得当啷当啷的声响,不允许别人随便抚摸。孙医生要摸他的勋章,老金还要求他洗手:"这是勋章,是我用生命换来的。"得意中难掩其炫耀心理。"要是没有这勋章,你会来这里享清福?"倚老卖老、居功自傲、以恩主自居的心态一目了然。尽管这些勋章被另一位战斗英雄老钱贬为"几片生铁,不顶五分钱",但老金却将其如视家珍,是用生命换来的"辉煌"符号。老金的可怜在于把针尖当棒槌,把鸡毛当令箭,把荣誉当成高人一等的资格并执迷于此,他这三枚勋章带给他的骄横和霸气总使他看不起别人。他自以为是,常以"老家伙"自居。就像他教训王院长时所说的那样:"要是没有我们这些老家伙,你当谁的院长?"小说中我们常常可以看到老金居功蛮横的许多表现。他对邵院长带木匠来制作棺材横加指责,对王院长在伙食费中的不良表现扬言要到镇上去告他,对孙医生吊儿郎当、沉湎女色面呈不满,对虾米梦中自慰横加干涉并当众让虾米出丑。光荣院是使老金显得光荣的地方,虾米认为老金的尸体不漂到别处,是因为他"舍不得离开(光荣院)这个地方"。这"光荣"的老金习惯性磨刀所发出的声音反复不断刺激着虾米卑微脆弱的神经,虾米潜意识中甚至诅咒老金被淹死来表达对老金这一代的告别。于是,老金掉到河道里不知是死是活,成了小说串联情节的一条重要线索。

与老金相对,虾米在光荣院里是一个并不"光荣"的角色。他从一个颍河河道漂来的一口瓷缸里被人救起的弃儿,开始了他那苦难而无尊严的一生。他长着红肤白发,一向被人视为"灾门星"和"老怪物"。自从那口"蓝中带红,色如海棠"的大瓷缸被搬到盐业公司,他便理所当然地成为盐业公司库房及以后光荣院的看门人。在光荣院里,他算是一个真正意义的底层人物。谁都看不起他。孙医生污蔑虾米"没有光荣院的人有资格","看看人家老钱和来福,人家哪个身上没有几个枪眼子?你身上有什么你说说?你身上只有屁眼吧!"虾米连看一眼老金的勋章的资格都被老金剥夺,"每当他的手接近那几枚勋章的时候,老金都会出现在门口,老金说:虾米!虾米的手就给吓回去了"。为了与老金的尸体能够抢先一步装入最后一口棺材内,虾米不惜自杀身亡,可是就是这么一点儿小小的心愿也不能让他实现。和老金一直有矛盾的老钱在关键时刻,却站在跟他身份等价的老金一边:"虾米咋能和老金装到一口棺材里去!"在光荣院,任何人都可以拿虾米的红肤白发取乐,或任意对他发号施令、颐指气使。因其卑微出身,他被来福骂做"傻×"。对虾米的心理刻画常常充满着无奈的戏谑和悲悯的喜剧色彩,让人看了不由得产生满心的悲凉和苦涩。他对叶的迷恋和对月红的复杂感情,常常成为别人的笑柄。有时,人们侮辱他的生理缺陷,他也奋起反抗过,例如扛盐袋的袁武军嘲笑他的皮肤,使他迫不得已去咬袁武军的拇指,而当来福伸手抠虾米嘴里的剩菜时,也被虾米狠咬,于是他被人骂做"狗"。从虾米身上,我们可以看到在我们这个社会,弱势者生存的艰辛和难堪。他人格的被蔑视和被作践,恰恰体现了人性深处的冷漠。他卑贱的出身和无家可归、寄人篱下的经历,使他对生存有着特殊的体验。小说多处写到虾米的梦幻及自问,荒诞中潜藏着哲理:"我到哪里去呢?我的家在哪里?"这样的句子不由得让人想到冰心的散文名篇《我的家在哪里》。虾米,甚至包括光荣院里的人、颍河镇里的人以及我们所有的读者,面对生活、面对死亡、面对心灵的本真,我们不也是类似的"虾米"吗?有形的家抑或小说中虾米临时栖居的"库房",都不是真正意义的家。看看虾米,想想自己,人们什么时候真正善待过他者,又什么时候真正被他者当作人认真对待过?人什么时候能真正超越生死界限去认真考量存在的权利?什么时候关怀过自己?从这些意义上讲,虾米的经历给了人永恒的思考。

"光荣"在现代汉语里有一个特殊的修辞性的意义,那就是壮烈地死。老金也好,光荣院里的所有老战士也好,甚至包括它的院长、厨子、医生、看门人,有几人的死能堪称光荣呢?也许在官方的红头文件里老金、老钱、来福、老德等人的过世是光荣的,但世俗的意义上他们的生或死并不见得光彩,他们有着普通人一样的弱点和致命缺陷。所有的人在死亡的门前,都没有伯仲之分。从题到文,从头到尾小说始终环绕着死亡来表现人性的真义,成功地贯穿了死亡的母题。死亡的阴影弥漫在墨白的这篇小说中。光荣院里所有的老战士在战争年代都经历过死亡的威胁,老金的勋章和伤疤以及老钱的断臂都是他们闯过死亡关隘的记录。光荣院的人,其实很难享受到死得"光荣"的那份荣耀,光荣的称号是在世的权利者根据自己的需要设定的。像光荣院里"下等人"叶的死、虾米的死,他们就与光荣的称号无关。虾米在雨中每每想起老金的死,便不由自主地回忆活着的老金,也萌生关于死亡的幻觉。死亡作为光荣院人的生存体验,被具象化地描绘着、感受着。死亡母题在小说中被渲染到极致,使作者笔下的人物无一从死亡的梦魇中得到解脱和超度。

积储起来的死亡记忆像细菌一样吞噬着生存的乐趣。对于迹近荒唐、心实自虐的虾米来说,他在梦幻中与叶的性爱所表现出快乐被趋近死亡的心理疾患耗损尽了,剩下的是在老金等人众目睽睽下的肉体狂欢,这是死亡与性爱的彼此隐喻和互为象征。走进光荣院,那几乎是一个男性化的社会,极少有女性在此出入。表面上的"无性",常常涌动着"性趣"的暗流。孙医生与"红嘴唇女人"刘娜在娱乐室里的厮混,王院长进镇子嫖娼的传闻,虾米在库房正中偷埋叶的尸体并在梦中夜夜与其交欢,生有七个孩子说话粗野且不把谈论性事当作一回事的"打饭人"月红对虾米构成的性幻想,都是对光荣院"单性化"的挑战。当写到虾米和月红举动亲昵时,"她(月红)摸罢气蛋(子宫)没有洗手就摸块牛肉塞进他(虾米)嘴里了。虾米感到那股烧尿气有一种亲切感……有些时候,虾米感到月红的目光就像阳光抚在他的身上,有一种母爱融融的感觉,可是她说话的声音却像旱天的风吹动树梢的声音,只要你一听到那种声音,你的嘴唇就会感到干裂,你就会不由得伸出舌头舔一下自己的嘴唇,有一种渴望从她的声音里滋生出来",这似乎是虾米一生中让他最能生惬意的地方,尽管他们之间并没有实际的性接触。

在这个单性为主的光荣院,一方面展示给人的是日暮西山、情淡欲寡的无欲空洞,另一方面却是欲破宁静、食色性也的生命躁动。这一静一动的二元对立,反衬了光荣院里欲望被压抑,又被撩拨的矛盾交织。在虾米梦中与叶做爱的事败露给老金时,老金这样羞辱他:"这个龟孙,做梦也在想好事。"甚至招徕众人一起嘲笑虾米并扔掉他的床以坏其"好事",这使虾米"感到那些目光像刀子一样剜着他,他想找个地缝钻进去",对虾米隐私的侵犯几近极致,而这样的事却堂而皇之得到这些"光荣"老战士们的肯定。这种无性对有性的阉割,暗示了所谓光荣者那肮脏的"窥阴"心理,尤其是在虾米将叶的尸体置入缸中埋在地下一事被发觉,"虾米因此而臭名远扬","使这座光荣院名扬千里",许多人来光荣院就是为了瞧瞧装女尸的缸和虾米,显示了看客们的冷漠心态和"窥阴"心理,他们如是说:"你看,就是那口缸。"

如果说《光荣院》中死亡和性爱是小说绕不开的两个母题,那么对它们的逻辑展开就必须依靠那些富有表现力的意象。小说最有特色的意象有两个:一个是声音,另一个是水。

老金磨鱼钩的声音是小说始终一贯、挥之不去的意象。老钱用锤敲打白铁皮的声音进一步强化了这个意象的传达。这声音,使破旧沉闷的光荣院有了一点生气,它是光荣院的主人公静中求闹、宣泄不满、生命老去的挣扎与呼唤:"老钱常常用那只铁锤来显示他的力量,用铁锤来发泄他对别人的仇恨和他自己的痛苦。"当老金磨鱼钩发出哧哧声、老钱敲铁皮的叮当声响彻起来的时候,人们还多少能感受到光荣院是颍河镇人生活记忆的一部分,随着光荣院的人逐一过世,这声音就意味着一个时代的终结,成为这些老者为自己报丧鸣哀的悲声,是人在焦躁的日常生活中不得不迎候的死亡之声。光荣院被这种声音淹没,便意味着更多的人迈进了死亡的门槛。这两种声音周而复始、循环往复地撕扯着虾米的耳膜,逼使他睡进棺材来逃避它们,这声音也成了虾米死亡的宣告,他虽然不堪忍受却又不能不接受这样的死亡宣告,所以虾米一听到这声音就头痛不已,听到这声音就巴望老金早些死掉,或者用自己吞钩死去来表示对这种死亡之声的永远逃避。虾米曾仇恨地向往"老天保佑,淹死他(老金)吧!他死了就没有人来折磨我了"。为了躲避这些摩擦或敲打金属的声音,虾米躺进棺材睡觉时发现:"在世上,没有比这里更舒适更安全的地方。"声音成为死亡的信号和隐喻。

与声音相当,水也是小说的一个重要意象。小说结尾写人们给虾米挖墓穴,天突然降起大雨,装殓虾米的那口瓷缸刚一放进去,雨水就把墓穴给淹没了。院长叹口气说:"唉,这个虾米就是水命。"这虾米一生与水有缘。他两岁的时候就是装在瓷缸里沿颍河漂来。与他同住光荣院的老金还要求虾米用这口缸去接库房漏下的雨水。连老金自己也是掉在河道里被水淹死的,那时下着雨水,"虾米往院子里看看,雨水从天空砸下来,在地上荡起了白色的水汽,没有一点要停下来的意思。……他努力地想从雨水里辨别老金走在雨水里的脚步声,可是无论他怎样努力,他都感觉不到。他想,老金真的掉进河里去了"。这水的声音一样意味着生命的消失。虾米的生命随水而来也随水而去。因此,小说中的虾米常常穿着雨衣,出现在雨水中。在虾米的感觉里"这场雨已经下了很长时间了,仿佛有一百年这么长"。这雨水仿佛注定了人类无力逃脱的宿命。

《光荣院》用死亡的必然性告诉我们,生命没有永远的光荣,用死亡提示我们生命不能承受之轻。因此,它在审美上一个重要的创新就是对残缺的营造。光荣不是完美而是缺失。光荣院并不展示让人另眼相看的光荣,而是遗憾、空缺、失落,它是一个残缺的集体。那里的正式成员(如老金等)与非正式成员(如虾米等)都是身心残缺的人。在这样一个团队里,它的成员逐个弃世,是光荣掩盖下孤寡的写实。有遗憾的人生正不断颠覆十全十美的社会理想。十口棺材连十一个人都装不了,何来十全十美呢?小说共用了十个部分,写的却是人生的永恒缺憾,哪来十全十美呢?虾米长到十岁却失去了养父,十全却十分不美……小说表达人生永远的缺失,恰恰是对永恒完美与光荣的批判,是对试图把漫长的人类历史定格在某一个阶段的辛辣讽刺。光荣只是死亡的另一种表述。老金认为"光荣院在他的感觉里也是常常在黄昏之中",孙医生认为光荣院"这个鬼地方,跟医院太平间没有什么两样",这一日暮西山、人近黄昏的宿命,是每一生命个体必须严肃思考的问题。

的确,人生摆脱不了这样的缺失,何况光荣院。面对缺失,虾米躺在床上觉着"他怎么也睡不着,总觉得他的身边缺少一样什么东西,是什么东西呢?……他感到一切都是那样凄凉,那样的孤独,茫茫的荒野上只有他一个人在踽踽独行",缺失才是永恒,孤独才是永恒!就像两岁的虾米乘瓷缸而来,注定也乘瓷缸归西,圆圆的瓷缸象征生命缺失的一个轮回,其实是表达生命的孤独、渺小和遗憾恒在的现实空洞而已。人性在这永恒的缺失与孤独面前被彻底地异化了。

原载《山花》1999年第2期

1945年前后：主观的历史
——墨白小说中的阶级与人性的冲突

江 媛

政治的文化现实,照鉴着我们过去和现在的路。那些最初在龟背上刻字的中国人,是记录了灵肉不堪的沉重,还是记录了被累次更迭的阶级社会扭弯了的民族脊梁？权力对中国社会及百姓生活的全方位渗透及控制无处不在,阶级与人性的冲突,由此成为核心。因此,避开政治说文化,或避开文化说政治,都带有本质的虚伪或避重就轻,本文重点阐释乡村政治向意识形态、道德伦理、婚姻家庭、男性霸权、女性牺牲主义及精神异化等各个领域的渗透及作用于中国人的肉体和精神的残酷过程。

《霍乱》，性的政治烙印

《霍乱》根植于性爱,诊断出人性的痼疾,揭示了男性个体为满足私欲所借助的暴力及阴谋。性为此带上深刻的政治烙印,并经权力的暴力作用,将权欲转化成兽欲,将女人转变成私有财产。

小说《霍乱》以切入人性的视角刻画了几个男人在实施经济和政治阴谋的过程中,争夺女人所有权和支配权的一系列你死我活的斗争。女人在男权操纵的社会中沦为物化的形象,几个女人的悲剧命运无不由男人对权力和利益的巧取豪夺促成,她们缺乏判断,无力左右个人命运,对男人施加的暴力性侵害和占有言听计从。1945年前后中国处于"抗日"时期,社会表现出的主要特征是占山为王的男性霸权和物化的女性形象。男性霸权无需多言,物化的女性形象则表现为男性的附属物、缺乏理性的同情心、被蹂躏的鸽子形象、被迫服从男性暴力(或权力和利益)对精神及肉体的双重统治。男性霸权对个人命运及精神毁灭的强度,直接呼应《霍乱》的隐喻。男性成为划分社会阶层的决定力量,女性则被迫转变为男性的私有财产,可以被暴力随意转移、占有或支配。《霍乱》批判了性爱角色的不平等决定了婚姻关系的不平等——占有与被占有、统治与服从、离乱与无视共同作用于以满足私欲为目标的家庭生活。女性社会能力愚弱及社会角色缺席,促使男女双方在欢爱关系中,阻隔于男性的霸权而极少发生精神交流,女性也因此成为牺牲的典范。换言之,性饥饿与权力饥饿相辅相成,全面异化着男女双方的精神世界,并与政治社会紧密契合,呈现出霸权式的社会体制。

《霍乱》中承受男性霸权并被毁灭的女性有四个:小春的母亲、米先生的太太(林夕萍的大姨妈)、林夕萍的母亲、林夕萍。她们镶嵌在森严的等级制度里,沦为男性霸权的悲剧符号。她们没有语言,只以泪水和凄婉的血肉之躯,被熔铸到男权社会的铜墙铁壁中,无声地毁灭。她们既无选择权,也缺乏理性的感知力,只能成为一个物化的无条件接受男权统治的附属品。

小春的母亲,霍乱疾病的导火索,一个下层社会的女人,以满足米先生的兽欲,换取医生对女儿疾病的治疗。她代表着命运悲剧的最大浓缩式人物,在垂死挣扎的时刻,仍要被迫接受男人的性消遣;米先生的太太,名义上是米景亮的太太,实际上是男性婚姻关系中的一个摆设,她在婚姻中已被丈夫遗弃;林夕萍的母亲,米先生与其偷情被谷镜虔发现,与之合谋杀害林夕萍父亲,然后分其财、占其女;林夕萍,嫁给米陆阳,姑父谷镜虔的儿子谷雨暗恋她,将她当成白鸽蹂躏,青龙凤借完成一项秘密军事任务杀害米陆阳和谷雨,占有了她。

在封建家族的铜墙铁壁内,森严的等级制度筑起思想和肉体的囚笼,束缚着人们的思想和行动,扼杀着情感和思想。女性承担着身居基底的沉重,成为受禁锢、受摧残最深的受害者。中国封建家族的统治方式是权力统治机构的高度浓缩,也是摧残人性、限制创新的严密机构。中国社会的最高统治者正是通过对等级制度森严的无数家庭的掌控,成功地构建起封建专制统治的社会体系。

性解放

20世纪40年代前后,革命的文学、革命的组织,演化出革命的性。谁革命,谁获得。被革命,不仅丧失一切,还要丢命。自由勾结着抛弃,占有定义着爱,换汤不换药的性爱观借助革命的性,为拓展男权对性的享乐提供了更宽泛的自由。在中国,性的自由往往是指男性自由,而非女性自由,这一怪胎出生并茁壮成长,大因权势和工业化推进的繁荣,势不可挡。《霍乱》中沦为战利品的女人,不具备利益功用就要具备性的功用,才具备满足男人抑或屈从男人需要的资格。当性的功用一旦威胁到自身的利益,女人立即被男人处决。解放的性是扩大男人的性享乐特权,性的解放是要求女人满足男人的享乐。因此,任何拿爱情说事都是自欺欺人,都是借口。爱情,在中国社会直接指向有所得,而非有所给。

私欲与兽欲珠联璧合,是《霍乱》表现出特色鲜明的中国式男女关系——相互需要、相互满足,以获取改变困境的筹码。作为弱势的女人通过自我牺牲,获得活下去的虚假依靠,一旦灾祸来临,男人则脚底抹油一走了之。性在中国长期沦为消费品,沦为交易对象,折射着人们的实用主义价值观。中国无妓院,又处处是妓院,妓院在每一个被权力和金钱塑造的灵魂意识深处。

《霍乱》揭示男性霸权的主要表现形式是武力加精神暴力,它导致了精神异化,形成了畸形婚姻,成就了男权的绝对地位,导致了女性的从属身份及社会的高度不平等。女性混迹其中,宛若闪躲凄艾的活鬼,比如林夕萍的大姨妈,她目睹丈夫偷情,却一言不发,变成一具活死人。男性为所欲为,成者为王败者贼,比如米景亮和谷镜虔,合谋杀害林如海,夺财占女。爱情从未在中国存在过,权力和利益对人们意识形态的作用,早已使爱情无立锥之地。官僚化的社会体制强制一切皆要服从它的清规戒律,维护森严的等级制度,维护每一个男性灵魂深处根深蒂固的皇权意识,它对属于性灵层次的情爱一律赶尽杀绝。由此可见,中国社会的婚姻只能是高度世俗的契约性结合,而与精神性毫无关联,因此中国社会的婚姻生活集中了悲剧和反人性的因素。

如今,性解放成为当今消费潮流的口号,并沦为男性借助权势和财富满足私欲的淫乱宣言,在他们看来,似乎越淫荡就越性解放,越妻妾成群就越性解放。这种本质的误解不是有意为之,就是为了满足自身享乐的借口——交易与肉欲昭然若揭,还要冠冕堂皇地宣告如此是解放女性、男女平等,其实这不过是一场实实在在的交易陷阱而已。

在中国社会,性爱这孵化人类精神的最后乐土,已经被戕害成数不清的功利性交易。在这个颂扬权力至上、物欲繁华的时代,性爱唯有通往精神之路才具备意义,否则只能充当满足生理饥饿和物种繁衍的工具,沦为交易的角色。

女性的缺席

《霍乱》中受侮辱的有女性,反抗侮辱的没有女性。悲情意味由此而来,刻意塑造的女人和社会生活中的女人,此时似乎只有前者被描绘,后者则缺席。缺席的女人和在场的男人,是意识深处的惯例。女人被拉出来在场和自觉在场,有着本质的不同。自觉在场主动,有决定权。拉出来在场,要设立一个性别平等的摆设,不许表态,或只能按照授意表态。《霍乱》中的女性符号,是社会活动的缺席者。独立和女性解放成为凌空虚蹈的假面舞会，成为流于形式的口号。

小说《霍乱》中青龙凤、谷雨对林夕萍的抢夺没有林夕萍情感的参与，她的归属取决于男人权势较量的输赢。女人是战利品而非有血有肉有感情的人。这一时期的男性符号是霸权、性饥饿、占有、阴谋、杀戮，是对女人具有绝对支配权的暴君；女性符号则展现出被践踏的鸽子、疾病、婚姻中的寡居、死亡、屈从、无判断力、蠢笨、附属品、男权统治下的牺牲典范。

为满足自我对性的欲求，男人不惜加入杀戮和阴谋。女人则被男人操纵命运，身陷阴谋的核心又不自知，形成不在场却被害的悲剧。《霍乱》全文笼罩着浓重的悲情意味，男人的不择手段又加重了这种悲情意味。女人是引发男人策划阴谋的根源，女人却在阴谋的核心缺席。女人的缺席其实就是女性的智慧缺席。女人是男人的战利品，而非精神伴侣。这种现状是中国两性关系的生动再现，也是中国人无法具备美雅精神性爱的关键因素。性出现了女性的智力缺席、判断缺席、选择缺席，沦为男人单一的战利品。这不仅表现出性的严重残疾和扭曲，还突出了男人的霸权地位。残疾和扭曲的性直接作用于男人和女人，产生不了健康的两性关系，这种两性关系既无法健全人格，也无法纠正奴性。

重重禁锢下的女性符号

女性的禁锢来自社会的不平等和世俗观念的戕害。倾斜的道德观念、严格的阶级划分、掌握一切的权力及利益固然限制了女人精神的拓展和智性的提高，然而，最可怕的禁锢则来自女性自身——愚昧和放弃反抗精神。社会诸方面对女性的禁锢，让女性自身的不觉醒成为习惯，并让她们以此标准要求和判断其他女性，进一步扼杀精神成长的可能。女性的自误和误人、被愚和自愚，促使女性成为无法独立思考和处理社会问题的符号。女性自此一步步沦为性消遣或生育工具，成为一个可悲的附属品符号。反思中国社会，其漫长的发展史始终伴随着对女性愚弱的过程，即使在某一个时期出现过女性争取独立的萌芽，它又被男性掌握的官僚社会迅速扼杀了。

《霍乱》中的林夕萍有着善良的品质，却是一个缺乏判断的滥同情主义者，她身上具备的牺牲精神不仅未能消解男性的恶，反而激起了男性不可遏制的占有欲。这种兽欲的宣泄，在小说开头，米先生与小春母亲偷情的场景里已作出交代。《霍乱》中的几个女性，均无逃离的愿望。女人不反抗，不对身边的人物进行判断，甚至不哭泣，是缺乏反抗精神，还是无处可逃？是绝望，还是安居顺命?充满悬疑的故步自封,血腥的杀戮和残害,也未能让她们反抗。活着是为了什么?行尸走肉抑或活死人?这是《霍乱》带给中国女性的警示。

《霍乱》根植于政治体制的荒诞,揭示出欲望、权力、婚姻、情感之间的利益均衡过程。爱情已死,性欲犹炽。我杀故我活。《霍乱》以一种过分严密的小说结构,构成一个囚禁精神和肉体的牢狱,展示出暴力对肉体、情感残害和消灭的过程。

苦难的强度有多大,精神的强度就有多大。回顾中国,苦难的强度不亚于俄罗斯,却未能形成塑造人类灵魂的文化传统。原因何在?原因就在于中国人的实用主义价值观——借助诸如革命、为民族谋自由等躯壳攫取权力、争名夺利、满足私欲。是苦难扼杀了思想,还是中国人缺乏自由思想的能力?思想阳痿难道是必然,是不治之症?直到今天,很多人也视思想为赘物,认为娱乐式消遣有理,同情弱者与思考可笑。是谁扼杀了思想,不给心智以健全的理由?是中国人自己。

《同胞》,内部的风景

文学鉴赏是一条流动的思想河流,它借助感性推动,借助理性支撑控制。《同胞》揭示了中国社会初始的不平等源于家庭,并经由家庭的精神灌输,铭刻在每一个中国人的血肉深处。

马孝天的长子依靠偷情和谋杀,夺得家族中男权的至高地位。他与父亲的小妾偷情,害死父亲,占有三弟的心上人,谋杀二弟和三弟,占有家财。中国社会成则王侯败则寇的理论,由此彰显,没有法律更没有公正,只有阴谋窃取和暴力占有,这种根深蒂固的强盗逻辑,成就了中国的历次革命。这种革命呈现出向下的趋势,即以抢劫和权力为目标,而非谋求大多数的民族自由与幸福。换言之,这些革命无法培育中国人的精神力量,反而强化了丑陋的人性。精神生活低于物质享受,精神阳痿成为必然——阴谋剥夺他人成为成就自己的手段,社会普遍堕落,维系这种剥夺弱势群体的机构小到家庭大到国家,无一不呈现出戕害人性、等级森严的阶级剥削色彩。官僚体制化的家族结构对家族内的弱势成员不仅制定了严苛的维护特权阶级的戒律,而且具有绝对剥夺权。它维持特权阶层为所欲为,剪除一切革新的萌芽,巩固陈旧僵化的思想观念,断绝一切先进元素进入思想和文化领域。究其根本,这种官僚化的家族制度阻碍了思想进步,培植了愚昧和暴力,其高度集权的官僚体制化专制家族统治结构如下。

封建家族专制制度的结构自上而下分为三个层次:第一层父权,第二层包含夫权、兄权,第三层属于底层的女性。父亲具备处置家族内一切的权力,大儿子马仁义与父亲小妾私通害死父亲,谋取父权和兄权,继而占有了家族中的所有女性,其中包括三弟的恋人。至此,《同胞》借助封建集权统治的家族关系,揭示出中国人核心的精神本质:男权社会决定一切,阴谋及暴力篡夺合法合理,文人精神处处受挫,女性具备男权私有财产的特质。高度集权的专制家族统治对中国人精神的腐蚀作用表现在——敢于杀死侮辱荷花的日本兵的三弟马仁武也不得不屈从于长兄马仁义。这一时期,家族权力和资源的失衡,集中体现在对财富和女人的占有权上。人与人之间维持着等级森严的家族关系,未获得家族统治权的人员,不仅遭受父权、兄权及夫权的迫害,形成精神萎缩并丧失反抗精神,还要无条件地接受家族集权代表人物的深层剥削和统治。这就是中国人的精神始终无法得到科学培育和美雅强大的原因——畸形土壤培育的畸形人格。

被阉割的女性

父权、夫权的强大,是导致女性缺席的重要因素。中国自封建社会伊始,从维护和强调父权和夫权、兄权出发,设计出对女性行为和思想进行层层禁锢的封建礼教和道德规范体系,并一步步强调女性缺席的合理性和合法性。因而,中国社会的发展历史始终伴随着对女人愚弱和戕害的历史。社会及家庭等外在因素的压制,加上女性内在的愚昧,导致大多数女性甘愿在社会活动中缺席。中国女性从未能和男人平等地站在一起过,也从未能摆脱过从属于男人的地位。小说《同胞》中的女人荷花由于男人的处置而缺席,并被剥夺了与昔日恋人相见的权利。女性情感被限制、选择权被剥夺是中国男权社会的罪恶。

马仁文从窗口的缝隙里看到这样的场景"现在她面前的蜡烛已接近生命的边缘,火苗在桌面上摇曳了几下,灭了。随着烛光的消失,那笑声也戛然而止,一切都在刹那间变得无声无息……"一个遭受精神和肉体双重囚禁的女人。一个被阉割了所有情感诉求的女人。家族是谋杀她的主凶,黑夜是她的棺木。凶手你看不见,凶手从外部的社会(日本兵)转入到家族内部(丈夫)。两个凶手在隐秘之处媾和,加速了她的死亡。一个缺乏同情心和怜悯心的民族,根植于根深蒂固的丑陋人性,展现在相互残害和幸灾乐祸的意识行为中。《同胞》批判了这样的社会,指出生为女人就意味着被阉割、被束缚和控制。这个伪善滋生的国度,对待女人使用不尽愚昧、牺牲和剥夺的手段。因此,对这样一个戕害女性精神和肉体的民族,毫无骄傲可言。

隐喻的本质

隐喻多发生在集权社会,比如苏联作家米·布尔加科夫的《不祥的蛋》,奥地利作家卡夫卡的《变形记》、波兰作家舒尔茨的《鳄鱼街》、阿尔巴尼亚作家伊斯梅·卡达莱的《梦幻宫殿》等。隐喻就是采用曲折的方式,把事实真相附着在良知的灵魂上,不能言说的说。当现实生活扼杀了对真相的述说,隐喻既是对事实真相的不可言说的说,又是被捂住的嘴唇,将发出的声音憋回喉咙,而后进入大脑,进行过隐秘性处理后,在黑暗之手勒住喉咙的情况下奋力将声音推出喉咙的说。隐喻既是对言论不自由的曲折反抗,也是高度压迫下的隐秘战斗。反抗有多种形式,只有隐喻是思想进入精神领域的反抗。《同胞》就是进入血缘深处,通过对亲缘关系进行过深层观察之后,对貌似牢固却戕害人性的家族关系的尖锐批判。

马仁文大嫂的反抗是将来自社会和传统道德规范的戕害转入自身内部,以毁灭自己的方式,完成对侵略者及封建道德观念迫害女性的控诉。《同胞》这样描写这个始终没有出场的女人:"在雨水的击打声里,他隐隐听到有一个女人的笑声从黑夜里传过来。"她先被日本人奸污,而后被丈夫囚禁。这种囚禁貌似关爱,实则是马仁义将日本人对自身的侮辱转移到妻子身上,进行无情报复的结果。这一处貌似描写一个女人疯癫的细节,实则是对女性处境的隐喻,即女人在被侮辱后,来自家族、社会的双重抛弃和沉重精神打击,促使她变得精神失常直至慢性死亡。

《酒神》,被压抑的人性

乱伦这一行为在中国封建大家庭中十分常见,原因何在?高度压迫的家长制统治对家族成员的压抑,超过了个人的承受强度,于是出现了乱伦式的以自我毁灭为代价的反抗。

压抑人性,是引起乱伦的根源。因此,乱伦实际上是对压抑人性的道德伦理观念的宣战,也是对压抑人性官僚社会的反抗。《酒神》按照长幼尊卑的顺序和称谓叙述出一个令人震惊的乱伦故事,当心爱的女人被儿子占有,男人本能的欲望驱动他杀死儿子、夺回女人。当他实现这一目标之后,作为父亲身份的他又被父亲这一伦理观念所深深折磨,以至于他陪同儿子一起赴死。两种爱的结果都以死亡收场,你不能说没有意义,这两种爱的战斗难分胜负、难分输赢,通过福来和姥姥双双以火焚身,得到重新演绎。《酒神》揭示了人记忆的滞留性:无论经过多长时光的过滤,人物记忆深处的情感始终在得不到张扬和满足的地方起着决定性作用,这作用力量强大,以至于人物不惜以死获得满足。《酒神》悲剧的根本原因在于中国社会的道德伦理、价值观念等诸多因素对人性的高度压抑,导致被压抑的人性始终没有释放的机会和形式,最终酿成了悲剧。当一个社会始终处于对人性的高度压抑状态之下时,人们的情感将会因为得不到理性的组织而采用极端的形式爆发。因而,乱伦从本质上来说是社会诸多因素所造成的,其直接受害者就是《酒神》中的人物和我们自身。怎样建立一个更加宽容的社会,让人们的情感得到理性的组织和合理的满足,一直是中国社会无法解决的难题。因此,像《酒神》这样的悲剧必然还会出现,人们无法原谅《酒神》中的乱伦者,却从未意识到自己伪善的道德观念正是促成乱伦的推动力。没人愿意死,只有活不下去了,个人才会选择死,活不下去的情况有两种:一种是生活所迫,另一种则是社会道德评价的残酷性。正是这把看不见杀人的刀,往往比生活所迫更直接地、更多地谋杀着遭受人性压抑的人,此时真正的元凶,正是构建社会道德和伦理观的每一个中国人。其实,每一个中国人都应该给《酒神》中死去的人献上一朵花,记下自己的罪愆。他们为反抗这种无情的精神牢狱而死,他们为了自己的情感自由,放弃了苟活,英勇赴死。《酒神》提示:中国人要改造丑陋的人性,首先要脱离家长式专制的依附习惯,才能为自己和他人逐渐撤去精神领域的牢狱和酷刑。

凝聚高度人性的女性所散发出的神性

"木盆里半躺着一个白发苍苍的女人,那老女人一丝不挂浑身通红,就像一条美人鱼卧在那里一动不动,鳞片似的蓝光从她的身体上不停地放射出来……"对爱的渴望,致使这位白发苍苍的女人凝聚起超越世俗禁锢的精神力量,催发肉体焕发出迷人的神采。《酒神》借外孙福来的内心活动这样描写她:"福来在恍惚之中一次又一次地去看那个眉目紧闭的老女人,在他的感觉里,那才是一位真正的酒神,那酒神以无言的形象以神秘的魔力逐日地征服这位阅世浅淡的童男。"当白发女人遇见了与亡夫相貌一样的外甥福来的时刻,心灵的力量冲破了所有界限,让她不顾一切地与之实现了肉体的结合。"福来惊奇地发现她的眼睛里射出着一种奇异的光彩……那双眼睛久久地望着他,福来突然看到她从澡盆里一跃而起,像有一股神奇的力量支使着她朝他扑过来,她嘴里呼叫着一个名字把他一下子搂住了……"长期凝聚的情感借由一个与亡夫相貌相似的年轻后生爆发了。至此,凝聚高度人性的白发女人,打破一切禁忌与外甥结合,散发出神性的光芒。她照亮了年复一年沉闷的祭祀仪式和囚禁所有进入者被死亡笼罩着的汪记酒坊大院。当福来被汪记大院秘密处决之后,白发女人爱的火焰被熊熊点燃,"就在这时有人看到一团蓝色的光从后院里滚过来,人们在惊呆里看到那光团越滚越近,最终和福来身上的大火合为一团"。火作为人性的意象出现,并经由人的内心意志推动,促成两团人性之火合二为一。白发女人不为世俗而生,不为世俗而死的形象成为《酒神》的真正形象,这一形象替代了祭祀的压抑图腾,成为敢爱敢恨冲破一切界限的神性形象。

原载《南方文坛》2012 年第 3 期

先锋小说叙事的自由与超越

张延文

2013年11月,由何锐主编的新世纪文学突围丛书第四辑《堂·吉诃德军团还在前进——中国先锋小说选》由江苏文艺出版社正式出版发行,其中收录了墨白创作于1988年的中篇小说《月光的墓园》,加上此前已入选的《雨中的墓园》、《影子》、《某种自杀的方法》,墨白已有4部作品入选这套中国先锋小说选书系,余下的3部均创作于20世纪90年代。此事引起了社会文化界的关注,2013年11月28日的《河南日报》刊登了题为《'先锋作家'墨白:我的写作不为取悦别人的文章》,对此进行了专门报道,文中指出:"墨白以他独到的视角和犀利的表达方式,近乎预言式地关注了20年后社会上存在的矛盾和问题。之所以能具有超前意识,或许与墨白从来不愿意跟随某个文学潮流有关。他说,我的写作从来没有打算取悦别人。在文坛尚未形成以进城民工为主题的底层写作时,我已经于1988年写出了《月光的墓园》,关注的就是民工进城。此外,我的小说《寻找乐园》、《事实真相》等关注的都不是当时的热点问题,而是人性与精神层次的东西。如今,当我们回头看时,才发现这些小说切入的都是那个时期最为本质性的东西,所以才渐渐被世人重视。"在墨白看来,所谓的先锋小说并不仅是叙事技巧等文体形式方面的创新,而是一种认识自我,超越自我的精神和姿态。这就要求小说家不断突破自我的局限,打破读者审美和阅读的局限,进入时代精神的内核。作家要有独立的立场,不随时代大潮而动,他们写作的目的就在于为读者提供一个认识自我和世界的新途径。

自20世纪80年代中期兴起的中国先锋小说热潮,是和当时社会语境的转变密不可分的。《文艺报》1986年10月18日发表了鲁枢元的《论新时期文学的"向内转"》一文,文章认为,"向内转"是新时期文学一个总体的发展趋势,起因于人类审美意识的时代变迁。这个观点引起了争鸣和思考,标举个体人独立精神价值的文艺思想是当时社会思想解放的产物,到了20世纪90年代初,这种价值观被集中批判,先锋小说也随之遭遇"倒春寒"。而墨白的小说创作恰恰是在这个时期逐渐崭露头角,他一开始就表现出了与20世纪80年代中期那一批先锋小说作家迥乎不同的精神气质。墨白的小说叙事形式是先锋的,和现实主义的创作方法并不一致,但在叙事的主题上,墨白更为关注人精神性存在的重要作用。

马原在 20 世纪 80 年代的先锋小说写作当中具有一定的代表性,他在叙事上有诸多探索。当代文学前三十几年的叙事人称大都是以"我们"来展开的,而"我们"和"我们"的对立面"他们"之间,必然处于一种隐含的敌对关系。这种集体主义的叙事立场被马原彻底抛弃,在马原的中篇小说《冈底斯的诱惑》当中,"我"成了叙事的唯一原动力,而且,这个"我"本身也具有很强的不确定性,"我"在一个神秘的"他乡"孤独无依。墨白在 20 世纪 90 年代创作出了一大批带有先锋性叙事形式的小说,这些作品集中在《收获》、《钟山》、《花城》、《大家》、《人民文学》、《山花》、《十月》、《上海文学》等国内重要的纯文学期刊上发表,得到了一定程度的关注,但其影响却一直是在一个有限的范围内发生的。虽然,墨白在小说叙事的形式方面作出了新的探索,但在当时大家已经把注意力转向了新写实、新历史主义等小说创作方面,也就是说,墨白的先锋叙事探索在 20 世纪 90 年代因为其自身的独特性而显得落落寡合,不那么与时俱进。

如果说,20 世纪 80 年代中期的先锋小说符合时代个性解放的潮流,集体主义的价值观开始土崩瓦解;进入 20 世纪 90 年代,先锋小说的快速转向预示着个人主义的时代已经来临,人们纷纷将视野从宏大虚无的精神领域投向市场经济格局下物质主义的自我聚焦;而 21 世纪信息时代却将更为零散、跳跃,甚至冷漠、怪诞的情绪抛向了我们。中国社会在快速发生着的转化令叙事人无所适从,他们无法为自我的经验寻找恰当性的表述,而先锋文学在乱花渐欲迷人眼的现实面前失语了。墨白的创作恰恰在经过了一个大的时代语境的转换之后,显示出了独特性的价值。他用一以贯之的叙事立场,向阅读者展示出的是深藏在时代背后的更为深入、广阔的人性的变异。墨白小说的先锋性从社会学来说,在于对我们所处社会精神本质的提示与呈现,以及更加具有超越性的对人类生存境遇的发现与认识。这是文学艺术作品超越时间和空间的局限,获得经典性价值的基本保证。

马克思早在《1844 年经济学哲学手稿》中,就详细阐述了在资本主义制度下人的异化问题,在大工业生产的前提下,生产越发达,工人就会更多地生产出异己的对立面。20 世纪 80 年代起的中国,进入到了现代化的关键时期,工业化、城镇化、市场化、信息化全面推进,产生出了独特的社会语境,墨白的小说创作正是基于中国社会大变革时期人异化的过程与中国社会高歌猛进的社会进程之间的内在关系。墨白 20 世纪 90 年代的创作,将笔触深入到历史的内部,反思"文革"等极端的历史事件对于民族精神生活带来的创伤性记忆,如《风车》、《梦游症患者》等。这些作品集中表达了一个社会主题:缺少独立精神的奴性,是人民参与产生罪恶与悲剧的根源。墨白出生于 1956 年淮阳县新站镇,成长于红色年代,对于"文革"的描写带有一定的心灵自传的成分。"梦游症"作为一种精神性疾病,在儿童当中发病率较高,病因往往是由于过度的紧张、恐惧和焦虑导致的短暂失忆。"梦游症患者"含有文化隐喻的色彩,对于一个民族来说,短暂的失忆导致的精神疾病其后果更为严重,它不大可能通过精神宣泄或遗忘就可以治愈得了,相反,简单化处理只会带来更深远的后遗症。《梦游症患者》在叙述当中大量使用诗性的语言来表达,该书章节的标题,如行走、狂欢、裸露、缺席者、传播者、寻找、把戏、沉迷、弥留、焚烧、破碎、嚎叫、奔丧、叛逆、沉没、离乡、飘失等,通过夸张、变形,将一个富于"狂欢节"与"愚人节"等多重因素的时代文化主题进行了得体的关键词式的把握和总结。在这部作品当中,部分章节是由"我"(文宝)和姥爷之间进行对话的方式来展开的,其他章节则是第三人称的全知视角来进行叙述。"我"作为第一人称叙事是限制性的视角,但由于"姥爷"的存在打破了"我"带来的时空存在的限制,从而扩充了叙事的空间。在使用第三人称进行的叙事里,故事当中的人物往往又因为自身的局限性,他们只了解发生在自己周围的事物,并被周围的环境所限制而随波逐流,从而出现了限制性的第三人称叙事。这种复杂的叙事方式,使得《梦游症患者》这部看似现实主义的作品被赋予了先锋文学的特征,这种限制性视角的广泛应用,以及叙事话语的即时性的语态和情态,来源于叙述者对于书中人物的尊重,让人物自己说出自己的话语,对于个体生命尊严的重视,以及在特殊的语境下对于个体生命情态的人道主义的还原,是墨白小说叙事核心的现代元素。

在墨白的小说《夏日往事》、《秋日辉煌》、《告密者》、《讨债者》、《幽玄之门》、《局部麻醉》、《光荣院》、《事实真相》等作品当中,突出表现了习惯势力对个性的压榨以及社会暴力对人性的伤害,个体生命在各种集体无意识和暴力机器之间被扭曲变形的心灵世界被一一展现。在墨白作品的叙事伦理和社会伦理之间,形成了巨大的反差,通过对于背反的反讽性的社会语境的描绘和塑造,来显示荒诞、冷漠,甚至充满了控制欲的残忍和悲痛。在《黑房间》、《重访锦城》、《镜框里的画像》等作品当中,描写了包括乱伦等在内人类不正常的情欲,人的生命尊严在极端扭曲的环境下彻底沦丧。这种极端化描写源自叙事人对于人性恶产生环境的省察和警惕,从"压迫—反抗—反抗的徒劳"这个事件线条导致人性的绝望和变异。

21世纪以来,墨白的小说创作以他的《欲望》三部曲为代表,将视野转向了对人类生存境遇的发现与认识,这些主题包括:人与人的不可能沟通性,我们的生命内容主要是由别人的生命经历来构成,人类的生活是权力和欲望交织而成的经验、先验和超验融汇而成的一部充满了神秘、偶然的个人史。墨白20世纪90年代的小说叙事是以个人的社会主体性意识为中心来展开的,这种言说的依据带有很强的基于独立社会批判的知识分子立场,是现代性的产物;而21世纪以来的写作,则重点表达在一个信息化的大众文化语境下人与人之间形成的互相关联,彼此映射的交互主体性的生成,由于这种交互性产生出人的焦虑、冷漠,这就带有鲜明的后现代主义叙事的色彩。

在墨白的《欲望》三部曲的最后一部《手的十种语言》当中,所有的人物包括黄秋雨、米慧、谭渔、秃顶男人、刑警队长、栗楠、金婉等,他们的人生互相交错,彼此映衬,构成了一部巨大的社会网络,掀开其中的一个角落,就会出现更大的空白和未知。而作为他们生存背景的还有更多的未知之物:公安局长、市长、粮食局长、遇罗克、枪手、首长等,他们在一个看似偶然的机缘里被命运之手巧妙地组合在一起,导演出了一幕幕既荒诞不经又妙不可言的人生活剧。在这部小说里,第一人称"我"的叙事采用了外视角,作为一个刑警队长,"我"所了解世界的多少,是由进入到我视野里的事物构成的,但是"我"却无法明白这些不停出现的事物的细节对于"我"来说到底意味着什么。"我"必须对其作出合理的、客观的判断,并从中去察觉事实真相。而真相却由于事件的核心人物的缺失——书中的主人公黄秋雨一开始就死亡了——而无法确定。更由于权力和欲望的裹挟,使得"我"不得不因此而部分迷失了客观、公正的立场,从而由一个事件的旁观者逐步成为事件的制造者,甚至是"帮凶"。墨白通过对于庞大的不可言说之物的触碰,甚至有意无意的冒犯,来洞察人物微观精神世界的生成,昭示了在一个大的时代当中不断演变着的以物质和欲望为核心的权力机制内部发生的转化过程。通过对于黄秋雨案件的调查,刑警队长的内心世界发生了一场翻天覆地的变化,他从案件当中得到的除了来自于人性恶的暴力和欲望之外,还有温情和自由的愿望,并从这个富于挑战性的案子当中获得了生与死的启示。对此,作者还特地安排了一个在其作品当中并不常见的"光明的尾巴":"我走出宾馆大厅来到院子里,由于高大的楼体遮住了午后的阳光,或许是化雪的日子,我所处的环境里四处丛生着寒气。冷不了几天了。我知道惊蛰已过,万物都已经开始复苏。我抬头看天,雪后的天空里已经透出春天里的几分湛蓝。"①

综上所述,墨白的写作在20世纪90年代先锋小说基本退潮的情况下开始登场,继承了先锋小说叙事形式方面进行的革命,这也是学界一直将其列为先锋小说家的重要原因。墨白在小说叙事方面的探索是坚持不懈的,他在小说的叙事主题上既有其内在的持续性,也有新变的成分。在20世纪90年代的墨白小说里,叙事主题较多关注人的主体性意识,特别是权力机制下人性的畸变,富于现代性的理念。而21世纪以来,墨白的小说则有了更多的对于人类生存境

---

① 墨白:《手的十种语言》,作家出版社,2012年,第271页。

遇普遍性的考察,特别是在一个大众文化语境下作为主体与主体之间面对特定客体和客体世界时的交互主体性的生成,带有一定后现代的特点。墨白的叙事有一种旁观者的自觉,这得益于知识分子的独立立场和批判精神。在写作的方法上,墨白喜欢因势利导、随物赋形,将音乐、绘画、戏剧等艺术手法灵活运用,为其作品带来了磅礴的气势和细微的颤栗。墨白小说的艺术性来自于他对于身处其中的时代生活保持的警惕和反思,通过心灵的自由来达到一种自觉的自省意识,并将其放置到人类世界的广阔领域里,呈现一个民族在特定时期独特的精神史。心灵的自由和自觉,加上广阔的视野,使得墨白的叙事带有形式上的多元化和主题上的超越性,这既是先锋文学所应该具备的美学质素,也是经典文学获得经典性的基本依托。

原载《南方文坛》2014 年第 3 期

墨白,小说叙事的探索者
——长篇小说《手的十种语言》研讨会研讨综述

郑积梅

2012年7月6日上午9时,来自省内外的三十多位著名作家、评论家聚集在河南省文学院,出席了由河南省作家协会、河南省文学院、《莽原》杂志社联合召开的"墨白长篇小说《手的十种语言》(以下简称《手》)研讨会",出席会议专家们的发言内容大体包括两方面:一是对《手》的研读,二是对墨白文学创作及其文学地位的评价。

《手的十种语言》的叙事学

对墨白长期以来坚持小说叙事的探索与实验,与会者都表示认同与赞赏。评论家、河南省文学院院长、本次会议的主持人何弘说,墨白是一个有着强烈文本意识的作家,他近年来的小说几乎每一部都致力于文体上的创新与拓展,这为当代文学创作提供了许多思考、言说和探讨的话题。刘海燕(评论家、中州大学教授)肯定了墨白强烈的创新意识和他多年来一直在进行的小说叙事探索。她认为墨白的经验表达和艺术创新并重。中国作家缺少的就是这种创新的活力,致使写作的半衰期提前到来。无论艺术创新和想象力,还是持续的活力,这些难得的品质都在墨白身上体现了出来。田中禾(作家、河南省作协名誉主席)认为,强烈的文本意识是墨白写作显著特点之一。进入21世纪,中国小说的主潮流更加靠拢生活、复制生活、模拟生活,丧失了想象力和创造性。而《手》这部小说在形式、结构上作了大胆尝试,对作家的想象力、创造力,对读者的阅读,都构成了一种挑战。评论家、同济大学教授王鸿生则从小说的细处看出了墨白在小说形式上的创新。墨白在《手》里把删节线直接运用到文本里,删节线的运用不但增强了小说人物的情感表达,而且在王鸿生的阅读记忆里这种形式在当代汉语小说里还是第一次出现。王安琪(河南省文学院专业作家)认为,墨白悉心对小说文本的探索和改造对当代文学具有特殊的意义。在《手》这部小说中,作者通过"我"对绘画、诗歌、书信等不同文体的观赏、阅读、置疑、分析、判断以及意外的阻断和阻断后的再继续,让它们与小说文体在主旋律下有机结合,以不同的音色、不同的声部、不同的节奏,表现着统一的主题,使它们天衣无缝地成为了一个整体。在《手》这部小说中,不同的文体已经成为小说文本的有机组成,绘画、诗歌等其他文体,不仅具有细节的作用,推动着故事情节的发展,更重要的是不同文体已经成为这部小说的本身,是表现人物、再现故事的载体。不同文体的综合使用,极大地丰富了《手》这部小说的文本意义。这种耳目一新的文本格式,因其非直观性,会产生陌生化效果,提升了这部小说的文本审美价值。运用不同文体对小说文本进行探索和改造方面,墨白是煞费苦心的。评论家、郑州师范学院副教授孔会侠从文学创作中形式的作用论述了墨白具有强烈文体意识的意义。在文学表述中,故事往往只能表现现象,传达感悟,而形式的象征与隐喻才能表现本质,传达思想。形式是作家的表述工具,是刀和刀法,合适的形式才能形成相当力度,在传统写作方式揭不开、撕不烂、剥不掉重重包裹的情况下,挖掘并呈现那坚硬而深藏的真实之核。墨白在不同作品中使用不同的叙述方式,其富有创新性的文本结构丰富了当代写作的叙述经验,对当前流行的故事性叙述无形中形成了反差,也启示了小说叙事的方向。

具体到小说叙事,《手》则呈现在如下不同的层面。

1. 侦探小说的叙事策略。先锋小说家、河南大学教授刘恪在谈到怎样来理解作品中间作为一个主导线索的案件分析时说,小说大体上构设了一个框架,侦探叙事并不是文本的意义核心。从小说的外部结构和内部结构的分析比较可以看出,案件分析只是一个假设,而实质在以黄秋雨为中心然后通过四个女人辐射再向整个社会层面播散同心圆的辐射结构上。外部的刑侦破案仅仅是一个表象的破案线索,而不是结构的核心。刘宏志(评论家、郑州大学副教授)认为墨白小说善于运用探寻结构,比如《寻找旧书的主人》、《重访锦城》等,都是如此。这种寻找在《手》中达到极致,墨白干脆就采用了侦探小说的形式。这种形式使得墨白刻意自如地把他想要表达的各种主题融入到这部小说中去,使得小说充满了开放性。同样,靳瑞霞(河南省社会科学院文学研究所研究员)也提到《手》以命案侦破小说为躯壳。从侦探小说的层面来看,文本最终呈现出完成的状态。虽然,黄秋雨案件以偶然性死亡结案,细节暗示着这是一场来自官场权力中人精心伪饰的谋杀案。无论或隐或显,作为案件,都可以说结束了。但从另一个层面来讲,文本留下了诸多未完成的蛛丝马迹,任由读者补充想象。米慧的踪迹、画作《手》剩下的四个关键词、历史部分的剩余两部作品、未来部分的十幅画作及众女性,尤其是林桂舒与黄秋雨交往的真相等一系列情节,作者都没有交代,作了开放处理。文本的意义层面也因此具有开放性特征。刘海燕虽然也认同这部小说形式上像侦探小说,但本质上是一次奇异的叙事实践。案件只是外壳,对人性和欲望的侦探,才是真正的内容。这部小说与墨白的整个创作历程、精神气质是相通的。小说的文本意义和思想方式的意义都指向无限。祁发慧(河南大学文学院研究生)谈到,综合整部小说而言,《手》的表层结构是按破案的规则推进,但是深层结构是欲望以及欲望的变体在运动,这其实是一种叙事的圈套,墨白用游戏的叙事方式上演了一场关于欲望的游戏。孙瑜(青年作家)从情节的设置来判断《手》近似日本的"社会派"推理小说。但墨白并不是想写一部传统意义上的推理小说,因为小说模棱两可的结尾,不仅没有解开谜团,反而设置了更玄的谜相,这显然与推理小说的结构背道而驰。事实上,在整个探案过程中涉及了大量的社会问题,以及死者生前所承受的道德、伦理、社会、家庭压力。命案的真相就像透过叶间的阳光,斑驳点点,犹抱琵琶半遮面。案件本身的破与不破,对于死亡与生者的意义都不大了。

评论家、洛阳师范学院教授李少咏也认为在《手》中,作者选择了类似推理小说的情节推进方式。小说的第一部分便为《死者》,随着死者身份的不断清晰,读者的阅读自然而然地随着"黄秋雨是怎么死的","谁偷走了黄秋雨的画"这一系列问题深入。整个文本的叙事进程动作叙述者"我"——刑侦队长方立言的内聚焦视角逐渐推进,在这里叙述者等于人物,叙述者只能叙述作为人物所发现的部分事件,却无从勾勒出事件的全貌,黄秋雨的种种,各种复杂的关系,只能随着"我"对于案件的办理,有所保留地被呈现出来。这种叙事情节的推进模式从表面上看与阿加莎·克里斯蒂、阿瑟·柯南道尔的侦探小说无异。但是,在一般的侦探小说中,叙事进程都有着最终的情节指向:即真相到底是什么?其推理的基础是理性的认同:真相只有一个。而在《手》中,情节虽然随着推理不断深入,但却更多地被叙述者的主观问题左右,找不到最终的答案,或者说,在《福尔摩斯探案集》中,推理是理性的,是可以整合的,是力求符合客观的;而在《手》中,推理则是更加碎片化的,更多的是以"我"即叙述者的主观感受为依据的,"我"只是一个二流的办案员——许多显而易见的漏洞都未曾发现,如为什么黄秋雨写给米慧的信却全在黄秋雨那里?叙述显然是不可靠的——却是一个一流的叙述者,直至文本的最后,黄秋雨死亡的真相也始终没有被揭示出来,文本完全保持了开放性,结局充满了不确定性,因此具有了浓厚的荒诞效果。

2. 此在的叙事视角。《手》这部小说抛弃了传统小说的故事,但这部小说却具备很强的阅读引力,那么这种引力来自何方?青年作家江媛认为是来自悬念,这里的悬念指的是建立在我们当下生命进程的那一瞬间即将发生的却又为我们永远不可知的事情,这种具有哲学意味的叙事是作者深受康德的"不可知论"的启示。可是,那些构成我们渴望了解未来的事件是什么呢?墨白展示的是我们熟视无睹平凡的社会生活,米慧的生活、金婉的生活、粟楠的生活、黄秋雨的生活、谭渔的生活、胎痣女人的生活、秃顶男人的生活、方立言的生活,他们片片断断的生活并不出奇,但这些平凡人的日常生活共同构筑成了我们所处时代的精神图像。恐怕这才是墨白的真正意图。在江媛看来,《手》这部小说真正地体现了墨白小说的叙事观念,他十分尊重小说中的人物,从来不做超越小说人物思维、目光的事情,其实《手》整部小说都控制在方立言的目光和思维之下,这才是进入这部小说的钥匙。我们只有拿到了这把钥匙,才能真正进入这部小说,才会发现那些迷人的事件充满着怎样的玄奥,这是这部小说最了不起的地方,但又往往被我们所忽视,或者被误读。

评论家、郑州师范学院副教授张延文则从哲学高度肯定了墨白的这种由侦探外壳而形成的悬念叙事。《手》围绕着一宗命案展开,刑侦支队长方立言在黄秋雨之死案进行侦察过程当中的所见、所闻、所感构成了小说的主体部分。该书使用的是第一人称的叙事视角,书中的"我"即方立言。这样,书中的第一主人公黄秋雨就转入了幕后,而"我"——方立言走向了台前,书中所有的人物、事件都必须经由"我"的行为的"召唤"才能进入到故事的进程当中。这类似于海德格尔在《面向思的事情》当中提及的所有在场的事物必须经由"此在"才能显示其自身的哲学命题。在海德格尔看来,人类历史就是存在的真理被遗忘的历史,使得事物成为事物的存在就是"无","无"需要敞开、澄明,才能通过去蔽化的过程来展示自我。墨白通过近似于存在主义式的哲学转换,使得所有日常存在的事物基于"我"之思来接近于澄明之境,实现其存在的价值和意义。这也使得《手》通过文本有意味的结构转换而使其接近了哲学的奥义。

3. 小说的复调结构。刘恪在谈到自己阅读小说的感受时,认为《手》的一个显著特征即复调与互文的组合。他说复调并不是黄秋雨、米慧、粟楠等这些人物在一个平行线上的对话。复调的含义是在一个平行线段上两个人的价值观不在同一个立场上,各自阐发自己的思想观念。复调所指的实际上是一个文本内部有多重平等的自由对话和交流。《手》是以黄秋雨为结构的中心点,然后通过四个女人作为辐射,向整个社会层面播散,小说的整个结构是一个同心圆的辐射结构,由同心圆所产生四面播散的抛物线,从而辐射到米慧、粟楠。复调和互文在小说中间的关系非常明确,墨白只是用不同的文笔方式来表述,有的是抒情方式,有的是叙事方式,有的是诗歌方式。这样就组成了一个多声部和多文体构成的文本抒写,这就是小说最显著的一个特征,即复调和互文的组合。

李少咏也强调了小说的复调特征。米兰·昆德拉在《小说的艺术》中这样评价卡夫卡:小说不研究现实,而是研究存在,研究可能。《手》不能成为结尾的结尾昭示着无数的可能。本应离心的推理却造成了荒诞的叙述效果,由此就形成了文本独特的复调叙述:看似理性的推理却被叙述者的非理性所主导。这种复调叙述所形成的巨大矛盾被作者的文字游戏所弥合,而也正是这样一种表现与此在冲突所构建的张力,使得《手》将作者的乡土意识(包括政治、身体、意识形态)以完全先锋的姿态表现了出来。除此之外,《手》的复调叙述还表现在叙述的目的上。从表面上看,叙述者"我"叙述的目的是寻找黄秋雨死亡的真实原因,但在繁杂的叙述过程中,读者的注意力更多地被包括信件、调查、评论、资料多种文体牵引。我们越来越不关注黄秋雨死亡的真相,而是不知不觉地陷入黄秋雨情人与妻子的情感纠葛之中,陷入黄秋雨的欲望陷阱之中。由此就敞开了黄秋雨私生活的大门,有关金钱、情欲、权力、"文革"等多种记忆混杂交织其中,构建起新的叙事迷宫。

  刘宏志根据巴赫金理论——长篇小说是用艺术方法组织起来的社会性的杂语现象,偶尔还是多语种现象,又是个人独特的多声现象——指出,长篇小说中嵌入各种杂语用来从侧面印证,或者丰富小说表达的主旨成为众多作家自觉的选择。但是,在《手》中,小说中种种的文献资料不是仅仅用来表达、印证作家表达主题的,而是它们本身就是小说的主体,就是小说所要表达的主题本身。黄秋雨的书信、手稿,以及米蕙、粟楠写给黄秋雨的书信,从逻辑上并没有统一的完整性与严谨性,而且,这些杂语又并没有被结合进作家系统严谨的论述中,成为文本叙述的有机组成部分,而是毫无逻辑地堆积在一起。这就决定了小说中所有这些杂语是没有任何逻辑性的碎片,也形成了小说的复调结构。

  靳瑞霞也认为,墨白小说精心设计的结构带来了文本的多重复调的对话。此处的对话不是指具体的一句一句的话,而是广泛意义上双方存在的思想交流。《手》中关于对话部分,确实是复调的复调,有好几重意义在里面。首先,文本中所引的多封书信是人物之间的对话,比如米蕙与黄秋雨、粟楠与黄秋雨、黄秋雨与林桂舒;其次,是书者与方立言的对话,方立言作为刑侦队长阅读了每一封信,那么方立言与信件的书写者也构成了对话关系;最后,是人物与本书读者的对话,每一个人物与每一个读者的交流又是不同的。而归根结底,刑侦队长方立言其实是一个双重身份,既是主体又是客体。作为主体,他是一个调查者,方立言身处欲望与权术的现实之中,并难以抑制地沦陷。再退一步,作为读者的你、我、他呢?墨白把读者一步一步地请君入瓮。此部作品引人深思之处应该在此。

  张延文从复调在中国的发展论述了《手》的复调特征。复调体现出的是人与人之间的自由、平等和交流关系;与复调相对的是独白,独白则意味着压制、等级和隔离。复调理论虽然到了20世纪80年代才引入到中国,但对其的关注度是很高的。比较遗憾的是,这方面的研究虽然在国内已经相当充分,却因为缺乏具备复调性质的小说文本而无法真正得到充分的阐述和实际应用。这一方面是因为缺乏具体的社会语境,另一方面也和文学创作的水平尚未达到世界水准有关系。21世纪以来,随着中国社会现代化进程的加速,部分地区已经出现了后现代社会的文化特征,信息文化的影响日益广泛深入。同时,国内文学界的创作也出现了深化的趋势,一些代表性的作家,比如墨白,其部分小说文本具备了复调的特征,这部《手》的复调特性尤为明显,这部长篇小说的推出,为我们提供了一个完美的中国版复调小说的文本。这本书所拥有的文化诗学方面的象征意义相当深远,不仅代表了中国当代小说创作已经达到了世界一流的艺术水准,而且标志着中国社会文化的发展也进入到了一个全新的时期。《手》当中大量存在的各类文献资料,提供了小说文体之外的各类文体体裁,使得文本有着拼贴的特点。拼贴本身就有着各类事物在一种不要求整体一致性的基础上获得平等相处机会的可能性,也就是一种更为广泛意义上的复调,基于文化诗学价值上的复调。因此,在这种意义上来说,《手》已经超越了单纯基于文学艺术角度的复调性,而具备了基于人类社会文化价值上的复调,从而拥有了更为深入、广泛的诗学内涵。这也同时赋予了小说文本以后现代主义的多元性价值。比如,文本当中关于手的六幅图画,每幅图画下面配有注解,这有效拓展了文字难以表达的抽象内涵,打破了文本单一叙述的局限性。小说文本里的物理时间只有短短的两天,而其主人公黄秋雨涉及的心理时间则长达三十多年,基本上包括了新时期以来所有重要的社会时期,也就是黄秋雨从农村进入城市生活所经历的个人生命史的完整展现。而当我们阅读完小说后,会发现文本当中展示的时间跨度远远不止三十几年,比如书中关于十种"手的语言"而写成的历史故事,它们涉及的故事时间可以推及"文革"、"大跃进"、"反右",甚至新中国成立之前的解放战争时期。这些故事都可以独立成篇,具有完整的故事时间和空间。当中涉及遇罗克、傅雷、沙飞、弘一法师等真实人物的历史事件,它们所具备的时空价值带有强烈的象征意义,将真实巨大的历史事件植入小说文本当中,从而为"虚假"的叙述带来了广阔、真实的历史场景,弥合了小说叙述和历史事件之间的裂缝。这样多重存在的立体时空组合,也是小说复调特性的具体体现。

  4. **碎片与拼图**。孔会侠通过不同小说文本的阅读比较,分析了墨白的碎片化写作给人带来一种新鲜的阅读体验。她说在读《手》时,墨白新的写作方式,那种没有直接表达,而是通过书信、活动材料、回忆文章等碎片化佐证来寻求一个生命形象的写法,让她忽然想起几年前读《花腔》的感觉。这种新形式写作方式给读者带来一种阅读冲击。这种尊重生命本身渴求真实而导致的质疑态度与追寻还原的不可能性,涉及背景后意味深长。这两个文本之间有一些共同的东西,体现出两位作家的机警和追求。王安琪也赞赏了《手》令人耳目一新的文本格式,因其非直观性,会产生陌生化效果,让读者感到有意趣,进而产生探究其中意思和意义的渴望。靳瑞霞在分析小说文本时提到了拼图。在她看来,《手》是一部与"欲望三部曲"中的前两部《裸奔的年代》和《欲望与恐惧》迥异的作品。它并没有承续前两部的写作手法,不再致力于情绪的全篇流动和气氛氤氲的营造,不再致力于城乡对立的社会命题或人物精神流变的表达,而是推出了一种潜心的小说写作方式,一种可以称之为拼图式人物写作或浮凸流动型的人物显影式写作。《手》以命案侦破小说为躯壳,以关涉死者黄秋雨的由米慧、栗楠、黄秋雨、谭渔、汪洋、林桂舒等写的书信、评论、随笔、新闻报道各种文字文献为补充,以刑侦队长方立言的猜想和推理为线索,墨白创作出一种类似人物拼图小说式样。从这些貌似无序的文字资料的罗列堆积中,我们一步步地踏入了抵达死者幽深精神世界的路径。黄秋雨作为一个追求艺术、爱情乃至人生纯粹感的画家,慢慢在我们面前站立起来。而在黄秋雨的前后左右,米慧、栗楠、谭渔、汪洋、林桂舒,甚至市委书记陆浦岩等一些或明或暗的不那么鲜明、不够完全的人影,也会在我们脑海里影影绰绰地出现。比如,米慧的知性灵性与痴爱、金婉的简单俗世、栗楠的叛逆天真与弱小无奈、谭渔的愤世嫉俗、市委书记陆浦岩的城府与阴狠、江局长与"我"方立言心照不宣对权力的屈服等。他们围绕在黄秋雨周围,进进退退、明明暗暗,依次出现又陆续退却,却也印证了黄秋雨所生活的社会大环境的种种现实。正是这样一种人物群像的浮凸感和流动感的雕塑之美。

田中禾认为,《手》采取了死者遗物的角度来贯穿,墨白对死者生前的东西以进行考察的角度来切入故事,但是墨白并没有把故事当成主体,所以他整个的表现是采取还原生活碎片的做法来展现人物的特点,这种展现是很好的。刘宏志也分析了碎片化是墨白小说的一个重要特点。墨白总是打破小说故事的物理时空结构,让其呈现出无序的碎片化。这个碎片化特点在《手》中达到了一个极致。小说借助方立言的眼睛,与黄秋雨有关的种种文献资料进入了我们的视野。这些文献资料占据了全书篇幅的一半左右。它们本身就是小说的主体,就是小说所要表达的主题本身。黄秋雨的书信、手稿,以及米惠、栗楠写给黄秋雨的书信,从逻辑上并没有统一的完整性与严谨性,而且,这些杂语又并没有被结合进作家系统严谨的论述中,成为文本叙述的有机组成部分,而是毫无逻辑地堆积在一起,这就决定了小说中所有这些杂语是没有任何逻辑性的碎片。换言之,这部小说就是用有关黄秋雨的碎片拼接的小说。在肯定墨白通过还原生活碎片来展现人物的同时,田中禾和刘宏志也对这种形式探索提出了疑质。田中禾说,墨白在形式的探索上走得比较远、比较靠前。但同时也带来这样一个问题,比如说用这么多的信件组成对人生的思考和回忆,因此这些东西就让小说显得抒情性比较强,而叙事性差了一点。这个问题可能关系到我们叙事艺术中很重要的一点。全书很大篇幅是三个人的情书,这些情书显得平面,结果造成抒情大于叙事,文字的信息量不够丰富,因而在感觉上就缺乏冲击力。小说毕竟是叙事艺术,主要靠叙事而不是抒情去开发读者的想象和情感。叙述艺术可以排斥故事,但对人物本身的故事必须想透彻,才能发掘出冲击人的力量。当然,任何一个作家在进行叙事实验的时候,都会带来一些正面的东西,同时也必然会带来一些负面的东西。刘宏志认为没有逻辑性、整体性的碎片可能会非常的生动、感人,比如这部小说中米惠和黄秋雨的信就能让人看到一个绝望的、痴情的女子的情感挣扎,一个中年男子情感的痛苦纠结,这些都非常动人。但是,这些碎片却无法给人以完整的、系统的结论。比如,小说是围绕黄秋雨展开的,可是通读这些碎片之后,关于黄秋雨,我们又能知道些什么呢?我们会知道黄秋雨情感世界的丰富和痛苦,但是,我们所见到的这些丰富和痛苦也不过是他所有情感世界的一斑而已。这样,小说虽然洋洋洒洒达十六万言,虽然都是围绕黄秋雨展开的,可是事实上到最后,我们并不能形成一个关于黄秋雨的整体印象,我们并不能对黄秋雨这个人作出一个系统完整的评价。这就是碎片的拼接导致的结果。毫无疑问,墨白在这部小说中完全以各种话语碎片来拼接小说,具有深广的文本价值,通过这样的碎片拼接,小说在勾勒黄秋雨一生的同时,也宣告了这种勾勒的无力——无法对黄秋雨的生命作出一个系统的评价。

5. **隐喻与象征**。江媛对这部小说的结构碎片化的说法提出异议,进而提出小说的社会学隐喻。她认为,小说的结构是一个整体,这个整体就是刑侦队长方立言的生命历程。小说中虽然出现了大量的书信、诗歌、日记、回忆文章、历史故事等,但所有的这些其实都是方立言阅读和分析过的。阅读和分析的过程,就是方立言的生命过程,他就是这样生活的。那些外在的人物比如黄秋雨、米慧、金婉、粟楠、谭渔等所有的人物都是他生命历程的一个组成部分,这是一个强大的社会学隐喻。其实,我们社会上所有的人,哪一个不是像方立言这样生活着呢?方立言所阅读和经历的那些碎片,深刻地穿透了我们所处时代人类的社会生活本质。其实我们应该明白,作者压根就没有打算完成小说里哪怕黄秋雨这样一个人物的完整故事,他给予我们的只是类似人物不同性格的比较,比如米慧和粟楠,这两个看似类似的人物,用心细读你才会发现其实她们是千差万别的,作者要完成的就是由碎片构成的方立言的生命状态,并构成一个强大的隐喻。诗人蓝蓝认为,墨白的新书可谓是对当今社会现实的隐喻。她说她拿到墨白先生这本书的时候是 4 月底,恰好各大报刊正刊登"薄谷开来涉嫌杀人"的消息。这本书她是从后边倒着看的,看了几页后出了一身冷汗。这本书完成于2011年底,几乎成了"薄谷开来涉嫌杀人案"的一个隐喻。一件表面上的情杀案,其故事下面实则是在写有关社会的问题、文化的问题、体制的问题。

刘宏志从小说的独特形式发掘了象征。《手》通过众声喧哗,互相缠绕又互相拆解关于黄秋雨的言论、信件,给我们展示了认知一个人是有多么的困难。从这个角度看,我们显然应该对我们过去简单粗暴的认知感到羞愧。显然,对于我们每一个人来说,其他人都是一个神秘的存在,我们都无法对这个人作出全面系统的评价。从这个意义上,墨白这部小说所采用的形式就具有了独特的象征意义。借助对别人的印象是我们认知其他人的重要方式,而且我们也已经习惯认定这种认知是没有问题的,是可以触及到被认知对象的根本的。可是,《手》告诉我们,我们对很多事情、很多人的认识,其实都只是自以为是的一些碎片,而没有触及这个人真正的内心世界。

张延文在小说细读中从其他几个女人对黄秋雨的不同评价发现了墨白的隐喻写作。黄秋雨《手》中是最为重要的角色,但他的角色功能也仅仅局限于他自身。墨白显然并没有因为黄秋雨这个第一主人公而取消其他人物的独立性,而方立言作为一个调查人员,更不会因此改变个人的情感态度。事实上,黄秋雨从一出场就已经死亡,他丧失了直接诉说的功能,只能通过各种文献资料来进行间接叙述。这些文献资料包括他与两个情人米慧和栗楠之间的信件,有关黄秋雨的新闻报道,黄秋雨的绘画、诗歌,黄秋雨的藏书,以及各类的历史故事等。而这些已经逝去的事物,在生者的召唤下,一一恢复它们真实的面目,重新获得了生命力。即使是还活着的黄秋雨的情人林桂舒,也是通过黄秋雨在书上写的文字以及她写的通讯稿和做的录音来间接出场的。只有黄秋雨的妻子金婉,作为黄秋雨的四个女人当中唯一一个明媒正娶的老婆,获得了直接出场来表达自我的机会。这种安排或许也有着隐喻的成分,那就是说,金婉在黄秋雨事件当中,是唯一有合法话语权的女人,而其他三个女性都是一种隐秘的存在,是黄秋雨私生活当中不合法性的存在,也是其最终死亡的真正诱因。金婉对于黄秋雨的表述和评价,带有强烈的个人情感,与其他三个和黄秋雨相关联的女性对于黄秋雨的正面评价有着巨大的反差,她一再强调黄秋雨的无能和无德。在这里,让我们联想到日本电影大师黑泽明导演的经典影片《罗生门》,它们之间有着异曲同工之妙:每个人眼里的世界是迥然不同的,只有在强大外在力量的压制和强迫下,事物才会呈现出一致性的假象。

6. 语言风格。王鸿生通过墨白不同时期写作的语言对比,肯定了《手》中语言的纯净。墨白早期语言风格是贯穿性的,很潮湿。读他的作品就像到了他创造的颍河镇,就有一种很潮湿的气息,一种水的气息、阴柔的气息。这种气息从墨白创作开始到现在,一直保持着。墨白的作品贯穿着这种潮湿感,这是一种内在感觉对世界的感知方式或把握。墨白早期的语言成分结构复杂,但是现在语言非常干净、非常利索、非常流畅。《手》这部小说的语言非常成熟、非常好,他找到了一种自我表达的一套语言。

李少咏从语言的效用来论述墨白对语言的独特把握。由于对语言近乎偏执的强调,使得墨白的小说叙事无限超越了他作为一个作家的身体的有限性。不同角度的叙述让小说本身成为一个极度扩张抵达无限广远之境的意识空间,人物的情绪流动成为推动小说情节发展的有力助渗器,使得小说的结构也成为纯粹的话语活动的空间。身体与话语不断融合互渗构成一个奇妙的叙事空间,并且悄然转化为生命时间或者过程的镜像。生命意识与文化记忆成为了一个隐含于文本之中的叙事主人公,小说的时空自然也就成为了一个具有文化史和生命史意义的精神时空或者说灵魂时空。这其实也是小说家对于笼罩于我们生命上空无所不在却无形无质的某种东西的对抗与消解的搏杀。墨白的野心在此放大镜下昭然若揭——他要建构一个自己心目中的理想世界,让他的主人公们,还有他自己有一个洁净的灵魂退守之所。

评论家、海南大学教授耿占春从阅读的感觉分析了墨白语言的干净。他认为,墨白以前的小说叙事修辞太强,也太抒情了,过去的小说读起来很费神。但《手》不同,没有过多复杂的修辞,语言很干净,让人读起来很舒服,这本小说能让人在困得睁不开眼的时候还想看,说明真的很不错,其中语言的纯净、利落功不可没。但也有作家对墨白的小说叙事语言提出疑质,张宇(河南省作协名誉主席)说:"我觉得我不适合看墨白的小说,看了以后不知道说什么好,不知道怎么谈墨白的小说,这本小说很理论化,让我读得很困惑,就像读《尤利西斯》,这样的小说,我不喜欢。"

7. 不同流派的糅合。在《手》中,出现了包括表现主义、现代主义、后现代主义、现实主义、荒诞主义、神秘主义、结构主义、解构主义在内的不同叙事风格。刘恪分析了墨白小说多种主义糅合的特点。《手》由图像与声音组合,这是表现主义的写作方式,图像的写作运用得很巧妙,墨白以黄秋雨家的十幅画作为图像,这个图像和刑侦队长就黄秋雨自杀的事件构成了小说的表象。这些事物构成的图像关系形成一种互文,墨白提供的是西方绘画中心的一些意向,这一点正好暗合了我们国家20世纪80年代以来,图像传媒在我们生活中成为一种主体的社会现实。如果我们把图像理解为一个对象性的阅读,那是现实性主义的勾画,现实主义也讲究图像。墨白把图像强化了,由客体提升到主体的位置,这个图像就有现代主义和后现代主义以来的概念在里面,墨白的小说里,图像不再是一个存在的客体,因为这图像涉及人物心理,也涉及社会关系,图像以一种强制的方式给人看。大量的图像被结构化,墨白的技术还是非常巧妙的。如果仅是社会中的一些客体图像作为表现的话,我们容易把这个东西理解为现在的表象。墨白构设的焦点,把现实生活表象与图像作为互文,构成文本中特别强化的东西,这就形成了墨白小说里面关于图像的霸权,并有了自己一个特殊符号的表现方式。墨白在作品中复调和互文的组合,再加上刑侦队长对案件的分析,又建构了墨白作为后现代形式的思维方式。

李少咏发掘了小说中的荒诞与神秘主义。他认为,读者不难发现《手》中叙述者"我"与卡夫卡《城堡》中 K 的相互联系之处。在《城堡》中,K 自称是一个土地测量员,受城堡的聘请来丈量土地。但是一开始城堡并不承认聘请过土地测量员,因此 K 无权在村庄居住,更不能进入城堡。乃至城堡承认了曾经聘请过土地测量员,却又认为聘请 K 纯粹是一个失误。《城堡》整部小说情节可以概括为 K 为进入城堡获得居住权所作的一个失误,整部小说情节可以概括 K 为进入城堡获得居住权所作的一场毫无希望的斗争。K 直到死也没能进入城堡——无限接近城堡而无法进入城堡。同样,在《手》里,作为一个刑侦队长,"我"全面负责黄秋雨死亡的侦办工作,"我"获得了包括信件、画作等许多一手材料,"我"和许多嫌疑人进行了交谈,看上去"我"仿佛不断地接近案件的真相,但事实上"我"不过置身于一系列"肯定即是否定"、"洞见与盲视"的漩涡中,无限接近答案却永远不能接近事实真相,所以"我"的整个推理的过程就好像西西弗斯式的困境,充满了荒诞与无意义。同时,墨白延续了小说创作中的神秘主义倾向,对于各种细节都力求将其裹上神秘主义的色彩,读者在阅读中很容易从叙述者神秘的叙述中感到紧张与压抑。从整个色调来说,文本正像是"黑"与"白"两种颜色的交织,且缭绕着颍河的氤氲雾气,但这种神秘却又是不攻而破的。黄秋雨死因的复杂性仿佛更多的是叙述者自己营造出的效果,是"我"有意为之,是一种主观的意象化,经不起细细的推敲与情节的佐证。读者更多的是感受到了叙述者的紧张与压抑,而非案子本身。故而,文本的神秘感就更多了几分荒诞的意味,形成了对于现代社会带有隐喻形式的叙述:故作神秘的背后是失去了各种主义的非理性,这又何尝不是现代人心理困境的写照。

张延文认为,《手》当中大量存在的各类文献资料,提供了小说文体之外的各类文体体裁,如新闻报道、信件、诗歌、档案等,另外还有绘画等艺术形式,使得文本有着拼贴的特点。"拼贴"作为一种艺术表达手段,是从结构主义向后结构主义(也称解构主义)转向的重要特征之一,是后现代主义的典型特点。刘宏志在谈到墨白选取材料时说,墨白通常并不是先把一副牌整理好,然后再打乱次序。墨白《手》选取的这些材料从一开始就没有一个严整的物理顺序。这其实是现代小说精神的一种表达。蓝蓝认为,虽然作品从结构上看起来是后现代,运用了各种的手法以及很丰富的表现形式,但毫无疑问这是一部现实主义作品。墨白的书中多次提到西藏和新疆,从空间来说,我们可以看到权力是如何控制哪怕最遥远的地区,而从时间上来说,从最早左宗棠镇压新疆叛乱的故事开始,写到了枪毙新中国成立初期著名的摄影家、"文革"中著名翻译大家傅雷自杀,写到了遇罗克因反对"唯成分论"被枪毙,写到了新时期艾滋病的可怕传播等,这是从时间上描写了权力对个人命运的控制和影响。在这样一个无论从空间还是时间中构建的庞大的权力结构,任何冒犯它渺小个人的命运都是可以想象的,这才是故事的真凶。她个人认为,这本书写得最好的部分是八个历史背景故事,以及方立言在黄秋雨遗物中寻找蛛丝马迹的那些段落,很多可能被读者忽略的细节,恰恰是作者最用心之处。这比正面地描写作者的立意更需要功力和别出心裁的想象力,在这方面墨白做得非常出色。

8. 汉语的方向与民族的想象力。河南省作协主席、作家李佩甫说,20世纪50年代出生的中国作家对文本的理解和追求的方向有两点:一是中国作家对汉语语言方向的认识,二是民族想象力。墨白一直在作这种努力,这部小说仍然在追寻着语言的方向和民族的想象力,这很了不起。在国际上受到很高评价的帕慕克的《我的名字叫红》,就表达出一个民族的想象力。这部小说也描写了一个画家细密的精神生活,文字间渗透了土耳其民族的精神生活。中国作家的作品,比如韩少功的《马桥词典》,因为《哈扎尔词典》当年曾经受到评论家的攻击,没有得到公正的评价。莫言的《檀香刑》,也是期望回到本民族,拿出了本民族的语言。还有李洱的《花腔》,在文本上也在作这种努力。在语言的方向上,他们尽管作了很大的努力,实质上仍然没有得到应有的评价。但中国作家一直在探索,比如墨白。墨白的创作始终都在探索中,在语言的方向上有他自己的追求,在想象力上他一直往上走,要达到极致。墨白的《手》很值得研究,虽然有不完美的地方,但是应该给予高度评价。我们一再说,我们当代作家在想象力方面还很欠缺,我们想象力有局限,我们困在了这里,想象力困住了几代作家,很多评论家并没有看到中国作家在局限的环境中,艰难地走出自己的路子,我们仍然没有走出西方对我们巨大的影响。所以,我们要画出本民族的特征,创作出本民族方式的最高文本,这就是希望。墨白在这方面作了很大的努力,《手》、《马桥词典》、《檀香刑》在对语言方向的认识和一个民族的想象力上是在同一个水平线的。

《手的十种语言》的社会学

对《手》中所呈现的社会学意义,大致有如下两个方面。

1. **人性与欲望**。田中禾认为,人性立场是墨白创作的特点之一。具体到《手》中,体现在墨白排除了意识形态和社会学立场,以人性为关注点。当前文坛,大多数作家受主流意识形态影响,写作立场并没有解决。他们仍然没有意识到文学艺术必须站在人性的立场。在主流评论的诱导下,中国作家大多数仍然站在社会学的立场上,注重的是社会主题而不是人性主题。特别是自进入21世纪到现在,现实主义在目前小说创作当中仍然占据着主流,而墨白具有现代主义精神的创作和文学观念就更加可贵,这样拒绝世俗的写作同时也是十分孤独的,所以特别值得我们给予赞赏和推动。王鸿生肯定并认同了田中禾的发言,认为欲望是一个解读小说《手》的关键词,他觉得墨白抓住了我们这个时代的一个很大的话题。改革开放三十多年来,我们这个民族突然间老树新枝、勃勃生机,一方面可以说是危机重重,另一方面也可以说是生机勃勃,在这样的背景下面,墨白抓住了欲望这个关键词,写出了包括文化艺术在内的人道的变化。从主题意义来讲,有多方面的意义。在这样特殊的时代里,欲望是一个非常敏感的话题,墨白用《手》进行表达,把我们人类的行动能力通过手来体现,"手的语言"是实体的,它意味着欲望的行动方向、欲望行动的方式、欲望行动的形态。从"欲望三部曲"的主题,到这本小说的意义,从手的形态入手,死亡情节也好、刑侦情节也好、破案情节也好,都是凝聚在这个手的上面。小说里面有关手的很精彩的议论段落,给人留下了很深的印象。

提及欲望主题还有张延文、王安琪等。张延文认为,墨白的"欲望三部曲"刻画了新时期以来中国社会当中发生着的风云激荡的大变革,作品对"欲望"——这个人性当中最为深入同时也最非理性的方面进行了全景式的展示,令人叹为观止。王安琪认为,对欲望的解读是《手》这部小说的主题,黄秋雨的死因调查,是《手》这部小说的助效率,死者所创作的作品《手》,就像乐谱中的1、2、3、4、5、6、7基本音符,也是一种象征,是阐释和演绎这部小说主题和主旋律的工具。

耿占春说《手》是一本很不错的小说。他认为,一个小说家不一定要通过很多问题抽象思考。其实在我们这个时代,欲望本身也没有那么高尚或者那么卑贱,如果他在欲望上足够痛苦,欲望就被神圣化了,所以我们这个时代没有什么东西很神圣,就像《洛丽塔》那本小说,写的是一个13岁女孩和中年男人的性爱关系,吸引我们的就是那个中年男人太痛苦了。其实痛苦是拯救他的一种方式,使他的欲望神圣化。如果黄秋雨再痛苦一点,更绝望一点,就会更好一些。这个时代什么东西都已经世俗化,我们已经没有什么东西可以世俗化了。一个男人可有四五个女人,如果他足够痛苦,我们就可以理解,这个时代唯一神圣化的途径就是痛苦,这本书里面我们从黄秋雨仅有的文字里没有充分感受到他的痛苦,但小说能让人困得睁不开眼还想看,真的很不错。

刘海燕的观点则是《手》形式上像侦探小说,案件只是外壳,对人性和欲望的侦探才是真正的内容。一切都在寻找和发现的过程中。在这个充满悬疑的过程中,叙事人"我"无论是对人物的命运、心理,还是对情节及其全部附属动机,都有着极大的敏感和兴趣,也伴随着焦虑和不安,乃至无望。在这个过程中,叙事人在思考,读者也在思考,一切都没有清晰的定论。祁发慧则从另一个角度来解读欲望。她认为,小说叙事的关键在于欲望,这个欲望已经渗透到了日常生活的点点滴滴。构成欲望本质的是权力欲望。在真相与权力的抗衡中,真相败给了权力,离权力越近离真相就越远。其实权力本身并不复杂,复杂的是人对权力的操作和对于权力的支配欲望。由此,权力欲望成为推动整部小说发展的内在驱动力。祁发慧还说,欲望在合法化的文明社会是被压抑的,十幅绘画中最先被提及的便是性欲,小说中有一部分内容是黄秋生与其情人之间的交往信件,不妨作一个别解:性者,信也;信者,性也。信件作为人私密生活的一部分,或个人的内部世界,只有个人来倾诉自己内心才能有真实感,才能扩散其所有隐秘的世界。它不是一种客观的事实陈述,它有个人言说的痕迹。信件在小说中是性欲的载体,也是人类本能欲望的展现。小说中人的本能表演如舞蹈般千姿百态,性本能才是最主要的本能。其他各种形态的欲望只是作为欲望的一种表征和展现形式,小说以它们之间的内在联系作为叙事的驱动力,结合各种语言方式,揭示了欲望的本质。

2. 理性批判。刘恪从葛兰西的拜物教理论和华勒斯坦的观点来论证墨白的《手》的理性批判精神。拜物教的含义是指个人与集体的冲突之间,集体的利益和价值抽象为一种理念,而把这种理念居于宗教式的情感,再成为一种崇拜对象,而崇拜的对象不是纯粹的物化对象,而是把一种理念、一种图示,构成为一种物质形式来作为宗教崇拜。这是葛兰西对拜物教含义的一种深度解说。在墨白的小说中,在哪里显示出拜物教呢?一是政治无意识,二是意识形态。他在文本中所做的隐秘叙事,他没有说反对共产党,也没有批判专制主义,只是把历史上的人物和事件拿来进行归类,并把它作为资料整理。在一大堆资料中,刑侦队长正在分析的资料,可能是一本关于"文革"的记忆,或者是关于"反右"运动的记忆,关于信阳事件的记忆。墨白把河南发生的事件和国家民族事件串联起来,他不评论也不指示,仅仅是在细节中间暗示。实际上,墨白是用这些资料来完成对体制的抗衡,或者暗含着对现实的反讽。这种反驳没什么不可以说的,现在我们看看在世界范围内一种反体制运动呈现出一种非常复杂的情势,有一个非常有名的历史学家叫华勒斯坦,他把1989年称之为世界有运动史以来自由主义最伟大的胜利。当然对中国来讲,我们会说这是"反动派"。之所以说这个的意思,关键的是我们没有发现另一面。这就是世界的反体制化运动。华勒斯坦认为,全世界体制是资产阶级体制,只有社会主义才是针对世界制度的反体制运动。如果我们今天反对现行体制,那么我们就是反体制的反体制,这里面有非常深刻的东西。所以说,墨白并不是纯形式主义的叙事者,读者深入到文本中间去发现那些细小的元素之后,就会发现墨白作为一种拜物教的批判。墨白太狡猾了,有些地方藏得太深。

  王鸿生从小说中一个乡土女性的诉求谈论墨白的理性写作。他说这部小说引起他兴趣的是金婉,即黄秋雨的妻子。她对自己丈夫的看法,是非常强有力的事件。在这个小说里面,表现知识分子处境的时候,如果没有这一部分,那么这本小说的强度和内部的张力就会消失一多半,而这一章放进去以后,就特别精彩。金婉和黄秋雨的世界构成了冲突,这是非常有意味的。作为知识分子身份的人,应该引起反思的是尊重这样的一种声音。看起来她非常不理解艺术,不理解他的丈夫,但是作为一个日常生活中的女性,她对丈夫、家庭生活的期待,也是非常合理的,只有两种合理性碰撞在一起,才会构成悲剧,如果有一个是完全不合理的,就构不成悲剧。王鸿生常常会将上海与中原地区的生活进行比较,感觉到上海的年轻人生活特别小资,墨白在里面提到的音乐、电影、文学作品等东西,体现了小资文化的特征,可以说墨白身上有很强的小资气息。在都市的写作中,年轻人的精神生活中,没有金婉世界的这一块,墨白身上的小资气息和土地的气息结合得非常好,或者说有知识分子的思考,或者说墨白对土地的关注是很强烈的。把那样一种感知结合在一起了,这种理性写作就使墨白很有力量。

  江媛则从小说中爱情故事的悲剧结局分析墨白对权力的理性批判精神。《手》里的情爱故事,为什么最后都被毁了,在这部小说中几乎每一个女性都在喋喋不休地乞求、都在哭泣、都在绝望。她们生活在强大的男权社会之中,不得不被男权强硬的手段和规则所摆布,不仅丧失了决定自身命运的权力,而且在追求爱情幸福的时刻沦为男权社会的性的牺牲品。渗透在这部小说字里行间最重要的东西是权力。造成黄秋雨及其情人们悲剧命运的是权力过于集中后所引起的滥用,这种权力的滥用表现在权力的不受监督和约束下的失控,表现为官员运用手中的权力为所欲为过程中对法律的践踏和无视。黄秋雨在权力的威逼下,离开了这个世界,他钟爱的女人也是如此,他们无法摆脱权力失控所构建出的显失公正的社会准则,无法摆脱男权主义的横行霸蛮,面对这样的社会生活,女人们只有诉求,没有任何改变命运的能力,她们有的带着孩子在公众面前以死威胁别人,有的留下遗书要挟别人,有的被送进疯人院,她们流散在社会的每一个领域。而《手》中八个隐喻的故事,恰恰表现了权力对人们情感生活的粗暴干预。这八个故事将历史和现实联系在一起,充分反思了权力集中化的失控及滥用对社会秩序合理性的消解,对人们的价值观念和生活所造成的混乱。这是一个巨大的社会问题,是一种权力过分集中又缺乏约束和监督所引起的遍及社会的精神疾病。文学作品首先要传达这个,才能产生冲击黑暗的精神力量,文学作品的精神力量,其实就是对社会不公正的一次次冲决。

张延文则认为墨白是接续了鲁迅先生理性批判精神的写作。自新文化运动以来,对于中华民族国民性的批判就成为了一个核心的命题。鲁迅先生笔下的阿Q、孔乙己就是活脱脱民族劣根性的代表性人物形象,愚昧、无知、迷信、盲从,这些性格特征就是个人无意识和集体无意识共同作用的结果,恰恰也是缺乏理性精神的重要征兆。由于新中国成立之后出现的特殊局面,这种非理性的民族文化特性非但没有被根除,到了"文革"时期,甚至发展到了更为严重的地步。改革开放之后,随着商品经济大潮的来袭,文化的价值和意义被忽视,中华民族的物质生活虽然丰富了,社会的政治体制改革也日益深入,但是民族虚无主义和文化虚无主义却随之兴起,一种更为广泛的理性价值的缺失局面更加让人担忧。在一个技术理性的时代,对于理性价值的再认识尤其难能可贵。墨白的写作继承了鲁迅先生的理性批判精神,专注于民族精神世界的书写。墨白的《风车》、《光荣院》、《梦游症患者》等中长篇小说,对"文革"这个中国历史上最为特殊的大规模的"社会历史实验"进行了全方位的探讨,分析了悲剧的非理性根源。墨白作品当中对于人性里的非理性元素,如直觉、幻觉、下意识甚至无意识,都有着精彩的刻画,并将视角从记忆的发生演变深入到了人类文化当中的神秘和虚无之境。《重访锦城》对于人记忆当中的短期记忆和长期记忆的转化,无意识对于意识的侵入都进行了形象的表达。《迷失者》则从发生在一个小镇鬼附身的灵异现象的角度,展现出了建立在虚假的理性主义基础之上的集体无意识力量是多么的强大和危险!墨白的小说写作充分体现了一个具备了独立的批判立场和自由意志的知识分子的清醒和警觉。

墨白小说及其文学地位

在研讨会上,与会的专家言及的另外一个话题是关于墨白作品及其文学地位,大家对墨白创造的"颍河镇"文学版图、墨白的文学立场及坚守给予了高度评价。田中禾说墨白是一个很受人尊敬的作家,并觉得自己从墨白身上学到了很多东西。他看来,在当今的文学里边,墨白的写作立场很清晰。墨白是一个比较纯粹的写作者,同时还是一个很谦虚的人。注重读书,涉猎面很广,在当今浮躁、浮华的时代，墨白的这种文学观和写作姿态令人尊敬和赞佩。孔会侠也肯定在当前文学语境中保持先锋性，是墨白老师的特征与意义。王安琪强调了墨白不止在一个场合强调过小说文本的意义，实际上，这些年来墨白也一直在文本方面进行着艰苦不懈的探索。持同样观点的还有何弘，何弘认为墨白近年来的小说几乎每一部都致力于文体上的创新与拓展，这为文学创作提供了许多思考、言说和探讨的话题。

同样，在李静宜（评论家、《莽原》杂志主编）看来，墨白的小说创作主要有两大特点：一是文本意识强，二是有鲜明的先锋写作意味儿。这么多年来，文坛虽然多有变化，文学流行的样式也不断变换，并且市场经济对文学创作也产生了巨大影响，但在墨白这儿，仍看不到明显的变化。仅从墨白对自己文学观的这种持守、这种坚持，就很让人敬佩。她觉得墨白的小说创作已自成一种气象，是当代小说创作一道独特不可或缺的风景线。冯杰（河南省文学院专业作家）说，在中国作家中，给他印象最深的是周树人、周作人二周兄弟，一个激烈，一个冲淡。再一个就是孙氏兄弟给他的印象也比较强烈。孙方友先生的文笔，是"喝胡辣汤"的，是本土的，孙方友的小说专注中国传统文学精神，表达的是汉语神韵。而墨白属于另类，是一个喝着咖啡的写作者，墨白的文风更多的是介于咖啡和红酒之间，这种类型在中原大地上是非常少有的。墨白是一位在中原文坛执着于先锋的文学家，是一位勇于探索的文学家，几十年如一日，是真正的"文学苦旅"。墨白为中国当代文坛提供了大量文学创作范本，墨白的先锋创作是当代中国文学里面一座独有的矿藏。

李少咏则宣称墨白是先锋小说最后的守望者。他认为在20世纪80年代，先锋小说曾经成为文坛最夺目的奇葩，其另类的叙事模式曾一度成为众多新锐作家追逐的目标，进入90年代之后，先锋小说仿佛为自己所困，逐渐退去光环，渐趋没落。先锋小说没落的原因是多样的。但就根本而言，则是中国社会的现代化与先锋小说现代性之间的脱节。先锋小说既是舶来物，就必然要面临介入本土语境的问题。20世纪80年代的中国社会，并不具备或者说不完全具备滋养先锋小说的本土语境，从这个意义上来说，先锋小说必然是无本之木、无源之水。当先锋的狂潮退去，很多作家选择了对于现实主义等风格的回归，而墨白则选择了坚持。墨白依然坚持着自给的对于形式实验、叙事探索那样近乎偏执的热衷，更重要的是，他仿佛找到了先锋小说在中国存在的真正意义。当我们的经济社会飞速发展，当我们开始经历许多现代社会的烦忧时，墨白的小说无疑是一次真正源自于本土的先锋实验，他的"欲望三部曲"直面当下我们人性中最复杂的部分。墨白的坚守，源于一份独异于他人画家身份的内在自信。他比较清醒地认识到，正如在现代派画家那里绘画的目的不是模仿世界，而是要构造一个与现实世界无干的独立的形式一样,小说的叙事也一样可以独立于故事之外成为一个自足的世界,这个世界也许更接近于我们这个世界的精神或者说本质的真实。

张延文说,墨白写了很多作品,写了很普通的人,尤其是底层人,不仅有精神上的要求,还有身体上的要求。这对读者的影响都很大。墨白的小说贴近日常生活,因为很少有人超越自己的意志和身体。但墨白的写作又是充满理性的。理性和理性主义是形成现代社会的基础,对于中国当代文化建设来说,其意义非同寻常。墨白的小说写作充分体现了一个具备了独立的批判立场和自由意志的知识分子的清醒和警觉。在一个大变革的时代里,对于个体来说,这种理性价值可以起到心灵净化的作用,也是其对抗庞大的异质性存在以及无边虚无的有效的武器;而对于民族和国家来说,如果能够拥有具备了理性自觉的普通公民,就没有什么比这更重要的了!

刘海燕认为,墨白是一个有定力、有精神气场的作家,墨白有很强烈的创新意识。这定力表现在,在这个浮躁的时代,不少作家的写作表现出中国式新闻的热(点)、浅、快,墨白面向的是长历史和深人性,他向纵深的地方用心,可以说,墨白是一个潜在的作家。多年来,墨白一直在进行艺术探索。他的经验表达和艺术创新并重。由于高强度、大海量的阅读,经年与世界上最优秀的书籍照面,因此墨白的心越来越向高远之境敞开。你能听到他的作品里,想象力的翅膀撞击既有成规的声音,内心生活的丰富性,使他的神色和周围越来越有了差异,这差异性让在场的朋友看见此时此刻的美好,获得在公共语境中难得的好心情。很多朋友感叹墨白的活力,写作路数宽广的墨白,加上储备、修炼和才情,尤其他作为一个作家的精神气质,我们有理由认为,墨白的峰巅之作还在未来而且即将到来。对于一个作家,最致命的问题是:你能在人类文学的天地里充满活力地写多久?因此,她认为在这个问题上,墨白是一个很能给人带来希望的作家。

在对墨白进行肯定与赞扬的同时,不少与会者也提出了一个显见的问题,即墨白的受关注程度问题。冯杰认为,在20世纪80年代中期和90年代初期的中国先锋小说创作热潮中,曾经出现了莫言、残雪、洪峰、格非、李洱等代表作家,这些作家的成就和紧随他们的如潮评论也是相匹配的,但墨白的艺术成就和国内文坛对他的关注是不成正比的。从我自己私下的喜好标准,我觉得当代中国文坛有两个重要的先锋作家被忽略,被重视的程度远远不够,没有提到相应的高度,一个是山西作家吕新,另一个是河南作家墨白,尤其是墨白。南丁(作家、原河南省文联主席)、孙荪(评论家、原河南省文学院院长)、马新朝(诗人、河南省文学院副院长)、王剑冰(河南省文学院专业作家)等对墨白及其文学地位既有总体评价,又有细致述说,认为墨白的文学地位应该得到中国当代文坛的广泛认同与提升。王鸿生说在墨白身上,一直有一种蓬勃的生命力。这么多年,尽管国内外的文学界都知道河南有一个墨白,但是墨白好像一直不是那么红火。他认为,长期以来墨白是一个受到忽略的作家,是一个被低估的作家,文本没有得到充分评价。与王鸿生持相同观点的还有刘海燕,她也认可那种墨白的社会声誉小于他的实绩的观点。她还分析了墨白被低估的原因:这是来自社会和规则的问题,一个潜在的作家得不到来自世俗参照系的盛誉,也很自然。

原载《河南作家》2012 年第 3 期

欲望发生学与个体精神的生长史
——墨白长篇小说的精神图谱

刘 军

打开现当代小说史的卷轴,三部曲写作现象如显目的礁石,于湍急的流逝中挺立,虽历经冲刷和磨损,底座的重量依然存留。巴金的爱情三部曲和激流三部曲两相权衡,当然是由《家》、《春》、《秋》构成的激流三部曲影响更为深远;茅盾的农村三部曲《春蚕》、《秋收》、《残冬》堪称现实主义题材创作的典范;川籍作家李劼人的大河三部曲,即《死水微澜》、《暴风雨前》、《大波》三部长篇小说,则是全景式描绘时代风云和社会生活的杰作。毋庸置疑,新时期文学以来,三部曲写作范式有所弱化,虽然有王小波时代三部曲、王旭峰茶人三部曲等系列作品的涌现,而就激荡风云的影响力而言,尚不足以与上述所列相颉颃。不过,若将这一写作范式置入地方性写作的框架内加以考量,弱化之说需加以修正。比如就中原写作群落来说,近些年来分别有二月河落霞三部曲、李佩甫平原三部曲,以及墨白欲望三部曲的涌现。三个系列花开各枝,彰显了中原写作强大的冲击力以及多元并包的宽广度。二月河的落霞三部曲由《康熙大帝》、《雍正大帝》、《乾隆大帝》三部长篇历史小说构成,阅读市场的火爆以及由之改编的电视剧的热播,使得这个三部曲早已越过历史小说的疆域,进入更广阔的由媒介、历史、文学等因素构成的消费空间。李佩甫的平原三部曲分别由《羊的门》、《城的灯》、《生命册》三部现实主义长篇小说所组成,这一系列扎根中原厚土,切入中国社会特有的城乡二元结构这一剖面,一方面于乡土根系中开掘隐秘的权力关系,另一方面试图以乡土神性来弥合城市化进程中形成的社会诸单元的分裂。考察新时期以来的现实主义题材创作,平原三部曲为必不可少的参照系。墨白的欲望三部曲以知识分子灵魂的生长与裂变为主题,向内而掘进,为大变动格局下的当代中国提供了锋利的精神切片。《欲望》由红、黄、蓝三卷本组成,湖南文艺出版社最新推出,总字数近六十万字,乃先锋小说写作的集成。红卷即《裸奔的年代》,起始于1992年;黄卷即《欲望与恐惧》,写于2000年前后;蓝卷即《手的十种语言》,完成于2011年。在此之前,皆曾以单行本形式结集出版。

三部曲写作往往对应着作家的某种雄心,此种范式不仅包含了作家对人本的探查,也隐含了对特定历史进程的多角度呈现以及相应的独特判断,即使是根植于精神现象学的观照,系列写作所划出的深痕依然会透射出相关的社会学意义。墨白的欲望三部曲写作跨度近二十年,恰好对应了市场经济深化之后中国社会进程的陡然巨变,无论是政治经济层面,还是思维方式、情感呈现、信仰层面,抑或人伦、心理层面,就基本精神图谱而言,身体、个人、欲望、金钱、权力等标签取代了集体、国家、信仰、英雄主义等图腾,在技术主义、物质主义、消费主义三大主潮的催逼下,伴随着身体的率先觉醒,欲望这一潘多拉魔盒经过个体之手而打开。如法国哲学家梅洛·庞蒂所判断的那样,世界的问题可以从身体的问题开始。《欲望》的写作恰恰是通过身体打开现象场,并进而实现个体精神的还原,其内容对应着两个向度,一个是欲望发生学的原理,另一个是身体现象学下个体精神的生长。

欲望的维度

对事物进行简单而粗暴的分类,乃泛道德主义语境中价值判断的常态,二元思维导向下,非黑即白的话语秩序经过意识形态的强化而得以确立。在这一语境中,欲望主要指人的欲望,因其与征服、权力攫取、物质消费、性满足等因素紧密相关,于是迅速被污名化,常常以恶劣的情欲加以冠名,于是为主流话语所驳斥和覆盖。20 世纪 80 年代中期之后,处于绝对至上地位的一元论语境逐渐松动并走向塌陷,相关"欲望"的正名,一方面在生活实践领域紧锣密鼓地展开,另一方面在话语重建中(其中包括文学话语所参与的文本实践)悄悄解冻,并以极快的速度,由曾经的"左倾"急速摆向当下的右倾。

"欲望"本身是中性的,斯宾诺莎曾指出:"欲望是人的本质自身——就人的本质被认作人的任何一个情感决定而发出某种行为而言。"[1]在他看来,欲望就是现实中人存在的基本形式。黑格尔在《精神现象学》将欲望看作是自我意识的结果,后来的弗洛伊德则视欲望为人的本能,是人潜意识深处巨大的心理能量,并在《释梦》一书中提出了一个重要观点,即梦是被压抑的欲望的满足。亚历山大·科涅夫则认为,欲望鼓动人并驱使他行动,欲望是虚无或空虚,只能由摧毁、否定或同化的行为来填补。他还进一步指出:"真正的人的欲望或人类发

---

[1] 〔荷兰〕巴鲁赫·斯宾诺莎:《伦理学》,见查尔斯·范多伦编:《西方思想家宝库》,周汉林等译,中国广播电视出版社,1991 年,第 271 页。

生学意义上的欲望是被另一个自我意识承认的欲望。"①如上所述,人自身也好,本能也好,自我意识也好,皆指向人自身的建构,而非表征人性的阴暗面或者自我否定的因素。从这个意义上说,个体的精神生长过程,也是欲望展开的过程,如何实现欲望对象与欲望本质间的契合与统一,方为关键之所在。

  对应个体精神的成长历程,《欲望》书写的恰是欲望对象与欲望本质间相互撕裂,进而反向生长的过程,其间所形成的巨大张力贯穿于三个主要小说人物的人生故事之中。谭渔、吴西玉、黄秋雨,他们是同一天降生于颍河镇卫生院的异性兄弟,各自从颍河两岸的村庄出发,沿着不同的路径进入城市,进入欲望的迷阵之中,并分别构成红、黄、蓝三卷的主人公。他们之间的角色身份不尽相同,作家谭渔,行政官员吴西玉,画家黄秋雨。他们各自的足迹如分岔的航道划出三条不同的曲线,对应谭渔的是陈州—锦城—省城—首都—陈州,对应吴西玉的是陈州—锦城—省城—锦城,对应黄秋雨的是陈州—锦城。不过,他们的人生故事里却有一个统一的命名——欲望和蜕变。实现自我的过程中,不断有新的欲望如绕树之藤叠生出来,矫枉取代了正则,推动着他们向着欲望的深渊游走。在黑格尔看来,欲望是存在的缺乏状态,或者是物质的缺乏,或者是精神的缺乏。如果欲望得不到实现,就会采用毁灭现有存在的方式创造新的存在,当然,创造出的存在是为了满足我的存在。作为集聚巨大心理能量的欲望主体,谭渔、吴西玉、黄秋雨三人,他们各自的欲望呈现兼具了创造与毁灭的双重面孔。这里的创造指向欲望本体的深化,而毁灭对应的则是欲望的他者化。

  路遥的《人生》发表后,很多读者会在心里追问这样一个问题:"进城后的高加林会变成什么样子?会走到哪里?"三十年过去了,结合城乡两重因素的沧桑巨变,我们已经知道其中的答案绝不是唯一的,或者可以这样说,进城后的知识分子,其存在的维度有着多重的可能。谭渔、吴西玉、黄秋雨的三种人生曲线,皆可作为其中的答案。他们是可能的高加林,或者另外一个高加林,他们的欲望展开,表征出当代作家对流动于城乡格局的知识分子的持续关注和探查。

  《欲望》对人物精神本质以及社会学层面投射的开掘呈现出内向性、精神自省性的特点,三个人物虽然彼此关联,却又独自成章。作家墨白以欲望作为基本切口,切入人物的精神成长历史,欲望的投射与自我的蜕变构成这一成长历史的主体内容。红卷中的谭渔极力在寻找着爱情,并将爱情作为欲望的本质而加以确证。师范毕业之后的他回到乡下小学教书,迫于生存的基本压力,娶了一位叫兰草的乡下女子,但他念念不忘自己的初恋——一个叫做锦的项县女

---

① 〔加〕莎蒂亚·德鲁里:《亚历山大·科涅夫:后现代政治的根源》,赵琦译,新星出版社,2007年,第29页。

孩。小说开头讲述的即是他的一次对项县的重访。剥开甜蜜的外壳,进入真相内部,此次重访的结果可以以巨大的陌生作为命名,包括曾经的恋人以及老同学们的陌生,这种陌生驱使着他带着某种痉挛之感逃离曾经施以美好梦想的故地,爱情变得如此陌生,使其初尝绝望以及混乱的滋味。此后的谭渔并没有因此放弃念想,他的第二次寻找对象是一位有着淡蓝色牙齿名叫小慧的女孩,在异地,谭渔进入了游戏的迷宫,小慧被虚化,代之以小红这一实体,最终,小红以肉欲的诱惑反转了他对爱情纯粹性的追求。谭渔的第三段爱情寻找,更像是一个寓言,牌面是类似柏拉图式的精神之爱,是梦境中的一次情爱寻找和穿越,而翻开牌底,读者就会发现,此次的寻找在其本质上则是人物和其小说笔下女性的一次情爱旅行,是他坠入绝望深渊之前最后的一根稻草。这根稻草被彻底地虚化,预示着欲望主体从此走向绝对的分裂,这种分裂是以毁灭欲望的本质作为代价的。也因此,人物脱离了最初的枝头,情与欲割裂之后,他一头扎入肉欲的汪洋。小说中有一个细节,最足以说明谭渔的蜕变,进京的卧铺车厢内,清早起床的他偶遇一位面容姣好的列车服务员,他心里是这样想的:"她或许刚刚睡醒,夜间她是怎样睡的?这样一个漂亮的女孩闲了一夜真是可惜。"[1]小说叙事行进到这里,人物的精神图谱基本上得以准确勾勒,重访项县是1993年,火车偶遇是1998年,五年过去了,他所划出是爱情—情欲—肉欲—动物性本能的精神曲线。其间急速下落以及他者化的过程,对应人物彻底迷失的状态,而这种欲望主体的高度异化,并非是来自我们所常见的客体因素,而是主体自身的精神裂变形成的自我异化。如此这般,撇开权力关系,内向性地开掘出异化主题,足以见出墨白的独特和锋利。

相比较红卷和蓝卷,黄卷即《欲望与恐惧》,为三部曲中现实色彩最为显明的一部。这是一部关于欲望压抑与欲望畸变的小说,主人公吴西玉有着巨大的欲望本能,为了摆脱乡村小学教师的身份进入城市,不惜与患性冷淡的牛文藻结合,以情欲的巨大受挫来换取政治投机的暂时性成功。后来的他一步步向着金字塔的上一格游动,进入省城一所大学担任团委副书记一职,并以挂职副县长的身份再度回到锦城,但这些获取并没有抵消他内心中真正的惶惑。小说中,吴西玉数次和别人谈到城市的大街就像一条河流——一条肮脏的欲望的河流,而他和他人则是被污染的鱼儿。这些对话不仅表征出人物对城市这一现代性意象的本能拒斥,也暗示出人物在潜意识深处将欲望看作是罪恶的渊薮,而这正是其内心欲望因张力而撕裂的根由。与许多描写身体欲望的小说不同的是,《欲望与恐惧》重点凸显的是个体欲望的自我撕裂,欲望与现实间不可弥合

---

[1] 墨白:《欲望》,湖南文艺出版社,2013年,第131页。

的裂隙,以及人物在此裂隙中的深度沉沦。而促使这一切发生的是吴西玉不可抑制的情欲,准确地讲,是其畸变的情欲形式。吴西玉在小说中曾经有过几次性反常行为,其中第一次就是兽交。因黄色小说的刺激,吴西玉不可抑制地与一头母牛发生了性关系。吴西玉的第二次性反常行为发生在颍河镇医院内。在妻子牛文藻对他实行性惩罚,不和他发生性关系的情况下,出于洗产包老女人的引诱,和她发生了性关系。如果说第一次反常性行为带给人物的是人本意义上发生在内心世界的自我否定的话,那么这第二次反常性行为带给人物的是外在形象的彻底蒙羞,意味着他在亲人世界中尊严的丧失,这种丧失同样带有不可逆转的特性,因此也导致了吴西玉与颍河镇这个"家园"的彻底割裂。在畸变的情欲中,吴西玉获取了突破人伦底线的快感;而伴随着快感的又是心理上不断涌现的负罪感,两者交织在一起,构成了人物心理沉淀的主要内容。而这两个方面其实是一块硬币的两面,对立的两极统一在个体身上,形成巨大的张力和裂痕。吴西玉的悲剧不在于他那天生巨大的欲望,而在于成年后根本没有机会将欲望合理地释放,他畸形的家庭生活(包括妻子的性惩罚以及过度规训)构成最为直接的动因,而就此上溯,我们就会发现问题的原点之所在,即发生在童年时代的强奸事件,则是潘多拉魔盒打开的瞬间。粗鄙的文化环境截断了这一创伤性记忆突围的后路,小学老师对牛文藻的鄙视与言语侮辱强化了这种创伤记忆,而对于吴西玉来说,同伴对"强奸"一词的哄抬,同样对这次记忆起到定格的作用。这种基本文化环境,来之于数千年文化积淀中对身体欲望的否定和仇视,对两性关系的彻底遮蔽,以及由此而来的人们将性问题神秘化和罪恶化的后果,并最终演化为基本的文化因子,深藏在隐秘的角落。自现代以来,这种对身体欲望的否定虽然随着民族国家的摸索和建立遭受清算,但大多停留在上层建筑层面,底层社会的基本规则依然如故,只有到了20世纪的八九十年代,伴随整个中国社会的巨大变革,这些观念在底层才真正经历了挑战和颠覆。作为对立的统一,牛文藻释放情欲的方式同样是畸变的形式,不过,与吴西玉的放纵不同的是,她采取了严重封闭的自我压抑形式。小说中不仅提到她身患的性冷淡,而且还讲述了她对流产女性的无端仇视。性和生殖作为女性的两个基本属性,在她那里都被完全否定了,所以情欲在牛文藻身上同样被严重异化了。从某个意义上说,牛文藻这个形象对于吴西玉来说,既是对立的另一极,也是作为补充的另一种形式而存在。吴西玉在骨子里依然是个"农民",农民的意识和农民的心理,构成他心理上最为显著的精神背景。在时代大潮的催动下,他的身体走到了前面,而灵魂深处的文化观念却原地不动,身体欲望前倾的幅度愈大,那种撕裂般的痛苦就愈深。恰如刘小枫所言:"灵魂与肉身在此世相互找寻使生命变得沉重,如果他们不再相互找寻,生命就变轻。"①在这部小说里,作家墨白并没有站在道义的高度对人物进行简单评判,而是以极大的同情心书写吴西玉这个沉沦于畸形情欲中的人物,这个挣扎于爱欲与文明中的人物,这个身体与灵魂间不断撕裂的人物。并通过吴西玉这个个体,强有力地揭示了隐藏在现代人身体内部的欲望本能,以及因理性缺席而导致欲望所具有的强大破坏力。作家的笔触却深入到了人性的荒芜之地,并将身体与灵魂的错位展示得如此淋漓,就个体精神现象学而言,其还原的力度和深度皆是当代文学版图中所少见的。

蓝卷即《手的十种语言》在叙事探索上行进得最为深远,在物质外壳上,采用了异于前两部的侦探小说结构。小说以黄秋雨的死作为故事的开端,随着叙事的进展,人物的"生"则愈加丰满,也因此,数次出现的"死是生的开始"作为话语能指,构成了整个小说叙事进程的显目叙事标记。红、黄两卷中的谭渔和吴西玉两人,因为专注于欲望对象的转移,专注于欲望的释放,最终被欲望本身所奴役,他们的欲望本体由此走向扭曲,如别尔嘉耶夫指出的那样:"人受奴役,也许是因为人太沉溺于自己的那个'我',太专注于自己的状态。"②而蓝卷中的黄秋雨则走向更幽深的精神通道,作家借助书信、日记、艺术作品等私密性文字展示了他那复杂而斑驳的心理世界。欲望在黄秋雨那里,有着多重的倒影,也可以说其欲望的展开呈现出多重图式化的面貌。情爱欲望层面,妻子金婉的冷漠、自私、俗气,对于情感丰富细腻的他来说,乃巨大的日常束缚。他的情爱欲望的释放不仅巨大,而且始终在坚持某种欲望的本体,从米慧到粟楠再到市委书记的夫人,他不是一步步疯狂地自噬于欲火中,而是自噬于情爱的升腾之中。也正是对自我意识的持之以恒,他才会将情爱本身图腾化,不会因对象的改变而偏转。而他肉体的死亡,则是这图腾化的最后结果和高潮部分。从其情爱欲望的释放中,可见出粉碎性的巨大力量,也可见出主体精神世界的孤独和苍凉。生命价值的投射层面,笔者在另一篇文章中曾作出如此分析:"他那因情爱受挫或触发而来的巨大能量,转化到其艺术创作中,成就了他孤独探索的力度和深度。其中,最具世俗声望的两幅画作,《伏羲创世图》等,借助历史与传说的图式,向内贯注的是他关于欲望本体的思考,这两幅画作既是他本人的镜像投射,也表征了他在面对欲望本体时的困惑。从艺术传达的内容来看,他走到这里,已经步入荒凉之境。关于手的十种语言系列画作的构思和勾勒,又将其引入历

---

① 刘小枫:《沉重的肉身》,上海人民出版社,1999年,第97页。
② 〔俄〕尼古拉·别尔嘉耶夫:《人的奴役与自由》,徐黎明译,贵州人民出版社,1994年,第44页。

史本体思考的空间里,在这里他实现了欲望的转身,进入本源探寻者的角色之中。在其中,作为注解而配合这些画作的几个历史故事,在小说中故事性是最强的,也是分量最重的存在,这些故事是中原土地的苦难叙事与知识分子个体苦难叙事的聚合,有着强大的象征和隐喻功能。当然,墨白也借助跨界叙事的手法,借助这些历史故事,得以审视更宽泛意义上的欲望本体问题。"①沿着欲望本体的自我确证之路,黄秋雨走得极为深远,在其身上,会发现知识分子少有的独立之精神、自由之思想的文化品格,其个人悲剧并非来自本人的欲望扭曲,恰恰来自周遭环境中社会人伦、权力的删改,妻子对其死亡结果的无动于衷,以及案件侦破过程中始终有一只强力之手的暗中干扰和掌控,即为其例。墨白在《欲望》后记中坦言,世界到了黄秋雨这里,彻底呈现出了无限的冷漠。

相比较而言,蓝卷在思想容量上更为宏阔,不仅延续了前两卷对个体精神成长的探索,而且将笔触切入到社会历史空间中去,以多元的隐喻方式呈现对权力、对话语秩序的批判。

先锋精神与多元叙事

就文学史上的先锋写作问题,谢有顺曾经作过如此的总结:"先锋首先是一些对固有的写作秩序不满的人,他们一旦意识到了旧的方式跟不上他的内心和体验时,求新求变就成了很自然的事情,它不过是针对旧秩序的一次革命,一个过程,目的是为了更好地到达新的真实。"②在另外一篇文章里,他进一步作了细化的说明,大意是先锋精神不可等同于先锋叙事技巧,所谓先锋精神指的是一种自由的精神,直接对应艺术创造的本质,而先锋叙事技巧则仅限于技术层面手法的革新。作为至今为止依然坚持先锋写作路数的墨白来说,他无疑是当代语境中兼具上述两种因素的作家中的一个。

红、黄、蓝三卷中不仅人物的精神个体成长方式(欲望和蜕变的向度)不同,在具体的叙事处理上,同样存在着跨度和变数。打个比方,墨白从来不会使用同一只杯子装水,他总是使用不同的杯子为不同的水体量身定做。从其早期的众多中篇,到如今的三部曲,如此众多的作品里,几乎不存在叙事手段重复现象,这或许只能以作家自身的艺术自觉性加以解释。对于《欲望》而言,先锋叙事探索只是总体的指认,具体到各个分卷,叙述视角、叙述手法、叙事架构等因

---

①刘军:《最小的面积,最大量的思想》,《小说评论》2013年第3期。
②谢有顺:《文学的常道》,作家出版社,2009年,第188页。

素,皆不尽相同。红卷中的叙述视角虽然存在第一人称叙事和第三人称叙事交互的情况,不过,这部小说最大的叙事特点却呈现于内外两个层面。其一是意识流的叙事手法,与女作家残雪常使用的梦幻式意识流不同的是,这部小说的意识流动明朗许多。场景拼接随处可见,意识的跳脱之间,有内在联系的介质促成场景间的衔接相对自然。阅读的过程中,梗阻的现象并不常见,虽然有时空阻隔的因素,不过,事件的有效性依然存在。而这种心理流本质上还是一种时间流,如柏格森谈到的那样,真正的时间是一种绵延,而绵延是唯一的实在。如此这般,读者也比较容易代入文本。小说中,物理意义上的时间跨度是最大的,场景的切换也必然众多,这部小说的分题目由具体的时间所指构成,比如1996年11月6日,每一个重要的时间标记,皆对应着人物一次重要的情爱旅行。意识流手法的使用,使得这些时间标记以及标记下的人物故事,兼容成一个整体。总之,无论从叙事进程的节奏掌控还是从文本接受的层面,红卷中的意识流手法处理得皆很圆融。其二,墨白在这部小说中将色彩以及和色彩相关的视觉带入到文本之中,形成某种文学景观学效应。这种处理色彩的能力与作家出身美术专业有着不可分割的关系,根据不同的场景或者段落,作家调配着相应的颜色,用心地经营着视觉学上的搭配,有些时候这些色彩会直接涌进具体的话语组织中,从而制造出颇富感染力的瞬间,比如《欲望》第七页最后一段中的这一句:杯子里散发着白色的气体,那气体如同白铁匠的话语散步在空中,谭渔感到有些发冷。在这里,视觉景观与心理感觉叠映起来,如同古典诗歌中意象叠加的手法,从而强化了审美效果。

到了黄卷那里,大幅大幅的意识流片断的组合消失了,代之而起的是内心独白、象征、暗示与联想这些叙事手法的调和。独白的运用在墨白的小说中有两种形式,一个是将诸多人物的内心活动平行展示的散点透视法,诸如《梦游症患者》以及部分中篇小说,即采用这样心理呈现的方法;另一个是如黄卷的处理,内在视点聚焦于吴西玉一人,形成扇面辐射,传达对社会世相的多方位感知。单行本的《欲望与恐惧》(即黄卷)包括序言、正文、后记三个部分,序言、后记部分构成了关于正文部分的叙述,三者之间相互联结,使得这部小说呈现出元小说的特性。所谓元小说指的是关于小说的小说,以此强调小说关于自身叙述形式的自我意识。重新整合进入《欲望》三部曲之后,作家作了一些修正。总体观之,黄卷的主体部分建基于扎实的现实叙述之上,具备了作家写作实践中少见的现实主义色彩,不过这些现实叙述统摄于内向化写作的基本框架之下,因此形成了心理现实主义的独特景观。就叙事探索而言,黄卷所内蕴的先锋意味主要表现在两个方面:其一,是借用了理论著作的关键词解读方式,在文本中设置重要的关键词,以叙事的形式实现对关键词的拓扑,像欲望、恐惧、逃离、通奸等词汇,皆作为关键词而存在;其二,叙事的碎片化以及组接方式,红卷中的出场人物众多,吴西玉无疑是其中的磁石,关于他者的叙述很难找到某种独立性和完整性,而是以碎片的形式楔入主人公的心理时空之中,若隐若现,而非若有若无。总之,作家墨白在这部小说中采取的叙事手法和叙事手段的调和,其主要目的就是要建构一种心理现场,从而实现对人物精神生长内向性的透视。

蓝卷的写作,最能够体现作家的先锋精神以及先锋叙事的多元探索,可谓集作家本人先锋写作实践之大成。从表面上看,这部小说随着刑侦工作进展而实现情节的推进,实际上,整个叙事进程不断地回环和倒流。小说有一个独立的叙述人——方立言,一位能够不断向"存在"发问者的角色,通过他的调查勘探,死去的黄秋雨元气淋漓地在刑事侦破的卷宗之中被重新激活,所有曾经逝去的人生细节得以展开,其人生命运恰恰应和了"死是生的开始"这个小说中显目的叙事标记。叙述人是独立的,叙事内容却又如此丰茂。在蓝卷里,墨白使用了跨界叙事的基本手段。所谓跨界叙事,指的是作家在写作实践中将文学及非文学的叙事手段整合起来,形成一个统摄的整体,这种叙事形式或者服务于历史事件的多棱角呈现,或者服务于人物内心世界的多维度影像上。而蓝卷中的跨界叙事显然是将重心放在后者之上。对于小说文体实验过程中涌现的日记体、书信体、词典式写作、意识流写作等,我们曾经习焉不察,而像蓝卷这般融汇了书信、历史故事、调查手记、新闻报道、诗歌及评论等多种文体,则极为鲜见。这其中,文学叙事和非文学叙事手段杂多地融合,连缀于黄秋雨这个核心支点之上。不同类别的叙事材料与叙述人方立言建立了对话关系,通过其追问本源的冲动以及"我看"的视点,纷纷激活了这些叙事材料中的主体,进而在文本中形成了"杂语体系"。这也恰恰对应了巴赫金对话理论中空间诗学里的"超视"和"外位"的指认。跨界叙事的视域下,杂语体系也好,多重叙事声音也好,皆统摄于这一视域之下。因此,多元叙事被分解成不同形式的碎片,嵌入叙事进程之中,进而营造了一种后现代主义语境,建构了一个开放性文本结构。

欲望与蜕变是一对孪生体,它们构成了《欲望》三部曲的主题词,如作家自己所言:"我们精神上发生的所有蜕变的动力,都源自欲望。"[①]"欲望的海洋里淹没了人间无数的生命,有的人直到被欲望窒息的那一刻,自我和独立的精神都没有苏醒;而有的人则从'欲望'的海洋里挣脱出来,看到了由人的尊严生长出来的绿色丛林。我称这种因欲望而产生的蜕变为精神重建,或者叫着精神成长。"[②]如康德所判断的那样,任何一个个人要从几乎已经成为天性的那种不成熟状态中奋斗出来,都是很艰难的。《欲望》以三个人物作为不同的横断面,还

[①][②] 墨白:《欲望》,湖南文艺出版社,2013年,第568页。

原了他们彼此本原的所在,也是欲望之所在,同时,也准确透视了他们各自的精神生长历史。在谭渔那里,我们看到的是自我意识删改后走向自我异化的必然结果;在吴西玉那里,我们看到的是欲望本质的畸变所造成的撕裂感;在黄秋雨那里,我们看到的是欲望本体与权力秩序碰撞后所产生的永恒孤独。作为一个系列,《欲望》以灵魂在场的方式切入当代知识分子的精神生长与精神重构的心理空间,众多斑斓的生命细节和场景,如摇晃的植物手掌,在山坡上向着我们挥舞,它们中有我们陌生的景象,也有熟悉的声音,当然,也有我们自己的影像。

原载《河南大学学报》2014 年第 6 期

欲望化时代精神困境的诘问与表现
——评墨白长篇小说《欲望》

王春林

在 2012 年,笔者曾经写下过这样一段不无激情的批评话语:"只要略微认真地留意一下当下时代的中国小说界,就不难发现,其实存在着一批尽管从来也没有引起过公众的高度注意,没有爆得大名,但却不仅长期默默无闻地坚持着小说创作,而且取得了不俗创作实绩的作家。我们这里所具体论及的河南作家墨白,显然是其中极有代表性的一位。大约与所谓先锋小说在 20 世纪 80 年代中后期的兴盛一时同时,墨白就开始了自己具有突出实验性色彩的先锋叙事艺术实践,并且一直将这种难能可贵的艺术实践坚持到了今天。尤其是进入 20 世纪 90 年代之后,当那些曾经名噪一时的先锋小说作家们纷纷改弦易辙,放弃先锋立场,实现所谓现实主义回归的时候,墨白却依然初衷不改,依然固执于自己的先锋小说创作。尽管说作家艺术立场的改变本属正常的事情,尽管说我们对于所谓现实主义或者现代主义的先锋叙事并不存在任何偏见,但是,对于如同墨白或者山西作家吕新这样长期坚持既定先锋艺术理念的作家,却也还是应该表示足够充分的敬意。"当时这段批评话语的谈论对象,是墨白一部名为《手的十种语言》的长篇小说。现在,当我们再次面对包括《手的十种语言》(只不过已经被更名为《别人的房间》)在内的长篇小说集《欲望》(湖南文艺出版社 2013 年版)的时候,依然要坚持这种具有相当合理性的艺术判断。无论如何,由红卷(《裸奔的年代》)、黄卷(《欲望与恐惧》)和蓝卷(《别人的房间》)三部具有相对独立性的长篇小说组合而成的《欲望》三部曲,都应该被看做是当下时代愈益少见了的先锋小说。

《欲望》三部曲的从起始到最终完成,断断续续经过了 19 年的时间:"《欲望》中的红卷写于 1992 年 11 月至 1999 年 5 月之间,黄卷写于 2000 年前后,而等完成最后的蓝卷,时间已经到了 2011 年的秋季。"① 同样的,作家笔下的文本世界,也相应地留下了时代变迁的明显痕迹。三部曲中的时间跨度大致从 20 世纪 90 年代一直延续到了 21 世纪初,除了被明显告知的时间之外,传呼机、手

---

① 墨白:《欲望》,湖南文艺出版社,2013 年,第 567 页。

机、偷菜游戏等诸多小说细节,亦是时代变迁的见证。虽然故事发生的时间有所不同,但是人们对金钱、权利和性的欲望与追逐,却一直都不间断地存在和进行着。三部曲的主人公分别是谭渔、吴西玉和黄秋雨。虽然是三个不同的人物,但是他们之间却存在着格外紧密的内在关联性。他们不仅同一天出生于颍河镇,并且还有着极为相似的成长经历。说到颍河镇,熟悉墨白小说的读者应该并不陌生,他笔下的故事大都发生于此。就像高密东北乡之于莫言,商州之于贾平凹一样,颍河镇可以说是墨白小说创作的精神故土与灵感之源。虽然《欲望》三部曲的地理坐标除了颍河镇之外,还先后涉及了陈州、锦城、康县乃至省城、北京等地,但是颍河镇作为故事和人物标志性的文化地理背景却始终或隐或现地存在着。红、黄、蓝三卷所具体讲述的,当然分别是三个人的故事,而且也存在着明显的时代错位,但由于谭渔、吴西玉和黄秋雨这三个人物有着相似的成长经历,他们由追逐欲望而产生的精神困境也存在着内在一致性,所以毋宁说作家在通过三个人物讲述着"一个人"的故事,而这"一个人"却又能够涵盖当下这样一个欲望化时代的一个人物群体。简而言之,墨白通过这三个主要人物牵连出钱大用、于天夫、季春雨、杨景环、童玲玉、田达等一干在陈州师范学院艺术班的同学,很显然构成了作家笔下一个时代的人物群像。

　　由于墨白在小说创作上对于先锋表现形式的大胆尝试,理解把握他的小说并不是一件容易的事。就《欲望》三部曲来说,虽然有着极为相似的精神内核,但小说风格与叙述手法却大相径庭。《裸奔的年代》采用了过去与现在交错叙述的方式,二者之间并没有明显的分割界限,往事总是在不经意间就蹦跳出来,进入到叙述者的叙事视野之中。这样的一种叙述方式固然很容易造成读者的阅读障碍,但却最大程度地还原了小说主人公谭渔的潜意识。这种叙述方式尽管可以看出有意识流的影响存在,但却又不是原初意义上的意识流小说。不论是对于意识流叙述方式的充分借鉴,抑或还是采用转换第一人称的多角度叙述手法来建构故事,作者的叙事意图,显然是要最大程度地还原人物的叙述场景和潜意识的回忆脉络,一方面,使得小说在叙述方面有所创新并形成一种有别于一般小说的阅读感受;另一方面,也能够使小说文本充满了鲜活的现场感和生活感。典型的场景,如赵静和谭渔通话那一幕。赵静在打麻将间隙通过电话给谭渔讲述周锦的遭遇时,在原本完整的回忆叙述中会突然蹦出一句"哎,刘妈,你咋打那一张?你咋会先打发财?咱的庄呀,你先把发财打出去多不吉利呀,哎,对,就打那一张。喂,谭渔,我刚才给你说到哪了?"他们之间的通话,会由于麻将的插入而突然中断,麻将技巧的一番指点之后又拉回来接着往下讲。这样的叙述方式首先最大程度地还原了现实,充满了生活的质感,同时也突显了讲述者对周锦遭遇的隔膜以及冷漠的态度,加深了悲剧感。墨白通过这种叙事技巧的运用,达到了突出的间离效果。在使读者不过分地沉浸在情节接受中的同时,也对小说叙述的连贯性和绝对性进行了相应的消解。虽然红卷在时间上的跳跃非常大,但读者把握时间的线索却并不困难,"两个短暂的季节"(1992年春天和1998年深秋)分别作为谭渔故事的开端和结尾,"漫长的三天"在时间上则是延续的,我们不难从中梳理出谭渔如何告别妻儿从农村挣扎着迈入城市,如何重访项县,又如何与叶秋、小慧、小红、赵静等女子发生情感纠葛,怎样被朋友背叛,最后又怎样彻底失去了故乡。

与红卷不同的是,黄卷《欲望与恐惧》采用了类似于河流溯源的叙事方式,吴西玉对往事的追溯和回忆成为这一卷故事的主体部分。吴西玉的回忆,源于与钱大用等朋友在新千年的重逢。老同学死的死病的病,不由得让吴西玉回想起了1993年与钱大用的那次项县之行。他们开车从锦城出发,途经康县、陈州、颍河镇,而吴西玉的回忆也依此展开,就像河流一样,流经一处便汪洋恣肆地生发出一处河滩、一串故事。在吴西玉的故事中,项县之行是连缀起整个故事的一条基本结构线索,康县、陈州、颍河镇等地则成为故事的发散点:由陈州看望刘姨引出了季春雨的神秘杀人事件,由季春雨被捕又跳回到颍河镇,想到了年少时的小学班主任涂心庆的强奸事件并展示了少年性的萌动,以颍河镇为支点又回忆了童玲玉,并由童玲玉联想到同样来到过颍河镇的情人尹琳……但需要特别强调的一点却是,墨白虽然凭借项县之行来结构整体故事却又并没有拘囿于时空的局限,整体上的小说文本充满了流动性和跳跃性。

到了蓝卷《别人的房间》中,墨白写作的先锋性体现得更为明显,单从叙事手法上看就比前两卷有了进一步的突破和创新。前两卷的主人公,不论谭渔还是吴西玉,都是活生生的人,但到了这一卷里,主人公黄秋雨干脆在一开始就莫名其妙地死在河道里。这样一来,如何让死人说话——就不仅仅是负责侦查黄秋雨命案的方立言所面临的难题,也是作家对自己叙事能力的一种强有力挑战。在这一卷里,墨白为黄秋雨的故事披上了侦探小说的外壳,并借助多种文本形式来推进故事的发展,通过文本还原出一个真实丰满的黄秋雨形象。黄秋雨生前的手稿、书信、诗作、诗作评论、汇款收据、新闻报道、回忆文章等资料的陆续征用,让读者在一步步地接近事情真相的同时,也一步步地走进了黄秋雨那堪以复杂称之的精神世界。在利用这些不同的文本手段进行叙述的同时,作家还在文本中插入了方立言的潜意识话语,引导读者关注文本中的这些关键信息,自然也就形成了一种双重第一人称的叙事视角。另外,作家通过方立言潜意识的插入,也明显刺激着读者对案件的思索接受,引导读者对黄秋雨的死因作出了合乎情理的判断,成功地营造出了扑朔迷离的阅读效果。"死是生的开始",已经死去的黄秋雨,不仅通过他的手稿、书信发出了自己的声音,而且也在米慧和粟楠等女子的信件中形象渐渐清晰起来。很显然,《别人的房间》中的叙述者并不只是方立言,包括黄秋雨、米慧、粟楠,乃至黄秋雨的妻子金婉、朋友谭渔等在内的一众人物,也都成为了黄秋雨故事的叙述者。这些所有关于黄秋雨的各种信息碎片堆砌到一起,也就最终在读者心目中建构了一个较为客观真实的黄秋雨形象。

虽然红、黄、蓝三卷在叙述手法上存在着明显的差异,但是也有着共同的相似之处,那就是故事的不确定性与开放性。究其根本,墨白在写作过程中通过不同叙述主体所做不同解读的提供,在建构故事的同时也最大程度地消解了故事情节的唯一性和确定性。这一方面,极典型的一个例证就是《裸奔的年代》中周锦的遭遇。她家的大火到底是汪丙贵放的还是纯属意外,汪丙贵究竟是恬不知耻的恶人还是收养孤儿的好人,我们在阅读的过程中并不能得出明确的定论。说到底,关于周锦的遭遇,道听途说的成分很大。正因为作者甚至也让死去的汪丙贵发声为自己辩护,所以,周锦究竟经历了什么?她的遭遇到底是确有其事还是他人的道听途说穿凿附会?汪丙贵究竟是好是坏?等等,自然也就无法得以确定。另外,那位声称在邮电局工作的赵静,在与谭渔发生了一夜情之后却又突然消失不见,谭渔到邮电局去寻找赵静,结果居然是"查无此人"。那么赵静之前的讲述究竟是真是假?她与谭渔之间的这一段感情是否真的存在?连同读者之前关于赵静的所有印象,也因此而画上了一个大大的问号。《欲望与恐惧》中,季春雨杀人之后下落不明,"所有熟悉季春雨的人没有谁知道他为什么会杀死那个女孩,也没有人知道他杀死那个女孩的具体过程,社会上有关季春雨的传说不下五个版本"①。而在之后的故事中,我们得知季春雨在杀人后曾在童玲玉那儿躲避过一段时间。但这也只是冰山一角,关于季春雨,后来到底还发生过怎样的故事,我们最终还是不得而知。在《别人的房间》里,这种不确定性,则体现得更为明显。不仅米慧、粟楠甚至谭渔都曾是被怀疑的行凶作案对象,而且,就在案件渐次推进的过程中,市委书记陆浦岩居然成为了最大的嫌疑人。但到了最后,黄秋雨的离奇命案,却在上面的施压之下最终以自杀匆匆结案。那么,黄秋雨究竟是因精神抑郁或者病痛而自杀还是有预谋的他杀?或者整个命案只是一次单纯的意外?所有这些,似乎都能自圆其说,却又因为缺乏确凿的证据而无法让人信服。另外,像米慧,她究竟有没有身负命案?她到底是自杀了还是去深圳了?黄秋雨手稿、米慧的信件以及谭渔的叙述提供了三种不同的答案,真相究竟如何,我们依然不得而知。不同于侦探小说故事结局最终的真相大白于天下,墨白在这里并没有迎合读者的心理预期,而

---

① 墨白:《欲望》,湖南文艺出版社,2013 年,第 199 页。

是提供了一个充满暧昧色彩的开放性结局。由以上分析可见,叙述一个情节完整有始有终的故事,并不是墨白的写作目的所在。通过一系列现代小说叙述手段的采用,在建构故事的同时解构故事,并在故事的多种可能性中进一步刺激引发读者的追问与思考,可以说是墨白《欲望》三部曲最根本的叙事策略所在。

通观《欲望》三部曲,谭渔的故事充满了忧伤的怀旧情绪,吴西玉的故事显得既可笑可悲又充满了荒诞色彩,黄秋雨的故事因为案情的扑朔迷离而营造出了浓郁的悬疑气氛。三部相对独立的小说不仅整体风格迥然不同,而且具体的叙述手法也各有特点,但是墨白却通过"欲望"这一核心命题的贯通,以及诸多用心良苦的细节设置,使得这三部小说浑然天成地形成了一种复调的叙事景观。首先,这三部小说之间互有交集,三位主人公除了是自己故事的主角之外,也都不同程度地参与到了另外的两个故事中。比如,在《别人的房间》里,谭渔就作为重要的叙述者出现在黄秋雨的故事里;在《欲望与恐惧》中,我们看到了布告上的"强奸"以及模拟演示等事件对三个主人公正在发育的身体和心灵造成了怎样的诱惑和冲击;在《裸奔的年代》中,我们看到了他们是怎样从农村挣扎着进入城市,又因为欲望的不满足而产生了怎样的精神困境……总之,墨白的《欲望》三部曲并不是各自孤立的三部小说,而是在时间、人物和精神内核诸方面存在着互文关系的延续性与整体性。细读文本,我们便不难发现,三个主人公之间有着太多的相似之处,对权利、金钱和性的强烈欲望,可以说是他们人生演进的一大推动力。不仅如此,作者还进一步有意模糊三个主人公之间的差异。同一天出生在颍河镇的三位主人公,有着极为相似的成长经历,他们都曾经有过在陈州师范求学的经历,而且还是同班同学。在相似的人生经历之外,是他们人生感觉的类同。《欲望与恐惧》中,吴西玉眼里的街道像是河流,而人则是"鱼鳖虾蟹"。这一经典的比喻,也同样出现在《裸奔的年代》中的谭渔眼中。谭渔同样觉得:街道仿佛一道道交错的河床,白天汹涌着车流和人群,嘈杂的声音和混浊的目光仿佛一些灰白的泡沫漂浮在空间里,到了深夜,这些河床就干枯见底了,而驰过身边的车,则像是"黄虫"。这样,作者就有效地营造出了谭渔和吴西玉的某些内在一致性:一方面,他们因欲望的驱使而进入城市打拼生活,但在另一方面,却又对现代城市有着强烈的不适感和陌生感。此外,赵静与谭渔、尹琳与吴西玉的感情,也有若干相似之处。两个女人不仅都是因为一本书与主人公结缘(谭渔《孤独者》、吴西玉《永远真诚》),而且,除了肉体的欲望,她们也都渴望摆脱孤独并与主人公之间存在着一定程度上的精神共鸣。在黄卷中,吴西玉的故事以死亡结束,而到了蓝卷中,黄秋雨的故事却从死亡开始。墨白以"结束或开始"作为黄卷最后一节的题目,既暗示着黄秋雨故事的开始,也暗示了两个故事之间内在关联性的存在。所有这些艺术设置,就使得这三个与欲望有关的故事之间发生了内在的联系,三个主人公由欲望而产生的迷失、恐惧和最后的超越,也随之构成了较为完整的精神蜕变过程。

谭渔的故事,是一个因欲望而迷失的故事。他抛下了故乡和妻儿,远去城市谋求自己的发展,离家越来越远,与家人的感情也越来越淡漠。身为农村人,谭渔们有着天生的自卑与不甘,"咱们兄弟不就是从农村来的吗? 我们不就是农民的儿子吗? 我们比人家低多少? 我们比人家懒多少?"①这些话虽然出自二郎之口,但想必也是谭渔、吴西玉和黄秋雨的共同心声。黄卷里吴西玉对杨景环的所谓报复行为,正是这种心理的进一步变态和异化。在金钱和欲望的驱使之下,满口豪言壮语声称为朋友两肋插刀的二郎欺骗了谭渔,谭渔在城市的打拼屡屡受挫。当他黯然回到曾经的家时,早已物是人非,甚至自己的儿子也不再认识自己。"那么明天呢? 明天我要到哪里去呢? 我真的不知道。"②谭渔最终迷失在欲望的追逐中,同时也失去了自己的家乡。在吴西玉那儿,欲望对人的异化和折损,体现得更为明显突出。在谈到于天夫时,他还特豪爽地说:"于天夫,你就把那个鸡巴乌纱帽当个屁放了!"但轮到自己时,他却也是一样地难以释怀。毫无疑问,吴西玉的官场升迁全凭了岳父的关系,因此,即使婚姻生活中没有一丝温暖存在,他也还是在苦苦地挨着,完全受制于牛文藻。"放屁","你一撅尾巴我就知道你屙啥屎"等话语,成为了这一对夫妻之间唯一"心有灵犀"的有效沟通。牛文藻无疑是一个性冷淡者,她把对男人的憎恨与厌恶,全都发泄在吴西玉身上。吴西玉虽然浑身充满着发泄不出的性欲,但在精神上却极度萎缩。对性的欲望和对权利的欲望,在吴西玉身上存在着激烈的矛盾。面对强势的牛文藻,吴西玉毫无尊严可言,他的精神早已被阉割,对牛文藻的怕,早已成为他人性基因的一个有机组成部分。牛文藻是无处不在的"老大哥",吴西玉则完全失去了自我,活得战战兢兢、谨小慎微,唯一的出气方式也仅止于趁牛文藻不在时痛痛快快地放个屁。最后,当牛文藻用那份"悔过书"在彻底摧毁吴西玉尊严的同时,也摧毁了吴西玉实现欲望的可能性,他终于失去了活下去的勇气,只能一死以求解脱。与谭渔和吴西玉一样,黄秋雨也无法在妻子身上求得理解,他们都是"孤独者",都渴望着"永远真诚"和理解。但不同于谭渔和吴西玉的是,黄秋雨通过艺术创作在很大程度上宣泄了自己的欲望。虽然内心中也有着对爱情和性的渴望,但黄秋雨却显然对欲望有着某种超脱性的理解和认识。他的画作《手的十种语言》,自然可以被看作是对欲望以及欲望催生的异化问题进行艺术表现的产物。黄秋雨在草图中设想用手的不同形态表现性欲、权

---

① 墨白:《欲望》,湖南文艺出版社,2013年,第143页。
② 墨白:《欲望》,湖南文艺出版社,2013年,第166页。

术等欲望。在对草图的文字注解中,我们看到过这样的叙事话语:"当男人的丑恶往往与权术交织在一起时,会使这个男人变成一个魔鬼,并以操纵别人的命运为快乐","中国人的堕落,就是所有人都企图依靠那些官场声名显赫之士的施舍生活,而施舍的前提,就是将自己人格的尊严垫在施舍者的脚下"。由此可见,黄秋雨的思索对象不仅是欲望本身,而且也深入到了由欲望而引发的人的尊严问题。在很大程度上,墨白是在借助黄秋雨来叙说表现他对欲望的理解和对人性尊严的关照。墨白说:"欲望的力量是强大的。对金钱的欲望,对权力的欲望,对肉体的欲望,对生存的欲望,欲望像洪水一样冲击着我们,欲望的海洋淹没了人间无数的生命,有的人直到被欲望窒息的那一刻,自我和独立的精神都没有觉醒;而有的人则从'欲望'的海洋里挣脱出来,看到了由人的尊严生长出来的绿色丛林。我称这种因欲望而产生的蜕变为精神重建,或者叫精神成长。……人的尊严是我写作《欲望》时思考最多的一个问题。"①

总之,从谭渔到吴西玉再到黄秋雨,墨白在他精心打造的《欲望》三部曲中充分地展示了欲望化时代国人普遍的一种精神困境。"未来的一切,都包含在欲望之中。人在欲望之中是丑陋的,因为,当人们真的进入欲望之后,就和动物没有什么区别,因为忘我,他们原形毕露,他们已看不清自己到底是什么模样,记不起来自己到底是谁。"②如何才能够在当下时代的欲望大潮中不迷失自己、不丧失底线和尊严,这是墨白向所有人提出的精神拷问。

原载《汉语言文学研究》2014年第4期。本文系"2013年国家社科基金重大招标项目13&ZD122 世界性与本土性交汇:莫言文学道路与中国文学的变革研究"的阶段性成果。

---

① 墨白:《欲望》,湖南文艺出版社,2013年,第568页。
② 墨白:《欲望》,湖南文艺出版社,2013年,第564页。

走出欲望的迷宫

——墨白长篇小说《欲望》的精神分析式阅读

杨文臣

  作为这个时代最出色的小说家之一,墨白的写作一直具有强烈的责任感和担当意识。他被称为先锋小说家,能够游刃有余地驾驭各种现代文学技巧和形式,但他从不玩弄技巧以标新立异,更不屑于进行观念写作以讨好批评家。他是一个真正的"现代派",用生命写作,执着地对存在和灵魂进行拷问。阅读墨白的作品绝不是一件轻松的事,无边的沉重和压抑常常给人梦魇一般的感觉。他总是把笔触深入到历史、社会以及人心灵的隐秘处,挖掘里面掩藏的阴暗和丑恶。和西方的现代主义文学一样,他也热衷于书写人的非理性的、偏执的、变态的行为和感受,但与前者不同的是,他本人对此并不抱原始主义的态度,而是理性地从社会历史层面找寻根源,艰难而执着地寻找着救赎的希望和路径。

  "欲望"可以说一直是墨白小说创作最重要的关键词,他对历史、存在、人性的种种追问几乎都依托欲望展开。2012 年 9 月在接受《文艺报》记者采访时,墨白谈到:"'欲望'是一个简单却无比辽阔的词。在词典里对'欲望'的解释十分简单,其实这个词与我们人类的历史进程、与现实生活中的每一个人都有着密切的关联。几乎一切都和欲望有关,可以说现实社会已经被各种各样的欲望所统领。"[①]1992 年,墨白从执教了 11 年的乡村小学调入了地区文联,开始了构思宏大的"欲望三部曲"的创作。2013 年,墨白的三部各自成章而又在精神和时空上相互承续的长篇小说以一部完整长篇小说的形式出版,总名为《欲望》,三部小说《裸奔的年代》、《欲望和恐惧》和《别人的房间》分别构成了《欲望》的"红卷"、"黄卷"和"蓝卷"。《欲望》描述了谭渔、吴西玉、黄秋雨三个同一天出生颍河镇的子弟,艰难地逃离乡村、进入城市所历经的迷茫、挣扎、苦痛乃至死亡。颍河镇是墨白精心营造的文学家园,是乡土中国的隐喻,但墨白很"残忍"地剥掉了浪漫主义者蒙在乡土故园上的纯洁、质朴和牧歌情调,致力于揭示触目惊心的贫困、苦难、权力运作及其带给人精神的麻木、愚昧,表现了严肃的现实主义精神。尽管故土的风物也会引发游子们的思恋,但在城乡二元对立格局

[①]《墨白访谈:现实社会已被各种各样的欲望所统领》,《文艺报》2012 年 9 月 3 日。

中日益凸显的匮乏、破败已无法留住人心,"逃离"成了生活在这片土地上的人们不可避免的宿命。谭渔三人似乎是成功的逃离者,他们体面地进入了城市,然而,沉重的精神负担和创伤,却使他们在获得城市认同感的过程中极为挣扎,陷入到精神的焦虑和痛苦中。

性是这部扛鼎之作的切入点,也是小说叙事的主线。围绕性的叙事和言说,墨白巧妙地将历史、政治、文化等社会生活的各个维度编织进来,描述了社会转型期欲望膨胀导致人性的沉沦和蜕变,揭示了历史和现实中的种种畸形权力格局给个人乃至整个民族带来的精神创伤。显然,正确、深刻地解读墨白之于欲望的叙事和言说,对于理解他和他的作品至关重要。

欲望:动物性本能还是社会的产物

关于欲望,弗洛伊德的解释无疑是影响最大的,他接受了达尔文的生物学立场,把欲望的内核解释为性欲,即人的一种本能的能量和冲动——力比多,它不断地产生,不断地寻求释放和满足。对于这种神秘而强大的力量,人类想尽种种解数,一方面构建起道德和法律进行约束,另一方面通过艺术、科学等活动对其进行升华,以防止其冲决我们辛辛苦苦建立起来的秩序和文明。然而,无论是压制还是升华,都不能达到一种理想效果,力比多总能冲破种种限制以宣泄自己,或者以扭曲的、变态的方式,或者直接冲破道德和法律的束缚。对于本能和人性,弗洛伊德的看法是阴郁的、悲观的,他走向了黑暗的霍布斯主义,对社会控制持赞赏态度,而且很遗憾无法达到对本能的绝对控制。所以,悲剧——罪恶或者变态——是无法避免的。很多现代主义文学,致力于书写人性中非理性的狂暴与丑恶,很大程度上是受到了弗洛伊德的影响。

墨白不否认性在生命中的地位,在他早期的作品中,曾多次对性的顽强、热辣和粗鄙进行书写,颇有原始主义的色彩。然而,墨白并不把性的欲望看作是本能的、自然的。《蓝卷》中黄秋雨对《手·性欲》那幅草图的说明中包含这样的文字:这是一种临时性的精神疾病。……这种疾病和癌症等疾病一样,只在灰暗无光的房间里传染。那些呼吸纯净空气、吃食简单的野蛮人,从不受它的侵扰。

野蛮人有出自本能的性冲动,但没有和人一样对于性的欲望,可见欲望是人类社会的产物。卢梭曾表达过类似的观点,他认为野蛮人只有自然的性冲动,这种冲动可以在任何一个不加选择的异性身上得到满足,一旦满足,欲望便随之消失。所以,原始人很少受欲念指累,性情温和。人则不同,人的偏爱心、虚荣心等会刺激这种冲动,使之不断膨胀而无法满足。"对异性的爱,同其他欲望一样,是在进入社会状态之后才发展到狂热的程度,从而给人类往往造成灾难性的后果。"①

一生致力于对弗洛伊德的理论进行修正的埃里希·弗洛姆站在了卢梭的立场上,并对人欲念的产生进行了更加精辟的阐说。他宣称,人的行为最强大的推动力不是来自人的动物性本能,而是来自于人与动物的相异之处——人类独特的生存状况。动物的存在特征在于人与自然是一体的,没有自我意识、死亡意识,如卢梭所言,它的需要不会超出身体的需要。人则不同,"在人具有了理性和想象力时,他也意识到了自己的孤独、隔离、无能和渺小,他的生与死的偶然。他一刻也不能面对这种现实,如果他不能找到与同类新的联系纽带以代替有本能控制旧的关系的话。即使所有的生理需要都已得到满足,他也会觉得自己像关在孤独与自我的监狱之中,他必须冲出这个监狱才能保留理智的健全"②。这样,与他人、世界结合产生联系的需要,代替弗洛伊德的力比多成为人行动的巨大推动力,成为人内在的、本源性的需要。显然,这种与他人、世界结合的需要和愿望,本身并不意味着欲望和罪恶,相反,正是出于这种需要,我们才会产生爱的情感,亲情、爱情、友情都是为了建立与他人、世界的亲密关系。

弗洛姆进而指出,爱是在保持自身完整性和独立性的前提下,与外在的某人某物的结合,它可以使人获得真正的满足。然而,如果不良的社会环境阻碍人产生爱的情感,那么人就会寻求其他的结合方式以获得满足,比如臣服(受虐)和统治(施虐)。臣服是放弃自身的独立和自由与他所臣服的权力合一从而超越个体存在的隔离性,统治则是通过将他人和世界强行纳入自身从而获得这种超越。由于二者都使人变得依附他人——他所臣服的或统治的人,不能给人以自我确定和认同感,因而不能带给人真正的满足,只会滋生出更多的臣服和统治的需要。这样,与他人及世界结合的需要就会沦为"欲望",永无餍足。我们以怎样的姿态面对他人和世界,是爱还是欲望,并不仅仅取决于个体,它与社会是否健全有着密切的干系。只有意识到这一层面,我们才能理解墨白对"欲望三部曲"中苦苦挣扎在欲望漩涡中的个体所给予的同情和悲悯,才能对谭渔、黄秋雨等作出正确的评价,才能理解墨白所说的"精神成长"意味着什么。

---

① 〔法〕让·雅克·卢梭:《论人与人之间不平等的起因和基础》,李平沤译,商务印书馆,2007年,第78页。
② 〔美〕埃里希·弗洛姆:《健全的社会》,王大庆等译,国际文化出版公司,2007年,第34页。

"红卷":"进入"的艰难与欲望的沉沦

在"欲望三部曲"中,"红卷"中谭渔的经历可能最具有普遍意义。一个农村小学教师,靠写作上的成功调进了文联,从而进入城市。之后他爱上了城市知识女性叶秋,为此抛妻弃子,荒唐的是他不仅深藏着对初恋周锦的怀念,还同时与小红、小慧、赵静存在情感上的纠葛。最终由于应对世事的笨拙,他在工作上、情感上都受到挫败,无家可归。看上去似乎是陈世美的现代版本,作者也在行文中对谭渔进行了不动声色的讽刺。然而,如果仅止于从婚姻道德上对谭渔进行批判,抨击其炽烈的欲望及其必然带来的灾变,那就远没有把握作品的意旨。

《裸奔的年代》第二部的第一部分,曾先以《进入城市》为题发表过。因为渴盼,才要进入。城乡二元格局给谭渔们留下了难以磨灭的精神创伤,使得他们的进入带有一种征服、复仇的畅意感,这注定了他们将来寻求认同的艰难。谭渔第一次去锦城文联改稿时,"像一个讨饭的叫花子立在灰暗的楼道里";办公室里两个长发女孩对他的注视、讥笑让他感到"无地自容";掏出车票请求报销的胆怯、寒酸,以及由此遭遇到的不耐烦,都刺激着他那颗敏感的心。强烈的挫败感化作无边无垠的秋雨,"那场弥荡着忧愁凄楚的秋雨在他的感觉里下了好多年,那场浇灌了一颗倔强树苗的秋雨一直在他的感觉里下了许多年",直到他以主人的身份进入了那间使他遭受屈辱的办公室,"那一场落了多年的秋雨突然戛然而止"。然而,这只是进入城市的第一步,很快谭渔便陷入了新的生存困境:他发现自己对这个城市极为陌生,居然没有一个可通电话的人,他不理解同事汪洋为了钱而放弃文学去搞什么大学生爱情诗集,内心也不能适应官僚主义无处不在的侵扰,贫困依然不时制造点窘迫提醒他自己的根在哪里……谭渔发现自己依然没有进入到这个城市的内部,寂寞、孤独、渴望交流的愿望困扰着他。

回头已无可能。"项县之旅"和"周末雪夜步行回家"作为两个具有象征意味的事件宣示了这一点。在项县之旅中,得知周锦离开人世,谭渔的心被痛苦撕裂,冒着纷飞的大雪连夜逃离了那里。在另一个大雪纷飞的夜晚,他满怀思念和期待步行几十里回到家中,却在房门上摸到一把铁锁,"那一刻他的心刷的一下仿佛也被铁锁锁住了"。过去的人和地方都已对他关闭,他只能向前,在城市中寻找认同和归属感。

和叶秋的恋情可以视作谭渔寻求被城市认同的努力,叶秋的优雅、高贵正是城市文明的代表。墨白意味深长地把叶秋的眼睛比作一潭秋水,谭渔这个常在颍河里洗澡的鱼儿更渴望在这潭秋水中游泳,"他知道自己已深深地爱上这潭秋水了,他知道他已经是个不可救药的溺水者了。那秋水清澈透明,却使他探不到底,那潭他望不穿的秋水呀!"在另一处,墨白以迷宫来隐喻城市,这城市本身就是一座巨大的迷宫,他知道他没法走通这个迷宫:"我一个文弱书生一个从乡间赶来的农民的后代,在这座迷宫里最终将被折磨得筋疲力尽。"谭渔无法走通城市的迷宫,也无法穿透那一潭秋水,进入女人是进入城市的象征。然而,正如谭渔无法从精神上融入城市,他最终也没有真正进入叶秋的世界。

关于谭渔和叶秋之间的感情破裂,墨白交代得很含混。谭渔和小红的"出轨"似乎只是作者一个叙事上的设置,是为了让叙事进行下去随便找到的一个理由。除此之外,我们能得到的信息就是二人家庭、工作方面的种种牵绊,用这些来解释两个相爱的人的分离也有些牵强。也许二人之间还有更深层障碍,这些是谭渔本人意识不到而立足谭渔的内聚焦叙事也不便讲述的。先说说那个行踪诡异的赵静,她和谭渔重访项县时没有见到的一个女同学重名,因而很可能是作者运用弗洛伊德梦的理论巧妙地设置的一个叙事圈套。如果与赵静的交往是谭渔本人的一个幻梦,那么赵静就是谭渔理想中的恋人,她是叶秋和兰草的合体,优雅、浪漫,富于包容和牺牲精神,她对谭渔非常崇拜并愿意为他付出一切。然而,叶秋不是赵静,她深得如一潭秋水,不会对谭渔言听计从,如同这个城市,接纳了他却又不属于他。也就是说,尽管谭渔自认为深爱着叶秋,但依然存在于他内心深处的自卑、敏感和脆弱使他无法和叶秋建立起一种彼此平等、理解、信赖的深厚情感,因而,当叶秋因调到省城和他暂时分开时,他虽能理解但仍然生出了无限的怨恨和伤感,以至立刻踏上了寻找小慧的旅程。

弗洛姆告诉我们,性的欲望的放纵是克服孤独感的一种方式,但效果并不理想,往往是在纵欲之后他们的孤独感却加剧了,所以不得不更经常地,更强烈地去重复纵欲行为。① 来自过去的精神重负和创伤使谭渔难以在精神上进入城市,也使他无法真正进入叶秋的世界,当他不能从与叶秋的关系中获得满足而走向小慧时,他已经沉沦在欲望的迷途之中了。以爱的名义寻找小慧,却轻率地和小红发生关系,"爱情的面孔"昭然若揭。或许,这也是他和叶秋关系的真相。

我们不能把谭渔和叶秋的分手归咎于叶秋,在这篇以谭渔为聚焦展开叙事的小说中她是失语的。把责任推给谭渔,指责他咎由自取也不合适。墨白和谭渔是一代人,他真诚地向我们展示那一代由乡入城的知识分子的心灵史,而且,城市二元格局依然存在的今天,无数人依然会承受着和谭渔一样的焦灼、孤独和迷失。理解谭渔就是理解我们自己,唯有此我们才有可能清醒地检视我们的

---

①〔美〕艾瑞克·弗洛姆:《爱的艺术》,李健鸣译,上海译文出版社,2011年,第14~15页。

时代境况,省察并割除我们的精神固瘤,进而培养起健全的人性。

"黄卷":被欲望笼罩的城市生存图景

和谭渔相比,"黄卷"中吴西玉进入城市的道路要平坦得多:受惠于"文革"平反后调回省城的岳父,他从锦城团市委副书记到省城某高校团委副书记,再到陈州挂职副县长,可谓官运亨通。他比谭渔更深地进入了城市的内部。对谭渔来说,城市是一个令他眩晕的迷宫,他和在他的故事中出场的吴艳灵、雷秀梅等一样生存在城市的外围,代表城市的叶秋、小慧的世界他没有真正进去,赵静只存在于他的想象之中,至于汪洋、方圣、二郎等人,代表了让他头破血流的城市生存法则,处于和他对立的一方。而吴西玉则不同,他真正"攻陷"了城市,有着令人艳羡的职位和背景,和他来往的一干同学于天夫、白煦然、钱大用等也都是有着一定身份和地位的人物。如果说他的老婆牛文藻还有一半的血统在农村,那么尹琳、杨景环都是"纯正"的城市人。然而,吴西玉的焦虑、迷惘却更甚于谭渔。通过他的视野和感受,一幅为欲望所支配、纷乱颓废的城市生存图景展现在我们面前。

吴西玉比谭渔更清晰、更触目地表明,精神创伤是如何地影响人格的完整和健全的。当他通过进入杨景环的身体象征性地完成了对城市的复仇时,"那颗仇恨的种子在黑暗之中开花长高,果子结得跟俺爹种的倭瓜一样大,那倭瓜在阳光下放着金子般的光芒,硕大无比!那金色的光芒照花了我的眼睛,使我迷失了方向,在我的眼里到处都是雨水,雨声四处响起,在幻觉里,我看到一个无家可归的孩子在茫茫雨水里奔走,我知道那个孩子就是我"。这里没有爱,只有仇恨的种子结出的"倭瓜",只有丑陋的、令人迷失的欲望。

牛文藻同样深受精神创伤的困扰。极端屈辱的经历扭曲了她的性情,导致了她对性极端的冷淡和仇视。性冷淡是没有能力给予爱的体现①,牛文藻也的确丧失了任何爱的能力,对吴西玉、女儿和她的病人都是。和吴西玉结婚,一方面是应对世俗的压力,另一方面是为了控制和折磨他以报复自己所遭受的屈辱。人际精神分析学派的创始人沙利文指出,人格是为了适应人际环境而形成的。② 仇恨使牛文藻成了一个统治者、一个施虐狂,她没有推翻而是延续了那种

---

① [美]艾瑞克·弗洛姆:《爱的艺术》,李健鸣译,上海译文出版社,2011年,第29页。
② [美]斯蒂芬·A.米切尔、玛格丽特·J.布莱克:《弗洛伊德及其后继者——现代精神分析思想史》,陈祉妍等译,商务印书馆,2013年。

迫害、欺凌她的权力逻辑。过去是牛文藻的噩梦，现在她是吴西玉的噩梦。悲剧总是一再重演，我们并没有真正走出那段疯狂的历史，我们依然生存于一个病态的社会之中。不同之处在于，权力收敛了过去那种肆无忌惮的荒诞行迹，以科学、规范和隐蔽的形式继续对人性进行压制和规训。在精神病院里，吴西玉看到，医生只需要对亢奋中的精神病患者盯上一会，他们便会平静下来，目光变得畏缩。"我想他的眼睛里肯定有一种使那几个精神病患者感到恐惧的东西……这和我在看到了牛文藻的目光之后所有的心理反应相同。我和这些精神病患者有什么不同呢？"这种被注视下的猥琐目光也出现在"蓝卷"中黄秋雨的家属眼中，当时他们面对的是刑警队长方立言。另外，我们这个社会还对金钱格外狂热。金钱和权力扭结在一起，带来的自然是变态的人格、无尽滋长的欲望。

"黄卷"和"红卷"的故事时间大致一致，但二者并非平行关系，在空间和主题上，"黄卷"对"红卷"作了拓展延伸。对于城市，谭渔由于无法进入其内部，尚能保留一点想象和希望，吴西玉则目睹了其掩盖在华丽外表之后的丑陋和苍白。于天夫、白煦然、钱大用、田达……出场的这些各色人物，都和吴西玉一样迷失在各种各样的欲望之中——权力、金钱、肉体，等等。"这就是一个女人全部的秘密吗，二十多年来我一心想报复的女人就是这个样子吗？她的肉体是那样的丑陋！"这是杨景环的裸体，也是城市的真实图景的隐喻。谭渔面对迷宫般的城市感到乏力和眩晕，而深入其中的吴西玉感受到的是颓废和绝望。

尹琳这个人物的设置也意味深长地向我们谕示了红、黄两卷之间的关系。前面我们谈到，赵静是谭渔的理想，而尹琳是现实中的赵静，她与吴西玉的相识完全是赵静和谭渔的翻版。尹琳性感、浪漫、富有激情，崇拜和包容吴西玉，在性爱方面的表现可谓无与伦比。然而，即便拥有了这个尤物，吴西玉也不能得到解脱。不在尹琳身边，他感到孤独，渴念她的身体；和尹琳在一起的时候，又会感到烦躁和压抑，迫不及待地想要逃离。其个中缘由在于，没有爱情的纵欲是不能使人获得真正的满足的，尹琳对于吴西玉来说只是性的对象。尹琳说，"等有一天我不想的时候，你什么都没有了"，便隐含这一玄机。吴西玉并不真的了解尹琳，他从不关心对方想要什么，因为他什么也不能给予。在弗洛姆的意义上，他丧失了爱的能力，对于尹琳只有欲望。一切希望和想象都被打破："红卷"尚能让我们感受到些许红色的激情和渴望，而"黄卷"呈现的只有黄色那令人心悸的焦灼和幻灭。

"蓝卷"：房间诗学与精神成长

在《欲望》的后记中，墨白写道："欲望的力量是强大的。对金钱的欲望，对肉体的欲望，对生存的欲望，欲望像洪水一样冲击着我们，欲望的海洋淹没了人间无数的生命，有的人直到被欲望窒息的那一刻，自我和独立的精神都没有觉醒；而有的人则从'欲望'的海洋里挣脱出来，看到由人的尊严生长出来的绿色丛林。我称这种因欲望而产生的蜕变为精神重建，或者叫做精神成长。"在红、黄两卷中，谭渔、吴西玉在欲望的海洋中苦苦挣扎，找不到出路，他们没有能力将自己超脱出欲望的支配。直到"蓝卷"，墨白才通过黄秋雨展现出了不同的精神图景，向我们诠释了"精神成长"的含义。

红、黄两卷中，谭渔和吴西玉主要是沉溺在自身的失落、焦虑和苦痛中，黄秋雨则不同，他在忍受个体生命中的苦痛的同时还把深邃的目光投向历史、现实和未来，承受起了整个民族的苦难。脑瘤或许是一个意味深长的隐喻，是由那些巨大的痛苦凝结而成。他的作品《手的十种语言》的历史部分向我们钩沉出那些正在被遗忘的历史，疯狂的、荒诞的、苦涩的历史。因为遗忘，因为麻木，历史的阴影并没有散去，现实依然为权力和欲望的法则所支配，人的尊严依然无处安放——黄秋雨本人死亡的真相也因此而被掩埋。

历史是一个房间，他人也是一个房间。只有进入历史的隐秘地带，我们才能辨识和切断那来自过去的黑暗之流。只有进入他人的精神世界，我们才能产生同情、理解和爱。谭渔和吴西玉都只在身体上而没有在精神上进入他人，他们并不真的了解叶秋、尹琳。黄秋雨则不同，他在艺术上致力于探索人的灵魂，对于生命中的女性他也关心、尊重，始终没有放弃自己的责任。小说给我们展示了米慧、栗楠那么多的书信，是要我们明白：她们从黄秋雨那里获得了爱。弗洛姆说，爱意味着给予，"他应该把他内心有生命力的东西给予别人。他应该同别人分享他的欢乐、兴趣、理解力、知识、幽默和悲伤——简而言之一切在他身上有生命力的东西。通过他的给，他丰富了他人，同时在他提高自己生命感的同时，他也提高了对方的生命感"。尽管在婚姻上无能为力，但黄秋雨是有能力给予爱的，他也一直在寻找真正的爱情，如果单纯为了欲望的满足，他不会"铤而走险"选择林桂舒。虽然无法得到世俗认可，但黄秋雨和米慧们的关系绝不肮脏。他们都热爱自由和生命，有着孤独的、纯洁的、超尘绝俗的灵魂。在令人窒息的污浊现实中，这些灵魂一旦相遇，会马上认出对方，爱便不可阻挡地滋生出来，性只是爱的自然延伸。

在现有的道德观念下,为黄秋雨"多姿多彩"的感情生活作辩护只能自讨没趣,谭渔也只能避开其私生活而强调他的艺术追求:"可能很多人都知道黄秋雨是一个花心的人,传说中他生活里有无数个女人,可是又有谁知道他是为艺术而献身?其实,从这个意义上,黄秋雨就是个殉道者。……他就是人间苦难的见证者和经历者。"一个殉道者绝不可能是一个道德败坏者。设想一下,如果黄秋雨和米慧们仅仅在精神上相互依恋和交融,还会有人指责他不忠吗?估计不会。所谓的不忠,原来只是针对肉体。那么,精神和肉体到底孰轻孰重?如果精神上的出轨可以谅解,身体的背叛真的就那么难以容忍吗?我们当然应该同情金婉,但这并不妨碍我们同时也理解黄秋雨。在这里,存在的困境深刻地揭示出来。

　　墨白痛心地写道:"我清楚地看到,一个人内心的巨大痛苦,是怎样被我们这些麻木的灵魂所忽视,世界到了黄秋雨这里,彻底呈现出了无限的冷漠。"显然,墨白是把黄秋雨作为一个理想人物加以塑造的,他的目光穿透了历史和现实,他的痛苦源于他的清醒和深刻,激荡于他生命中的是爱而不是欲望。相对前两卷中谭渔和吴西玉带给我们的迷惘、焦虑和恐惧,黄秋雨让我们感受到深邃、孤独、纯净和安详,这也许是墨白将这一卷命名为"蓝卷"的匠心所在。不能理解黄秋雨是这个时代的悲哀。墨白希望,我们能够跟随方立言,进入黄秋雨的"房间",理解他,认可他,追随他。这样,我们才有可能走出欲望的迷宫,走上精神重建之路。

未刊稿

最小的面积,最大量的思想
——墨白小说《手的十种语言》阅读札记

刘 军

"死是生的开始",这句话在墨白新著《手的十种语言》中的出现,不过寥寥数次。就阅读的冲击力效果来说,却是整体叙事进程中最显目的叙述标记。为什么说死是生的开始,或者说死与生不是正反两面的关系,而是一面的关系,在国人的认知体系里,阴阳相隔、人鬼殊途可谓是一种共识,作家在东方文化语境中提出如此命题——一个颇具存在主义哲学意味的命题,其意图何在?

死与生对立关系的消解,存在主义思潮的勃兴功莫大焉,里尔克诗句中"死亡是生命的成熟"的指认,加缪"真正严肃的哲学问题只有一个,那就是自杀"式的思考,"向死而生"的命题,另有海德格尔在其论著中,取消了"人"这一称呼,而以"终有一死者"替代之。凡斯种种,皆颠覆了死生关系的传统认知模式,将哲学思辨延展到另一个层面,从而建立一种新的认知关系。细读《手的十种语言》这部长篇,我们就会发现,墨白在此提出如此命题,并非出自对存在主义的呼应,而加以现象学的呈现,这个命题的推出,所服务的内容恰恰是叙事学的考虑。具体可切分为两个层面:其一,从技术处理上看,道出这句话的是小说中承担主要叙述人角色的方立言——锦城市公安局刑警大队大队长。作为负责办案的民警,其接触社会的广度和深度,可以说远远超越于其他社会群体,尤其是对负面人性的体察,在心理经验的河床上不断累积,往往会形成一种重负。在心理治疗体系尚不完备的当下现实中,并没有太多及时的豁口,供这一群体加以疏导和宣泄。正是基于如此考虑,这一句话的楔入,是一种将叙述者社会身份陌生化的必要手段。从小说的叙事进程可以看到,叙述人方立言不仅具备敏捷、机警、决断的职业特性,尤为关键的是,他还是位思考者、追问本源者,能够轻易地与艺术、历史、文学文本、文化机制实现对接,随着叙事的深入,他身上的文化整合能力不断深化,从而成就了一个向"存在"发问者的角色。也因此,当他说出"死是生的开始"这句话时,避免了主体社会身份与话语内容的疏离,完成了显在叙述者与潜在叙述者的同构关系。

其二,小说的叙事进程是围绕着一桩命案来展开的,故事的主角——黄秋雨,在开端部分以肉体死亡的意象出现。一具无法开口说话的尸体,借助活着的人的探查和讲述,以及静态的艺术品、信件、日记、手稿,逐渐走向鲜活和立体。待到最后,黄秋雨的人生故事不仅元气淋漓地在刑事侦破的卷宗之中被重新激活,而且也进入了小说文本之中,所有曾经逝去的人生细节得以展开。从整体叙事进程来考察,其人生命运恰恰应和了"死是生的开始"式的判断。

跨界叙事与先锋探索

在《先锋就是自由》这篇文章里,谢有顺就先锋精神的实质有着准确的指认。他先是从卡夫卡、莫奈等人身上发现了共性的内容,即面临精神现实与艺术传统的双重困境下,他们所作出的反抗,为了捍卫内心的自由,以激变的艺术形式进行的反抗。并由此总结道:"先锋首先是一些对固有的写作秩序不满的人,他们一旦意识到了旧的方式跟不上他的内心和体验时,求新求变化就成了很自然的事情,它不过是针对旧秩序的一次革命、一个过程,目的是为了更好地到达新的真实。"①

整个《欲望》的写作,耗去了墨白近二十年的光阴。作为欲望三部曲的第三部,《手的十种语言》与前两部,即《裸奔的年代》及《欲望与恐惧》相比较而言,在文体上,包括跨文体融合、叙事形式、推进叙事进程的手段、叙述声音的多重性;在欲望主题的处理方面,即改变了欲望撕裂、异化主体的单向度呈现模式,转向了欲望与主体间多重图式的面貌呈现。总之,涉及小说文本的两个重要层面皆进行了突破性的探索。熟悉墨白小说写作经历的读者们,会在这部作品中发现这是作家跨度最大的一次艺术探索。从这个意义上说,《手的十种语言》更像是另一个墨白写出来的,可见作家对自我先锋身份所具备的高度自觉性。

先锋精神与先锋叙事不可等而视之,前者更为宏阔,先锋叙事只不过是先锋精神的表现形式。先锋绝不仅仅是技巧的炫耀或者玄学的展示,对于真正的先锋写作来说,技术只是框架,框架里装的是现代人心灵内部的碰撞和撕裂。由20世纪80年代中后期那一批先锋作家所奠定的先锋叙事,在风格学层面上有这么几个重要的质素,比如零度写作模式,比如削平深度及历史的碎片化,比如宏大叙事的消解,等等。如果以这些质素来对照《手的十种语言》的话,想从这部小说找出如上所述的先锋叙事因素很显然是困难的。就这部小说的叙事特性来说,我在这里并不想使用人所熟知的先锋叙事的标签,更愿意以跨界叙事这一术语总括其在小说叙事上的先锋探索。

---

① 谢有顺:《文学的常道》,作家出版社,2009年,第188页。

"跨界"一词源于英文"cross"一词,原意是交叉与渗透,在不同的领域含义不尽相同。跨界音乐是指颠覆传统的各种音乐元素的融合,象征着时代更替,诠释精神内涵的改良音乐。跨界美术则是介质、材料、技法的相互借用、渗透、组合,以前卫的方式得以呈现的一种美术形式。而小说中的跨界叙事,指的是主体对各种文学及非文学叙事的有效整合,形成一个统摄的整体,这种叙事形式或者服务于历史事件的多棱角呈现,或者服务于人物内心世界的多维度影像上。《手的十种语言》中的跨界叙事显然是将重心放在后者之上。提到小说中的人物问题,人们往往就会想起福斯特在《小说面面观》中圆形人物与扁形人物的类型划分,无疑,传统小说在对待人物问题上,常常以性格化作为基本解决思路。立体性格也好,典型人物也好,墨白认为旧有的手段无法有效地解决人物认知与呈现的深入问题,他要透过人物顶戴的名号——著名画家、高校艺术系主任,深入人物的内在世界,既呈现人物的确定性一面,又呈现其不可确定性的精神侧面。按照作家在后记中所述:"他是一个精神病患者,一个神秘幻想者,一个精神流浪者,一个现实生活的流浪者。"①多重心理身份叠加在一个人的肉体之上,形成一个多维度影像的综合体。

文学是人学,米兰·昆德拉进一步指出:"小说的主题是对存在的质询,而小说家的任务则是描绘出存在的图形,以免存在的被遗忘。"②为了完成对人复杂性多面的探究,墨白在这部小说中使用了跨界叙事这一路径。自新时期以来,小说文体这一试验田里涌现出诸多新品种,日记体、书信体、词典式写作、历史事件与现实片断的拼贴,等等,读者皆已司空见惯,但像《手的十种语言》这般,融汇了书信、历史故事、调查手记、新闻报道、诗歌及评论等多种文体,则极为鲜见。作家在此处整合了多种叙事资源,让它们围绕着黄秋雨这一核心点而连缀、衔接。这些叙事资源中,属于文学叙事的有诗歌及评论,包括核心人物黄秋雨的诗作及相关评论(见《黄秋雨的诗作及其评论》一节),也包括情人米慧写给黄秋雨的诗作(见《米慧的诗》一节)。这些诗作,从严格意义上尚无法构成完整叙事,作家的引入只是借助其强大隐喻和象征功能,并以此指向人物最隐秘、最深层的心理世界;有散文体的回忆文章、书信,像谭渔为黄秋雨所写就的回忆性文章也是作为小说中的一个单独的章节而存在,这篇回忆录偏重于叙事散文形式。至于信件方面,从篇幅上看,所占比重尤大,有米慧、粟楠写给黄秋雨的信件以及回信,还有黄秋雨以隐性书写形式写给林桂舒的信件,以及米慧写给家人的书信,相互穿插在一起,皆以情感诉求为主要内容。所有的信件

---

① 墨白:《手的十种语言》,作家出版社,2012年,第274页。
② 〔捷克〕米兰·昆德拉:《小说的艺术》,唐晓渡译,作家出版社,1992年,第44页。

初步折算一下,大约在三十封以上,字数占到全书篇幅的五分之一左右。总之,这些散文式的叙事方式是片断式的,它们相互暗示、相互映照,将主人公黄秋雨精神世界的不同侧面鲜活地勾勒出来。属于文学叙事中还有配合十幅画作的八个历史故事,它们彼此独立,时间跨度极大,但在精神指向上又有着隐秘的联系,总体风格上倾向于深沉的信史叙事。

墨白的跨界叙事还整合了诸多非文学叙事的因素,这其中有新闻稿件,有黄秋雨留下的便条,有配合幻灯片作出的案情说明,有方立言的调查记录。当然,作品中文学叙事的主体仍然是小说叙事,作家借助了侦探小说的一个外壳,随着案情的推进,各种情节转折起伏、明暗相间,他种叙事形式因办案干警方立言的深入挖掘得以穿插式呈现并有效整合。同时,这些叙事材料与叙述人方立言之间也建立了某种对话关系,进而在文本中形成了一个"杂语体系"。承担叙述人角色的方立言,通过自身的体温与追问本源的冲动,一一激活了各式文体叙事中的主体。巴赫金在建构其对话空间诗学时谈到了两个关键词——超视与外位,所谓的"超视",就是"从我独一无二的存在位置的时空范畴,我组构了这个世界。对主体来说,这种凭借时空范畴的对世界的组构是独一无二的,没有人能够居于'我'所在的位置:没有两个人的身体能够同时占据同一个位置。这被称为'位置法则'。但是,鉴于其他人的存在也具有独一无二的位置,因此我的存在中的这种唯一的位置是大家共享的"。所谓的"外位",就是他人眼中的"我"。因而,自我与他者的关系是一种超视与外位结合并且互补的共存关系[1]。巴赫金从本体论角度强调存在与它性的紧密联系,因而人之自我意识的获得必须要靠"他人眼中之我"才能实现。这种"我"与"他者"生生不息的依存关系则衍生出人类社会存在的根本:对话关系。自我话语也存在于杂语之中,与他者话语相互影响,相互进入,从而形成超语言学研究中特有的双声语现象。这种对话性的双声语渗透到文学中来就形成了独特的复调小说,或对话小说。对话关系是一种特殊的语义或逻辑关系,参与对话的话语互不融合,各自具有充分独立的价值,话语的主体各自平等。因而,对话的意义不在于评判对错,而在于对话这一事件本身。对话中本身蕴含的积极理解使新意义的产生成为可能。因而对话也具有未完成性、开放性和多义性特征。应该注意到,这部小说中跨界叙事所整合的材料,其中诸多皆指向他人的隐私世界,在处理的时候很容易掉入猎奇的陷阱,而对话关系的建立则消解了读者的窥视心理及道德审视的立场。

跨界叙事—杂语体系—多重叙事声音—复调叙述,这是《手的十种语言》叙

---

[1] 罗贻荣:《走向对话:文学与自我传播》,中国社会科学出版社,2011年,第17页。

事演变的基本过程。在跨界叙事的视域下,小说中的叙事被分解成多种形式的碎片,嵌入叙事进程之中,进而营造了一种后现代主义语境,即从根本上取消了真伪二元对立的思维模式,建构了一个开放性文本结构。

跨界叙事集中印证了墨白在小说叙事艺术上的先锋精神,不过,嵌入式的叙事手段,以及小说文本中多处叙述标记——指的是作家在书写过程中使用的删除符号、波浪线、下划线等,在一定程度上影响到了读者接受效果,不时被阻断的叙事进程也考验着读者的心性和智慧。除此之外,在叙事声音的处理上,比如主人公黄秋雨心理声音的凸显层面,他的那些写于不同年代的信件和便签,因为对象的不同,因为岁月沧桑的横亘,本应有其不同的侧面和时间的纵深感,而呈现出来的立体感和鲜活性多多少少地被削弱。当然,这些小的瑕疵不掩玉体之光辉。

欲望的多重图式

俄罗斯白银时代的思想家别尔嘉耶夫曾经说过:"人受奴役,也许是因为人太沉溺于自己的那个'我',太专注于自己的状态。"①《欲望三部曲》的前两部,讲述了谭渔和吴西玉的故事,在欲望面前他们都是被奴役者,因为专注于欲望的释放,而在砧板上被欲望的刀锋锋利地切割,以至于迷失,以至于自我分裂。借助这两部小说,墨白呈现了肉体的重与灵魂的轻之间撕裂的痛感。而在《手的十种语言》之中,欲望的叙述不是刀锋式的,而是金字塔式的,呈现出多重图式面貌,这显然来自作家对欲望更深层次思考和追问的结果。

在小说中,黄秋雨就是欲望多重化图式的汇聚点。作为改革开放后第一代进城的农村孩子,妻子金婉的冷漠、自私、俗气,对于情爱世界丰富细腻的他来说,是无法抛却的日常现实,与之对应,他的情爱欲望的释放也是巨大的,从米慧到粟楠再到市委书记的夫人,他不是一步步疯狂地自噬于欲火中,而是自噬于情爱的升腾之中。情爱世界的不能自拔,来自于其强大的主体欲望,当然也是建立在情欲基础上的主体欲望,尤为关键的是,黄秋雨将这一情爱欲望图腾化,而他肉体的死亡,则是这图腾化的最后结果和高潮部分。从其情爱欲望的释放中,可见出粉碎性的巨大力量,也可见出主体精神世界的孤独和苍凉。所

---

①〔俄〕尼古拉·别尔嘉耶夫:《人的奴役与自由》,徐黎明译,贵州人民出版社,1994年,第44页。

以,这欲望,怎一个愁字了得!

考察黄秋雨的情感历程,我们发现其似乎非常切合马克思的悲剧美学观,即历史的必然要求和这一要求实际上不可能实现的悲剧性冲突。关于这一点,作家在后记中作出相应的注解:"在他寻找失去的爱情的路途中,我深刻地体会到了他对生命的热爱和无奈,他孤独的内心世界和庸俗的社会现实构成了巨大的冲突。我清楚地看到,一个人内心的巨大的痛苦,是怎样被我们这些麻木的灵魂所忽视,世界到了黄秋雨这里,彻底呈现出了无限的冷漠。"①

泰戈尔说过一句饶有兴味的话,上帝的左手是慈爱的,但右手却非常可怕。这句话同样适用于黄秋雨,他的生命欲求无比强大,除了情爱的欲望之外,相关自我价值的实现,对历史与现实的深刻认知,亦囊括其中。他那因情爱受挫或触发而来的巨大能量,转化到其艺术创作中,成就了他孤独探索的力度和深度。其中,最具世俗声望的两幅画作,《伏羲创世图》等借助历史与传说的图式,向内贯注的是他关于欲望本体的思考,这两幅画作既是他本人的镜像投射,也表征了他在面对欲望本体时的困惑。从艺术传达的内容来看,他走到这里已经步入荒凉之境。关于手的十种语言系列画作的构思和勾勒,又将其引入历史本体思考的空间里,在这里,他实现了欲望的转身,进入本源探寻者的角色之中。在其中,作为注解而配合这些画作的几个历史故事,在小说中故事性是最强的,也是分量最重的存在。这些故事,是中原土地的苦难叙事与知识分子个体苦难叙事的聚合,有着强大的象征和隐喻功能。当然,墨白也借助跨界叙事的手法,借助这些历史故事,得以审视更宽泛意义上的欲望本体问题。生生不息谓之易,作家史铁生也在《我与地坛》的结尾处指出:"宇宙以其不息的欲望将一个个歌舞炼为永恒,这欲望有着怎样的人间姓名,大可忽略不计!"②历史与现实中,如果说欲望是孤独和苦难的渊薮的话,那么是哪只手扼住了欲望的出口?又是哪只手在为欲望立法?对,是权力,是权力在规定着欲望的基本秩序,为欲望立法。这是欲望的人间法则,那么欲望的天地法则在哪里?作家借助这些故事,陷入沉思之中。恰如狄尔泰指出的那样,一切沉思、严肃的探索和思维皆源于生活这个深不可测的东西。

墨白曾用"蜕变"一词概括其欲望三部曲的基本主题,单就《手的十种语言》来说,撇开跨界叙事的创新形式,撇开欲望的多重图式化探讨,小说借助一

---

① 墨白:《手的十种语言》,作家出版社,2012年,第274页。
② 史铁生:《我与地坛》,中国社会科学出版社,1993年,第21页。

位画家肉体的欲望扩张,内心的苍茫,人生追求的孤独与执着,所致力的地方恰恰是知识分子的精神成长史,生命个体身上折射出的倒影重重,是那么的具体,又是那么的清晰逼真,这也应和了巴尔扎克对艺术家的概括:"以最小的面积,惊人地集中了最大量的思想。"①

原载《小说评论》2013 年第 3 期

---

① [法]奥诺雷·德·巴尔扎克:《论艺术家》,盛澄华译,人民文学出版社,1986 年,第 10 页。

一个意味无穷丰富的文本
——《阳光下的海滩》细读

刘 涛

墨白被称为"先锋小说家",但就笔者的阅读感受而言,他的小说并不晦涩难懂。《阳光下的海滩》则似乎是小小例外。这篇小说对于读者理解力提出很大挑战。小说内容写海,写人心似海、欲望似海深不可测,而小说呈现的文本世界则是另一"海洋",充满作者设置的大小陷阱和漩涡,稍不留意就会陷入其中,无法走出那重重迷宫。

这篇小说的匠心或者说特色所在是它存在两个文本,或者说可以分为两个部分。小说开篇到"她浑身像抽去了骨头一样无力,她滑坐在躺椅上,闭上了眼睛"为第一部分。从"天空暗淡下来"至小说结束为第二部分。第一部分是小说女主人公"她"的潜意识或者说白日梦的流露,姑且名之为"潜文本"或"隐文本";第二部分则是女主人公"她"梦醒之后的真实生活,为"显文本"。一篇小说,存在两个文本,而且这两个文本之间无论从内容到文体皆形成一种巧妙对应的关系,既存在相互解构,又充满细节上的彼此呼应与意义上的互相生发,是很奇妙的,值得反复品味和细读。

小说第一部分采用第三人称"她"的限制视角,呈现的是"她"眼中的世界。这是一个什么样的世界呢?无疑是一个非常富于浪漫情调的世界:阳光、海浪、沙滩、海鸥、绿树、红墙。与这浪漫情调相配合的必然还要有一个"你","她"的梦中情人,不然,就辜负了这样美丽的风景。于是"你"就出现了。这个"你"的具体身份是一年轻画家,"年轻"且具有一头漂亮的长发,再加上"艺术家"的身份,可谓再也理想不过的浪漫情人。浪漫情人向"我"介绍印象派画家马奈《风浪里的渔船》和伟大的海洋画家霍默,于是阳光下的海滩在西方名画的装配与映衬下,成了一幅真正浪漫的艺术品,理想爱情的发生地。在这样一个浪漫环境中,浪漫的理想情人向"我"表白爱情,于是就出现这样浪漫得近于俗套的语言:"他的目光像阳光一样的强烈,我想画你。画我?对,你的身体在我的眼里就是海。你的身体像海一样诱人。你的身体像海一样辽阔。你的身体像海一样深奥。""天是那样的蓝,蓝的使你不敢相信那是天的颜色。"小说名为《阳光下的海滩》,小说第二部分那个年轻画家在海滩上画的那幅画也题为《阳光下的海滩》。如果说年轻画家笔下"阳光下的海滩"是他眼中之所见,印象派画家马奈笔下"阳光下的海滩"是马奈通过自己理解而对世界光与色之呈现,作者似乎是通过这些来提示读者:小说中"阳光下的海滩"同样是女主人公"她"眼中(准确说是意识中的)的海滩与世界。在"她"眼中的"阳光下的海滩",海滩上"她"与"他"的浪漫爱情,其实是"她"对世界的编织与想象。当然,读者在阅读第一部分还不可能达到这种认识。在小说女主人公"她"的视角下,在"她"对这个世界的浪漫想象下,读者不自觉通过"她"的视角来看待世界,不自觉接受"浪漫爱情"的温柔俘获,自然而然沉浸于男女主人公的浪漫故事中。

随着小说女主人公"她"的意识缓慢流动,作者巧妙设计的另一个道具"高倍望远镜"派上用场,小说第一部分的叙事逐渐由单纯的浪漫爱情叙事演绎为"阴谋与爱情"叙事。值得注意的是,"她"想象中的浪漫情人是伴随一架"高倍望远镜"出现的,而且"他"的出现在人称上有一微妙的转换过程:"没事儿,他说。他的声音从某个方向传过来,……你在哪儿?哪一个是你等待的窗口呢?那架高倍望远镜能看清远处的海面吗?"这段话中的第一个"他"与"你"所指为一人,都是"浪漫理想爱人"。由"他"到"你"人称转换意味语气的更加亲近和距离的渐次拉近。为什么"他"要使用高倍望远镜呢?只是为了看清远处的风景吗?风景背后是否还隐藏着不为人知的秘密呢?于是,由高倍望远镜自然引出女主人公"我"的望远镜,又由"我"的望远镜引出另一个"他","我"的有钱的秃胖子丈夫。于是又引出"我"、"你"、"他"组成的三角世界:一个女性夹在年轻恋人(理想、诗意、浪漫)与老年丈夫(现实、散文、平凡)之间的比较老套的三角故事。随着女主人公意识流动和时间的向上追溯,这个浪漫爱情故事背后的更多隐秘被我们窥知:"我"与浪漫理想爱人虽然苦苦相恋但无法结婚,因浪漫理想爱人有艺术但没有金钱,为了实现带"我"到巴黎的浪漫理想,为此他让"我"牺牲自己色相而嫁给有钱人即秃胖子,随后又让"我"把秃胖子骗至海滨度假。浪漫理想爱人让"我"诱使秃胖子游过海上的浮桶,他则在远处用高倍望远镜监视其行踪,待时机成熟,穿上潜水衣在水下把秃胖子拉入深海淹死,造成被大海鲨吞吃的假象,这样"我"就可顺利继承一大笔遗产,从而实现两人到巴黎生活的浪漫理想。随着小说叙事展开,第一部分的"潜文本"在单纯的"浪漫爱情"之外又添加上了"阴谋",演绎为"阴谋+爱情"的另一程式化故事。比起单纯的浪漫爱情故事来,这类"阴谋+爱情"的情节模式更能吊起读者胃口。随着叙事逐步深入,两架高倍望远镜同时指向那个有钱但可怜的秃胖子丈夫,两个情人之间用手机短信互通讯息,秃胖子渐渐游过浮桶,"鲨鱼"出现,秃胖子的性命岌岌可危,作为读者的我们无不为秃胖子捏一把汗。到第一部分接近结束时,读者已深深陷入作者所巧妙设计的故事情境而不能自拔。

随着阅读逐步深入,"她"在"他"(秃胖子丈夫)的恶作剧般的捉弄下醒了过来,叙述进入接近纯客观叙事的第二文本。读者这才发现自己掉入作者设下的叙事圈套——这之前的一切,不过是"她"的一场白日梦而已,梦中的一切在现实"阳光下的海滩"其实根本没有发生。真实情况是:女主人公"她"与青年画家素昧平生,更非恋人,当"她"与秃胖子丈夫在海滨度假时,因偶然借阅青年画家的一本画册而相识,除此之外两人根本没有交流;秃胖子丈夫并非富翁,也非游泳健将,而是旱鸭子根本不会游泳,当然不可能诱其至深海将其谋害。所谓的那场"阴谋与爱情"的精彩而又俗套的故事,完全出自"她"的一厢情愿。这样,小说的两个文本部分就形成了既互相拆解又互相建构的关系。一方面,显文本的现实世界有力解构了潜文本中"她"对世界的浪漫想象;另一方面,潜文本中她对世界的浪漫不经的想象则出自她对现实世界幼稚而又扭曲的"反抗";潜文本凸显了女主人公的隐意识或下意识,与小说中呈现的"大海"相对应;显文本呈现的是女主人公当下的生活状态,是隐文本中女主人公白日梦生成的源泉。

即使没有第二个显文本,潜文本即第一部分以一个女性为视角呈现的"阴谋+爱情"的既浪漫又惊悚的传奇故事,同样可以独立存在。这样一则故事在情节上虽有点模式化、俗套化,但却雅俗共赏,既有通俗戏的曲折情节,又饱含对人性的深度分析。那位长发飘洒的艺术家恋人,虽然外观潇洒漂亮,但却自私残忍,信奉弱肉强食的丛林生存法则,而"我"则是出于对"他"的无条件崇拜,在他自私残忍的裹挟下无辜卷入这一场"阴谋+爱情"的游戏之中。在"我"、"你"、"他"组成的三角恋爱故事中,作为女性的"我"无疑是被两个男性所共同利用与伤害无辜的悲剧性人物。事实果真如此吗?要知道第一部分的潜文本之所以是潜在的或隐伏的,一定程度上来自它的第三人称限制视角的叙事角度——这样一则"阴谋+爱情"的浪漫传奇,完全是出自女主人公"她"的视角。一个作家采用何种视角来叙事,读者便会相应地采用何种视角来接受。视角既设定人物看待世界的角度,同时也设定了读者看待世界的角度。就本篇来说,作者采用第三人称"她"的视角,读者可能会不由自主地站在"她"的角度来看待世界,审视她眼中的两个男人。当然,这样的假定必须有一前提:这位视角人物在道德上是可以信任的,在价值观上是没有问题的。读者一旦发现视角人物的叙述是一种不可靠的叙述,那么,叙事者所精心建构的世界将会瞬间崩塌,反讽就会出现,视角人物所呈现的一切就会得到截然相反的评判。具体到本篇小说来说,如果没有第二部分显文本出现,纯粹局限在第一个文本世界内部,叙事的反讽效果就很难达到。正是第二文本的出现,读者才顿悟之前的一切不过是视角人物"她"潜意识中的精心编织而已,才真正开始审视第一部分叙事的视角问题,以及这种视角所带来的巨大反讽。没有第二部分,第一部分发生的事件就是实实在在的事件。有了第二部分,读者才明白这一切不过只是虚拟发生在女性主人公的意识深处。第二文本瞬间照亮了第一文本,使我们发现女主人公原来是一个追求浪漫到近于病态和变态的人物。于是,第一部分的浪漫叙事在第二文本的烛照下演变为对"浪漫的反讽与反仿"。读过第二部分,我们才真正体会到作者在第一部分中的浪漫叙事,不过是对于近于俗套和老套的浪漫叙事的反仿而已;女主人公对浪漫爱情的美丽想象,引发的不过是对于浪漫爱情和贪婪人性的无情讽刺而已。

第一部分与第二部分之间充满巧妙的对应关系。两个部分中间的人物包括人物外貌体态及人物置身的环境都是一致的,如"金色的沙滩。海浪从蓝色的海面上涌出白色的水浪。辽阔的海面。浴场边缘那些灰色的浮桶。一条似乎在水浪里晃动着的机帆船"。这样的风景在第一部分与第二部分中几乎完全一致。两个文本中间都出现了海洋画家霍默和他的画《从峭壁传来的声音》,都出现了矿泉水瓶,甚至在人物之间的对话上也有惊人一致。第二文本中有这样一段话:"天空中几只飞翔的海鸥,你看,鸽子。他笑了,那是海鸥。海鸥?她的脸有些发烫……"这段话与第一文本也非常相似。两个文本间诸多的相似之处是为了说明第一文本来自第二文本,是对第二文本的扭曲变形。两个文本在相似之外更充满巨大差异,这集中体现在人物关系上,并在上文中已经指出。两个文本之间的相似、差异与互相生发,使其形成巨大张力。对浪漫的"反讽与反仿"就来自文本之间的内在张力之中。

第一部分与第二部分之间的关系既是互相生发的,又是互相转化的。第一部分的限制视角叙事呈现了女主人公的白日梦,暴露了她隐秘的心灵世界,这样一个世界隐藏于可见的现实世界之下,就与现实世界的关系来说,这一文本可称为潜隐的文本;第二部分是客观叙事下呈现的现实世界,属显性的文本。但若换一角度,就其表现女主人公内在心灵的真实程度而言,第一部分则是显文本,第二部分倒变为潜文本。第一部分女主人公潜意识中假青年画家之手谋杀亲夫,这场谋杀虽然后来发现是虚拟的,但却具有心灵的戏剧性,它非常真实地揭示了女主人公对平淡生活的不满,特别是对庸俗丈夫的极度厌恶。但由于接近病态的浪漫天性导致她的反抗毫无实质内容,因此,其反抗就只能发生在虚拟世界之中。这种反抗的无力感又进一步加强了她对庸俗丈夫的厌恶,最后,她只能在无力杀死丈夫(毫无美学意味、平淡又平凡的现实生活)的情况下选择一种浪漫的姿态来象征性地杀死自己,于是就出现了小说结尾这一段中"把我拖进深深的海底吧,就让我变成一条鱼吧,或者一个细小的微生物,让我潜藏在美丽的珊瑚的表面,歇息",这样浪漫而又抒情的诗一般的语言。联系到两个文本的巨大裂隙所形成的对于浪漫的"反讽与反仿",我们自然会想到:这是否又是对于女主人公浪漫病的一次反讽与反仿?

　　小说的两个部分在文体上同样经过作者精心处理。第一部分是第三人称限制叙事,一切是在她的潜意识中进行的,属于意识流写法。为了取得意识流效果,作者把人物之间的对话与叙述语言进行无缝对接,叙述语言之后紧接人物对话,把人物对话打乱化入叙述语段之中,每一个人物的对话不再另起一行,甚至有时还省去了"他说"、"她说"这样的提示语。在人称上,"他"与"你"、"我"之间随意转换,"他"与"他"所指对象的巧妙转接,等等,都是为达到"意识流"效果。第二部分则严格区分叙述语言与人物对话,人物对话从叙述语言中独立出来,而且每一个人物的对话分别另起一行,以加强人物对话的戏剧性。这种文体上的处理进一步深化了两个文本之间的异质性。

原载《莽原》2014 年第 6 期

乡野的呼唤
——《一个做梦的人》的国民性批判

张延文

从1921年底到1922年初,北京的《晨报副刊》分章连载了鲁迅的中篇小说代表作《阿Q正传》,小说描写了辛亥革命前后江南农村未庄一个乡村无产者阿Q的"传奇"生活。阿Q这个人物形象富于象征意义,他的"精神胜利法"带有普遍人性的色彩。如果说阿Q是传统中国社会塑造出来的畸形人物,那么,过了近百年的今天,在逐步实现了工业化、城市化、市场化,并开始全面融入到全球化大潮当中的中国社会,是否"阿Q"存在的文化语境就随之消失了呢?答案显然是否定的。墨白的小说《一个做梦的人》为我们展示了一个身处21世纪的新型"阿Q"的并不另类的人生。

《一个做梦的人》讲述了豫东南小城锦城电台主持人孙新春死前一天的生活遭遇,孙新春本来准备和同事兼情人的杨柳一起去商场为她买鞋,杨柳却临时被台长叫走了。到了商场,孙新春发现装在裤袋里的钱被割包了,倍感沮丧的他在走出商场时,又遇到了一群无赖的纠缠,这群人是受人指使来故意羞辱他的,而幕后指使者就是他的老婆——一个长着水桶腰的胖女人。回到居住地,孙新春发现他居住的那栋楼正在修电梯,当他气喘吁吁地爬到30层的家门口时,遇到了电梯修理工。在电钻刺耳的声音里,孙新春发生了一连串的幻觉,最终精神分裂,掉入正在修理的电梯间摔死了。孙新春的幻觉早已有之,并往往伴随着现实的场景一起出现,也就是他的"梦境",这些"梦境"大部分其实是白日梦。孙新春频繁地幻视、幻听,并患有妄想症,他的情人、妻子、孩子、父亲、奶奶不时地从想象侵入他的日常现实。他甚至会由此短暂失忆,或者灵魂出窍,飘回到颍河镇——生他养他的豫东南乡村。

妄想症无时无刻不在困扰着孙新春,最为严重的是他总是有被迫害妄想症,他总是觉得妻子会随时杀死自己的女儿,"我的心提到了嗓子眼里,我眼前再次闪现出我想象过无数遍的可怕的场景。那个胖女人把我女儿手脖上的静脉割破了,鲜红的血液从床上流下来,小小的脸色像米粉一样苍白,我女儿被那头母猪给杀死了。在我的幻觉里,我女儿小小不止一次死在那个胖女人的手下……"因此,他还在诅咒自己的妻子死去,并在妄想妻子自杀的场景:"那个可恶的女人却在一边向我发出阴冷的微笑,她的手上捏着那沾染着女儿鲜血的刀片,我看见她把那个刀片放在了自己的手脖上,她一边看着我一边用那个刀片切断了自己的静脉。你看,鲜血从她的手腕上像小溪一样流下来。她在畏罪自杀!死吧你!你害死了我的小小,你还有脸活下去?你死吧!你这个狗杂种……"这些充满了血腥暴力的场景,引导着主人公一步步向着死神迫近。

比较起来,虽然孙新春继承了阿Q的"精神胜利法",和他一样充满了妄想,并最终死于非命,但孙新春毕竟和前辈有所不同。首先,孙新春虽然也是农民出身,他是颍河镇的子孙,但他毕竟进入到了城市生活,而且成为了主持人,有自己的家庭,甚至情人。在孙新春的父亲看来,养情人就是上层人士的特权,在颍河镇,有相好的人是凤毛麟角的:"孙志同个狗熊,爹听我这样说,真的扳着手指算起来,派出所老郑个鳖孙,信用社王明亮个杂种,还有潭成运、张大嘴、医院的院长牛麻子、西街皮革厂的方家胜……"这些人一共有两类,一类是包括村支书、派出所的公安为代表的权力阶层,另外一类是包括信用社、医院、皮革厂等有钱的资本阶层。当然,这里的权力和资本也是紧密相连的。权力和资本是性特权发生的温床,那些具有资格的人养情人在颍河镇的人看来是理所当然的,虽然这些人也被当成了"狗熊、鳖孙、杂种"来受到孙父谴责。但孙新春一个刚刚脱离了农村进入城市的无产者、无权者居然也有情人,这种越轨行为显然要承担严重的后果。

孙新春之所以忍气吞声,过着忧伤悲痛的生活,主要原因在于他自身社会地位低下,家庭地位卑微,又缺乏物质保障。在单位里,他只是个主持人,随时可能被台长开掉,他有着朝不保夕的恐慌感,甚至自己的情人被台长随意叫去,他也觉得心安理得,因为"台长呀,是我们的顶头上司,他掌握着生杀大权,他可以端掉我们的饭碗!"在这个权力机制里,掌权者缺乏有效的监督和制约,那么,公权力的过度膨胀必然会损害私权力的行使。而真正可悲的是,作为受害者的孙新春不仅没有去反抗的意识,觉得这一切都是自然而然的,甚至还主动地去配合和逢迎它。孙新春还为自己是城里回来的工作人员而得到了村支书的礼遇而沾沾自喜:"我一边走一边想,现在我能跟镇里那些牛头马面们平起平坐了。你现在仔细想想,如果就算我回来当了村里的支书,或者当了镇里的书记,我能比他们好到哪儿去吗?"阿Q虽然也有着根深蒂固的奴性,但毕竟也有过想要"革命"的念头,对于自己的命运,是做过一些局部的细微的反抗的。多年以后,孙新春却丧失了反抗的勇气和能力,最为可怕的是,他甚至都没有了任何改变自身命运的可能性,他自觉地融入到了习惯势力编织成的无形的罗网之中,并心甘情愿地受其束缚,为其编织新的网络。

在社会上,孙新春毕竟有还算体面的工作可以维持生存;在家庭里,他的处境就可谓水深火热了。孙新春的老婆是典型的小市民，每天和一帮狐朋狗友混在一起，以打麻将为"终生事业"，爱占小便宜，还泼皮无赖。最重要的是，她家里有背景，掌握着这个城市里的社会资源，她二叔是财政局局长，兄弟开酒厂，有钱有势，整个城市布满了她的眼线。因此，孙新春注定是要受到老婆的控制的，他在家里任人宰割的地位是没有任何改善的希望的。即使是他心爱的女儿，也压根不把他放在眼里，对他的态度非常轻视、冷漠。在这个原本不属于他的城市里，孙新春可以依赖的只有他的情人杨柳和他在电台的听众。杨柳给予孙新春更多的是怜悯，而非真正的爱和关怀，她甚至要求孙新春给她买远远超过了他支付能力的昂贵的鞋。应该说，杨柳满足了孙新春畸形的权力欲望，他是把养情人作为身份的象征来炫耀的，并不惜去触犯权力的禁忌，最终付出了惨痛的代价。而他的听众，主要是通过信件来倾诉自己生活当中遭受的苦难，他们同样是些无依无靠的人，同样是需要通过精神的抚慰才能获得心灵上的安慰和解脱。和孙新春一样的现代版的"阿Q"并非孤立的存在，他们是一群在权力和资本重压下无依无靠的疲于奔命而趋于绝望的人。

小说的主题回应了篇首的引文，这是摘自女诗人蓝蓝的《从绝望开始》里的诗句："我坚持在人类的寒冷中发抖、哆嗦。"这里将个人的命运引向了普遍的人类境遇，从个人的性格去窥视人性的深层图谱。孙新春具有强烈的小农意识，他的父亲、奶奶，以及那片养育过他的豫东南大地，那条从乡村流经城市的颍河，都为他的小农意识提供了生长的沃土。同时，他又在进入城市后，开始逐步感染上了城市的小市民习气。另外，由于职业的特点，那就是作为电台主持人让他具备小知识分子式的文化心理。这三者结合起来塑造了孙新春这个独特的人物形象，这恰恰符合中国社会转型期所出现的复杂多元的思想文化语境。

孙新春的奶奶是传统乡村妇女的典型形象，她是个骂人的高手，她跟支书孙志同的老娘一连骂了三天，堪称骂架的经典战例，轰动了十里八村，一时传为佳话！孙新春的奶奶盘腿坐在孙志同家门口外边的那棵老槐树下面的磨盘上，骂一句用手指一下，嘴角上挂着白色的沫子，带大襟的褂子从上面垂下来盖住了她的三寸金莲。这里的人物形象犹如大师用雕刀刻画而成，栩栩如生、入木三分。老人的衣着打扮就是活脱脱的"旧社会"，而她嘴里灿若莲花的却是男人和女人的生殖器，充满了乡村的野性，以及生命的韧性和创造力。孙新春显然是丧失了这种乡村原始的生命力，他被"文化"化了，带有"生殖器"的粗口他说不出来，骂起人来"软绵绵的就像面对情人表达自己的爱慕之情"。在奶奶看来，孙新春就是个孱弱的不肖子孙，他失去了大地母亲那无边无际的升腾着的热力和希望。在他死亡之际，灵魂仿佛又回到了一望无际的原野，那里弥漫着属于他奶奶的"新鲜的蒜泥气息"。

《一个做梦的人》的叙事结构精巧,叙事手法灵活多变、虚实相生,将真实和想象混融起来,彼此依托,互相提供情节发展的动力。叙事人通过精确的细节描写突出了人物形象的艺术真实,孙新春明明丢了一千元,却硬要说丢了五万,这种可笑的虚荣心反映了他行为的非理性,而这种非理性来自于社会对于金钱的盲目崇拜;而杨柳想要让情人为她买八百多元的鞋再次证明了这种拜金主义和虚荣心的普遍性。那个乞讨的女人要求施舍者打欠条这种荒诞的逻辑和行径居然引来了大量路人的围观和起哄,群众的这种集体无意识和社会道德感的沦丧令人震惊!他们缺乏理性的思考,是典型的"群氓",这和鲁迅笔下的"围观者"如出一辙!自"五四新文化运动"以来开启的"国民性批判"到了今天已经乏人问津,日益增长的社会物质生活更加增强了中国人的自信心,特别是近期被热议的"中国梦"更让我们热血沸腾。墨白的这篇小说——《一个做梦的人》无疑是一则关于中国当代社会的文化寓言,它用血淋淋的真相向我们披露了掩盖在器物文化外衣之下精神生活领域里的荒诞和残忍,向我们提供了一个基本遭受到时代巨变后扭曲和变异的人性的社会学标本。

　　　　　　　　　　　　　　　　原载《创作与评论》2014年第3期上半月号

墨白作品研讨会综述

马新亚

2013年12月22日,中原作家研究中心揭牌仪式暨墨白先生新书《梦境、幻想与记忆》首发式在郑州师范学院举行。中国当代文学研究会会长白烨、河南省文联副主席邵丽为"中原作家研究中心"揭牌,河南省社科联党组书记何白鸥等领导以及评论家相继致辞发言。河南大学出版社、大象出版社等出版机构和文化机构相继向郑州师范学院捐赠了墨白的新书《梦境、幻想与记忆》、《欲望》三部曲,刘宏志的研究专著《墨白小说研究》和刘海燕选编的《墨白研究》。来自中国社会科学院、中国人民大学、河南省文学院、山东师范大学、中南大学、河南大学、郑州大学、河南师范大学、《小说评论》、《南方文坛》、《创作与评论》、《汉语言文学研究》、《中州大学学报》、《平顶山学院学报》、《郑州师范教育》的作家、评论家、编辑以及《文艺报》、《文学报》、《河南日报》、《大河报》、《河南工人日报》等新闻媒体工作者共50余人参加了随后进行的"墨白作品研讨会"。研讨会分别由《小说评论》主编李国平、河南省文学院院长何弘、中国人民大学文学院院长孙郁、河南大学文学院院长李伟昉主持。与会代表分别就墨白创作的整体风貌、墨白的先锋特质、墨白对先锋的延续和本土化特征、墨白作品的美学特质、墨白与文学豫军的关系、墨白研究的新领域和新途径以及创作的可提升空间等问题进行了深入探讨,并由墨白对先锋的坚守和延续进一步探讨了中国先锋文学的出路和当代文学的一系列问题。

墨白小说在中国当代文学中的独特价值

墨白的文学创作深受西方现代主义的影响,有自觉的文体意识和先锋意识,在其他的先锋作家逐渐"退却"之后,墨白仍然保有先锋的文学姿态。墨白小说创作的先锋性在小说文体的形式上和主题上都有着非常鲜明的表现,在整个中国当代文学里有着独特的价值。评论家白烨认为,墨白的文学气质偏于年轻,文学风格偏于先锋。墨白的作品给人两个突出感受:第一,打通了灵与肉。《欲望》的红卷和黄卷里的主人公都与情感、性爱有关,墨白把这些农村出身的小知识分子,放在改革开放三十多年背景下来再现他们在这个过程中的成长、转折、转型,表面上是个人化的,其实是时代背景下个人在欲望中挣扎、博弈、觉醒。看起来写的是身体,实际写的是精神成长、精神现象,从这个意义上来讲,墨白的欲望写作打通了灵与肉。第二,联通了雅与俗。墨白的作品很好看,带有很强的先锋性,人物的不确定性、流浪性、梦游性、精神病性等因素,把故事以及生活化的生动细节处理得很好,在俗的外壳里包含了严肃的主题,因而墨白小说是中国当代文学中的一个独特现象。《南方文坛》主编张燕玲强调,墨白是一个有理想、有个性、有才气的作家,读他的作品给人很朴实的感觉,墨白是理想主义的、现实的先锋表现者。墨白以他的家乡颍河镇为叙事原乡辐射开来,生活真实和艺术表现在他这里得到了融合,并以此来辐射改革开放三十多年来颍河镇人们的生存荒诞、宿命、苦难、反抗,这些都得到灵动表现,建立了一个细节与人生丰沛的精神原乡。墨白的作品笔墨凝重、犀利,虽然近期的小说逐渐平和,但是刀刃是埋在文字里的,比如他写新疆的系列作品。河南师范大学孙先科教授把"有关房间的诗学"这一题目作为对墨白《欲望》的概括,用另一个题目"有关记忆的诗学"作为对《梦游症患者》的阅读感受。他认为,关于记忆、梦想与童年记忆,新时期以来的文学有三部重要作品,一是史铁生的《务虚笔记》,二是张炜的《九月寓言》,三是墨白的《梦游症患者》。《欲望》里"房间的诗学"表达的是成年化的经验,而《梦游症患者》却是有关童年记忆的一种诗学表达。山东师范大学孙桂荣教授认为,墨白小说的先锋意识有很强的冲击力,特别是其中那种灵与肉的冲突、神秘的氛围、幽玄的结构以及内心独白,等等,这些典型的先锋小说的艺术手法令人印象深刻。《梦境、幻想与记忆》这本自选集正如它名字那样,也是有着明显的先锋小说的特质。《创作与评论》主编王涘海认为,墨白先生的作品以极富张力的语言构建了一座座叙事迷宫,其中我们看到了生活的苦难、人性的丑陋、道德的堕落,也遭遇到了梦境、幻想和死亡,但是作者却又能够把我们带出这座迷宫,由此我们看到作者的感恩之心、悲悯之心,以及对一方水土的同情之心。河南大学刘涛教授从四个方面分析了墨白自选集《梦境、幻想与记忆》的先锋特质。第一,关于"颍河镇"的建构。"颍河镇"是墨白有意建构的一个精神空间,"颍河镇"的独特建构和复杂隐喻,使墨白小说获得了鲜明个性。第二,强烈的苦难意识。"颍河镇"是"乡土中国"的隐喻,充满黑色苦难和忧郁情绪。第三,对父亲形象的诗意建构,既有对乡土苦难本质及苦难中人性扭曲的审视与反思,也有"我"对"乡土"、"父亲"、"大地"爱的情感的深沉抒发。第四,对人性或国民性的深度透视。墨白小说的"先锋"是不拒斥"写实"、"细节"的先锋。他的小说的"先锋性"是从作品的人物形象、叙事情节、故事情景中自然而然生发出来的。几篇小说的名字本身已包含隐喻色彩和反讽意味。郑州师范学院张延文教授从宏观层面对墨白的先锋性进行了理性的分析。他认为，墨白的写作在 20 世纪 90 年代先锋小说基本退潮的情况下开始登场，继承了先锋小说叙事形式方面进行的革命，他在小说的叙事主题上，既有其内在的持续性，也有新变的成分。在 20 世纪 90 年代的墨白小说里，叙事主题较多关注人的主体性意识，特别是权力机制下人性的畸变，富于现代性的理念。而 21 世纪以来，墨白的小说则有了更多的对于人类生存境遇普遍性的考察，特别是在一个大众文化语境下作为主体与主体之间面对特定的客体和客体世界时的交互主体性的生成，带有一定的后现代的特点。墨白的叙事有一种旁观者的自觉，这得益于知识分子的独立立场和批判精神。

墨白小说的丰富性与广泛性

墨白自觉把西方现代主义的叙事方法运用到中国现实情境中，不断追求形式创新，坚持本土化和个人化道路，他还关注苦难、正视人性，以及深度介入现实，这是他能够将先锋的道路越走越远的内在成因。张燕玲认为，在墨白的文学世界里，审美的温度和宽度是两个让人心动的方面。在他的写作角度中出现的是大量受苦的肉身，关怀肉身就是关怀人心和人文，用他自己的话说，灾难来自于灵魂，托付于肉身。这样的表述非常令人动容，墨白的作品用高度的隐喻性隐喻了这个时代。墨白的生命观与我们的国粹中医的那种生命观相似，属于中医那样细腻深切关怀肉身痛苦的人，可见他如何有一种柔软的怜悯与同情，这些都和他小说里的人物融为一体。这是温度和宽度，还有一个深度。"欲望"两个字可以视为 30 年来中国的高度概括，是改革开放以来的关键词，用刘宏志先生的话说就是"中国精神的镜像"，墨白锲而不舍地追求欲望后面的真相，比如《欲望》三部曲，他力图把这 30 年来的时代特质书写出来，把在其中挣扎的、沉沦的、撕扯的人们的灵魂从中拖出来的那种痛苦，这些人的恐惧都是对自我的恐惧，作品都反映出来了。比如，三部曲的蓝卷《别人的房间》，事实上三部曲整体地反映了大量农民工是无根的，他们要去寻找他们自己的乐园，但是在都市里他们连厕所都找不到，生存的问题都无法解决。对如此疯狂的欲望世界，墨白是以其虚构世界对现有的秩序进行否定，墨白笔下充满了失败者的悲情、尊严。墨白本人以及他的作品，是能够让人沉静下来的。一个人的作品能让人沉静下来，那就已经拥有了丰富的精神内涵。河南大学教授、《汉语言文学研究》副主编孟庆澍认为，以往对墨白的关注更多是叙事手法、叙事创新性，但讲什么样的故事也很重要。正如福斯特所言"故事是小说的脊椎"，无论什么样的小说背后都有一个故事立在那里。把墨白理解为一个纯技巧主义者,是把他简单化了、形式化了。墨白小说之所以没有离开过故事,是因为他与中国传统的叙事文学有很密切的联系,史传传统、讽喻传统、口头叙事传统,都在墨白那里有不同程度的体现。中国人民大学孙郁教授认为,墨白有先锋性,但是他写的是乡土的东西,对话里面乡土的语言却又很少,这是一种杂糅的语言,墨白小说的叙事语言因杂糅而显示出自己的语言特征,这其中有对流行话语的拒绝,想逃逸现有的精神时空,来探索另外的一种话语方法,他作品的本质就是在寻找事物的复杂性。另外,他的作品表露的那种悲悯和大爱,很像契诃夫的一些小说,但是又融汇了现代派小说的一些手法。他特别喜欢俄罗斯如巴别尔、布尔加科夫这样的作家,对他们的时空观、内在形式的突围理解得非常到位,他对纳博科夫、博尔赫斯的读解也很有意思。这就表明,墨白不是单一地沉浸在俄国文学传统中,他是有意识地跳出来,汲取另外一些小说家的维度,并以此来关照自己所处的生活现实。因此,他作品形式的复杂感,或者说是先锋性,并不像一些先锋小说家无根,不是那种小布尔乔亚式的、影子式、玄学式的写法,先锋在墨白这里是接地气的。墨白作品的故事性,以及语言方法,使其作品具有了长久的可读性,这就是墨白作品至今仍能令人感动的原因,用世界的眼光和底层、泥土发生深切联系是一个重要原因。中州大学刘海燕教授认为,墨白的这部《梦境、幻想与记忆》自选集在内容和文体上都呈现着墨白的写作向不同方向的延伸和深入。墨白有着浓郁的诗人气质,无边的忧郁、深深的悲悯,表达着乡土生活的苦难。墨白思想的先锋性、小说形式的现代性,以及他的平等、宽爱和诚恳,使他一直显得那么生机勃勃。河南大学武新军教授认为,墨白在文学叙事上保持了足够的前卫性。但墨白作品的叙事探索,不是故弄玄虚,而是把叙事作为一种生活经验的组织方式来探索的,作为一种审美手段来经营的。在重视叙事的同时,墨白也是高度重视自己的生活经验的,他对经验、记忆的深度挖掘,以回忆来进行写作,孙先科老师称为回忆的诗学,这个概述就很准确。郑州市文联副主席鱼禾认为,墨白小说的独特性,不仅体现在墨白式的叙述,也体现在墨白式的心肠。相对于庞大沉重的中原乡土叙事,墨白小说叙事的间离风格,也许是每一个遇到墨白小说的读者都难以忽略的。奇异的是,这种间距并没有导致不及物,也没有导致对叙述客体在脉络乃至细节上的脱离,这种间距差不多是探照或切边。或许,这正是墨白小说在拥有结实内在性的前提下又在构架上游刃有余、出入随意的原因之一。与其说这是技艺,不如说这是一位小说家经历了特殊的创作试炼之后自然形成的带有强烈标识性的叙述气质。但是,这样的叙述也是以墨白式的心肠为前提的。我们所处的这个红尘滚滚的当下,以及曾经从我们身边滚涌而过、在我们身心之内留下刻痕的往昔,究竟有些什么值得回溯、复述、展现或重构？它们以什么折磨或安慰了我们？磨难与强权压抑之下的人性，在怎样的程度上发生着变异与萎缩，乃至精神的绝对被动在怎样的程度上导致了痛苦、冷漠、麻木和病态，这些几乎一直是墨白叙述指向的核心。这不可摇撼的内在性所蕴含的刻骨之痛，使墨白突破先锋叙事惯性而另成气象。

此外，与会者由墨白的文学创作推及到先锋文学的走向和当代文学发展趋势，将研讨会的议题向更深广、更开放、更前沿的方向推进。评论家陈福民认为，先锋文学有它的缘起，一个是语境的、本土原因，先锋文学在文学史上所承载的历史功能基本终结，但这并不妨碍先锋的继续存在，墨白就是这样一个例子。当下来看先锋文学还有多大能量，或许我们应该注意文学的当下存在如何发展以及文学与思想的关系，文学最好的情况是尽量囊括世界的丰富性和人类自我的丰富性，当然一个作家不可能全面彻底做到这一点。但是，我们也要认识到问题的另一层面，个人的生活或经验是有限的，那么个人的生存和感知是否能够成为撬开这个伟大世界的一把利刃呢？这是先锋文学最伟大的地方。在这个日渐变化的伟大世界的背景中，先锋文学强调主体性，在想象里、形而上层面傲游，在伟大世界的这种坚硬墙壁之间，文学要通过它那种语言的利刃来撬开世界的封闭性。先锋文学在取得伟大历史功绩之后的今天，也面临着很大的困难。在当下大众文化语境中，一方面是先锋写作者、现实主义写作者都已经成为传统，特别与由互联网文明所引发的新媒体的写作、新人类的感受方式相比都已经老了，因此今天的语境表明，写作面对的已经不只是某个思潮、文本形式的问题，还要考虑互联网条件下人类文明的转型及写作的可能性。今天来讨论墨白的写作是一个很好的契机。从1985年加入先锋写作大潮至今，墨白的文学史地位是已经确定的，但是我们更应该关注的是一个写作者写作的可能性，以及他如何继续前进。希望这个研讨会，能够继续促进墨白的创作，使得他能更好地思考这些问题，找到自己的方向，使先锋获取能量并继续下去。山东师范大学孙桂荣教授认为，先锋文学始终是纯文学的重镇，就文学的文学性而言，在感官化、影像化、大众化等方面，文学无论如何也不能与电视、电影、网络等现代媒体相比，这就要求文学充分发掘自身的特质，坚守自己的特点，比如文学的文学性、审美性，这才是文学的精神，也是文学的精髓所在。先锋文学体现了文学的文学性特质，就此而言，先锋文学不存在耗不耗尽的问题，关键在于它下一步怎么走、如何走下去的问题。在这一点上，墨白小说给我们提供了一个启示，他的小说有强烈的政治历史批判性，不像之前先锋小说有游戏化、狂欢化，解构历史走向、历史虚无主义的误区，墨白小说对"文革"的批判、对市场化阴暗的批判等，都构成了墨白小说的根基，这是墨白的特点，也是先锋文学继续走下去的方向。先锋文学可以走得更远一些,农民工问题、住房问题、体制的转型问题等,很多东西都可以成为先锋形式来描写社会热点。河南大学出版社社长张云鹏教授认为,墨白的作品能够引发人们对文学基本问题的一些思考。第一,文学是什么。文学是对既定秩序的一种颠覆,它始终是在对现实作考问,无论先锋也好、现代派也好,走的是反叛颠覆的路子,这是文学内在的特质在要求它这样做。墨白就是在这样的路子上走,现代、后现代,网络写作也是这样的。20世纪80年代翻译的伊瑟尔那本关于阅读行为的书,专门提到说文学就是告诉你一些陌生的东西、你不知道的东西,在这些陌生不熟悉中,强化出一些东西来。这是从接受美学角度来讲的,从作家来说,墨白他这么有意识以否定来反思,这是以另外一种眼光、另外一种关切来写作的,这是说文学核心的一些价值观念,但文学有一点不会变,文学总是冷眼看现实,并最终要对现实作出判断。第二,墨白作品里面写有对现实很明确的认知,它有这么一个点,从颍河镇、中国现实再到人类,它不是局限在一个小地方的表现,在这一点上墨白的作品具有广泛性,提升到了人类的层面,比如他经常提到的宗教。第三,当下文学怎样来发展。我们既要坚持一种东西,又要突破自己,这是墨白需要把握的,也是我们所期待的。

墨白小说的美学特质与叙事风格

墨白的个人气质赋予他的作品以独特的美学特质,独特的个体经验和地域特色也在他的作品里有较深印记。张燕玲指出,墨白是个丹青高手,这在他的人物素描、色彩、时空结构等方面都能体现出来。记忆是历史,现实是生命,未来是时间,墨白对其写作要素的这种认识与他的丹青才情有一定关系。孙先科认为,《梦游症患者》对童年经验、记忆、梦想的人生经验的叙述,给人的感觉是它属于后期印象派,像凡·高、塞尚、高更的绘画,还有挪威画家蒙克绘画,有《呐喊》的意味。张云鹏认为,《梦境、幻想与记忆》的语言有一种油画般的质感,从句子、结构、用词都能体现出来这样一种特点,它不是那种行云流水般的表现对象,而是那种细细的、一层层勾勒出来的,另外还有一种冷峻,以及直感性的反思,他的作品是感性真实与理性幻境的统一。张延文认为,在写作的方法上,墨白喜欢因势利导、随物赋形,将音乐、绘画、戏剧等艺术手法灵活运用,为其作品带来了磅礴的气势和细微的颤栗。墨白小说的艺术性来自于他对于身处其中的时代生活保持的警惕和反思,通过心灵的自由来达到一种自觉的自省意识,并将其放置到人类世界的广阔领域里,呈现一个民族在特定时期独特的精神史。心灵的自由和自觉,加上广阔的视野,使墨白的叙事带有形式上的多元化和主题上的超越性,这既是先锋文学所应该具备的美学质素,也是经典文学获得经典性的基本依托。刘涛还对墨白"批评文体"进行了精彩点评,他认为《三个内容相关的梦境》、《〈洛丽塔〉的灵与肉》、《博尔赫斯的宫殿》等文章虽然本质上是文学批评,但是丝毫没有一般批评文章的抽象、枯燥与匠气。墨白的诀窍是通过赋予研究对象生命,使已逝的古人出场直接与自己对话交流、促膝谈心,在对谈中,自然而然使研究对象的义旨显露无遗,同时也使已逝大师的性格、面容生动逼真地浮现出来。通过与已逝大师的"对谈",墨白把"文学批评"戏剧化、小说化、散文化,从而使大师作品的内涵生活化、现场化、故事化,使抽象的理论文变身为好读、耐读的"美文"、"妙文"。他这种写文章的意匠与慧心,颇值得学院派的研究者一试。

在谈及地域文化与墨白创作的关系时,陈福民认为,河南作家的创作一直有两极化的现象。河南有了不起的作家,比如李准、刘震云、阎连科、李洱、田中禾等,这些作家一方面保有特别乡土、特别现实主义的主流倾向,来处理人与人的关系、人与土地的关系,比如刘震云对国民性问题的处理、对人性的处理,可以视为走向了极致;另一方面就是先锋的,如墨白和行者,他们都是"八五"新潮的产儿和受益者,是先锋文学的主要推动者,他们对河南文学的贡献是应该受到重视的,正是由于他们的存在,使河南文学有了坚实的两翼。河南省文联副主席邵丽高度评价了墨白在文学豫军中的重要位置,她指出,墨白对当代文学的贡献是不能被小觑的,多年来他一直坚持自由的书写,表现出的定力和方向,既有对传统的坚守,又有对现代的消化和吸收。墨白的特点既是河南作家的个性,也是河南作家的共性。文学豫军是中国文坛不可忽视的一支力量,河南文学对传统文化心存敬畏,有对底层百姓的悲悯,对苦难的消解和担当,而墨白是这些特点的集大成者。他的作品既有对生命尊严、自由的重视,也有一种生命不能忍受之轻,他对文化脉络的精准把握使他的作品充满了张力。

墨白小说的精神品质与当下意义

墨白创作的当下意义、墨白创作和研究中的可开拓空间等问题也是引起与会代表深入探讨的重要方面。郑州大学刘宏志副教授从中国经验批判与精神生态两个方面深入阐发了墨白创作的精神维度和当下意义。他认为,墨白的作品大体可以分为两类经验,一类是群体经验,或者说民族经验,这个主要是他指向历史的作品,另一类是更多个体经验的介入,他们与墨白有着相近的个人经历,相近的年龄,那么他们所遭遇到的中国生活困境,在某种程度上,也可以说是以墨白为代表的中国这一代人、这一类人的生活困境。值得注意的是,墨白的这两类经验都带有典型的中国特色。墨白的写作,紧紧抓住了典型的中国经验,表现了这种境遇下的精神创伤与精神状态。墨白描述的经验都是否定性经验,这种经验的选择是作家个体的选择,但在"极左"思潮还没有得到清算的情况下又迅速进入到某种后现代泛娱乐化的时代语境之下,苦难不但失去了其历史合理性和道德优越感,而且越来越被概念化、虚拟化。这直接导致我们精神的平面化。这种平面化的背后,则隐含着我们精神生态的荒芜化。所以,墨白的苦难书写一方面是针对中国"极左"历史的清算,另一方面是在某种程度上捍卫中国人的精神生态,这也是墨白的写作在这个时代的重大意义所在。青年诗人、评论家江嫒从墨白小说与中国知识分子的内省关系的层面分析了墨白创作的当下意义。她认为,中国文学喧嚣了几十年,但知识分子的定义始终模糊,一个民族未能找回脊梁,从事文学便令人生疑。作家在经历了天赋的遴选之后,还要对他是否担当起唤起良心和思想的职责进行考量,如果以这个门槛来划分,估计很多作家都是失职的。民族救亡的根本是精神救亡,文学的职责恰恰体现在精神救亡上,而能够担当精神救亡的作家,一定具备内省的个人素质。墨白正是这样的作家。他的自选集《梦境、幻想与记忆》,展现了遭奴役的知识分子的形象,《梦游症患者》展现出民族狂躁症以及知识分子失语症,《幽玄之门》刻画了知识分子的缺失及充满死亡气息的社会现实,《光荣院》展现出建筑于精神废墟之上的阶级体系,《雨中的墓园》追问了知识分子缺失的历史真相,《局部麻醉》展现出精神湮灭后的知识分子的命运。墨白以非凡的创造力在为中国不同时期的知识分子塑像的同时,提出了知识分子的内省对精神重建的紧迫性和重要性。

武新军由一系列耐人思索的问题,探及墨白创作的可提升空间这一层面。他提出,墨白作品的叙事焦点往往集中在人的精神病症或欲望的展示上,这个焦点的设置究竟是限制了墨白生活经验的发掘,还是能够充分传达出了作者的生活经验?墨白的生活经验是不是还有未被开掘或者被遮蔽了的领域呢?这些生活经验是不是有可能通过其他叙述方式而呈现出来呢?墨白笔下的人物在精神上有没有新生的可能性?在谈及墨白创作的不足之处时,郑州师范学院孔会侠认为,墨白心里有许多扑扇着闪闪发光透明翅膀的可爱的艺术小精灵,当被放逐在文字间的时候,它们体态轻盈动人,但缺乏更加空灵的照耀,那种从思考层投射到生活层更深空间的照耀。也许因为对结构倾注了太多的追求和预设,使有些精灵被无意忽视,它们被留在体内睡着了。比如《欲望》,就是一个孤独的精神漂泊者的自语,这自语不以时间和空间为顺序,而以感受的来来去去为顺序,语调里带着来自颍河镇烙印的痛楚。《欲望》的底部意义空间很大,在历史记忆中延展出许多可能,让人感到墨白心里有一些很有力量的情绪在宽阔的河床中左右冲撞,但《欲望》的表层部分格局有些小了,过多的、沉溺的情欲流连与描写,让《欲望》隐含的更多意义没能得到充分生长和壮大。如果让多重意义都能有生长起来的空间,这部《欲望》将会更好。虽然每个作家都带有不可避免的局限性,但还是希望双脚沾着颍河镇泥巴的墨白,能把作品写得更饱满、更诗意、更本色。中南大学晏杰雄副教授建议墨白在技术层面上可以加入一些好看的元素,如现实元素、美的元素,因为这些都是成就经典作品要具备的特质。此外还可以打造一个代表作,并增加作品对现实的介入力度。在墨白研究的新领域、新途径的探讨上,孟庆澍指出,一方面,墨白作品中有现代主义的普适性元素存在,这可以说是世界性的;另一方面,又大量使用方言土语、粗鄙口语,这种方言土语和口语的使用与他现代主义的叙事风格是否构成冲突,如何形成一种张力,这也是值得研究的问题。晏杰雄建议把作家作品发生机制作为研究墨白的途径或路径,这样才能把墨白研究走向深入和细化。

最后,河南大学李伟昉教授作了会议总结,他认为批评的魅力在于将人们所关注对象的最好部分,甚至他个人没有意识到的东西精彩地呈现出来,把它推向中国以外的读者。凡是具有世界性的作家,应该有两个维度是他不能缺少的,第一是鲜明的个性内容,第二是人类共同关切的世界性因素,否则无法引起共鸣。只有这两方面和谐融为一体,才能成为世界性作家。莎士比亚之所以说不尽,是因为他作品中的人物都是自由的自我演说家,也就是说他笔下的人物都具有鲜明的个性。同样,也希望墨白先生能说不尽。在已经谈到的方方面面之外,还有一个维度是墨白研究中所缺乏的,就是应该把墨白放在世界文学潮流中,尽管也有评论家把墨白与略萨、米勒、卡夫卡等作家相比较,但这远远不够,我们要在更为宽广的文化背景下对墨白进行审视,看看在与世界潮流的互动过程中,他的心态以及在这种心态主导下呈现出来的文本是什么样的,然后通过阐释发现一个具有世界意义的墨白,这样有利于把具有中国意义的墨白推向世界。

原载《创作与评论》(下半月·评论)2014年2月号

作品年表

墨白作品年表

本年表按写作时间先后编次,如写作时间不明,则按发表时年月排列。对于在刊物上公开发表过的,只注明初次发表的刊物;对于未在刊物上发表的,注明其所收入的作品集名称。

1984 年

《画像》(短篇小说),载《南风》1984 年 1 月 15 日。

《远行》(短篇小说),载《个旧文艺》1984 年第 1 期。

《模特儿》(短篇小说),载《百花园》1984 年第 8 期。

1985 年

2 月,《尹先生》(短篇小说),收入 1994 年 1 月河南人民出版社版《孤独者》。

3 月,《命的船》(短篇小说),载《奔流》1985 年第 12 期。

5 月,《复苏》(短篇小说),载《百花园》1985 年第 8 期。

8 月,《母亲》(短篇小说),收入 1994 年 1 月河南人民出版社版《孤独者》(发表时题为:《老长的周末》)。

9 月,《声音》(短篇小说),收入 1994 年 1 月河南人民出版社版《孤独者》(发表时题为:《心声》)。

9 月,《信仰》(短篇小说),收入 1994 年 1 月河南人民出版社版《孤独者》(发表时题为:《龙》)。

《绿色邮车》(短篇小说),载《广州文艺》1985 年第 6 期。

《摆脱》(短篇小说),载《躬耕》1985 年 3~4 期合刊。

《命运》(短篇小说),载《百花园》1985 年第 11 期(发表时题为:《称呼》)。

1986 年

1 月,《等待》(短篇小说),载《百花园》1991 年第 2 期。

2 月,《狂犬》(短篇小说),载《百花园》1989 年第 2 期。

3 月,《光》(短篇小说),载《当代小说》1987 年第 2 期。

3 月,《红月亮》(短篇小说),载《朔方》1987 年第 5 期。

5月,《岸的影》(短篇小说),载《河北文学》1987年第6期。

8月,《老蚌生珠》(短篇小说),收入1994年1月河南人民出版社版《孤独者》。

《油菜花飘香的季节》(短篇小说),载《淮河》1986年5~6月号。

《苗林中的红房子》(短篇小说),载《淮河》1986年11~12月号。

1987年

1月,《精神病患者》(短篇小说),载《延河》1994年第11期。

1月,《面临黄昏》(短篇小说),载《延河》1994年第11期。

3月,《情与仇》(中篇小说),载《百花洲》1990年第4期(发表时题为:《世仇》)。

8月,《真相》(短篇小说),载《山西文学》1988年第10期。

8月,《灾难》(短篇小说),载《飞天》1988年第10期。

9月,《红陶》(短篇小说),载《希望》1989年第1期。

11月,《兽医、屠夫和牛》(中篇小说),载《清明》1989年第3期(发表时题为:《牛》)。

11月,《记忆是蓝色的》(短篇小说),载《金潮》1995年第3期。

12月,《埋葬》(短篇小说),载《奔流》1988年第6期。

《冬暖》(短篇小说),载《辽河》1987年第3期。

《受害者》(短篇小说),载《东京文学》1987年第5期(发表时题为:《面目全非》)。

《祝寿》(短篇小说),载《辽河》1988年第1期。

1988年

1月,《红房间》(中篇小说),载《花城》1991年第2期。

6月,《寒秋》(短篇小说),载《钟山》1989年第4期。

7月,《黑房间》(中篇小说),载《收获》1989年第5期。

10月,《月光的墓园》(中篇小说),载《当代作家》1991年第6期(发表时题为:《第九十九种冰轮》)。

10月,《流行死亡》(短篇小说),载《山东文学》1989年第7期。

10月,《老篾匠》(短篇小说),载《社会保障报》1988年12月2日。

11月,《鹅魂》(短篇小说),载《百花园》1989年第1期。

12月,《影子》(短篇小说),载《天津文学》1994年第4期。

1989 年

2 月,《灰色时光》(短篇小说),载《作家》1990 年第 4 期。

3 月,《过程》(短篇小说),载《小说林》1990 年第 3 期。

3 月,《蟾蜍》(短篇小说),载《百花园》1990 年第 8 期。

3 月,《穿过玄色的门洞》(短篇小说),载《小说林》1994 年第 3 期。

3 月,《透明框架里的画像》(短篇小说),载《小说林》1995 年第 1 期。

3 月,《红雨伞》(短篇小说),载《延河》2004 年第 8 期。

4 月,《酒神》(短篇小说),载《小说林》1994 年第 3 期。

7 月,《苦涩的旅程》(中篇小说),载《长城》1991 年第 3 期(发表时题为:《生命之舞》)。

7 月,《夜游症患者》(短篇小说),载《小小说月报》1996 年第 12 期。

8 月,《七步诗》(中篇小说),载《当代作家》1995 年第 1 期(发表时题为:《瞬间真实》)。

9 月,《苍凉之旅》(中篇小说),载《飞天》1994 年第 7 期。

10 月,《谋杀案》(短篇小说),载《短篇小说》1999 年第 11 期,《新世纪文学选刊》2005 年第 5 期转载。

10 月,《秋夜》(短篇小说),载《百花园》1990 年第 5 期。

10 月,《舞轿者》(短篇小说),载《百花园》1990 年第 5 期。

12 月,《蒙难记》(中篇小说),载《清明》1990 年第 5 期(发表时题为:《青春宣言》)。

1990 年

3 月,《秋日辉煌》(短篇小说),载《萌芽》1991 年第 1 期。

4 月,《红色作坊》(短篇小说),载《莽原》1991 年第 6 期。

6 月,《同胞》(中篇小说),载《收获》1991 年第 1 期。

8 月,《爱神与颅骨》(中篇小说),载《莽原》1991 年第 2 期(发表时题为:《唢呐声咽》)。

8 月,《仲夏小调》(中篇小说),载《莽原》1992 年第 3 期。

9 月,《逃亡者》(中篇小说),载《百花园》1992 年第 11 期(发表时题为:《逃亡》)。

10 月,《六十年间》(短篇小说),载《百花园》1991 年第 2 期。

10 月,《洗产包的老人》(短篇小说),载《百花园》1991 年第 2 期。

10 月,《寻找乐园》(中篇小说),载《山西文学》1992 年第 11 期。

11月,《失踪》(短篇小说),载《人民文学》1991年第9期。

1991年

3月,《蜡烛》(短篇小说),载《百花园》1991年第7期。

3月,《幽玄之门》(中篇小说),载《收获》1992年第5期。

6月,《白色病室》(中篇小说),载《花城》1993年第2期。

8月,《母亲的信仰》(中篇小说),载《清明》1992年第4期(发表时题为:《永远真诚》)。

9月,《风车》(中篇小说),载《当代作家》1993年第2期。

10月,《太阳》(短篇小说),载《延河》1992年第2期。

10月,《偶然》(短篇小说),载《太湖》1993年第11期。

10月,《风景》(短篇小说),载《洛阳日报》1993年8月29日。

《内科大夫》(短篇小说),载《百花园》1991年第2期(发表时题为:《癌症》)。

《魔术师》(短篇小说),载《星火》1991年第5期(发表时题为:《测验》)。

1992年

2月,《神秘电话》(短篇小说),载《太阳》1996年第6期。

3月,《冬景》(短篇小说),载《百花园》1992年第7期。

3月,《井》(短篇小说),载《百花园》1992年第9期。

3月,《琳的现实及其以后的生活》(短篇小说),载《鸭绿江》1996年第12期。

7月,《俄式别墅》(中篇小说),载《花城》1994年第5期。

8月,《父亲的黄昏》(中篇小说),载《清明》1993年第4期(发表时题为:《远道而来》)。

11月,《进入城市》(中篇小说),载《峨眉》1993年第4期。

《寒冷》(中篇小说),作于1988年1月至1992年3月间,共包括如下短篇小说:《饥饿》、《吃大户》、《围困》(以上载《当代作家》1999年第6期)、《尘根》、《杀戮》、《挣夺》、《最后清醒的时光》(以上载《小说林》2000年第3期)。

《异地》(短篇小说),载《太湖》1992年第11期。

1993年

1月,《雨中的墓园》(中篇小说),载《小说林》1993年第5期(发表时题为:《青台》)。

3月,《民间使者》(中篇小说),载《江南》1994年第4期。
6月,《鼠王》(短篇小说),载《东海》1984年第8期。
6月,《孤独者》(短篇小说),载《百花园》1993年第11期。
6月,《现实的颠覆》(短篇小说),载《百花园》1993年第11期。
7月,《哑巴》(短篇小说),收入1994年1月河南人民出版社版《孤独者》。
7月,《最后》(短篇小说),载《萌芽》1994年第1期。
7月,《飘失》(短篇小说),载《延河》2004年第3期。
《挂在树枝上的烙馍》(随笔),载《小小说研究报》1995年第5期。
《汪曾祺的淡泊》(随笔),载《中华读书报》2012年2月1日。
《人性与写实》(随笔),载《文学自由谈》1993年第2期。

1994年

3月,《重访锦城》(中篇小说),载《收获》1995年第1期。
7月,《某种自杀的方法》(短篇小说),载《春风》1995年第7期。
11月,《航行与梦想》(中篇小说),载《钟山》1995年第5期。
《孤独者》(短篇小说集),1994年1月河南人民出版社出版。
《生命之体验》(随笔),收入《小小说百家创作谈》,河南人民出版社1992年版。
《画匠·艺术家》(随笔),载《小小说选刊》1994年第2期。
《第二百九十六封是祭文》(随笔),收入《孤独者》,河南人民出版社版1994年1月,载《短篇小说》2000年第2期。
《手的十种语言》(短篇小说,与别人合集),1994年1月河南人民出版社出版,目次:《远行》、《模特儿》、《绿色邮车》、《摆脱》、《油菜花飘香的季节》、《苗林中的红房子》、《冬暖》、《祝寿》。

1995年

2月,《霍乱》(中篇小说),载《莽原》1996年第6期。
8月,《迷失者》(中篇小说),载《四川文学》1997年第6期(发表时题为:《走进你胸膛中的梦游者》)。
8月,《错误之境》(中篇小说),载《漓江》1997年第6期。
9月,《局部麻醉》(中篇小说),载《花城》1998年第1期。
10月,《寻找旧书的主人》(中篇小说),载《作品》1996年第9期。
11月,《恐惧》(短篇小说),载《延河》2004年第3期。
11月,《老鼠》(短篇小说),载《创作》2001年第11期。

12月,《从乡村到京城的路途》(中篇小说),载《江南》1999年第6期。

12月,《街道》(短篇小说),载《漓江》1996年第3期。

《回忆某段时光》(随笔),载《短篇小说》1995年第12期。

《怀念拥有阳光的日子》(短篇小说),载《中国红十字报》1995年10月6日。

1996年

1月,《纪念》(短篇小说),载《飞天》1996年第7期。

2月,《讨债者》(中篇小说),载《花城》1997年第3期。

2月,《惜别阳光》(短篇小说),载《小说林》1998年第1期。

4月,《梦游症患者》(长篇小说),载《大家》1998年第6期。

5月,《终点》(短篇小说),载《天津文学》1996年第10期。

5月,《飞翔》(短篇小说),载《天津文学》1996年第10期。

5月,《嚎叫》(短篇小说),载《天津文学》1996年第10期。

5月,《寻找》(短篇小说),载《天津文学》1996年第10期。

11月,《夏日往事》(短篇小说),载《时代文学》1999年第6期。

11月,《阳光》(短篇小说),载《天津文学》1999年第2期。

《倾听一种声音》(随笔),载《周口日报》1996年1月15日。

《语言的权力》(随笔),载《小小说选刊》1996年第1期。

《船家现代情仇录》(21集电视连续剧),河南电视台拍摄,1996年9月在周口开机。

1997年

1月,《丧失》(短篇小说),载《天津文学》1998年第1期。

1月,《结构》(短篇小说),载《天津文学》1998年第1期。

6月,《一夜风流》(中篇小说),载《广州文艺》1998年第5期。

11月,《梦中的乡村》(随笔),载《中国艺术报》2012年1月16日。

11月,《复调》(随笔),载《中国艺术报》2012年1月16日。

12月,《映在镜子里的时光》(长篇小说),1999年6月长江文艺出版社初版(初版题目为:《寻找外景地》),2004年1月群众出版社再版。

《特案A组》(20集电视连续剧),河南电视台拍摄,3月在郑州开机。

《天河之恋》(电影剧本),长春电影制片厂,2009年6月在新乡拍摄。

1998 年

1月,《阳台》(短篇小说),载《广州文艺》1998 年第 12 期。

1月,《米兰》(短篇小说),载《广州文艺》1998 年第 12 期。

2月,《打赌》(短篇小说),载《天津文学》1999 年第 2 期。

2月,《门》(短篇小说),载《天津文学》1999 年第 2 期。

4月,《光荣院》(中篇小说),载《花城》1999 年第 2 期。

5月,《以个人的言说方式辐射历史与现实——墨白访谈录》(与张钧对话),载《当代作家》1999 年第 1 期。

《特警110》(18 集电视连续剧),河南电视台拍摄,5 月在郑州开机。

《我们为什么而动容》(随笔),载《作家》1998 年第 11 期。

《怀念小人书》(随笔),载《南方都市报》1998 年 9 月 2 日。

《我为什么写作》(随笔),载《小小说选刊》1998 年第 21 期。

1999 年

2月,《事实真相》(中篇小说),载《花城》1999 年第 6 期。

5月,《爱情的面孔》(中篇小说),载《东海》1999 年第 12 期。

10月,《书的诱惑》(随笔),载《中华读书报》2011 年 11 月 23 日。

10月,《村夫图》(短篇小说),包括十个单独的短篇小说:《铜匠》、《张奶奶》、《染坊》、《自来笑》(以上载《大家》2000 年第 1 期)、《陈祥云》、《赤脚医生》、《队长袁鳖》(以上载《大家》2000 年第 2 期)、《恩舅》、《二叔》、《剃头匠老梅》(以上载《朔方》2001 年第 3 期)。

11月,《模拟表演》(短篇小说),载《广西文学》2000 年第 4 期。

《创作札记》(随笔),载《短篇小说》1999 年第 1 期。

《穿越时空的力量》(随笔),载《广西日报》1999 年 8 月 20 日。

《书的孤本》(随笔),载《百花园》1999 年增刊。

2000 年

6月,《告密者》(中篇小说),载《收获》2001 年第 2 期。

6月,《与本书相关的几个词语》(序言),收入《重访锦城》,长江文艺出版社 2000 年版。

12月,《欲望与恐惧》(长篇小说),长江文艺出版社 2002 年版。

12月,《〈梦游症患者〉后记》(随笔),河南文艺出版社 2002 年版。

《面对死亡》(随笔),载《大河报》2000 年 1 月 7 日。

《爱情的面孔》(中篇小说集·突围丛书),花山文艺出版社 2000 年版。
《书架的变迁》(随笔),载《时代文学》2000 年第 3 期。
《逛旧书摊》(散文),载《解放军报》2000 年 6 月 2 日。
《读与写》(随笔),载《青年文学》2000 年第 7 期。
《我的大哥孙方友》(随笔),载《短篇小说》1999 年第 9～10 期。
《重访锦城》(中篇小说集·橄榄树丛书),长江文艺出版社 2000 年版。
《别人的房间》(中篇小说),载《芙蓉》2009 年第 1 期。
《与写作有关的几个片段》(随笔),载《青年文学》2000 年第 12 期。

2001 年

1 月,《我为什么而动容》(序言),收入《事实真相》,四川文艺出版社 2001 年版。

2 月,《以梦境颠覆现实》(与林舟对话),载《花城》2001 年第 5 期。

10 月,《胡言乱语》(中篇小说),载《电影·电视·文学》2002 年第 1 期。

《事实真相》(中短篇小说集·公牛丛书),四川文艺出版社 2001 年版。
《来访的陌生人》(长篇小说),载《特区文学》第 4 期(发表时题为:《谁是幕后人》),河南文艺出版社 2003 年版。
《刘佑全》(4 集电视连续剧),河南电视台拍摄,8 月在河南夏邑开机。
《民间美食》(散文),收入《平民百姓的宴席情结》,学苑出版社 2001 年版。
《谋杀者》(中篇小说),载《传奇故事》2001 年第 12 期。

2002 年

12 月,《〈来访的陌生人〉后记》(随笔),收入《来访的陌生人》,河南文艺出版社 2003 年版。

《吴尔夫批评散文》(随笔),载《大河报》2002 年 2 月 21 日。
《当家人》(8 集电视连续剧),中央电视台、河南电视台联合拍摄,10 月在濮阳开机。2004 年 6 月 6 日中央电视台一套黄金时间首播,获得第 25 届电视剧"飞天奖"优秀中篇奖、第 25 届电视剧"飞天奖"优秀编剧奖。
《回家,我们从清晨一直走到黄昏》(短篇小说),载《莽原》2004 年第 3 期。

2003 年

3 月,《写作的精神实质》(随笔),载《作品》2011 年第 6 期。

5 月,《森林警察》(6 集电视连续剧)。

《对文本的探索》(与雷霆对话),载《山花》2003 年第 6 期。

2004 年

2月,《一个人,一座小镇和一条河流》(序言),收入《霍乱》,群众出版社2004年版。

4月,《鸟与梦飞行》(散文),收入《中国作家教子报告》,新世纪出版社2004年版。

4月,《重逢》(短篇小说),载《百花园》2008年第12期。

4月,《〈怀念拥有阳光的日子〉后记》(随笔),收入《怀念拥有阳光的日子》,河南文艺出版社2006年版。

10月,《对短篇小说写作的训练》(随笔),载《东京文学》,2012年第2期。

11月,《写作与历史的关系》(随笔),载《作品》2011年第6期。

12月,《写在前面》(序言),收入《冯骥才自选集》、《许行自选集》、《阿成自选集》,河南文艺出版社2005年版。

《霍乱》(中篇小说集·地域小说丛书),2004年7月群众出版社出版。

《与陌生人同行》(26集电视连续剧),2004年8月写完。

《精神的家园》(随笔),载《红豆》2004年第8期。

2005 年

2月,《有一个叫颍河镇的地方》(与刘海燕对话),载《莽原》2006年第3期。

《残雪小说的后现代特征》(评论),载《莽原》2005年第4期。

《关于电视剧〈当家人〉的写作》(随笔),载《首播》2005年第7期。

《有话想说》(26集电视连续剧),2005年10月完成。

《梦境·幻想与记忆》(随笔),载《山花》2005年第5期。

《来访的陌生人》(电影剧本),河南银杏树文化传播2005年第5期。

2006 年

4月,《铜山湖记》(散文),载《文化时报》2006年4月14日。

4月,《大伾山摩崖石佛记》(散文),载《大河报》2006年4月27日。

5月,《最后一节车厢》(短篇小说),载《花城》2006年第5期。

12月,《生命在时间里燃烧》(随笔),载《莽原》2012年第5期。

11月,《旅欧散记》(散文),载《莽原》2007年第2期。

《中国当代名家小小说精粹·怀念拥有阳光的日子》(短篇小说集),河南文艺出版社2006年版。

《一面穿透历史和人性的镜子》(评论),载《文化时报》2005年4月28日。
《黄河人家》(20集电视连续剧),2006年9月完成。
《梦想是我们人类的翅膀》(评论),载《大河报》2006年10月26日。
《三个内容相关的梦境》(随笔),载《世界文学》2006年第2期。
《老二黑结婚》(电影剧本),中央电视台电影频道2006年10月在吉林通化拍摄。

2007年

1月,《〈生命在时间里燃烧〉·补后记》(随笔)。

1月,《〈洛丽塔〉的灵与肉》(随笔),载《莽原》2008年第3期。

1月,《〈陈州笔记〉序言》(序言),收入2008年1月河南文艺出版社版《陈州笔记》(孙方友著·八卷本)。

2月,《阅读之梦与写作之梦》(和刘海燕对话,2007年2月6日),载《文学界》2008年第8期。

3月,《廊台上的风景》(散文),收入《信阳赋》,内蒙古人民出版社2007年版;载《山花》(下半月)2009年第9期。

5月,《裸奔的年代》(长篇小说),载《十月·长篇小说》2007年第6期,2009年1月花城出版社出版。

6月,《隔壁的声音》(中篇小说),载《山花》2007年第10期。

6月,《阳光下的海滩》(短篇小说),载《山花》2008年第1期。

《我们应该怎样叙事》(和张晓雪对话),收入《墨白作品精选》,长江文艺出版社2007年版;载《天津文学》2008年第8期。

《墨白作品精选》(中短篇小说集·跨世纪文丛精选),2007年10月长江文艺出版社出版。

《家园》(21集电视连续剧),10月完成,中央电视台中国电视制作中心拍摄,2008年4月12日在河北省保定市开机,2010年11月23日中央电视台八套首播。

《真正的小说,是叙事的艺术》(和刘小逸对话),载《东方今报》2007年10月24日。

2008年

2月,《道德的焦虑和生命的迷惘》(和黄轶对话),收入《裸奔的年代》,花城出版社2009年版;载《广州文艺》2009年第6期。

3月,《没过门的媳妇》(电影剧本)。

7月,《黄河边的村庄》(30集电视连续剧)。

8月,《从思想禁锢到精神自由》(随笔),载《中华读书报》2014年2月12日。

9月,《梦中之梦》(随笔),载《山花》(下半月)2009年第12期。

《〈姐姐的村庄〉点评与点评后记》(评论),载《莽原》2008年第5期。

2009年

2月,《历史的真相》(评论),载《中国图书商报》2009年3月17日。

2月,《尖叫的碎片》(中篇小说),载《山花》2009年第5期

3月,《〈小镇人物〉序言》(随笔),分别收入2008年8月、10月河南文艺出版社出版的《小镇人物》(孙方友著·六卷本)。

4月,《答〈芙蓉〉杂志读者信》(随笔),载《芙蓉》2009年第3期。

5月,《博尔赫斯的宫殿》(随笔),载《花城》2010年第1期。

6月,《〈灵魂孤筏的泅渡〉序》(序言),收入《灵魂孤筏的泅渡》,中国戏剧出版社2009年版。

6月,《经验·历史·责任·创作》(和龚奎林对话),载《西湖》2009年第12期。

8月,《地狱25天》(纪实文学),贵州人民出版社2009年版。

10月,《颍河镇地图》(随笔),载《小说评论》2010年第3期。

11月,《精神自由与人格独立》(与高俊林对话),载《小说评论》2010年第3期。

12月,《生日快乐》(散文),载《中学生阅读》2010年第4期。

《追逃》(电影剧本),2009年6月完成。

2010年

3月,《中国的犹大们》(评论)。

4月,《灵魂栖居的地方》(与江媛对话)(随笔),收入《墨白研究》,大象出版社2013年版。

4月,《精神蜕变与人格尊严》(随笔),载《莽原》2012年第5期。

4月,《颍河镇与世界的关系》(随笔),载《莽原》2012年第5期。

6月,《君子之交》(散文)。

8月,《〈三炷香〉序》(序言),收入《三炷香——历史行色与他乡叙事》,新华出版社2011年版。

8月,《人文环境与文学精神》(与张延文对话),载《山花》2010年第10期。

9月,《小说的传播是靠自身的力量》(与张延文对话)。

9月,《小说的精神世界——关于田中禾〈父亲和她们〉的对话》,载《文学报》2010年10月4日。

10月,《文学是人们修正自身的理想图像》(评论)。

10月,《重现的时光之影》(随笔),载《莽原》2012年第5期。

11月,《一个做梦的人》(短篇小说),载《花城》2011年第2期。

《小说的叙事语言》(随笔),载《作品》2011年第6期。

《神秘电话》(短篇小说集),吉林出版集团有限责任公司2010年版。

《〈墙上的鱼耳朵〉点评与点评后记》(评论),载《莽原》2010年第2期。

2011年

1月,《梦游症患者》再版后记(随笔)。

2月,《罗镜泉绘画中的荷》(随笔),载《大河报》2011年9月27日。

2月,《小说的多维镜像》(与江媛对话)(随笔),载《时代文学》2012年第2期。

6月,《关于〈怀念拥有阳光的日子〉》(随笔),载《小小说选刊》2011年第15期。

9月,《手的十种语言》(长篇小说),作家出版社2012年4月版。

9月,《〈欲望〉三部曲后记》(随笔),收入《手的十种语言》,作家出版社2012年版。

9月,《〈曙光〉序言》(序言),收入《曙光》,河南文艺出版社2011年版。

2011年9月底完成:《陪法场的人》、《法医》、《枪手》、《真相》、《护士》、《记者》、《天使》、《弹孔》、《上访者》、《大师》十篇小说;《真相》、《天使》、《大师》,载《时代文学》(上半月)2012年第3期。

《我们·历史》(短篇小说)。

2012年

1月,《叙事的核心:时间与记忆》(与苗梅玲对话,2012年1月16日),载《东京文学》2012年第2期。

1月,《谁为情种——〈红楼梦〉精神生态论》(序言),载《郑州日报》2013年7月21日;收入《谁为情种——〈红楼梦〉精神生态论》,中国书籍出版社2013年版。

6月,《游子心中的故乡〈喀什诗稿〉》(序言),收入《喀什诗稿》,光明日报出版社2013年版。

7月,《先锋从来都没有退场》(与孔会侠对话),载《创作与评论》2014年第2期。

7月,《网络时代,我们怎样做上帝》(随笔),载《中华读书报》2013年11月20日。

8月,《墨白:用记忆为故乡着色》(《文艺报》记者访谈),载《文艺报》,2012年9月3日。

12月,《失忆症患者》(中篇小说《漂移的大陆》第二部中的一个章节),载《作品》2014年第3期。

《六十年间》(短篇小说集),四川文艺出版社2012年版。

《老酸奶》(短篇小说),载《绿洲》2012年第6期。

《葬礼》(短篇小说),载《绿洲》2012年第6期。

《胡杨林》(短篇小说),载《绿洲》2012年第6期。

《寻找歌手》(短篇小说),载《绿洲》2012年第6期。

《银匠》(短篇小说),载《绿洲》2012年第6期。

《寻找歌手》(短篇小说),载《绿洲》2012年第6期。

《行为艺术》(短篇小说),载《绿洲》2012年第6期。

《首长》(短篇小说),载《星火》2012年第4期。

《按摩师》(短篇小说),载《星火》2012年第4期。

《赌玉》(短篇小说),载《星火》2012年第4期。

《纪念牌》(短篇小说),载《星火》2012年第4期。

《流放地》(短篇小说),载《星火》2012年第4期。

《追捕者》(短篇小说),载《星火》2012年第4期。

《诗人》(短篇小说),载《星火》2012年第4期。

《教育家》(短篇小说)。

《困兽》(短篇小说)。

《弑父者》(短篇小说)。

《失语者》(短篇小说)。

《癫狂艺术家》(短篇小说)。

2013年

1月,《意念在呼吸中痉挛》(随笔),载《大河报》2013年2月19日。

2月,《小说叙事和阅读的差异性》(与孙青瑜对话),载《文学报》2013年3月。

3月,《中国现代派文学的土壤》(与张延文对话),载《天涯》2013年第

5 期。

4 月,《凝固的历史》(随笔),载《大河报》2013 年 5 月 9 日。

4 月,《生命的瞬间》(随笔),载《郑州晚报》2013 年 5 月 13 日。

4 月,《〈梦境、幻想与记忆〉后记》(随笔),收入《梦境、幻想与记忆》,河南大学出版社 2013 年版。

5 月,《前景广阔的小说家》——《一个人的豫北乡下》序(序言),载《岁月》2013 年第 11 期。

《欲望》(长篇小说·简装本),湖南文艺出版社 2013 年版。

《欲望》(长篇小说·精装本),湖南文艺出版社 2013 年版。

《梦境、幻想与记忆》(新人文·自选集),河南大学出版社 2013 年版。

《癫狂艺术家》(第六届小小说金麻雀奖·获奖作家自选集),河南文艺出版社 2013 年版。

2014 年

2 月,《〈陈州笔记〉的价值与意义》(序言),收入《孙方友笔记小说全集》(八卷本),河南文艺出版社 2014 年版。

3 月,《〈梨园新曲〉序》(序言)。

3 月,《〈佛鼓〉评点》(随笔),载《散文选刊》2014 年第 5 期。

3 月,《小说的语言风格》(创作谈)。

3 月,《我编辑过的文学期刊》(随笔)。

4 月,《小说的文体样式》(创作谈),载《文学报》2014 年 9 月 11 日。

7 月,《温都不令村》(散文)。

8 月,《在生与死之间——我与〈中华读书报〉》(散文),载《中华读书报》2014 年 8 月 20 日。

研究资料索引

墨白研究资料索引

报纸期刊文章

王保民:《一位老人的一生——读墨白小说〈洗产包的老人〉》,《小小说选刊》1991年第4期。

苏常青:《〈失踪〉文本世界的肢解》,《颍水》1991年第4期。

张宇:《墨白的话题》,《颍水》1992年第1期。

华中:《浓墨白纸著华章——访青年作家墨白》,《周口声屏报》1992年3月16日。

李少咏:《各显命脉各精神》,《颍水》1992年第1期。

曹增瑜:《面对粗鄙而热辣的人生》,《莽原》1992年第3期。

陈辉平:《〈风车〉的寓言》,《当代作家》1993年第2期。

李少咏:《此情深处红笺无色——读墨白的〈重塑花瓶〉》,《周口日报》1993年2月26日。

李少咏:《没有人看见草生长——读墨白的〈最后的午餐〉》,《周口日报》1993年6月4日。

王彪:《〈失踪〉的叙事特色》,收入《新历史小说选》,浙江文艺出版社1993年版。

金城:《文坛孙氏两兄弟》,《周口日报》1993年7月3日。

杨萍:《矛盾困惑中的灵魂——读墨白的〈进入城市〉》,《周口日报》1993年12月3日。

李少咏:《〈同胞〉的四维结构》,《周口师专学报》1993年第2期。

田中禾:《人性与写实》,《文学自由谈》1993年2期。

古箫:《心是孤独的猎人——读墨白〈三月三日祭〉》,《周口日报》1994年6月3日。

闻峰:《墨白小说札记》,《未来》1994年第5期。

李少咏:《孤独的漂泊者的悲歌——读墨白小说〈进入城市〉》,收入《没有人看见草生长》,河南人民出版社1994年版。

杨雅萍:《门后面的世界——读墨白的小说〈穿过玄色的门洞〉》,《周口日报》1994年11月25日。

李少咏：《渗透与重建——墨白小小说语义分析》，收入《没有人看见草生长》，河南人民出版社1994年版。

李少咏：《穿越历史的地表》，收入《没有人看见草生长》，河南人民出版社1994年版。

王干：《评〈鼠王〉、〈孤独者〉、〈现实的颠覆〉》，《山花》1995年第2期。

纯儿：《或许写作刚刚开始——记青年作家墨白》，《文学报》1995年3月23日。

古箫：《十字架下的墨白》，《小小说选刊》1995年第10期。

李少咏：《重建梦中的宫殿——谈墨白小说的创新意义》，《百花园》1995年第10期。

伊水：《语言的诱惑——〈风景〉赏析》，《小小说选刊》1995年增刊。

松喜：《墨白印象》，《洛阳广播电视报》1995年10月11日。

田中禾：《在梦境中寻找现实——读墨白小说》，《鸭绿江》1996年第12期。

陈子秋，刘海涛：《心态情绪与象征叙述——墨白小说创作论》，《百花园》1996年第4期。

金锐：《与墨白相交》，《太阳》1996年第6期。

王鸿生：《他们，或四个四重奏》，《漓江》1996年第3期。

吴雁：《平淡最难——读墨白的〈飞翔〉、〈蜡烛〉》，《微型小说选刊》1997年第12期。

裴仁伟：《奇妙的'结构'——读墨白的〈结构〉》，《钦州湾报》1997年9月24日。

王春燕：《〈船家〉戏里戏外》，《当代电视》1997年第10期。

何向阳：《梦游者永在旅途》，《小说评论》1998年第1期。

张钧：《清醒的梦游者——墨白访谈录》，《作家报》1998年10月1日。

杨玉：《走近墨白》，《南方都市报》1998年9月2日。

杨玉：《一个丧失精神自我的年代——读墨白长篇小说〈梦游症患者〉》，《周口日报》1998年11月21日。

于刚：《永远真诚——访作家墨白》，《教育周刊》1998年9月14日。

张钧：《以个人的言说方式辐射历史与现实——墨白访谈录》，《当代作家》1999年第1期。

奚同发：《墨白捧出新作〈寻找外景地〉——作家专访》，《河南工人报》1999年8月24日。

王干：《豫三条》，《时代文学》1999年第6期。

东西：《千里之外的声音》，《广西文学》2000年第4期。

王虹昭:《不是为了游戏文学——略谈青年作家墨白及其创作》,《读书人报》2000年2月18日。

姚建华:《带有颍水鱼腥和小草气息的文学》,郑州大学2000年硕士论文。

郝雨:《墨白的艺术迷宫与"神秘房间"——墨白小说论》,《山花》2001年第11期。

黄轶:《论墨白的小说艺术风格》,《郑州大学学报》2001年第6期。

唐宋元:《坚硬的写作》,《南方文坛》2001年第5期。

张闳:《关于墨白小说的几个关键词》,《浙江作家报》2001年7月号。

姚建斌:《从〈事实真相〉到〈孤独与激情〉》,《中国图书商报》2001年8月23日。

林舟:《以梦境颠覆现实——墨白访谈录》,《花城》2001年第5期。

何弘:《精神探索和叙述实验者墨白》,《莽原》2001年第4期。

皖之骥:《在同一块土地上生长起来的两种声音》,《河南画报》(时政版)2001年第6期。

奚同发:《墨白的黑白世界》,《河南新闻出版报》2001年5月1日。

赵立功:《现实主义？现代主义？——墨白作品研讨会在郑召开》,《大河报》2001年3月24日。

李新华:《风景这边美妙》,《全国新书目》2001年第2期。

东方潇:《美女作家与文学公牛》,《博览群书》2001年第12期。

奚同发:《对精神与叙事的探索——墨白作品研讨会纪要》,《河南作家通讯》2001年第1期。

艾云:《诉说不平》,收入《艺术与生存的一致性》,河北教育出版社2001年版。

郭昕:《游走在痛苦和忧郁中——访青年作家墨白》,《东方家庭报》2001年1月4日。

赵立功:《墨白:艺术的探索者》,《周口声屏报》2001年1月1日。

唐宋元:《阳光与生命》,《创作》2002年第2期。

何海滨:《生存图式的还原——墨白早期小说演绎》,《平顶山师专学报》2002年第4期。

郝雨:《墨白小说论》,《平顶山师专学报》2002年第4期。

王永盛:《试论墨白前期的小说创作》,《平顶山师专学报》2002年第6期。

孙桂荣:《沉浮在荒诞与隐秘之痛中的真实——墨白长篇小说的魅力》,《平顶山师专学报》2002年第6期。

杨家慧、雷霆:《文本探索者——访谈墨白》,《中华工商时报》2002年1月

30 日。

郝雨:《在欲望驱动下的"神秘的房间"——评墨白长篇小说〈欲望与恐惧〉》,《中华读书报》2002 年 2 月 27 日。

林舟:《现实的焦虑与救赎的渴望》,《大河报》2002 年 4 月 25 日。

奚同发:《解读〈欲望与恐惧〉》,《郑州晚报》2002 年 4 月 22 日。

琼子:《在夜色里开放的花朵——读墨白新作〈欲望与恐惧〉》,《河南新闻出版报》2002 年 3 月 1 日。

刘海燕:《建立起内心更高的秩序——读墨白长篇小说〈欲望与恐惧〉》,《南国早报》2002 年 5 月 9 日。

赵立功:《两个豫军"先锋"南北各受批评》,《大河报》2002 年 6 月 4 日。

于火:《一面是欲望,一面是恐惧》,《教育时报》2002 年 8 月 16 日。

曹怀明:《逃离与穿越——墨白中篇小说论》,《中州大学学报》(社会科学版)(社会科学版)2003 年第 1 期。

张宁:《墨白小说的社会学》,《中州大学学报》(社会科学版)2003 年第 1 期。

贺玉高:《寻找"事实真相"》,《中州大学学报》(社会科学版)2003 年第 1 期。

张军府:《无处逃循的边缘人——关于〈欲望与恐惧〉》,《中州大学学报》(社会科学版)2003 年第 1 期。

孙燕:《墨白:平行于生活现实的文学叙事》,《中州大学学报》(社会科学版)2003 年第 1 期。

梁艳芳:《人离自己究竟有多远——由墨白的"喃喃叙语"谈起》,《中州大学学报》(社会科学版)2003 年第 1 期。

刘满华:《"我什么时候能醒"——关于〈梦游症患者〉》,《中州大学学报》(社会科学版)2003 年第 1 期。

梁伦润:《在嬗变中不断突破自我——墨白早期作品纵横观》,《文苑》2003 年第 3 期。

刘海燕:《从墨白的小小说说起》,《百花园》2003 年第 2 期。

于刚:《墨白:教书生涯是我写作的坚强后盾》,《教育时报》2003 年 4 月 25 日。

雷霆:《对文本的探索——墨白访谈录》,《山花》2003 年第 6 期。

张宁、刘海燕等:《写作是通过现实表达精神的过程——关于墨白小说的对话》,收入《来访的陌生人》,河南文艺出版社 2003 年版。

李少咏:《构建一座精神的小镇——评墨白的〈梦游症患者〉和〈寻找外景

地〉》,《河南社会科学》2003年第4期。

张闳:《墨白:底层民众的偶然性命运》,收入《声音的诗学》,中国人民大学出版社2003年版。

张宁:《简论墨白的小说世界》,《河北大学学报》2004年第2期。

蓝蓝:《受雇于记忆的人》,《山花》2004年第4期。

聂伟:《影像"原乡"与民间叙事——墨白小说漫谈》,《莽原》2004年第3期。

曹丽萍、梁艳萍:《隐含在欢悦生命中的忧伤——访先锋小说家墨白》,《漯河内陆特区报》2004年8月6日。

孙青瑜:《文学的地域性与文学的个性》,《河南新闻出版报》2004年8月12日。

刘海燕:《墨白现象和墨白小说的隐含意义》,《红豆》2004年第8期。

蓝蓝:《不确定的存在——简评墨白〈映在镜子里的时光〉》,《文化时报》2004年12月9日。

孙青瑜:《文坛"独行客"观照地域文化》,《北京日报》2004年9月20日。

夏敏:《光荣的隐退与生命的责问——对墨白小说〈光荣院〉的个案分析》,《山花》2005年第5期。

郑长春:《写作是思考生命的过程》,《追梦人》2005年4月5日。

纳米:《信念的力量无法估量》,《文艺报》2005年3月22日。

田中禾:《为墨白描白》,《文学报》2005年9月8日。

李宏永:《墨白的悲悯情怀》,《文化时报》2005年5月24日。

刘晓南:《评〈父亲的黄昏〉》,收入《2004年最佳小说选·点评本》,北京大学出版社2005年版。

邵燕君:《评〈母亲的信仰〉》,《文学报》2005年5月26日。

李丹梦:《乡土理念的嬗变与持守:话语·价值·权力》,《上海文学》2005年第2期。

孙青瑜、李丹梦:《批评与争鸣·关于"两仪文舍"》,《上海文学》2005年第4期。

陈炜、冻凤秋:《墨白:走进农民的内心世界》,《河南日报》2005年9月6日。

张莉莉:《雪的飘落塑造风景——读墨白小说〈风景〉》,收入《轻风的月夜》,九州出版社2005年版。

赵晖:《评〈七步诗〉》,《文学报》2005年9月15日。

于德北:《表象与意象的结合》,《小小说选刊》2005年第23期。

刘彬荣:《人性扭曲的悲剧——读墨白小说〈谋杀案〉》,收入《66个纯情唯美故事》,漓江出版社2005年版。

无名氏:《嬉戏:〈局部麻醉〉读后感》,《大河文学》2005年第3期。

汪淏:《对苦难的反抗,或者对家园的建立》,《大河文学》2005年第3期。

刘海燕:《有一个叫颍河镇的地方——与墨白对话》,《莽原》2006年第3期。

钟平:《苦涩而甜蜜——读墨白的〈父亲的黄昏〉》,《文化时报》2006年2月28日。

赵晖:《评〈母亲的信仰〉》,收入《2005年最佳小说选·点评本》,北京大学出版社2006年版。

宋云龙:《墨白小说里的颍河镇——读墨白小说集〈霍乱〉》,《教育时报》2006年6月30日。

郝雨:《感悟人生的"错误之境"——评墨白小说集〈重访锦城〉》,《大河文学》2006年第2期。

郝雨:《永无结果的"行走"与"寻找"——读墨白小说集〈爱情的面孔〉》,《大河文学》2006年第2期。

郝雨:《人在历史激流中的迷狂——读墨白小说〈梦游症患者〉》,《牧野》2006年第3期。

聂耶:《玲珑小制说七家》,《文学报》2006年6月13日。

孙青瑜:《水晶所映照的世界》,《文化时报》2006年4月20日。

何海滨:《毫无诗意的逃离——对墨白小说〈同胞〉的个案分析》,《三门峡文艺》2006年第4期。

车治俊:《他开启了我的艺术之门——记作家墨白》,《教育时报》2006年9月22日。

野莽:《孙方友和他们一窝作家》,《辽河》2006年第6期。

野莽:《白墨黑墨写出文章就是好墨》,《辽河》2006年第10期。

董焕琳:《墨白荣获"飞天奖"优秀编剧》,2006年《河南年鉴》。

高军:《墨白复调小小说艺术简论》,收入《小小说内外》,天马出版有限公司2006年版。

孙青瑜:《有关墨白小说评论的断片》,《报晓》2006年第5期。

李丹梦:《文学豫军的主体精神图像——关于农民叙事的伦理学的探讨》(第六章·墨白),春风文艺出版社2006年版。

曾小娟:《最短的,最好的》,《中华读书报》2006年5月17日。

张晓雪:《我们应该怎样叙事——和墨白对话》,收入《墨白作品精选》,长江文艺出版社 2007 年版。

刘宏志：《墨白小说论》，收入《河南文学史》（当代卷），郑州大学出版社 2011 年版。

李喜民：《艺术迷宫：墨白小说的结构技巧》，《当代小说》2007 年第 8 期。

刘小逸：《真正的小说，是叙事的艺术——墨白访谈》，《东方今报》2007 年 10 月 24 日。

李喜民：《痛苦拷问：墨白小说的审美聚集》，《时代文学》2007 年第 5 期。

李喜民：《颍河镇：墨白小说的隐喻场》，《新闻爱好者》2007 年第 16 期。

李喜民：《神秘寻找：墨白小说的情节模式》，《时代文学》（理论学术版）2007 年第 8 期。

孙萍：《颍河镇——人类的精神载体》，《大河报》2007 年 12 月 17 日。

李丹梦：《形式的伦理意义——墨白论》，《文学评论丛刊》第 9 卷第 2 期，2007 年 8 月版。

孙青瑜整理：《关于墨白小说评论的语录》，《躬耕》2007 年第 12 期。

黄轶：《"灵"的挣扎与"思"的独立——由〈红房间〉谈墨白的小说》，《文学界》2008 年第 8 期。

方向真：《疯狂史章的颍河变奏——论墨白的〈梦游症患者〉》，《文学界》2008 年第 8 期。

戴来：《墨白老师》，《文学界》2008 年第 8 期。

刘海燕：《阅读之梦与写作之梦》，《文学界》2008 年第 8 期。

秦淮：《读此书，犹如听蓝调音乐》，《东方今报》2008 年 3 月 12 日。

米学军：《墨白城乡二元对立的叙事模式》，《新闻爱好者》2008 年第 2 期（上半月）。

龚奎林：《人性的异化，疾病的隐喻与历史的宿命》，《平顶山学院学报》2008 年第 3 期。

米学军：《创伤性体验对墨白小说创作的影响》，《平顶山学院学报》2008 年第 3 期。

刘宏志：《梦中的天堂——论墨白小说中的城乡二元对立》，《平顶山学院学报》2008 年第 3 期。

张舟子：《游走在传统与现代之间的叙事——墨白中篇小说中的叛逆者形象及其塑造》，《平顶山学院学报》2008 年第 4 期。

高俊林：《记忆的碎片与语词的密林——论墨白的〈来访的陌生人〉》，《平顶山学院学报》2008 年第 4 期。

刘天平：《墨白小小说创作浅论——读〈怀念拥有阳光的日子〉》，《躬耕》

2008年第12期。

王中明:《梦里不知身是客》,《牧野》2008年第4期。

米学军:《论墨白的颍河镇情节》,《中州大学学报》(社会科学版)2008年第4期。

米学军:《墨白是否应继续抒写苦难?》,《大河文学》2008年第3期。

龚奎林:《人性的异化,疾病的隐喻与历史的宿命——墨白小说论》,《山花》2008年第7期。

黄轶:《"形"的执著与"思"的独立——由〈红房间〉谈墨白的小说》,《平顶山学院学报》2008年第3期。

张鸿声、刘宏志:《文学的底层叙事》,《光明日报》2008年10月31日。

张晓雪:《论后现代小说的形式意识——从墨白的小说谈小说的叙事艺术》,《中州大学学报》(社会科学版)2009年第4期。

龚奎林:《欲望与蜕变——读墨白长篇小说〈裸奔的年代〉》,《郑州晚报》2009年3月12日。

方向真:《沉重的欲望之旅——读墨白新作〈裸奔的年代〉》,《郑州日报》2009年3月19日。

王丽杰:《欲望穿越后的空虚》,《文艺报》2009年3月31日。

刘星、《芙蓉》编辑部:《关于〈别人的房间〉的通信》,《芙蓉》2009年第3期。

康宁:《现代主义精神的弥散——试论墨白小说叙事的风格》,《平顶山学院学报》2009年第1期。

高军:《我们为什么总是在对抗中迷失——读墨白的长篇小说〈裸奔的年代〉》,《中国图书商报》2009年5月19日。

米学军:《对传统历史观的颠覆与解构——读墨白小说〈雨中的墓园〉》,《新闻爱好者》2009年第4期。

龚奎林:《疾病的隐喻与生存的困境——墨白小说论》,《莽原》2009年第4期。

黄轶:《道德的焦虑与生命的迷惘——与墨白对话》,《广州文艺》2009年第6期。

米学军:《墨白小说中的历史观》,《河南经贸职业学院学报》2009年第2期。

江媛:《记忆生根——墨白印象》,《牧野》2009年第1~2期合刊。

野莽:《批注、点评〈某种自杀的方法〉》,《莽原》2009年第4期。

王庆杰:《墨白小说叙事美学的人生维度》,《河南经贸职业学院学报》2009

年第 2 期。

付娟:《因为平凡,所以超然——墨白印象》,《报晓》2009 年第 6 期。

刘宏志:《复杂的人性和人生的苦难——关于墨白小说的人性与苦难叙事》,《芙蓉》2009 年第 6 期。

刘宏志:《无边的压抑——谈墨白笔下麻木的灵魂与病态生活》,《红豆》2009 年第 10 期。

高俊林:《无法抗拒的宿命:在前现代、现代与后现代之间穿行——谈墨白新世纪以来的小说创作》,《山花》2009 年第 9 期。

王庆杰:《精神之根与审美之境——墨白小说"颍河镇"意象的文化学阐释》,《河南经贸职业学院学报》2009 年第 3 期。

高军:《现实精神与深远意味——读墨白的长篇小说〈裸奔的年代〉》,《躬耕》2009 年第 10 期。

龚奎林:《经验·历史·责任·创作——墨白访谈录》,《西湖》2010 年第 2 期。

高军:《关于墨白小说的九个词条》,《绿洲》2010 年第 4 期。

龚奎林:《人性的挣扎与欲望的蜕变——读墨白长篇小说〈裸奔的年代〉》,《平顶山学院学报》2010 年第 6 期。

张翼:《论墨白小说的苦难叙事》,《平顶山学院学报》2010 年第 6 期。

井延凤:《"裸奔的年代"与"欲望与恐惧"》,《平顶山学院学报》2010 年第 6 期。

张延文:《让渡的灵魂之旅:解读墨白的〈重访锦城〉》,《平顶山学院学报》2010 年第 6 期。

高俊林:《游离于世俗化与诗意化两极之间的焦灼——墨白小说创作浅论》,《小说评论》2010 年第 3 期。

高俊林:《精神自由与人格独立——墨白访谈录》,《小说评论》2010 年第 2 期。

於可训:《小说家档案——主持人的话》,《小说评论》2010 年第 2 期。

刘迎:《置身于苦难与阳光之间——墨白乡土小说论》,《中州大学学报》(社会科学版)2010 年第 6 期。

张延文:《墨白小说:中国当代文学的"国家声音"》,《山花》2010 年第 5 期。

何学军:《论墨白小说中的"失语者"》,《中州大学学报》(社会科学版)2010 年第 3 期。

赵凯:《浅析墨白小说中的几个关键词》,《语文知识》2010 年第 4 期。

胡洪春:《从希望到绝望——〈裸奔的年代〉的叙事解读》,《语文知识》2010

年第 4 期。

高俊林:《治疗脓包中心的平静——读墨白的中篇小说》,《语文知识》2010年第 4 期。

王庆杰:《孙氏兄弟》,收入《社会的空位——王庆杰文化批评随笔集》线装书局 2010 年版。

杨春生:《〈天河之恋〉:纯真的情感,诗化的表述》,《电影文学》2010 年第 11 期。

胡洪春:《裸奔的年代,色彩的人生——墨白〈裸奔的年代〉中的色彩解读》,《中州大学学报》(社会科学版)2010 年第 6 期。

龚自强:《历史在"行走"中"沉没"——从三个视角透视〈梦游症患者〉》,《中州大学学报》(社会科学版)2010 年第 6 期。

张延文:《人文环境与文学精神——墨白访谈录》,《山花》2010 年第 10 期。

李瑞华:《寻找有意味的形式——墨白小说印象》,《新闻爱好者》2010 年第 22 期。

郑凯:《浅析墨白的颍河镇情节》,《河南经贸职业学院学报》2010 年第 4 期。

肖昉:《论墨白小说中的人性书写》,《河南经贸职业学院学报》2010 年第 4 期。

李少咏:《墨白小小说的意义》,收入《神秘电话》,吉林出版集团有限责任公司 2010 年版。

刘宏志:《对自我的审判——墨白长篇小说〈欲望与恐惧〉浅析》,《牡丹》2010 年第 10 期。

孙青瑜:《从语言的陌生化看"气韵神境"》,《文艺评论》2010 年第 3 期。

田中禾:《墨白的远景与近影》,《阳光》2010 年第 12 期。

何长青:《可叹吴西玉——〈欲望与恐惧〉读后感》,《大河文学》2010 年第 4 期。

曾燕:《读〈梦游症患者〉有感》,《大河文学》2010 年第 4 期。

乐建建:《有感〈来访的陌生人〉》,《大河文学》2010 年第 4 期。

王剑:《颍河镇的作家们》,《报晓》2010 年第 4 期。

江媛:《敲击喧嚣的孤独——由〈梦游症患者〉构成的思想史》,《莽原》2011 年第 1 期。

张明华:《墨白小说中女性形象探析》,《红豆》2011 年第 2 期。

李鹏飞:《读〈映在镜子里的时光〉》,《河南经贸职业学院学报》2011 年第 1 期。

龚奎林:《良知的声音——井冈山大学部分读者关于墨白小说作用的认识》,《河南经贸职业学院学报》2011年第1期。

黄珍珍:《故事里的我们怎样行走——读墨白〈来访的陌生人〉》,《河南经贸职业学院学报》2011年第1期。

陈梅:《读〈梦游症患者〉》,《河南经贸职业学院学报》2011年第1期。

高剑娣:《〈重访锦城〉读后感》,《河南经贸职业学院学报》2011年第2期。

傅雪:《读〈裸奔的年代〉有感》,《河南经贸职业学院学报》2011年第2期。

朱群:《读墨白〈梦游症患者〉之感》,《河南经贸职业学院学报》2011年第2期。

魏燕:《读墨白小说〈风车〉有感》,《河南经贸职业学院学报》2011年第2期。

刘宏志:《以革命的名义》,《扬子江评论》2011年第2期。

刘宏志:《颍河镇与中国精神意象》,《山花》2011年第7期。

张延文:《先知的意义:墨白与巴尔加斯·略萨比较》,《作品》2011年第6期。

刘宏志:《无法确定的生活——谈墨白小说一种哲学意义的表达》,《大地文学》2011年第5期。

刘宏志:《论墨白小说的语言结构及风格》,收入《豫军论坛文集》,河南文艺出版社2011年版。

张明华:《爱与欲的徘徊——试析墨白小说〈爱情的面孔〉的人生隐喻》,《中州大学学报》(社会科学版)2011年第5期。

刘宏志:《阳光下的神秘——谈墨白小说叙事中的未知因素》,《中州大学学报》(社会科学版)2011年第5期。

刘军:《自我规训:肉体与灵魂的深度撕裂——墨白小说〈欲望与恐惧〉的思想地图》,《中州大学学报》(社会科学版)2011年第5期。

王庆杰:《本色的生命质地——浅论墨白小说的生命图景》,《河南经贸职业学院学报》2011年第3期。

孟庆革:《悬疑,是小说永远的时尚——从墨白〈神秘电话〉说起》,《河南经贸职业学院学报》2011年第3期。

张延文:《小世界里大乾坤:墨白小小说赏读》,《河南经贸职业学院学报》2011年第3期。

王庆杰:《生命的颍河镇——墨白小说中地域文化意义探寻》,《河南经贸职业学院学报》2011年第4期。

刘宏志:《悲凉底色下的偶然命运——谈墨白小说〈夏日往事〉》,《彩虹》

2011 年第 4 期。

江媛:《小说的多维镜像——墨白访谈录》,《时代文学》(上半月)2012 年第 3 期。

孙青瑜:《墨白笔下的自显世界》,《时代文学》(上半月)2012 年第 3 期。

何镇邦:《主持人的话》,《时代文学》(上半月)2012 年第 3 期。

刘恪:《优雅,色彩及比喻丛丛——墨白印象》,《时代文学》(上半月)2012 年第 3 期。

何弘:《墨·白——墨白印象》,《时代文学》(上半月)2012 年第 3 期。

杨晓敏:《小说家墨白》,《小小说选刊》2012 年第 4 期。

汪渂:《书写墨白》,《时代文学》(上半月)2012 年第 3 期。

陈峻峰:《一个人的别墅》,《文学报》2012 年 1 月 12 日。

李瑞华:《文本建构与精神迷失——从墨白小说目录论述其叙事风格》,《语文知识》2012 年第 1 期。

苗梅玲:《叙事的核心:时间与记忆——墨白访谈录》,《东京文学》2012 年第 2 期。

刘涛:《墨白小说的深度——短篇小说〈纪念〉细读》,《东京文学》2012 年第 2 期。

刘恪:《〈纪念〉编后语》,《东京文学》2012 年第 2 期。

江媛:《墨白小说对人性革命化的反思》,《大河文学》2012 年第 1 期。

江媛:《1945 年前后:主观的历史——墨白小说中的阶级与人性的冲突》,《南方文坛》2012 年第 3 期。

王春林:《评〈手的十种语言〉》,《大众日报》2012 年 5 月 11 日。

张延文:《墨白长篇小说〈手的十种语言〉叙事艺术的新探索》,《文艺报》2012 年 5 月 21 日。

张体义:《墨白完成"欲望三部曲"》,《大河报》2012 年 5 月 21 日。

刘宏志:《我们破碎的内心世界——读墨白长篇新作〈手的十种语言〉》,《文汇读书周报》2012 年 6 月 1 日。

张延文:《复调的发生与转换——阅读墨白的〈手的十种语言〉》,《文学报》2012 年 5 月 24 日

王春林:《颠覆与消解——评墨白长篇新作〈手的十种语言〉》,《中华读书报》2012 年 6 月 27 日。

苗变丽:《先锋的形式与历史的创伤——墨白长篇小说〈梦游症患者〉论》,《红豆》2012 年第 6 期

高俊林:《多重视角下的叙事与隐喻——读墨白长篇小说新作〈手的十种语

言〉》,《郑州日报》2012年7月7日。

子不语:《"落叶归根"的中国文化传统与现代的"空心人"——墨白小说〈回家,我们从清晨一直走到黄昏〉的主题浅析》,《牧野》2012年第1～2期合刊。

蓝蓝:《手的现实隐喻——读墨白的〈手的十种语言〉》,《郑州日报》2012年9月16日。

史靖:《墨白:先锋小说为人类认识提供新途径》(访谈录),《新华网》2012年9月11日。

安昌河:《谁都可以找到我》,《文艺报》2012年8月24日。

舒晋瑜:《新生代作家墨白完成"欲望三部曲"》,《中华读书报》2012年7月18日。

奚同发:《墨白小说〈手的十种语言〉在郑研讨》,《文学报》2012年7月12日。

范得:《墨白:用记忆为故乡着色》(访谈录),《文艺报》2012年9月7日。

舒晋瑜:《新站镇走出来孙氏兄弟》,《中华读书报》2012年8月30日。

叶静、龚奎林:《苦难精神世界折射下的人性关怀——浅析墨白小说中的"紫霞"意象》,《中州大学学报》(社会科学版)2012年第5期。

张延文:《诗性的缘起:墨白与赫塔·米勒比较》,《中州大学学报》(社会科学版)2012年第5期。

苏常青:《墨白小说叙事里的并转结构——对〈失踪〉文本世界的肢解》,《中州大学学报》(社会科学版)2012年第5期。

张舟子:《底层关怀与文体意识——论墨白的中篇小说叙事特点》,《语文知识》2012年第3期。

江媛:《对墨白长篇小说〈手的十种语言〉的文本解读》,《河南经贸职业学院学报》2012年第1～2期。

李颂颂:《无招胜有招的写作方式——墨白小说〈偶然〉浅析》,《河南经贸职业学院学报》2012年第1期。

龚奎林:《墨白的新历史主义小说书写》,《河南经贸职业学院学报》2012年第3期。

郝雨:《迷宫式的艺术建造与文本样式》,《河南经贸职业学院学报》2012年第3期。

刘宏志:《梦想与现实——以〈航行与梦想〉为例谈墨白小说中的梦想叙事》,《河南经贸职业学院学报》2012年第3期。

王庆杰:《平静下面的湍流——墨白小小说的叙事艺术》,《河南经贸职业学院学报》2012年第4期。

江媛:《饥饿与病变——墨白小说人物的价值观解读》,《河南经贸职业学院学报》2012年第4期。

孟庆革:《〈流放地〉——墨白小说叙事新征程》,《报晓》2012年第4期。

郑积梅:《墨白,小说叙事的探索者》,《河南作家》2012年第3期。

郭浩波:《现实与真实——从墨白小说〈现实的颠覆〉说起》,《语文知识》2012年第3期。

补发慧:《欲望的水晶球——评墨白长篇小说〈手的十种语言〉》,《郑州师范教育》2012年第5期。

刘宏志:《人的不可认知性与命运的不确定性》,《躬耕》2012年第11期。

高俊林:《复调格局下的狂欢化叙事——墨白的长篇小说新著〈手的十种语言〉之解析》,《平顶山学院学报》2012年第6期。

杨晓敏:《墨白:小说叙事的百变高手》,《东京文学》2012年第6期。

刘宏志:《梦想与现实——以〈航行与梦想〉为例谈墨白小说中的梦想叙事》,《郑州师范教育》2013年第1期。

江媛:《被重重阉割的诉求——墨白小说〈讨债者〉解读》,《郑州师范教育》2013年第1期。

张延文:《〈风车〉权力与欲望的病态隐喻》,《郑州师范教育》2013年第1期。

张延文:《复调的发生与转换——阅读墨白的〈手的十种语言〉》,《平顶山学院学报》2013年第1期。

江媛:《精神与肉体的双重异化——由墨白小说展现的21世纪被扭曲的情欲》,《东京文学》2013年第1~2期。

孙青瑜:《小说叙事与阅读的差异性——墨白访谈录》,《文学报》2013年3月。

孙青瑜:《从"气韵神境"论墨白与卡夫卡》,《中州大学学报》(社会科学版)2013年第2期。

江媛:《被强暴的人性——墨白小说中现实和人性丑陋的根源》,《牧野》2013年第1期。

孔会侠:《先锋从来就没有退场——墨白访谈录》,《创作与评论》2014年3月号(上半月·创作)。

江媛:《革命进程中人性的罪恶——墨白小说中文革精神的产生与延伸》,《大河文学》2013年第1期。

张延文:《中国现代派文学的土壤——与墨白对话》,《天涯》2013年第

6 期。

刘军:《最小的面积,最大的思想——墨白小说〈手的十种语言〉阅读札记》,《小说评论》2013 年第 3 期。

江媛:《追逐蝴蝶的男人——墨白小说〈航行与梦想〉解读》,《河南经贸职业学院学报》2013 年第 2 期。

龚奎林:《疾病、自杀与信念的坚守——墨白小说的某种精神走向》,《河南经贸职业学院学报》2013 年第 2 期。

马尧:《灵魂在欲望中起舞——墨白〈欲望〉三部曲赏析》,《大河报》2013 年 9 月 4 日。

奚同发:《墨白长篇小说〈欲望〉召开研讨会》,《河南工人日报》2013 年 10 月 14 日。

程梁:《墨白长篇小说〈欲望〉研讨会在河南大学举行》,《河南日报》2013 年 10 月 15 日。

奚同发:《墨白长篇小说《欲望》展现时代的精神图像》,《文艺报》2013 年 10 月 21 日。

杜欣:《孙方友、墨白:从小镇上走出的兄弟作家》,《周口晚报》2013 年 7 月 25 日。

郭洪雷:《新世纪中国先锋小说备忘录——读〈守望先锋:世界的罅隙〉》,《山花》2013 年第 8 期。

刘海燕:《墨白研究论文、资料目录索引》,收入《墨白研究》,大象出版社 2013 年版。

刘海燕:《墨白作品目录索引》,收入《墨白研究》,大象出版社 2013 年版。

刘海燕:《不同时期的颍河镇地图》,收入《墨白研究》,大象出版社 2013 年版。

江媛:《灵魂栖居的地方——与墨白对话》,收入《墨白研究》,大象出版社 2013 年版。

刘海燕:《〈墨白研究〉编者后记》,收入《墨白研究》,大象出版社 2013 年版。

梁小静:《墨白长篇小说〈欲望〉研讨会纪要》,《东京文学》2013 年第 11 期。

郑积梅:《对世道人心的侦破——阅读墨白〈手的十种语言〉》,《新疆大学学报》2013 年第 6 期。

李少咏:《孤独与漂泊——重读墨白中篇小说〈寻找乐园〉》,《语文知识》2013 年第 3 期。

梁宁:《墨白四部小说入选"中国先锋小说选"》,《大河报》2013 年 11 月

27日。

刘洋：《"先锋作家"墨白：我的写作不取悦别人》，《河南日报》2013年11月28日。

奚同发：《"中国当代作家研究丛刊"收入我省马新朝、墨白卷》，《河南工人日报》2013年11月28日。

明江：《中原作家研究中心在郑州揭牌》，《文艺报》2013年12月30日。

奚同发：《中原作家研究中心成立》，《文学报》2013年12月26日。

郑伊红：《死是生的开始——墨白〈手的十种语言〉解读》，《信阳文学》2013年第6期。

涂序团：《悲伤之爱的编年史——浅析墨白〈裸奔的年代〉的艺术特色》，《信阳文学》2013年第6期。

王青：《颠覆与对抗——墨白小说的精神世界》，《焦作文学》2013年第6期。

鞠发：《能回忆就是一种幸福——论墨白的写作观》，《焦作文学》2013年第6期。

赵瑜：《小说的建筑样式——读墨白长篇小说〈欲望〉》，《文学报》2013年12月5日。

王春林：《"俄罗斯套娃"或者"以建构的方式解构"——读墨白长篇小说〈手的十种语言〉》，收入《中国当代文学研究与批评书系：新世纪长篇小说风景》，作家出版社2013年版。

王庆杰：《生命的颍河镇——墨白小说中的地域文化意义探寻》，《语文知识》2013年第4期。

刘宏志：《叙述的诗性——墨白小说诗化语言研究》，《语文知识》2013年第4期。

何海滨：《迷宫中的逃亡者——墨白小说中的个案分析》，《语文知识》2013年第4期。

曹军庆：《进入〈光荣院〉的三条路径》，《长江文艺·好小说》2014年第1期。

祁发慧：《欲望的璎珞》，《牡丹》2014年第1期。

舒晋瑜：《墨白：两年内，138封退稿信》，《中华读书报》2014年2月19日。

《中原作家研究中心揭牌仪式及墨白作品研讨会在郑州师范学院举行》，《郑州师范教育》2014年第1期。

梁小静：《欲望和人物的矛盾性格——评墨白的〈欲望〉三部曲》，《郑州师范教育》2014年第1期。

刘军:《〈欲望〉的精神图谱》,《周口晚报》2014年1月9日。

祁发慧:《〈欲望〉的叙事特色》,《周口晚报》2014年1月16日。

王向威:《墨白小说印象》,《周口晚报》2014年1月23日。

张延文:《乡野的呼唤——〈一个做梦的人〉的国民性批判》,《创作与评论》2014年3月号(上半月·创作)。

郑雄:《墨老包括老墨与墨白》,《创作与评论》2014年3月号(上半月·创作)。

马新亚:《墨白作品研讨会综述》,《创作与评论》2014年2月号(下半月·评论)。

程勇攀:《论墨白〈欲望三部曲〉的叙事策略》,《中州大学学报》(社会科学版)2014年第3期。

胡洪春:《精神蜕变中的欲望挣扎——解释墨白〈欲望〉中的欲望书写》,《中州大学学报》(社会科学版)2014年第3期。

王升满、龚奎林:《小说"反文体"跨界写作的"建筑"与"解构"——墨白小说〈手的十种语言〉解读》,《中州大学学报》(社会科学版)2014年第3期。

刘霄:《两部研究先锋小说家墨白的专著在河南出版》,《中华读书报》2014年3月19日。

蔡莹:《试论〈梦游症患者〉的多重视角》,《牡丹》2014年第11期。

张延文:《当代中国经验的对应性——〈欲望〉的叙事探索》,《躬耕》2014年第4期。

刘涛:《颖河镇:对乡土中国的隐喻》,《躬耕》2014年第4期。

梁宁:《两部墨白研究专著出版》,《周口日报》2014年3月28日。

张延文:《〈欲望〉的风云诡谲》,《河南工人日报》2014年4月11日。

刘洋:《〈墨白小说研究〉研讨会举行:文学批评要科学化》,《河南日报》2014年4月30日。

梁宁:《〈墨白小说研究〉研讨会日前在郑举行:文学要经典化,就离不开好的文学研究》,《大河报》2014年5月7日。

《〈墨白小说研究〉研讨会举行》,《文学报》2014年5月8日。

鲁大智:《〈墨白小说研究〉研讨会在郑州举行》,《中华读书报》2014年5月14日。

江媛:《刘宏志〈墨白小说研究〉研讨会纪要》,《牡丹》2014年第6期。

张延文:《先锋小说叙事的自由与超越》,《南方文坛》2014年第3期。

刘军:《欲望发生学与个性精神生长史——墨白长篇小说的精神图谱》,《河南大学学报》2014年第6期。

杨燕燕:《存在:对墨白小说人性特征的探索》,《信阳文学》2014年第3期。
施彩霞:《在虚实相生间造境》,《信阳文学》2014年第3期。
刘宏志:《中国经验批判与精神生态》,《焦作文学》2014年第3期。
李少咏:《独立自足的世界——墨白小说〈手的十种语言〉的意义》,《焦作文学》2014年第3期。
江媛:《悲剧欣赏者——墨白中篇小说〈光荣院〉解读》,《河南作家》2014年第1期。
张延文:《有意味的形式——墨白〈欲望〉三部曲的审美追求》,《广州文艺》2014年第10期。
刘鹏:《欲望原罪和道德训诫——〈裸奔的年代〉和〈人生〉的互文阐释》,《当代文坛》2014年第6期。
安昌河:《现实的尴尬和梦境的诱惑——〈阳光下的海滩〉点评》,《莽原》2014年第6期。
刘涛:《一个意味无穷丰富的文本——〈阳光下的海滩〉细读》,《莽原》2014年第6期。
李丹:《〈欲望〉中的色彩世界》,《名作欣赏》2014年第17期。

专著

刘海燕编:《墨白研究》,大象出版社,2013年。
刘宏志著:《墨白小说研究》,河南大学出版社,2013年。

编后记

关于墨白的创作成就、艺术特色和在文坛应有的地位等话题，我们所编选的研究资料中已有批评者做了非常中肯的评说，在这简短的后记中就无需再赘述了。值得一提的是，在整理研究资料时，编者发现近几年发表的关于墨白的论文显著增多，且所发刊物的层次和论文质量都比较高，这一现象意味着什么应该是不言而喻的。

墨白的作品应该很受职业的批评者们欢迎，其深沉的人文情怀、强烈的批判意识、不倦的形式探索、丰富的文本内涵等，为批评提供了言之不尽的话题。编者接触墨白的作品时间不长，但初次接触就涌出一股要写点评论的欲望。墨白的魅力由此可见。从另一角度说，为墨白写评论"似乎"不难，我们很容易找出一些关键词：颍河镇、苦难、创伤、寻找、逃离、神秘、荒诞、疾病、隐喻、灵魂、欲望、先锋、复调……从中选取几个结合作品谈谈便可敷衍成文，而且看上去颇见深度。毋庸讳言，相当一部分研究论文在编者看来就是这样一种套路。也正是在这个意义上，我才滋生了跃跃欲试的信心。

随着整理资料工作的进行，我的信心逐渐消退。因为，关于墨白的研究论文着实不少，我发现我最初的那点想法别人早已写成或正在写成文字，文笔的老练是我所不能及的。不过，这并不意味着关于墨白的研究已经到了一个很高的水平。相反，我个人认为目前的墨白研究还停留在粗浅开发的层面上。我们说了很多，大多似曾相似，貌似深刻，其实空洞，墨白作品的意蕴和价值还未得到很好的阐发。

我们应该做得更好。编者有自知之明，对此没有信心，也不敢妄言怎样去做。但话已至此，谈点感受吧。墨白的作品是非常适合细读的，他的行文中遍布着隐喻和象征，那些不起眼的碎片，那些裂痕和空白，都有着微妙丰富的意味。墨白的小说并不以故事见长，或者说他无意于此，他孜孜经营的是细节，是情绪和意念。对于墨白的作品，我们不能只关注其"构架"，更应该重视其"肌质"。①归根结底，对于文学来说，感性是首要的。而现有的墨白研究多关注思

---

① "构架"、"肌质"是美国新批评理论家兰塞姆的诗歌批评概念。"构架"指诗歌的逻辑内容，"肌质"指诗歌闪光的细节。在兰塞姆看来，对于诗歌来说，"肌质"更重要。

想,轻视了感性。这不是说思想不重要,思想必须寓于感性之中,也只有寓于感性之中,思想才更能震颤心灵。而且,感性本身就是思想,感性上迟钝的人往往在思想上也是麻木不仁的。我们期待能有大量基于"细读"的研究,以呈现墨白艺术世界的无穷魅丽。

杨文臣

2014 年 9 月 28 日